공기업 합격을 위한 추가자료

KB085007

본 교재 인강
2만원 할인쿠폰
589F FA87 87E2 7BF4

진짜 쉽다! 인적성&NCS 입문편(수리능력)
20% 할인쿠폰
5FE3 E8BD 8257 AE7R

김소원 선생님의 NCS 수리능력 3초 풀이법 강의
수강권
2FCC CE39 3BA3 C7BE
* 쿠폰 등록 시점 직후부터 30일간 수강 가능

NCS PSAT형 온라인 모의고사
응시권
6497 32B7 83BA RABZ
* 쿠폰 등록 시점 직후부터 30일간 PC로 응시 가능

이용방법 해커스잡 사이트(ejob.Hackers.com) 접속 후 로그인 ▶ 사이트 우측 상단 [나의 정보] 클릭 ▶ [나의 쿠폰 - 쿠폰/수강권 등록]에 위 쿠폰번호 입력 ▶ 강의 결제 시 사용 또는 [마이클래스]에서 이용 가능

* 본 쿠폰은 한 ID당 1회에 한해 등록 및 사용 가능합니다.
* 이벤트 강의/프로모션 강의 적용 불가/쿠폰 중복할인 불가
* 이 외 쿠폰관련 문의는 해커스 고객센터(02-537-5000)로 연락 바랍니다.

문제풀이가 빨라지는 Speed up 연산문제(PDF)
이용권
H53L 2CAR T914 Q7FD

이용방법
해커스잡 사이트(ejob.Hackers.com) 접속 후 로그인 ▶
사이트 메인 중앙 [교재정보 - 교재 무료자료] 클릭 ▶
교재 확인 후 이용하길 원하는 무료자료의 [다운로드] 버튼 클릭 ▶
좌측 쿠폰번호 입력 후 다운로드

* 이 외 쿠폰관련 문의는 해커스 고객센터(02-537-5000)로 연락 바랍니다.

FREE **무료 바로 채점 및 성적 분석 서비스**

▲ 바로 이용

이용방법 해커스잡 사이트(ejob.Hackers.com) 접속 후 로그인 ▶ 사이트 메인 중앙 [교재정보-교재 채점 서비스] 클릭 ▶ 교재 확인 후 [채점하기] 버튼 클릭

취업교육 1위, 해커스 ejob.Hackers.com
주간동아 2024 한국고객만족도 교육(온·오프라인 취업) 1위

해커스가 제안하는
제안하는
NCS 고득점 전략

NCS 고득점을 위해서는

1. 수리능력을 향상시켜야 합니다.

2. PSAT 기출로 고난도 문제에 대비해야 합니다.

3. 실전에 대비하여 전략적으로 학습해야 합니다.

1 수리능력을 향상시켜야 합니다.

NCS 직업기초능력평가 10개 영역 중 특히 의사소통능력, 수리능력, 문제해결능력은 대부분의 기업에서 출제되는 주요 영역입니다. 수리적 지식은 수리능력뿐만 아니라 문제해결능력, 자원관리능력 등의 문제를 풀 때에도 활용되고 있어 NCS 문제를 빠르고 정확하게 풀기 위해서는 수리능력을 향상시키는 것이 매우 중요합니다. 또한 최근에는 수리능력에서 고난도 문제가 출제되고 있어 더욱 철저한 대비가 요구됩니다. 수리능력이 NCS 고득점으로 이어지는 만큼, 수리능력을 향상시키기 위해 집중적으로 학습할 필요가 있습니다.

[직업기초능력평가 영역별 출제 기업 수]

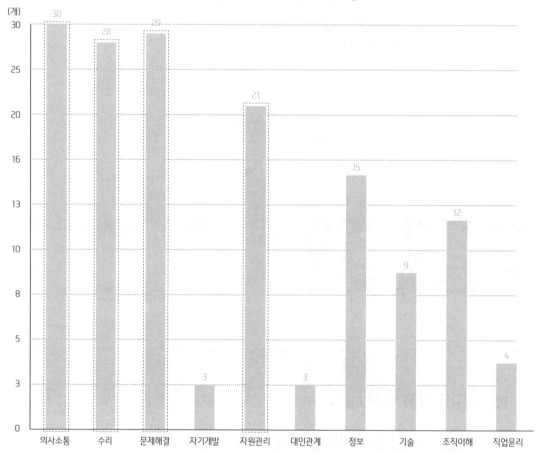

* 2022년 가장 최근 시험이 시행된 30개 기업(한국철도공사, 한국전력공사, 국민건강보험공단, 서울교통공사, 한국보훈복지의료공단, 건강보험심사평가원, 한국수자원공사, 국민연금공단, 한국토지주택공사, 한국도로공사, 한전KPS, 한국수력원자력, 한국국토정보공사, 한국농어촌공사, 한전KDN, 인천국제공항공사, 근로복지공단, 한국산업인력공단, 한국공항공사, 신용보증기금, 한국가스공사, 중소벤처기업공단, 국민체육진흥공단, 부산교통공사, 도로교통공단, 한국석유공사, IBK기업은행, 신한은행, 새마을금고, 지역농협)의 직업기초능력평가를 기준으로 함

최근 NCS 수리능력 시험에는 생소한 자료나 길이가 긴 자료가 제시되는 문제, 여러 자료를 복합적으로 해석해야 하는 문제와 같이 PSAT 기출과 유사한 유형의 난도 높은 문제가 출제되고 있습니다. 따라서 수리능력에서 고득점을 달성하기 위해서는 무엇보다 PSAT 기출문제로 실력을 쌓는 것이 중요합니다.

[NCS 기출유형]　　　　　　　22 서울교통공사

09. 다음 중 자료에 대한 설명으로 가장 적절하지 않은 것을 모두 고르면?

[국내 여행 횟수]

(단위: 천 회)

구분	2018년		2019년		2020년	
	남자	여자	남자	여자	남자	여자
국내 여행 전체	159,960	(㉠)	174,142	170,606	115,962	109,135
숙박	83,226	( )	80,291	82,084	44,883	43,566
당일	76,734	71,215	93,851	88,522	71,079	65,669

[목적별 국내 여행 횟수]

(단위: 천 회)

구분	2018년		2019년		2020년	
	남자	여자	남자	여자	남자	여자
관광 여행 전체	118,031	118,560	130,056	133,200	85,905	84,736
숙박	65,084	63,353	64,107	65,496	34,906	33,927
당일	52,947	55,207	65,949	67,704	50,999	50,809
기타 여행 전체	41,929	32,634	(㉡)	37,406	30,057	24,499
숙박	18,142	16,626	16,184	16,588	9,977	9,639
당일	23,787	16,008	( )	20,818	20,080	14,860

※ 국내 여행은 관광 여행과 기타 여행으로 구분됨

※ 출처: KOSIS(문화체육관광부, 국민여행조사)

㉠ 2020년 국내 여행 전체 숙박 횟수에서 남자 기타 여행 숙박 횟수가 차지하는 비중은 15% 이상이다.
㉡ 2019년 이후 국내 여행 당일 횟수의 전년 대비 증감 추이는 남자와 여자가 동일하다.
㉢ 2018년 남자와 여자의 여행 횟수 차이는 관광 숙박이 관광 당일보다 크다.
㉣ 제시된 기간 동안 관광 여행 숙박 횟수의 연평균은 남자가 여자보다 많다.

① ㉠, ㉡　　　② ㉠, ㉢　　　③ ㉡, ㉣
④ ㉠, ㉢, ㉣　　⑤ ㉡, ㉢, ㉣

[PSAT 기출문제]　　　　　　　22 5급공채

17. 다음 〈표〉는 2018～2020년 프랜차이즈 기업 A～E의 가맹점 현황에 관한 자료이다. 이에 대한 〈보기〉의 설명 중 옳은 것만을 모두 고르면?

〈표 1〉 2018～2020년 기업 A～E의 가맹점 신규개점 현황

(단위: 개, %)

기업 구분 연도	신규개점 수			신규개점률	
	2018	2019	2020	2019	2020
A	249	390	357	31.1	22.3
B	101	89	75	9.5	7.8
C	157	110	50	12.6	5.7
D	93	233	204	35.7	24.5
E	131	149	129	27.3	19.3

※ 해당 연도 신규개점률(%) = $\frac{\text{해당 연도 신규개점 수}}{\text{전년도 가맹점 수} + \text{해당 연도 신규개점 수}} \times 100$

〈표 2〉 2018～2020년 기업 A～E의 가맹점 폐점 수 현황

(단위: 개)

기업 연도	2018	2019	2020
A	11	12	21
B	27	53	140
C	24	39	70
D	55	25	64
E	4	8	33

※ 해당 연도 가맹점 수 = 전년도 가맹점 수 + 해당 연도 신규개점 수 − 해당 연도 폐점 수

〈보 기〉

ㄱ. 2018년 C의 가맹점 수는 800개 이상이다.
ㄴ. 2019년에 비해 2020년 가맹점 수가 감소한 기업은 B와 C이다.
ㄷ. 2020년 가맹점 수는 E가 가장 적고, A가 가장 많다.
ㄹ. 2018년 폐점 수 대비 신규개점 수의 비율은 D가 가장 낮고, A가 가장 높다.

① ㄱ, ㄴ　　　② ㄱ, ㄷ　　　③ ㄴ, ㄷ
④ ㄴ, ㄹ　　　⑤ ㄷ, ㄹ

처음 보면 쉽게 접근하기 어려운 생소한 자료

여러 자료를 복합적으로 해석해야 하는 문제

단순히 문제를 많이 푼다고 NCS 고득점을 달성할 수 있는 것이 아닙니다. 실전에서 생소한 자료가 제시된 문제나 고난도 문제를 접하더라도 문제를 빠르고 정확하게 풀 수 있도록 평소에 제한된 시간 내에 자료를 빠르게 분석하여 정확하게 문제를 푸는 연습을 해야 합니다. 따라서 집중공략문제로 자료 분석, 시간 관리, 고난도 문제 풀이 능력을 기르고, 이를 토대로 모의고사를 실전처럼 풀어 보면서 실전 감각을 기르면 NCS 고득점을 달성할 수 있습니다.

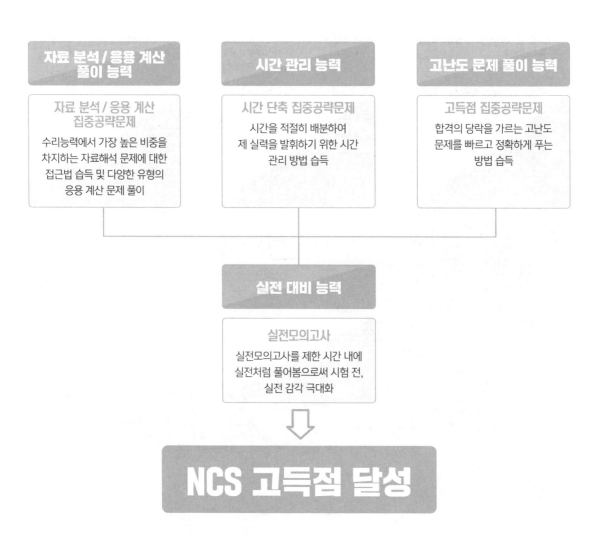

자료 분석 / 응용 계산 풀이 능력

자료 분석 / 응용 계산 집중공략문제

수리능력에서 가장 높은 비중을 차지하는 자료해석 문제에 대한 접근법 습득 및 다양한 유형의 응용 계산 문제 풀이

시간 관리 능력

시간 단축 집중공략문제

시간을 적절히 배분하여 제 실력을 발휘하기 위한 시간 관리 방법 습득

고난도 문제 풀이 능력

고득점 집중공략문제

합격의 당락을 가르는 고난도 문제를 빠르고 정확하게 푸는 방법 습득

실전 대비 능력

실전모의고사

실전모의고사를 제한 시간 내에 실전처럼 풀어봄으로써 시험 전, 실전 감각 극대화

NCS 고득점 달성

해커스라면 NCS 고득점 문제 없습니다.

해커스공기업
PSAT
기출로 끝내는
NCS

수리·자료해석
집중 공략

해커스

김소원

경력
· (현) 해커스공기업 NCS 직업기초능력 및 직무적성능력 전임강사
· 공공기관 채용정보 박람회 NCS 직업기초능력 초빙강사(2023, 2022, 2021, 2019, 2017, 2016, 2015)
· 한국직업방송 투데이잡스 취업전문컨설턴트 출연
· KBS 9시 뉴스 취업전문가 출연
· 성균관대, 이화여대, 경희대, 전북대, 전남대 외 40여 개 대학 및 고등학교 NCS 직업기초능력 특강 진행
· 서울대, 동국대, 성신여대 외 30여 개 대학 직무적성검사 강의 진행

저서
· 단기 합격 해커스공기업 NCS 직업기초능력평가+직무수행능력평가(2023)
· 해커스 민간경력자 PSAT 12개년 기출문제집(2022)
· 해커스공기업 NCS 통합 봉투모의고사 모듈형/피듈형/PSAT형+전공(2022)
· 해커스공기업 PSAT 기출로 끝내는 NCS 수리·자료해석 실전서(2021)
· NCS 핵심요약 직무적성검사+직업기초능력평가(2015)
· 소원쌤의 공기업 통합 직무적성(2014)
· 에너지발전 공기업 직무적성검사(2011)

NCS 수리능력 어떻게 대비해야 하나요?

수업을 하다 보면 수험생들이 많은 질문을 합니다.

최근 NCS에서 수리능력은 PSAT 기출과 유사한 문제의 출제 비중이 높아지면서 기본적인 연산 능력과 자료해석 능력뿐 아니라 복잡한 자료의 분석 능력까지 요구되고 있습니다. 이에 따라 NCS 수리능력을 어떻게 효율적으로 대비해야 할지 갈피를 잡지 못하고 어려움을 겪는 수험생이 많습니다.

문제 풀이에 필요한 수리 필수 이론을 체계적으로 학습할 수 있도록,
NCS 수리능력에 출제되는 모든 문제 유형을 파악하고 고득점 전략을 익힐 수 있도록,
PSAT 문제로 자료 분석과 시간 관리 능력뿐만 아니라 실전 감각을 기르고 고난도 문제에 대비할 수 있도록
해커스는 수많은 고민을 거듭한 끝에『해커스공기업 PSAT 기출로 끝내는 NCS 수리·자료해석 집중 공략』을 출간하게 되었습니다.

『해커스공기업 PSAT 기출로 끝내는 NCS 수리·자료해석 집중 공략』은

1. NCS 수리능력의 기반인 수리 이론을 기초부터 심화에 이르기까지 상세하게 정리하여 수리 이론과 공식을 확실하게 학습하여 기본기를 탄탄하게 다질 수 있습니다.

2. 기출유형공략을 통해 출제 유형 및 고득점 전략을 익히고 집중공략문제로 자료 분석 능력, 응용 계산 풀이 능력, 시간 관리 능력을 기를 수 있을 뿐만 아니라 고난도 문제에도 대비할 수 있습니다.

3. 실전모의고사로 실전 감각을 키우고 문제 풀이 시간을 단축하여 NCS 수리능력 고득점을 달성할 수 있습니다.

『해커스공기업 PSAT 기출로 끝내는 NCS 수리·자료해석 집중 공략』을 통해 NCS 채용에 대비하는 수험생 모두 합격의 기쁨을 누리시기 바랍니다.

김소원 · 해커스 PSAT연구소

목차

NCS 고득점을 위한 이 책의 활용법
역량 진단 TEST & 학습 가이드
맞춤 학습 플랜

NCS 수리능력 기출유형공략

PART 1 | 연산

PART 2 | 기초통계

PART 3 | 도표분석

[책 속의 책]

약점 보완 해설집

[온라인 제공] 해커스잡 ejob.Hackers.com
문제 풀이가 빨라지는 Speed up 연산문제(PDF)

NCS 고득점을 위한 **이 책의 활용법**

1 역량 진단 TEST로 실력을 점검하고 학습 가이드와 맞춤 학습 플랜을 활용하여 효율적으로 학습한다.

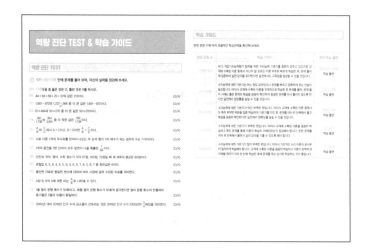

역량 진단 TEST & 학습 가이드

효과적으로 학습할 수 있도록 학습을 시작하기 전 자신의 실력을 점검할 수 있는 진단평가 30 문항과 평가 결과에 따른 추천 학습 가이드를 제시하였다.

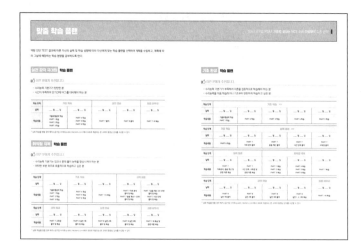

맞춤 학습 플랜

본인의 실력 및 학습 성향에 따라 선택할 수 있는 세 가지 종류의 학습 플랜을 제공하여 혼자서도 본인의 실력과 상황에 맞게 기초부터 심화까지 전략적으로 학습할 수 있다.

2 상세한 이론 정리와 확인 문제로 NCS 수리능력 대비에 필요한 이론을 체계적으로 학습한다.

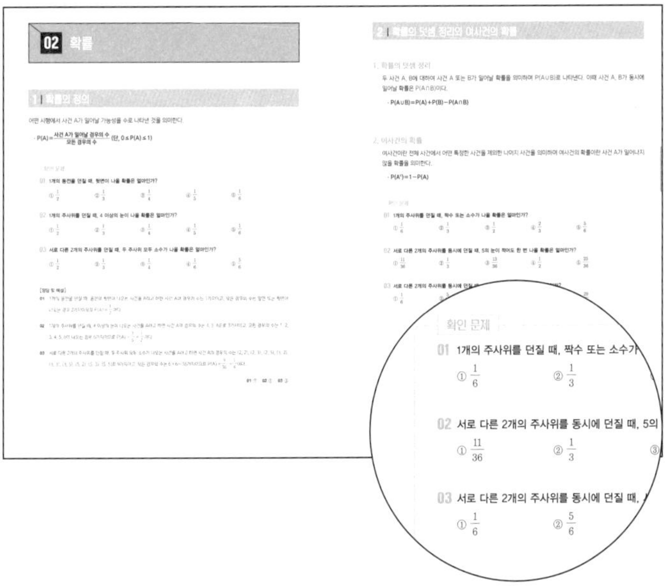

상세하고 꼼꼼한 이론 정리

실전에 필요한 이론을 체계적으로 정리하고 예시를 제공하여 이론을 기초부터 꼼꼼히 학습할 수 있다. 또한 형광펜 표시와 함께 이해를 돕기 위한 보충 설명을 수록하여 NCS 수리능력 이론을 더 쉽게 익힐 수 있다.

확인 문제

학습한 내용을 점검해 볼 수 있는 확인 문제를 통해 기본기를 더욱 단단하게 다질 수 있다.

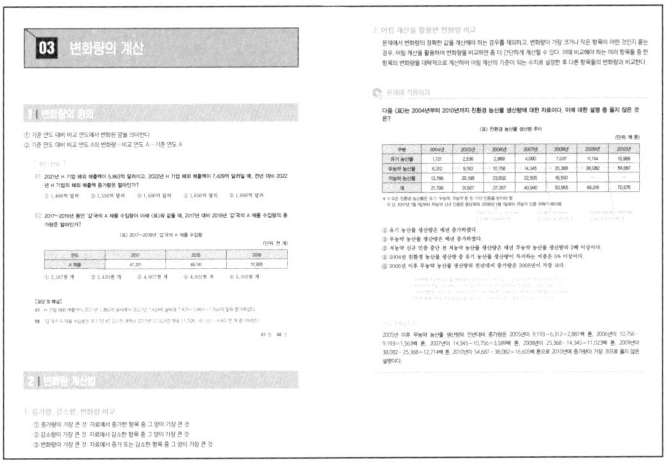

문제에 적용하기

중요한 이론이나 문제 풀이 전략을 실제 문제 풀이에 어떻게 적용하는지를 제시하여 더욱 효과적으로 학습할 수 있다.

3 집중공략문제로 실전에 필요한 **문제 풀이 능력을 전략적으로 향상**시킨다.

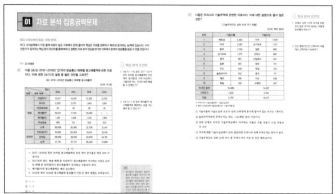

자료 분석 집중공략문제

정확하고 빠른 문제 풀이를 위해 자료를 전략적으로 분석하여 정확하게 문제를 푸는 연습을 할 수 있다.

응용 계산 집중공략문제

꾸준히 출제되고 있는 다양한 응용 계산 문제를 풀어보며 수리능력의 전 유형을 완벽하게 학습할 수 있다.

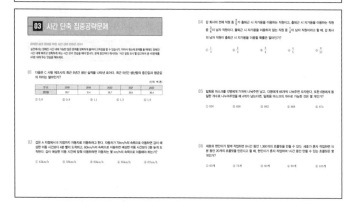

시간 단축 집중공략문제

시간이 절대적으로 부족한 실전에 보다 철저히 대비할 수 있도록 문제 중간마다 몇 분 내에 풀어야 하는지 '시간 알림 표시'가 되어 있어 제한 시간 내에 모든 문제를 푸는 연습을 할 수 있다.

고득점 집중공략문제

고난도 문제에 대비하기 위해 실전보다 어려운 문제를 시간제한 없이 꼼꼼히 풀어봄으로써 NCS 고득점을 달성할 수 있다.

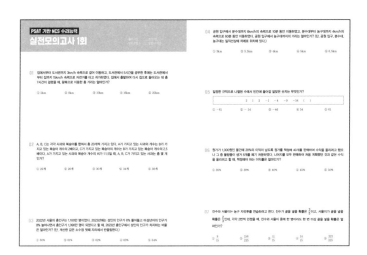

실전모의고사(3회분)

실제 시험과 동일한 유형·난이도로 구성된 실전모의고사 총 3회분을 제한 시간 내에 풀어봄으로써 시험 전 실전 감각을 극대화하여 완벽하게 실전에 대비할 수 있다.

약점 보완 해설집

문제집과 해설집을 분리하여 보다 편리하게 학습할 수 있으며, 모든 문제에 대해 상세하고 이해하기 쉬운 해설을 수록하여 체계적으로 학습할 수 있다. 특히 빠른 문제 풀이 Tip을 통해 문제를 빠르고 정확하게 푸는 방법을 익힐 수 있다.

역량 진단 TEST & 학습 가이드

역량 진단 TEST

⏱ 제한 시간 10분 **안에 문제를 풀어 보며, 자신의 실력을 점검해 보세요.**

[01-13] 다음 중 옳은 것은 O, 틀린 것은 X를 하시오.

01. 44+59+58+25+37의 값은 213이다. (O/X)

02. 1,801−972와 1,237−366 중 더 큰 값은 1,801−972이다. (O/X)

03. 22×494과 50×270 중 더 큰 값은 50×270이다. (O/X)

04. $\frac{160}{1,738}$와 $\frac{364}{3,831}$ 중 더 작은 값은 $\frac{160}{1,738}$이다. (O/X)

05. $\frac{A}{B}$와 $\frac{C}{D}$에서 A>C이고, B<D이면 $\frac{A}{B}<\frac{C}{D}$이다. (O/X)

06. 서로 다른 2개의 주사위를 던져서 나오는 두 눈의 합이 5의 배수가 되는 경우의 수는 7가지이다. (O/X)

07. 1개의 동전을 5번 던져서 모두 앞면이 나올 확률은 $\frac{1}{64}$이다. (O/X)

08. 선진의 국어, 영어, 수학 점수가 각각 67점, 100점, 73점일 때 세 과목의 평균은 80점이다. (O/X)

09. 관찰값 6, 5, 8, 4, 4, 5, 8, 4, 6, 6, 7, 8, 2, 8, 7 중 최빈값은 6이다. (O/X)

10. 횡단면 자료란 동일한 변수에 대하여 여러 시점에 걸쳐 수집된 자료를 의미한다. (O/X)

11. A당 B, B의 A에 대한 비는 $\frac{A}{B}$로 나타낼 수 있다. (O/X)

12. 1월 열차 운행 횟수가 50회이고, 매월 열차 운행 횟수가 50회씩 증가한다면 열차 운행 횟수의 전월대비 증가율은 5월과 10월이 동일하다. (O/X)

13. 2000년 대비 2019년 인구 수의 감소율이 25%라는 것은 2019년 인구 수가 2000년의 $\frac{3}{4}$배임을 의미한다. (O/X)

[14-16] 다음 표를 보고 물음에 답하시오.

<표> 승인받은 GMO 품목 현황

구분	승인국가 수	전세계 승인 품목			국내 승인 품목		
		합	A 유형	B 유형	합	A 유형	B 유형
콩	21	20	18	2	11	9	2
옥수수	22	72	32	40	51	19	32
면화	14	35	25	10	18	9	9
유채	11	22	19	3	6	6	0
사탕무	13	3	3	0	1	1	0
감자	8	21	21	0	4	4	0
알팔파	8	3	3	0	1	1	0
쌀	10	4	4	0	0	0	0
아마	2	1	1	0	0	0	0
자두	1	1	1	0	0	0	0
치커리	1	3	3	0	0	0	0
토마토	4	11	11	0	0	0	0
파파야	3	2	2	0	0	0	0
호박	2	2	2	0	0	0	0

※ 전세계 승인 품목은 국내 승인 품목을 포함함

14. 승인 품목이 하나 이상인 국가는 모두 120개이다. (O/X)

15. 옥수수, 면화, 감자의 전세계 승인 품목은 각각 B 유형이 20개 이상이다. (O/X)

16. 전세계 승인 품목 중 국내에서 승인되지 않은 품목의 비율은 50% 이상이다. (O/X)

[17-20] 다음 표를 보고 물음에 답하시오.

<표> 2015년 국가별 실질세부담률

구분\국가	독신 가구 실질세부담률(%)			다자녀 가구 실질세부담률(%)	독신 가구와 다자녀 가구의 실질세부담률 차이(%p)
		2005년 대비 증감(%p)	전년대비 증감(%p)		
벨기에	55.3	-0.20	-0.28	40.5	14.8
일본	32.2	4.49	0.26	26.8	5.4
그리스	39.0	-2.00	-1.27	38.1	0.9
포르투갈	42.1	5.26	0.86	30.7	11.4
한국	21.9	4.59	0.19	19.6	2.3
캐나다	31.6	-0.23	0.05	18.8	12.8
멕시코	19.7	4.98	0.20	19.7	0.0
스페인	39.6	0.59	-1.16	33.8	5.8
덴마크	36.4	-2.36	0.21	26.0	10.4

17. 2015년 독신 가구와 다자녀 가구의 실질세부담률 차이가 덴마크보다 큰 국가는 캐나다, 멕시코, 일본이다.　　　(O/X)

18. 2015년 독신 가구 실질세부담률이 전년대비 감소한 국가는 벨기에, 그리스, 스페인이다.　　　(O/X)

19. 스페인의 2015년 독신 가구 실질세부담률은 그리스의 2015년 독신 가구 실질세부담률보다 낮다.　　　(O/X)

20. 2005년 대비 2015년 독신 가구 실질세부담률이 가장 큰 폭으로 증가한 국가는 포르투갈이다.　　　(O/X)

[21~30] 다음 문제를 보고 물음에 답하시오.

21. 표는 가로 방향의 줄을 의미하는 (　　)과 세로 방향의 줄을 의미하는 (　　)로 구성된다.　　　(　　,　　)

22. $\frac{552}{600}$는 몇 %인가?　　　(　　　)

23. 원가가 500원인 팔찌 1개를 1,200원에 판매할 때의 이익은?　　　(　　　)

24. 1시간 동안 66개의 선물을 포장할 수 있을 때, 10분 동안 포장할 수 있는 선물의 개수는?　　　(　　　)

25. 60m 높이에서 3초 만에 낙하하는 놀이기구의 속력은?　　　(　　　)

26. 112g의 물에 13g의 소금을 녹였을 때, 소금물의 농도는?　　　(　　　)

27. 밑넓이가 41cm², 높이가 6cm인 사각뿔의 부피는?　　　(　　　)

28. 올해 석사 졸업생이 85명, 수료생이 17명일 때, 석사 졸업생은 수료생의 몇 배인가?　　　(　　　)

29. 남학생 수가 35명이고, 남녀 학생 수의 비가 7:5일 때, 전체 학생 수는?　　　(　　　)

30. 다음 표에서 빈칸에 들어갈 숫자는?

2	4	12	48	(　　)	1,440	10,080

　　　(　　　)

학습 가이드

맞힌 문항 수에 따라 효율적인 학습전략을 확인해 보세요.

맞힌 문항 수	학습 가이드	추천 학습 플랜
27문항 이상	NCS 직업기초능력평가 합격을 위한 수리능력 기본기를 충분히 갖추고 있으므로 교재에 수록된 이론 중에서 자신이 잘 모르는 이론 위주로 빠르게 학습한 후, 문제 풀이에 집중하여 실전 감각을 유지한다면 실전에서도 고득점을 달성할 수 있을 것입니다.	실전 감각 극대화 학습 플랜
22~26문항	수리능력에 대한 기본기는 어느 정도 갖추었으나 문제를 빠르고 정확하게 푸는 연습이 필요합니다. 따라서 교재에 수록된 이론을 전체적으로 학습한 후 문제를 풀며, 문제 풀이 시에는 틀린 문제의 해설을 꼼꼼히 확인하여 동일한 문제를 다시 틀리지 않도록 한다면 실전에서 정답률을 높일 수 있을 것입니다.	취약점 극복 학습 플랜
16~21문항	수리능력에 대한 기본기가 약간 부족한 편입니다. 따라서 교재에 수록된 이론 중에서도 특히 취약한 부분을 집중 학습하여 기본기를 다진 후, 문제를 여러 번 반복해서 풀고 해설을 꼼꼼히 확인한다면 실전에서 정확도를 높일 수 있을 것입니다.	취약점 극복 학습 플랜
9~15문항	수리능력에 대한 기본기가 부족한 편입니다. 따라서 교재에 수록된 이론을 꼼꼼히 학습하고 확인 문제를 통해 이론이 확실히 이해되었는지 점검해야 합니다. 또한 문제를 여러 번 반복해서 풀면서 실전 감각을 기를 수 있도록 해야 합니다.	기초 완성 학습 플랜
8문항 이하	수리능력에 대한 기본기가 많이 부족한 편입니다. 따라서 기초적인 수리 이론과 공식부터 철저하게 학습해야 합니다. 교재에 수록된 이론을 꼼꼼히 학습하고 이론이 완벽하게 이해될 때까지 여러 번 반복 학습한 후에 문제를 푸는 순서로 학습하는 것이 좋습니다.	기초 완성 학습 플랜

맞춤 학습 플랜

역량 진단 TEST 결과에 따른 자신의 실력 및 학습 성향에 따라 자신에게 맞는 학습 플랜을 선택하여 계획을 수립하고, 계획에 따라 그날에 해당하는 학습 분량을 공부하도록 한다.

실전 감각 극대화 학습 플랜

👍 이런 분에게 추천합니다.

- 수리능력 기본기가 탄탄한 분
- 시간이 부족하여 단기간에 NCS를 대비해야 하는 분

학습 단계	기초 학습		실전 연습		최종 마무리
날짜	___월___일	___월___일	___월___일	___월___일	___월___일
학습내용	· 기출유형공략 학습 · PART 1 학습 · PART 2 학습 · PART 3 학습	· PART 4 학습 · PART 5 학습 · PART 6 학습	PART 7 풀이	PART 8 풀이	PART 7~8 복습

* 심화 학습을 원할 경우 해커스잡 사이트(ejob.Hackers.com)에서 유료로 제공되는 본 교재의 동영상 강의를 수강할 수 있다.

취약점 극복 학습 플랜

👍 이런 분에게 추천합니다.

- 수리능력 기본기는 있으나 문제 풀이 능력을 향상시켜야 하는 분
- 취약한 부분 위주로 효율적으로 학습하고 싶은 분

학습 단계	기초 학습			실력 점검	
날짜	___월___일	___월___일	___월___일	___월___일	___월___일
학습내용	· 기출유형공략 학습 · PART 1 학습 · PART 2 학습 · PART 3 학습	· PART 4 학습 · PART 5 학습 · PART 6 학습	PART 1~6 복습	· PART 7 자료 분석 풀이 및 복습 · PART 7 응용 계산 1~22번 풀이 및 복습	· PART 7 응용 계산 23~45번 풀이 및 복습 · PART 7 시간 단축 풀이 및 복습

학습 단계	실력 점검	실전 연습			최종 마무리
날짜	___월___일	___월___일	___월___일	___월___일	___월___일
학습내용	PART 7 고득점 풀이 및 복습	PART 8 실전 1회 풀이 및 복습	PART 8 실전 2회 풀이 및 복습	PART 8 실전 3회 풀이 및 복습	PART 7~8 복습 및 관련 이론 복습

* 심화 학습을 원할 경우 해커스잡 사이트(ejob.Hackers.com)에서 유료로 제공되는 본 교재의 동영상 강의를 수강할 수 있다.

기초 완성 학습 플랜

👍 이런 분에게 추천합니다.

- 수리능력 기본기가 부족하여 이론을 집중적으로 학습해야 하는 분
- 수리능력을 처음 학습하거나 기초부터 탄탄하게 학습하고 싶은 분

학습 단계	기초 학습 >>				
날짜	___월___일	___월___일	___월___일	___월___일	___월___일
학습내용	· 기출유형공략 학습 · PART 1 학습	PART 2 학습	PART 3 학습	PART 4 학습	PART 5 학습

학습 단계	기초 학습	실력 점검 >>			
날짜	___월___일	___월___일	___월___일	___월___일	___월___일
학습내용	PART 6 학습	PART 7 자료 분석 풀이	PART 7 응용 계산 풀이	PART 7 시간 단축 풀이	PART 7 고득점 풀이

학습 단계	실력 점검		취약점 극복		
날짜	___월___일	___월___일	___월___일	___월___일	___월___일
학습내용	PART 7 자료분석, 응용 계산 및 관련 이론 복습	PART 7 시간 단축, 고득점 및 관련 이론 복습	· PART 1 복습 · PART 2 복습 · PART 3 복습	· PART 4 복습 · PART 5 복습 · PART 6 복습	PART 7 복습

학습 단계	실전 연습				최종 마무리
날짜	___월___일	___월___일	___월___일	___월___일	___월___일
학습내용	PART 8 실전 1회 풀이	PART 8 실전 2회 풀이	PART 8 실전 3회 풀이	PART 8 실전 1, 2, 3회 복습	PART 1~8 복습

* 심화 학습을 원할 경우 해커스잡 사이트(ejob.Hackers.com)에서 유료로 제공되는 본 교재의 동영상 강의를 수강할 수 있다.

해커스공기업 PSAT 기출로 끝내는 NCS 수리·자료해석 집중 공략

NCS 수리능력
기출유형공략

출제경향분석

영역 특징

NCS 수리능력에는 업무 수행에 필요한 기본적인 계산 능력을 평가하기 위한 문제와 다양한 형태의 자료를 이해하고 분석하는 능력을 평가하기 위한 문제들이 출제된다. 최근에는 PSAT 자료해석과 유사한 유형의 문제들이 출제되고 있고, 해당 문제들의 난도가 높은 편이기 때문에 PSAT 자료해석 문제를 학습해야 NCS 수리능력 고득점을 달성할 수 있다.

구분	NCS 수리능력	PSAT 자료해석
평가요소	업무 수행에 필요한 계산 능력, 다양한 형태의 자료를 분석하고 분석한 정보를 통해 새로운 정보를 도출하는 능력을 평가함	
시험특징	NCS 직업기초능력평가는 효과적인 직무 수행 능력을 평가하기 위한 시험으로 10개 영역(의사소통능력, 수리능력, 문제해결능력, 자기개발능력, 자원관리능력, 대인관계능력, 정보능력, 기술능력, 조직이해능력, 직업윤리능력)으로 구분되며 기업에 따라 출제되는 영역은 다르지만 의사소통능력, 수리능력, 문제해결능력은 대부분의 기업에서 출제됨	PSAT는 5급 공무원 채용, 5·7급 공무원 민간경력자 채용, 입법고시에서 공직적격성을 평가하기 위한 시험으로 3개 영역(언어논리, 자료해석, 상황판단)이 출제됨
출제유형	· 응용 계산 · 자료 이해 · 자료 논리 · 자료 변환 · 자료 해결	· 자료 이해 · 자료 논리 · 자료 변환 · 자료 해결
난이도 비교	민경채(= 7급공채) PSAT ≤ NCS 수리능력 ≤ 5급공채 PSAT < 입법고시 PSAT	

* 난이도 비교: PSAT 자료해석과 NCS 수리능력에 공통적으로 출제되는 유형 기준

유형 특징

NCS 수리능력은 ① 응용 계산, ② 자료 이해, ③ 자료 논리, ④ 자료 변환, ⑤ 자료 해결 총 5개의 유형으로 구분된다.

응용 계산	제시된 조건에 따라 식을 세워 계산하거나 제시된 숫자의 배열 규칙을 찾아 빈칸에 들어갈 숫자를 추론하는 유형
자료 이해	제시된 자료에 대한 설명의 옳고 그름을 판단하는 유형
자료 논리	제시된 자료와 조건을 활용하여 자료의 수치나 항목을 추론하는 유형
자료 변환	제시된 자료를 다른 형태의 자료로 변환하는 유형
자료 해결	제시된 자료와 조건을 구체적인 상황에 적용하여 계산하는 유형

최신 출제 경향

1 응용 계산 유형은 제시된 자료를 해석하는 유형들보다 출제 비중이 낮으나 평이한 난도로 꾸준히 출제되고 있다.

2 PSAT 자료해석과 유사한 문제의 출제 비중이 증가하여 전반적으로 난도가 높아지고 있다.

3 자료 논리와 자료 변환 유형은 비교적 평이한 난도로 출제되고 있으나, 자료 이해와 자료 해결 유형은 자료 분석이 까다로운 PSAT 자료해석과 비슷한 문제가 출제되어 난도가 높은 편이다. 특히 자료 해결 유형은 고려해야 할 조건이 많은 비용 및 시간 계산 문제의 출제 비중이 높아 난도가 높은 편이다.

NCS 수리능력 학습 전략

1 본 교재에 수록된 수학 이론·공식을 꼼꼼히 학습하고 최대한 많은 문제를 풀어 보면서 이론과 공식을 문제에 적용하는 연습을 한다.

2 자료를 해석하는 문제의 출제 비중이 높으므로 다양한 자료를 접해 보면서 도표 및 그래프를 분석하는 연습을 한다.

3 본 교재 해설에 제시된 '빠른 문제 풀이 Tip'을 숙지하여 문제 풀이 시간을 단축하는 연습을 한다.

01 유형 특징

1 제시된 조건에 따라 식을 세워 계산하거나 제시된 숫자의 배열 규칙을 찾아 빈칸에 들어갈 숫자를 추론하는 유형이다.

2 간단한 수학 개념·공식을 사용하여 쉽게 풀 수 있는 문제들이 출제되는 경우가 많아 난도는 평이하다.

3 업무와 관련된 상황이 제시되거나 실제 업무에 쓰이는 자료가 포함된 문제가 출제되기도 한다.

4 제시된 자료를 해석하는 유형들보다 출제 비중은 낮은 편이나 꾸준히 출제되고 있다.

02 출제 기업

건강보험심사평가원, 건설근로자공제회, 국민건강보험공단, 국민연금공단, 근로복지공단, 기술보증기금, 신용보증기금, 인천국제공항공사, 인천항만공사, 주택도시보증공사, 중소기업유통센터, 중소벤처기업진흥공단, 한국가스공사, 한국고용정보원, 한국남부발전, 한국도로공사, 한국산업인력공단, 한국소비자원, 한국수력원자력, 한국수자원공사, 한국에너지공단, 한국장애인고용공단, 한국전력공사, 한국중부발전, 한국철도공사, 한국토지주택공사, 한전KDN, 한전KPS 등

03 고득점 전략

1 본 교재에 수록된 사칙연산과 방정식, 경우의 수, 확률, 평균 등 기본적인 수학 개념 및 공식을 학습하고 이를 문제에 적용하는 연습을 한다.

2 여러 개의 식을 세울 때 문제를 푸는 데 필요한 조건이 누락되지 않도록 제시된 조건을 표나 그림으로 간단히 정리하여 문제를 정확하게 푸는 연습을 한다.

3 본 교재에 수록된 대입법이나 소거법 등 식의 형태에 따라 계산을 최소화할 수 있는 방정식 풀이법(p.147)을 적용하여 문제 풀이 시간을 단축하는 연습을 한다.

세현이와 주리는 각각 차를 몰고 A 지점에서 동시에 출발하여, B 지점까지 왕복해서 다녀온다. 세현이는 시속 52km로, 주리는 시속 72km로 등속운동으로 달리며, 45분이 지났을 때 아직 B로 가고 있는 세현이의 차와 B 지점을 찍고 A로 돌아오는 주리의 차가 바로 옆을 지나쳤다면 A와 B의 거리는 얼마인가?

① 42.5km   ② 43.5km   ③ 46.5km   ④ 48.5km   ⑤ 50.5km

정답 및 해설 ③

A와 B 사이의 거리가 $x$km 라고 한다면, 45분 후 두 차의 이동 거리의 합은 $2x$와 같다.

즉, 세현이가 시속 52km로 45분 달린 이동 거리는 $52 \times \dfrac{45}{60} = 39$km

주리가 시속 72km로 45분 달린 이동 거리는 $72 \times \dfrac{45}{60} = 54$km

이므로 $39 + 54 = 93$이고 $2x = 93$이다.

즉, $x = 46.5$km 가 된다.

01 유형 특징

1 제시된 자료에 대한 설명의 옳고 그름을 판단하는 유형이다.

2 자료의 수치가 매우 크거나 소수점까지의 구체적인 계산을 요구하는 경우가 많아 난도는 높은 편이다.

3 주로 각 기업과 관련된 산업 분야의 통계 자료를 활용한 문제가 출제된다.

02 출제 기업

건강보험심사평가원, 국민건강보험공단, 국민연금공단, 근로복지공단, 도로교통공단, 서울교통공사, 신용보증기금, 인천
교통공사, 인천국제공항공사, 전력거래소, 주택도시보증공사, 중소벤처기업진흥공단, 한국가스공사, 한국공항공사, 한국
남동발전, 한국남부발전, 한국농어촌공사, 한국산업인력공단, 한국소비자원, 한국수력원자력, 한국수자원공사, 한국어촌
어항공단, 한국전력공사, 한국중부발전, 한국지역난방공사, 한국철도공사, 한국토지주택공사, 한전KDN, IBK기업은행 등

03 고득점 전략

1 지원하는 기업에 대한 보도자료나 신문기사를 보면서 사업 동향을 익히고 자료를 이해하는 연습을 한다.

2 선택지나 <보기> 중 계산을 하지 않거나 간단한 계산으로 옳고 그름을 파악할 수 있는 내용을 먼저 확인하여 문제를 빠
르고 정확하게 푸는 연습을 한다.

3 수치가 크고 복잡한 경우 대략적인 수치를 사용하여 간단하게 계산해서 문제 풀이 시간을 단축하는 연습을 한다.

다음은 산업별 에너지 절약 실적에 관련한 자료이다. 이에 대한 설명으로 옳은 것은?

〈표〉에너지 절약 실적 종합

구분		식품	섬유	제지 목재	화공	요업	금속
2015	사용량(천 toe)	1,168	901	1,293	23,259	5,558	37,988
	절감량(천 toe)	34	17	17	531	149	469
	투자비(억 원)	614	212	380	3,498	372	4,696
	융자금액	229	61	124	404	35	128
	자체금액	385	151	256	3,094	337	4,568
2016	사용량(천 toe)	1,228	855	1,333	23,533	5,944	40,723
	절감량(천 toe)	28	17	11	520	177	489
	투자비(억 원)	391	168	431	2,298	829	4,774
	융자금액	55	35	199	134	413	95
	자체금액	336	133	232	2,164	416	4,679

※ 절감률(%)=절감량 / 사용량×100, 융자비율(%)=융자금액 / 투자비×100
※ 출처: KOSIS(산업통상자원부, 에너지사용량통계)

① 2016년의 에너지 사용량은 전년 대비 모든 분야에서 증가하였다.
② 2016년의 요업 분야 에너지 절감률은 전년 대비 증가하였다.
③ 2016년의 섬유 분야 융자비율은 전년 대비 증가하였다.
④ 2016년에 전년 대비 투자비가 가장 적게 증가한 분야의 2015년 에너지 절감률은 1.5% 이상이다.
⑤ 연도별 에너지 총사용량에 대한 금속 분야 에너지 사용량의 비중은 매년 50% 이하이다.

정답 및 해설 ②

요업 분야의 에너지 절감률은 2015년 149 / 5,558×100 ≒ 2.7%, 2016년 177 / 5,944×100 ≒ 3.0%로 증가하였으므로 옳은 설명이다.
① 에너지 사용량은 유일하게 섬유 분야에서 2015년 대비 2016년에 감소하였으므로 옳지 않은 설명이다.
③ 섬유 분야의 융자비율은 2015년 61 / 212×100 ≒ 28.8%, 2016년 35 / 168×100 ≒ 20.8%로 감소하였으므로 옳지 않은 설명이다.
④ 2016년에 전년 대비 투자비가 가장 적게 증가한 분야는 제지 목재 분야이며 제지 목재 분야의 2015년 에너지 절감률은 17/1,293×100≒1.3%로 1.5% 이하이므로 옳지 않은 설명이다.
⑤ 금속 분야의 에너지 사용량은 2015년 37,988 / 70,167×100 ≒ 54.1%, 2016년 40,723 / 73,616×100 ≒ 55.3%로 매년 50% 이상이므로 옳지 않은 설명이다.

01 유형 특징

1 제시된 자료와 조건을 활용하여 자료의 수치나 항목을 추론하는 유형이다.

2 수치 계산이 복잡하지 않고, 제시된 조건에 따라 정답을 추론하는 과정이 까다롭지 않아 난도는 평이한 편이다.

3 주로 조건에 따라 올바른 항목을 추론하거나 제시된 공식을 활용하여 계산하는 문제가 출제된다.

02 출제 기업

국민건강보험공단, 국민연금공단, 근로복지공단, 부산교통공사, 인천교통공사, 인천국제공항공사, 한국남동발전, 한국남부발전, 한국산업인력공단, 한국수력원자력, 한국수자원공사, 한국전력공사, 한국중부발전, 한국지역난방공사, 한국철도공사, 한국토지주택공사, 한국환경공단 등

03 고득점 전략

1 제시된 자료와 조건을 바탕으로 계산을 하지 않고 정보를 바로 추론할 수 있거나 계산이 간단한 조건을 먼저 확인하여 문제를 빠르게 푸는 연습을 한다.

2 처음으로 확인한 조건과 관련 있는 조건을 순차적으로 확인하여 정보를 추론해서 문제를 정확하게 푸는 연습을 한다.

다음 〈표〉는 '갑'국의 10대 미래산업 현황에 대한 자료이다. 〈표〉와 〈조건〉을 이용하여 B, C, E에 해당하는 산업을 바르게 나열한 것은? [16 민경채 기출]

〈표〉 '갑'국의 10대 미래산업 현황

(단위: 개, 명, 억 원, %)

산업	업체 수	종사자 수	부가가치액	부가가치율
A	403	7,500	788	33.4
기계	345	3,600	2,487	48.3
B	302	22,500	8,949	41.4
조선	103	1,100	282	37.0
에너지	51	2,300	887	27.7
C	48	2,900	4,002	42.4
안전	15	2,100	1,801	35.2
D	4	2,800	4,268	40.5
E	2	300	113	36.3
F	2	100	61	39.1
전체	1,275	45,200	23,638	40.3

※ 부가가치율(%) = $\dfrac{\text{부가가치액}}{\text{매출액}} \times 100$

〈조 건〉

○ 의료 종사자 수는 IT 종사자 수의 3배이다.
○ 의료와 석유화학의 부가가치액 합은 10대 미래산업 전체 부가가치액의 50% 이상이다.
○ 매출액이 가장 낮은 산업은 항공우주이다.
○ 철강 업체 수는 지식서비스 업체 수의 2배이다.

	B	C	E
①	의료	철강	지식서비스
②	의료	석유화학	지식서비스
③	의료	철강	항공우주
④	지식서비스	석유화학	의료
⑤	지식서비스	철강	의료

정답 및 해설 ②

· 의료 종사자 수는 IT 종사자 수의 3배이므로 B와 A 또는 E와 F가 각각 의료와 IT임을 알 수 있다.
· 철강 업체 수는 지식서비스 업체 수의 2배이므로 D와 E 또는 D와 F가 각각 철강과 지식서비스이고, 이에 따라 D가 철강임을 알 수 있다. 또한 E 또는 F가 지식서비스이므로 A가 IT, B가 의료임을 알 수 있다.
· 부가가치율(%) = $\dfrac{\text{부가가치액}}{\text{매출액}} \times 100$임을 적용하여 구한다. 매출액은 F가 (61 / 39.1) × 100 ≒ 156.0억 원으로 가장 낮으므로 F가 항공우주임을 알 수 있고, E가 지식서비스, 나머지 C가 석유화학임을 알 수 있다.
따라서 B는 의료, C는 석유화학, E는 지식서비스이다.

01 유형 특징

1 제시된 자료를 다른 형태의 자료로 변환하는 유형이다.

2 정확한 계산을 하지 않아도 자료의 수치나 추이 등을 비교하면 풀 수 있는 경우가 많아 난도는 평이한 편이다.

3 주로 표 형태의 자료를 그래프로 변환하는 문제가 출제된다.

02 출제 기업

중소벤처기업진흥공단, 전력거래소, 한국남부발전, 한국수자원공사, 한국전력공사, 한국중부발전, 한국철도공사 등

03 고득점 전략

1 제시되는 자료의 수가 많으므로 자료에서 비교해야 하는 항목이나 수치, 단위에 표시를 하여 문제를 정확하게 푸는 연습을 한다.

2 선택지에 제시된 자료의 제목과 구성 항목을 먼저 파악한 후, 문제와 관련 있는 항목만 확인하여 문제를 빠르게 푸는 연습을 한다.

3 자료의 수치를 그대로 언급한 선택지를 가장 먼저 확인하고, 계산을 통해 새로운 수치를 구해야 하거나 계산 과정이 복잡한 선택지는 나중에 확인하여 문제 풀이 시간을 단축하는 연습을 한다.

다음 〈보고서〉는 2021년 '갑'국 사교육비 조사결과에 대한 자료이다. 〈보고서〉의 내용과 부합하지 않는 자료는? [22 민경채 기출]

─〈보고서〉─

2021년 전체 학생 수는 532만 명으로 전년보다 감소하였지만, 사교육비 총액은 23조 4천억 원으로 전년 대비 20% 이상 증가하였다. 또한, 사교육의 참여율과 주당 참여시간도 전년 대비 증가한 것으로 나타났다.

2021년 전체 학생의 1인당 월평균 사교육비는 전년 대비 20% 이상 증가하였고, 사교육 참여학생의 1인당 월평균 사교육비 또한 전년 대비 6% 이상 증가하였다. 2021년 전체 학생 중 월평균 사교육비를 20만 원 미만 지출한 학생의 비중은 전년 대비 감소하였으나, 60만 원 이상 지출한 학생의 비중은 전년 대비 증가한 것으로 나타났다.

한편, 2021년 방과후학교 지출 총액은 4,434억 원으로 2019년 대비 50% 이상 감소하였으며, 방과후학교 참여율 또한 28.9%로 2019년 대비 15.0%p 이상 감소하였다.

① 전체 학생 수와 사교육비 총액

(단위: 만 명, 조 원)

구분 \ 연도	2020	2021
전체 학생 수	535	532
사교육비 총액	19.4	23.4

② 사교육의 참여율과 주당 참여시간

(단위: %, 시간)

구분 \ 연도	2020	2021
참여율	67.1	75.5
주당 참여시간	5.3	6.7

③ 학생 1인당 월평균 사교육비

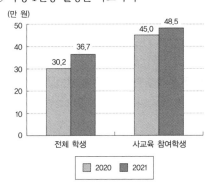

④ 전체 학생의 월평균 사교육비 지출 수준에 따른 분포

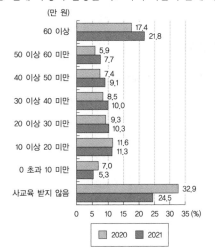

⑤ 방과후학교의 지출 총액과 참여율

(단위: 억 원, %)

구분 \ 연도	2019	2021
지출 총액	8,250	4,434
참여율	48.4	28.9

정답 및 해설 ⑤

제시된 〈보고서〉의 마지막 단락에서 2021년 방과후학교 지출 총액이 2019년 대비 50% 이상 감소하였다고 했으나, ⑤의 [방과후학교의 지출 총액과 참여율]에 따르면 2019년 대비 2021년 방과후학교 지출 총액의 감소율은 {(8,250−4,434)/8,250} × 100 ≒ 46.3%이므로 〈보고서〉의 내용과 부합하지 않는 자료임을 알 수 있다.

01 유형 특징

1 제시된 자료와 조건을 구체적인 상황에 적용하여 계산하는 유형이다.

2 자료와 조건에 대해 파악한 후, 이를 구체적인 상황에 적용하여 계산을 해야 하므로 문제 풀이에 비교적 오랜 시간이 소요되어 난도가 높은 편이다.

3 주로 자원 및 비용을 계산하거나 예산을 고려하는 문제가 출제된다.

02 출제 기업

국민건강보험공단, 근로복지공단, 서울교통공사, 인천항만공사, 전력거래소, 한국산업인력공단, 한국수력원자력, 한국전력공사, 한국토지주택공사 등

03 고득점 전략

1 자원이나 비용을 계산하는 문제가 자주 출제되므로 계산 실수가 없도록 문제를 정확하게 푸는 연습을 한다.

2 문장으로 주어진 조건을 단어나 표로 간단히 정리한 후, 고려해야 하는 조건이나 상황을 빠짐없이 확인하여 문제를 빠르고 정확하게 푸는 연습을 한다.

다음 〈표〉는 A~C가 참가한 사격게임 결과에 대한 자료이다. 〈표〉와 〈조건〉을 근거로 1~5라운드 후 A의 총적중 횟수의 최솟값과 C의 총적중 횟수의 최댓값의 차이를 구하면? [20 민경채 기출]

〈표〉 참가자의 라운드별 적중률 현황

(단위: %)

라운드 참가자	1	2	3	4	5
A	20.0	( )	60.0	37.5	( )
B	40.0	62.5	100.0	12.5	12.5
C	( )	62.5	80.0	( )	62.5

※ 사격게임 결과는 '적중'과 '미적중'만으로 구분함

─────〈조 건〉─────

○ 1, 3라운드에는 각각 5발을 발사하고, 2, 4, 5라운드에는 각각 8발을 발사함.
○ 각 참가자의 라운드별 적중 횟수는 최소 1발부터 최대 5발까지임.
○ 참가자별로 1발만 적중시킨 라운드 횟수는 2회 이하임.

① 10   ② 11   ③ 12   ④ 13   ⑤ 14

정답 및 해설 ⑤

· 제시된 〈조건〉에 따르면 1, 3라운드에는 각각 5발, 2, 4, 5라운드에는 각각 8발을 발사했고, 각 참가자의 라운드별 적중 횟수는 최소 1발부터 최대 5발까지이므로 1, 3라운드의 적중률은 1발당 20%, 2, 4, 5라운드의 적중률은 1발당 12.5%이다. 참가자별로 1발만 적중시킨 라운드 횟수는 2회 이하이고, A의 총적중 횟수의 최솟값과 C의 총적중 횟수의 최댓값을 구하는 것이므로 A의 2, 5라운드의 최솟값과 C의 1, 4라운드의 최댓값을 구하면 된다.

· A의 총적중 횟수가 최솟값이 되려면 1라운드에서 1발을 적중시켰으므로 2, 5라운드 중 1개의 라운드에서 1발, 나머지 1개의 라운드에서 2발을 적중시켜야 하고, 이때의 총적중 횟수는 10발이다.

· C의 총적중 횟수가 최댓값이 되려면 1, 4라운드에서 모두 최대로 적중시켜야 하므로 각각 5발을 적중시켜야 하고, 이때의 총적중 횟수는 24발이다.

따라서 A의 총적중 횟수의 최솟값과 C의 총적중 횟수의 최댓값의 차이는 24 − 10 = 14이다.

PART 1

연산

01 기본 연산

1 | 연산과 검산

1. 연산

(1) 연산법

① 괄호가 있는 식에서는 괄호 안의 연산을 가장 먼저 계산한다.

② 덧셈과 뺄셈이 혼합된 식의 연산은 왼쪽 항부터 차례로 계산한다.

식을 구성하는 단위로, 덧셈과 뺄셈으로 연결된 각각의 수를 항이라고 함

③ 곱셈과 나눗셈이 혼합된 식의 연산도 왼쪽 항부터 차례로 계산한다.

④ 네 종류의 연산이 모두 혼합된 식의 연산은 덧셈과 뺄셈보다 곱셈과 나눗셈을 먼저 계산한다.

(2) 연산의 기본 법칙

실수를 연산할 때 덧셈과 곱셈에 대해 교환법칙, 결합법칙, 분배법칙이 성립한다.

① 교환법칙

· 항의 순서를 바꾸어 계산하는 것으로 그 결과는 순서를 바꾸기 전과 후가 같다.

· $A+B=B+A$, $A \times B=B \times A$

② 결합법칙

· 세 항의 결합 및 순서를 바꾸어 계산하는 것으로 세 항 중 앞의 두 항을 먼저 계산한 결과와 뒤의 두 항을 먼저 계산한 결과가 같다.

· $A+(B+C)=(A+B)+C$, $A \times (B \times C)=(A \times B) \times C$

③ 분배법칙

· 덧셈과 곱셈이 혼합된 식에서 두 개의 연산을 분배하여 계산하는 것으로 그 결과는 연산을 분배하기 전과 후가 같다.

· $(A+B) \times C=A \times C+B \times C$

2. 검산

(1) 역연산법

본래의 풀이와 반대로 연산을 해가면서 본래의 답이 맞는지 확인하는 검산법이다. 덧셈은 뺄셈으로, 뺄셈은 덧셈으로 확인한다.

예 $1+2+3+4+5=15$

→ 역연산하면 $15-5-4-3-2-1=0$이므로 계산이 틀리지 않았다.

예 $19-9-5-2=3$

→ 역연산하면 $3+2+5+9=19$이므로 계산이 틀리지 않았다.

(2) 구거법

<small>등식이나 부등식에서 등호나 부등호를 중심으로 왼쪽을 좌변, 오른쪽을 우변이라고 함</small>

계산식의 양변을 9로 나눈 나머지를 비교하여 본래의 답이 맞는지 확인하는 검산법이다. 어떤 수를 9로 나눈 나머지는 그 수의 각 자리 수의 합을 9로 나눈 나머지와 같다는 원리를 이용한다.

예 $176+146=322$

→ 구거법으로 검산하면 $(1+7+6)/9$의 나머지는 5, $(1+4+6)/9$의 나머지는 2이고, $(3+2+2)/9$의 나머지는 7로 양변을 9로 나눈 나머지끼리 연산한 $5+2=7$이 옳으므로 계산이 틀리지 않았다.

예 $41,753 \times 29=1,210,837$

→ 구거법으로 검산하면 $(4+1+7+5+3)/9$의 나머지는 2, $(2+9)/9$의 나머지는 2이고, $(1+2+1+0+8+3+7)/9$의 나머지는 4로 양변을 9로 나눈 나머지끼리 연산한 $2 \times 2=4$가 옳으므로 계산이 틀리지 않았다.

2 | 유효숫자, 반올림, 보수

1. 유효숫자

① 어림 계산에 필요한 의미 있는 수치로, 근삿값을 구할 때 오차를 고려하더라도 신뢰할 수 있는 숫자이다. 제시된 자료에서 계산해야 할 수치가 크거나 복잡한 경우에 유효숫자를 이용하여 어림 계산을 하면 좀 더 간단하게 계산할 수 있다.

② 일반적으로 자릿수가 가장 큰 부분부터 앞 두 자리를 유효숫자로 설정하며 상황에 따라서는 그 뒷자리를 추가하기도 한다. 이때 자릿수가 다른 여러 수치를 연산하는 경우에는 뒷자리부터 같은 수만큼의 자릿수를 제거한다.

③ 유효숫자는 구하려는 자리의 한 자리 아래에서 반올림하여 설정한다.

예 미국의 콩 생산량은 브라질과 아르헨티나 콩 생산량의 합보다 많다. (O, X)

<표> 콩 생산량 상위 5개국의 생산현황

순위	국가별	재배 면적(만 ha)	콩 생산량(만 톤)	단위재배면적당 생산량(톤/ha)
1	미국	2,994	8,562.8	2.86
2	브라질	2,147	4,916.6	2.29
3	아르헨티나	1,395	3,196.6	2.29
4	중국	1,058	1,777.2	1.68
5	인도	755	702.2	0.93

→ (O), 미국, 브라질, 아르헨티나의 콩 생산량을 일의 자리에서 반올림하여 유효숫자를 설정하면 각각 856, 492, 320 이다. 이때 미국의 콩 생산량은 약 856으로 브라질과 아르헨티나의 콩 생산량의 합인 $492+320 ≒ 812$보다 많다.

2. 반올림

근삿값을 나타내기 위한 방법으로 반올림하는 자리의 수가 0~4이면 버리고, 5~9이면 올린다. 이때 반올림하는 자리의 수가 4~6일 경우, 반올림하여 연산한 결과와 실제 수치를 연산한 결과 간의 오차가 클 수 있어 어림 계산의 정확도를 높이기 위해 다음과 같은 방식을 적용하기도 한다.

① 유연한 덧셈 반올림

덧셈 계산에서 한쪽 수치를 반올림하여 올리면 다른 쪽 수치는 반올림하여 버린다.

예 166+285
→ 원래 연산: 166+285=451
일의 자리 반올림 연산: 170+290=460
유연한 반올림 연산: 170+280=450 또는 160+290=450

② 유연한 뺄셈 반올림

뺄셈 계산에서 한쪽 수치를 반올림하여 올리면 다른 쪽 수치도 반올림하여 올리고, 한쪽 수치를 반올림하여 버리면 다른 쪽 수치도 반올림하여 버린다.

예 284−166
→ 원래 연산: 284−166=118
일의 자리 반올림 연산: 280−170=110
유연한 반올림 연산: 280−160=120 또는 290−170=120

🔷 문제에 적용하기

2013년 대비 2014년 양자지원형태 공적개발원조액의 증가량은 얼마인가? (단, 결괏값은 백의 자리에서 반올림하여 구한다.)

〈표〉 지원형태별 공적개발원조액

(단위: 백만 원)

지원형태 ＼ 연도	2013	2014
양자	500,139	542,725
다자	522,783	580,552

① 약 38,000백만 원   ② 약 40,000백만 원   ③ 약 43,000백만 원
④ 약 46,000백만 원   ⑤ 약 50,000백만 원

선택지 간의 범위가 커 정확한 증가량을 구하지 않아도 되므로 계산 전에 먼저 수치를 반올림한다. 백의 자리에서 반올림하여 유효숫자를 설정하면 각각 500, 543이므로 증가량은 약 543−500=43이다.

정답 및 해설 ③

2013년 대비 2014년 양자지원형태 공적개발원조액의 증가량은 542,725−500,139=42,586백만 원이므로 백의 자리에서 반올림하면 약 43,000백만 원이다.

3. 보수

① 어떤 값이 되도록 보충을 해주는 수로, 더해서 특정한 값이 되는 관계에 있는 수이다. 즉, A에 대한 B의 보수는 A−B이다.

② 덧셈, 뺄셈 연산에서는 10과 9에 대한 보수가 자주 사용된다.

10	구분	1	2	3	4	5	6	7	8	9
	보수	9	8	7	6	5	4	3	2	1
9	구분	8	7	6	5	4	3	2	1	−
	보수	1	2	3	4	5	6	7	8	−

③ 100이나 1,000 등에서 특정 수치를 빼야 할 경우 더해서 끝자리가 9가 되는 9에 대한 보수, 더해서 끝자리가 0이 되는 10에 대한 보수를 찾아 빠르게 계산한다. 일의 자릿수는 더해서 끝자리가 0이 되는 수, 십의 자릿수 이상은 더해서 끝자리가 9가 되는 수를 찾는다.

예 100−38=(   )
→ 십의 자릿수인 3의 9에 대한 보수는 6이고, 일의 자릿수인 8의 10에 대한 보수는 2이므로 100−38=62이다.

확인 문제

01 다음 수를 일의 자리에서 반올림하여 연산한 근삿값은 얼마인가?

(1) 176+415   (2) 922−209

02 다음 수를 십의 자리에서 반올림하여 두 자리 유효숫자로 나타낸 값은 얼마인가?

(1) 2,194+6,291   (2) 5,144−3,866

03 덧셈식 (   )+682=1,000에서 (   )에 들어갈 값은 얼마인가?

04 뺄셈식 10,000−4,713=(   )에 들어갈 값은 얼마인가?

[정답 및 해설]

01 (1) 각각의 수를 일의 자리에서 반올림하면 176은 180, 415는 420으로 180+420≒600이나, 반올림하려는 수가 모두 4~6이므로 오차를 줄이고 정확도를 높이기 위해 유연한 덧셈 반올림을 적용한다. 따라서 한쪽 수치는 반올림하여 올리고 한쪽 수치는 반올림하여 버리면 180+410≒590이다.

(2) 각각의 수를 일의 자리에서 반올림하면 922는 920, 209는 210이므로 920−210≒710이다.

02 (1) 각각의 수를 십의 자리에서 반올림하면 2,194는 2,200이므로 유효숫자는 22이고, 6,291은 6,300이므로 유효숫자는 63이다. 따라서 22+63≒85이다.

(2) 각각의 수를 십의 자리에서 반올림하면 5,144는 5,100이므로 유효숫자는 51이고, 3,866은 3,900이므로 유효숫자는 39로 51−39≒12이지만, 반올림하려는 수가 모두 4~6이므로 오차를 줄이고 정확도를 높이기 위해 유연한 뺄셈 반올림을 적용한다. 따라서 양쪽 모두 반올림하여 버리면 51−38≒13이다.

03 (   )=1,000−682이므로 백의 자릿수와 십의 자릿수는 9에 대한 보수, 일의 자릿수는 10에 대한 보수를 찾는다. 따라서 빈칸에 들어갈 수는 318이다.

04 10,000−4,713=(   )이므로 천의 자릿수와 백의 자릿수, 십의 자릿수는 9에 대한 보수, 일의 자릿수는 10에 대한 보수를 찾는다. 따라서 빈칸에 들어갈 숫자는 5,287이다.

01 (1) 590 (2) 710   **02** (1) 85 (2) 13   **03** 318   **04** 5,287

02 덧셈의 연산과 비교

1 | 덧셈의 연산

1. 보수 활용법

① 서로 더해서 끝자리가 0이 되는 10에 대한 보수를 찾아 짝을 지어 묶는다. 이때 수치가 큰 것부터 보수를 찾는다.

> 예 4+4+2+25+3+1+5+1+1=(　　)
>> → 10에 대한 보수, 5에 대한 보수를 수치가 큰 것부터 찾아 묶으면 (25+5)+(4+4+2)+3+1+1+1=46이다.

② 한쪽 항에는 끝자리 수의 10에 대한 보수를 더하여 끝자리가 0이 되도록 맞추고, 또 다른 쪽 항에는 같은 수만큼을 뺀다. 또는 한쪽 항을 보수를 활용한 수치로 변형한다.

> 예 49+37=(　　)
>> → 끝자리가 0이 되도록 49에 9의 10에 대한 보수인 1을 더하고 37에서 1을 빼면 49+37=50+36=86이다.

> 예 57+23=(　　)
>> → 57을 60에 대한 보수인 3을 활용한 식으로 변형하면 57+23=60-3+23=80이다.

2. 곱셈 활용법

더하는 수 중에 같은 수가 여러 번 반복될 경우, 반복되는 수를 곱셈으로 묶는다.

> 예 3+9+4+3+4+1+4+2=(　　)
>> → 3이 두 번, 4가 세 번 반복되므로 반복되는 수를 곱셈으로 묶어 계산하면 (3×2)+(4×3)+9+1+2=30이다.

3. 자릿수 활용법

두 자리 수를 더하는 연산에서 항이 여러 개일 경우, 일의 자릿수는 일의 자릿수끼리, 십의 자릿수는 십의 자릿수끼리 각각 더하고 그 결과를 자릿수에 맞추어 다시 합산한다.

> 예 23+64+13+45=(　　)
>> → (십의 자릿수 합)×10+(일의 자릿수 합)×1로 정리하면 {(2+6+1+4)×10}+{(3+4+3+5)×1}=130+15=145이다.

2 | 덧셈의 대소 비교

1. 단순 비교법

A+B와 C+D에서 A > C이고 B > D이면 A+B > C+D이다.

예 24+29 (　) 42+34

→ (<), 우변의 42와 34가 좌변의 24와 29보다 모두 크므로 24+29 < 42+34이다.

2. 증가량 활용법

A+B와 C+D에서 A > C이고 B < D일 때, C에서 A, B에서 D로의 증가량을 비교하여 증가량이 큰 쪽이 합이 더 크다. 증가량을 정확히 계산하기 전에 어림 계산으로 먼저 대략적인 기준을 잡으면 빠르게 비교할 수 있다.

예 5,516+13,341 (　) 4,535+15,379

→ (<), 각 수치를 십의 자리에서 반올림하여 유효숫자를 설정하면 좌변은 55+133이고, 우변은 45+154이다. 45에서 55로 약 10 증가하고, 133에서 154로 약 20 증가하여 133에서 154로의 증가량이 더 크므로 5,516+13,341 < 4,535+15,379이다.

3. 소거법과 편차 활용법

여러 값을 더하여 비교하는 경우, 같은 수치는 소거하여 계산하지 않고 남은 수치 간의 편차만 비교한다.

예 48+199+110+128+55+18+70+11+24 (　) 48+234+108+161+60+21+101+10+20

→ (<), 수치가 같은 첫 번째 항 48을 소거한 후 두 번째 항부터 좌변과 우변의 편차를 비교하면 우변의 234, 161, 101은 같은 자리의 좌변보다 약 30 정도 더 크고 나머지 항의 수치는 좌변이 우변보다 약 1~5 정도만 더 크므로 정확히 계산하지 않더라도 우변이 더 큼을 알 수 있다.

01 다음 덧셈의 결괏값은 얼마인가?

(1) 171＋128

(2) 4,832＋3,163

(3) 8＋40＋26＋74＋52＋13＋52＋8＋33＋74

(4) 253＋154＋522＋894＋658＋545

02 다음 덧셈의 대소를 비교하시오.

(1) 4,353＋7,887 ( ) 3,807＋9,708

(2) 60,582＋23,847 ( ) 63,388＋16,115

(3) 474＋325＋171＋843＋254＋716 ( ) 254＋325＋189＋843＋474＋687

(4) 52,341＋67,252＋11,423＋241＋352＋679 ( ) 67,252＋494＋11,627＋244＋679＋52,341

[정답 및 해설]

02 (1) 각 수치를 십의 자리에서 반올림하여 유효숫자를 설정하면 좌변은 44＋79이고, 우변은 38＋97이다. 38에서 44로 약 6 증가하고, 79에서 97로 약 18 증가하여 79에서 97로 증가량이 더 크므로 4,353＋7,887 < 3,807＋9,708이다.

(4,353＋7,887＝12,240 < 3,807＋9,708＝13,515)

(2) 각 수치를 백의 자리에서 반올림하여 유효숫자를 설정하면 좌변은 61＋24이고, 우변은 63＋16이다. 61에서 63으로 약 2 증가하고, 16에서 24로 약 8 증가하여 16에서 24로 증가량이 더 크므로 60,582＋23,847 > 63,388＋16,115이다.

(60,582＋23,847＝84,429 > 63,388＋16,115＝79,503)

(3) 좌변과 우변에서 수치가 같은 474, 325, 843, 254를 소거한 후 좌변과 우변의 편차를 비교하면 우변의 189는 좌변의 171보다 약 20 정도 크고, 좌변의 716은 우변의 687보다 약 30 정도 크므로 정확히 계산하지 않더라도 좌변이 더 큼을 알 수 있다.

(474＋325＋171＋843＋254＋716＝2,783 > 254＋325＋189＋843＋474＋687＝2,772)

(4) 좌변과 우변에서 수치가 같은 52,341, 67,252, 679를 소거한 후 좌변과 우변의 편차를 비교하면 우변의 494는 좌변의 352보다 약 140 정도 크고, 우변의 11,627은 좌변의 11,423보다 약 200 정도 크다. 또한 우변의 244는 좌변의 241보다 3 더 크므로 정확히 계산하지 않더라도 우변이 더 큼을 알 수 있다.

(52,341＋67,252＋11,423＋241＋352＋679＝132,288 < 67,252＋494＋11,627＋244＋679＋52,341＝132,637)

01 (1) 299 (2) 7,995 (3) 380 (4) 3,026

02 (1) < (2) > (3) > (4) <

〈보기〉의 A, B에 들어갈 말로 알맞은 것은 무엇인가?

〈표〉 A 추모공원의 신규 안치건수 및 매출액 현황

(단위: 건)

안치유형	구분	신규 안치건수	
		2009~2011년	2012년
개인단	관내	719	606
	관외	176	132
부부단	관내	632	557
	관외	221	134
계		1,748	1,429

〈보 기〉

2009~2012년 신규 안치건수의 합은 개인단이 부부단보다 (A). 또한 2009~2012년 4개 안치유형 중 신규 안치건수의 합이 가장 큰 안치유형은 (B)이다.

	A	B
①	크다	개인단 관내
②	작다	개인단 관내
③	크다	부부단 관내
④	작다	부부단 관내
⑤	크다	부부단 관외

개인단 관내 (719 + 606)건, 부부단 관내 (632 + 557)건을 비교하면 첫 번째 항과 두 번째 항 모두 개인단 관내가 더 크다.

개인단 (719 + 606 + 176 + 132)건, 부부단 (632 + 557 + 221 + 134)건의 편차를 비교하면 첫 번째, 두 번째 항은 개인단이 각각 약 90, 50 크고 세 번째 항은 부부단이 약 50 더 크므로 개인단이 더 크다.

정답 및 해설 ①

A. 2009~2012년 신규 안치건수는 개인단이 719+606+176+132=1,633건이고, 부부단이 632+557+221+134= 1,544건으로 2009~2012년 신규 안치건수의 합은 개인단이 부부단보다 더 크다.

B. 2009~2012년 신규 안치건수의 합 중 상대적으로 수치가 큰 개인단 관내와 부부단 관내를 비교하면 개인단 관내는 719+606=1,325건이고, 부부단 관내는 632+557=1,189건이므로 신규 안치건수의 합이 가장 큰 안치유형은 개인단 관내이다.

PART 1 연산

해커스공기업 PSAT 기출로 끝내는 NCS 수리·자료해석 집중 공략

03 뺄셈의 연산과 비교

1 | 뺄셈의 연산

1. 보수 활용법

① 한쪽 항에는 끝자리 수의 10에 대한 보수를 더하거나 빼 끝자리가 0이 되도록 맞추고, 또 다른 쪽 항에는 같은 수만큼을 더하거나 뺀다. 단, 한쪽 항에 보수를 더했다면 다른 쪽 항에도 더하고, 한쪽 항에 보수를 뺐다면 다른 쪽 항에도 뺀다.

> 예 66−42=(   )
>> → 끝자리가 0이 되도록 42에 2를 빼고 66에도 2를 빼면 66−42=64−40=24이다.

② 한쪽 항을 보수를 활용한 수치로 변형한다.

> 예 43−16=(   )
>> → 16을 20에 대한 보수인 4를 활용한 식으로 변형하면 43−16=43−20+4=27이다.

2 | 뺄셈의 대소 비교

1. 단순 비교법

A−B와 C−D에서 A > C이고 B < D이면 A−B > C−D이다.

> 예 68−29 (   ) 57−36
>> → (>), 좌변의 68이 우변의 57보다 크고, 좌변의 29가 우변의 36보다 작으므로 68−29 > 57−36이다.

> 예 15,379−4,535 (   ) 13,341−5,516
>> → (>), 각 수치를 십의 자리에서 반올림하여 유효숫자를 설정하면 좌변은 154−45이고, 우변은 133−55이다. 133에서 154로 약 20 증가했고, 45에서 55로 약 10 증가하여 133에서 154로의 증가량이 더 크므로 15,379−4,535 > 13,341−5,516이다.

2. 증가량 활용법

A−B와 C−D에서 A > C이고 B>D일 때, C에서 A, D에서 B로의 증가량을 비교하여 C와 A 간의 증가량이 크고 B 와 D 간의 증가량이 작을수록 차는 크다. 증가량을 정확히 계산하기 전에 어림 계산으로 먼저 대략적인 기준을 잡으면 빠르게 비교할 수 있다.

예 1,319−1,195 ( ) 1,481−1,247

→ (<), 각 수치를 일의 자리에서 반올림하여 유효숫자를 설정하면 좌변은 132−120이고, 우변은 148−125이다. 132 에서 148로 10 이상 증가했고, 120에서 125로 10 미만 증가하여 132에서 148로의 증가량이 더 크므로 1,319− 1,195 < 1,481−1,247이다.

문제에 적용하기

〈보기〉에 들어갈 알맞은 말은 무엇인가?

〈표〉 2014년 '갑'국 지방법원(A~E)의 배심원 출석 현황

(단위: 명)

지방법원 \ 구분	소환인원	송달불능자	출석취소통지자	출석의무자	출석자
A	1,880 +140	533 +40	573 +70	( )	411
B	1,740	495	508	( )	453
C	716	160	213	343	189
D	191	38	65	88	57
E	420	126	120	174	115

※ 출석의무자 수＝소환인원−송달불능자 수−출석취소통지자 수

→ B에서 A로의 변화량을 살펴보면 송달불능자, 출석취소통지자보다 소환인원의 변화량이 더 크므로 결괏값은 A가 B보다 더 크다.

───〈보 기〉───

출석의무자 수는 B 지방법원이 A 지방법원보다 (많다/적다).

정답 및 해설 적다

출석의무자 수＝소환인원−송달불능자 수−출석취소통지자 수임을 적용하여 구한다. A 지방법원의 출석의무자 수는 1,880− 533−573＝774명이고, B 지방법원의 출석의무자 수는 1,740−495−508＝737명이다. 따라서 출석의무자 수는 A 지방법원 이 B 지방법원보다 많다.

01 다음 뺄셈의 결괏값은 얼마인가?

(1) $41-25$

(2) $588-424$

(3) $3,297-353$

(4) $8,034-4,196$

02 다음 뺄셈의 대소를 비교하시오.

(1) $3,638-3,236$ ( ) $4,659-4,362$

(2) $10,253-9,487$ ( ) $14,380-13,856$

(3) $2,389-1,913$ ( ) $6,291-5,839$

(4) $83,398-79,779$ ( ) $45,187-41,829$

[정답 및 해설]

02 (1) 각 수치의 일의 자리에서 반올림하여 유효숫자를 설정하면 좌변은 $364-324$이고, 우변은 $466-436$이다. 따라서 좌변은 40 증가했고, 우변은 30 증가했으므로 $3,638-3,236>4,659-4,362$이다.

$(3,638-3,236=402>4,659-4,362=297)$

(2) 각 수치의 십의 자리에서 반올림하여 유효숫자를 설정하면 좌변은 $103-95$이고, 우변은 $144-139$이다. 따라서 좌변은 8 증가했고, 우변은 5 증가했으므로 $10,253-9,487>14,380-13,856$이다.

$(10,253-9,487=766>14,380-13,856=524)$

(3) 각 수치의 일의 자리에서 반올림하여 유효숫자를 설정하면 좌변은 $239-191$이고, 우변은 $629-584$이다. 따라서 좌변은 48 증가했고, 우변은 45 증가했으므로 $2,389-1,913>6,291-5,839$이다.

$(2,389-1,913=476>6,291-5,839=452)$

(4) 각 수치의 십의 자리에서 반올림하여 유효숫자를 설정하면 좌변은 $834-798$이고, 우변은 $452-418$이다. 따라서 좌변은 36 증가했고, 우변은 34 증가했으므로 $83,398-79,779>45,187-41,829$이다.

$(83,398-79,779=3,619>45,187-41,829=3,358)$

01 (1) 16 (2) 164 (3) 2,944 (4) 3,838

02 (1) > (2) > (3) > (4) >

1 | 곱셈의 연산

1. 두 자리 수×한 자리 수의 곱셈

(1) 미승법

일반적으로 가장 많이 사용되는 계산법으로 두 자리 수의 일의 자리부터 곱하여 나온 값을 합산한다.

예 42×7

```
        4   2
    ×       7
  ─────────────
        1   4      → ⓐ 42의 일의 자릿수인 2를 7과 곱한 14를 십의 자리와 일의 자리에 차례로 적는다.
    2   8          ⓑ 42의 십의 자릿수인 4를 7과 곱한 28을 백의 자리와 십의 자리에 차례로 적고, ⓐ와 합산한다.
  ─────────────
    2   9   4
```

(2) 두승법

십의 자리부터 곱하여 나온 값을 합산한다. 미승법보다 결괏값의 앞 자릿수를 빠르게 확인할 수 있어 어림 계산과 대소 비교가 수월하다.

예 73×6

```
        7   3
    ×       6
  ─────────────
    4   2          → ⓐ 73의 십의 자릿수인 7을 6과 곱한 42를 백의 자리와 십의 자리에 차례로 적는다.
        1   8      ⓑ 73의 일의 자릿수인 3을 6과 곱한 18을 십의 자리와 일의 자리에 차례로 적고, ⓐ와 합산한다.
  ─────────────
    4   3   8
```

예 37×3

```
        3   7
    ×       3
  ─────────────
        9          → ⓐ 37의 십의 자릿수인 3을 3과 곱한 9를 십의 자리에 적는다.
        2   1      ⓑ 37의 일의 자릿수인 7을 3과 곱한 21을 십의 자리와 일의 자리에 차례로 적고, ⓐ와 합산한다.
  ─────────────
    1   1   1
```

2. 두 자리 수×두 자리 수의 곱셈

(1) 두 자리 수×11

· 11과 곱해지는 두 자리 수의 십의 자릿수, 십의 자릿수와 일의 자릿수를 더한 값, 일의 자릿수를 차례로 적는다.
· 두 자리 수×11은 비율이 10% 증가한 값을 구하는 데 활용될 수 있다. 기준 수치의 10% 증가=기준 수치의 110%=기준 수치의 1.1배이므로 비율이 10% 증가한 값은 두 자리 수×11로 계산한 후 소수점을 앞으로 한자리 이동시킨다.

① 두 자리 수의 합 활용법

예 32×11

```
        3   2
   ×    1   1
   ───────────
   3        2
       (3+2)
   ───────────
   3    5   2
```
→ ⓐ 32의 십의 자릿수인 3을 백의 자리에, 일의 자릿수인 2를 일의 자리에 적는다.
　 ⓑ 32의 십의 자릿수와 일의 자릿수의 합인 5를 십의 자리에 적고, ⓐ와 합산한다.

② 두 자리 수 반복 활용법

예 32×11

```
        3   2
   ×    1   1
   ───────────
   3    2
        3   2
   ───────────
   3    5   2
```
→ ⓐ 32의 십의 자릿수인 3을 백의 자리에, 일의 자릿수인 2를 십의 자리에 차례로 적는다.
　 ⓑ 32의 십의 자릿수인 3을 십의 자리에, 일의 자릿수인 2를 일의 자리에 차례로 적고, ⓐ와 합산한다.

(2) 십의 자릿수가 같고, 일의 자릿수의 합이 10일 때

첫 번째 항의 십의 자릿수에 1을 더한 후 두 번째 항의 십의 자릿수를 곱한 값, 일의 자릿수끼리 곱한 값을 차례로 적는다.

예 14×16

```
            1   4
   ×        1   6
   ─────────────────
   (1+1)×1
     2
            2   4
   ─────────────────
   2        2   4
```
→ ⓐ 14의 십의 자릿수인 1에 1을 더한 2와 16의 십의 자릿수인 1을 곱한 2를 백의 자리에 적는다.
　 ⓑ 14와 16의 일의 자릿수끼리 곱한 24를 십의 자리와 일의 자리에 차례로 적고, ⓐ와 합산한다.

예 57×53

```
            5   7
   ×        5   3
   ─────────────────────
   (5+1)×5
   3    0
                2   1
   ─────────────────────
   3    0       2   1
```
→ ⓐ 57의 십의 자릿수인 5에 1을 더한 6과 53의 십의 자릿수인 5를 곱한 30을 천의 자리와 백의 자리에 차례로 적는다.
　 ⓑ 57과 53의 일의 자릿수끼리 곱한 21을 십의 자리와 일의 자리에 차례로 적고, ⓐ와 합산한다.

(3) 십의 자릿수가 같고 일의 자릿수가 다를 때

첫 번째 항의 두 자리 수와 두 번째 항의 일의 자릿수를 더한 후 십의 자릿수를 곱한 값과 일의 자릿수끼리 곱한 값을 합산한다.

예 14×19

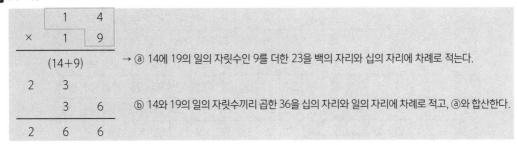

→ ⓐ 14에 19의 일의 자릿수인 9를 더한 23을 백의 자리와 십의 자리에 차례로 적는다.

ⓑ 14와 19의 일의 자릿수끼리 곱한 36을 십의 자리와 일의 자리에 차례로 적고, ⓐ와 합산한다.

예 34×38

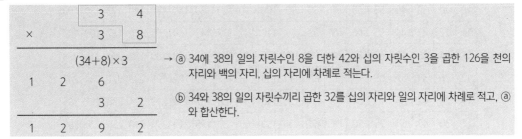

→ ⓐ 34에 38의 일의 자릿수인 8을 더한 42와 십의 자릿수인 3을 곱한 126을 천의 자리와 백의 자리, 십의 자리에 차례로 적는다.

ⓑ 34와 38의 일의 자릿수끼리 곱한 32를 십의 자리와 일의 자리에 차례로 적고, ⓐ 와 합산한다.

(4) 리본 곱셈법

첫 번째 항과 두 번째 항의 십의 자릿수끼리 곱한 값, 십의 자릿수와 일의 자릿수끼리 곱한 값, 일의 자릿수끼리 곱한 값을 합산한다.

예 31×52

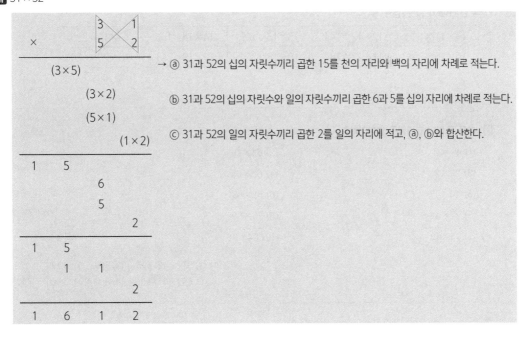

→ ⓐ 31과 52의 십의 자릿수끼리 곱한 15를 천의 자리와 백의 자리에 차례로 적는다.

ⓑ 31과 52의 십의 자릿수와 일의 자릿수끼리 곱한 6과 5를 십의 자리에 차례로 적는다.

ⓒ 31과 52의 일의 자릿수끼리 곱한 2를 일의 자리에 적고, ⓐ, ⓑ와 합산한다.

(5) 19단표 및 제곱수

① 19단표

	1	2	3	4	5	6	7	8	9	10	11	12	13	14	15	16	17	18	19
2	4	6	8	10	12	14	16	18	20	22	24	26	28	30	32	34	36	38	
3	6	9	12	15	18	21	24	27	30	33	36	39	42	45	48	51	54	57	
4	8	12	16	20	24	28	32	36	40	44	48	52	56	60	64	68	72	76	
5	10	15	20	25	30	35	40	45	50	55	60	65	70	75	80	85	90	95	
6	12	18	24	30	36	42	48	54	60	66	72	78	84	90	96	102	108	114	
7	14	21	28	35	42	49	56	63	70	77	84	91	98	105	112	119	126	133	
8	16	24	32	40	48	56	64	72	80	88	96	104	112	120	128	136	144	152	
9	18	27	36	45	54	63	72	81	90	99	108	117	126	135	144	153	162	171	
10	20	30	40	50	60	70	80	90	100	110	120	130	140	150	160	170	180	190	
11	22	33	44	55	66	77	88	99	110	121	132	143	154	165	176	187	198	209	
12	24	36	48	60	72	84	96	108	120	132	144	156	168	180	192	204	216	228	
13	26	39	52	65	78	91	104	117	130	143	156	169	182	195	208	221	234	247	
14	28	42	56	70	84	98	112	126	140	154	168	182	196	210	224	238	252	266	
15	30	45	60	75	90	105	120	135	150	165	180	195	210	225	240	255	270	285	
16	32	48	64	80	96	112	128	144	160	176	192	208	224	240	256	272	288	304	
17	34	51	68	85	102	119	136	153	170	187	204	221	238	255	272	289	306	323	
18	36	54	72	90	108	126	144	162	180	198	216	234	252	270	288	306	324	342	
19	38	57	76	95	114	133	152	171	190	209	228	247	266	285	304	323	342	361	

② 꼭 암기해야 할 제곱수

$11 \times 11 = 121$	$12 \times 12 = 144$	$13 \times 13 = 169$	$14 \times 14 = 196$	$15 \times 15 = 225$
$16 \times 16 = 256$	$17 \times 17 = 289$	$18 \times 18 = 324$	$19 \times 19 = 361$	$25 \times 25 = 625$

확인 문제

01 다음 곱셈의 결괏값은 얼마인가?

(1) 49×11

(2) 63×11

(3) 29×21

(4) 65×65

(5) 46×47

(6) 81×83

(7) 27×42

(8) 73×89

(9) 75×52

(10) 84×31

01 (1) 539　(2) 693　(3) 609　(4) 4,225　(5) 2,162
(6) 6,723　(7) 1,134　(8) 6,497　(9) 3,900　(10) 2,604

3. 세 자리 수×한 자리 수의 곱셈

세 자리 수의 백의 자릿수부터 곱하여 나온 값을 합산한다.

예 357×8

```
        3   5   7
    ×           8
    2   4
        4   0
            5   6
    ─────────────────
    2   8   5   6
```

→ ⓐ 357의 백의 자릿수인 3을 8과 곱한 24를 천의 자리와 백의 자리에 차례로 적는다.
ⓑ 357의 십의 자릿수인 5를 8과 곱한 40을 백의 자리와 십의 자리에 차례로 적는다.
ⓒ 357의 일의 자릿수인 7을 8과 곱한 56을 십의 자리와 일의 자리에 차례로 적고 ⓐ, ⓑ와 합산한다.

4. 세 자리 수×두 자리 수의 곱셈

(1) 세 자리 수×11

세 자리 수의 백의 자릿수, 백의 자릿수와 십의 자릿수를 더한 값, 십의 자릿수와 일의 자릿수를 더한 값, 일의 자릿수를 차례로 적는다.

① 세 자리 수의 합 활용법

예 342×11

```
        3   4   2
    ×       1   1
    3               2
        (3+4)
            (4+2)
    ─────────────────
    3   7   6   2
```

→ ⓐ 342의 백의 자릿수인 3을 천의 자리에, 일의 자릿수인 2를 일의 자리에 적는다.
ⓑ 342의 백의 자릿수와 십의 자릿수의 합인 7을 백의 자리에 적는다.
ⓒ 342의 십의 자릿수와 일의 자릿수의 합인 6을 백의 자리에 적고 ⓐ, ⓑ와 합산한다.

② 세 자리 수의 반복 활용법

예 342×11

```
        3   4   2
    ×       1   1
    3   4   2
        3   4   2
    ─────────────────
    3   7   6   2
```

→ ⓐ 342의 백의 자릿수인 3을 천의 자리에, 십의 자릿수인 4를 백의 자리에, 일의 자릿수인 2를 십의 자리에 차례로 적는다.
ⓑ 342의 백의 자릿수인 3을 백의 자리에, 십의 자릿수인 4를 십의 자리에, 일의 자릿수인 2를 일의 자리에 차례로 적고, ⓐ와 합산한다.

해커스공기업 PSAT 기출로 끝내는 NCS 수리·자료해석 집중 공략

(2) 리본 곱셈법

세 자리 수의 백의 자릿수를 분리하여 두 자리 수와 먼저 곱하고, 나머지 두 자리 수끼리 리본 곱셈법으로 계산한다.

예 374×24

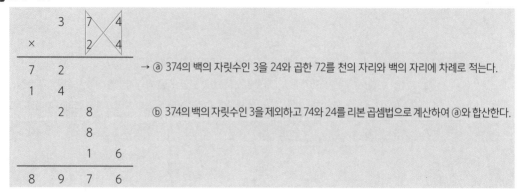

→ ⓐ 374의 백의 자릿수인 3을 24와 곱한 72를 천의 자리와 백의 자리에 차례로 적는다.

ⓑ 374의 백의 자릿수인 3을 제외하고 74와 24를 리본 곱셈법으로 계산하여 ⓐ와 합산한다.

확인 문제

01 다음 곱셈의 결괏값은 얼마인가?

(1) 288×11

(2) 576×11

(3) 233×42

(4) 526×34

(5) 449×21

(6) 321×48

01 (1) 3,168 (2) 6,336 (3) 9,786 (4) 17,884 (5) 9,429 (6) 15,408

2 | 곱셈의 대소 비교

1. 크기 비교법

A×B와 C×D에서 A > C이고 B > D이면 A×B>C×D이다.

(1) 단순 비교법

수치 간 크기가 비슷할 때는 비슷한 수치끼리 비교한다.

예 84.2×23 ( ) 84.5×26

→ (<), 수치 간 크기가 비슷한 84.2와 84.5, 23과 26을 비교한다. 84.2 < 84.5, 23 < 26이므로 84.2×23 < 84.5×26
이다.

(2) 자릿수 변형법

자릿수를 조정하여 비슷한 수치를 만들 수 있을 때는 자릿수를 조정하여 비교한다.

예 234×23 ( ) 2,413×3

→ (<), 2,413에서 반올림하여 3을 버리면 2,410이고, 2,410=241×100이므로 2,410×3=241×30이다. 따라서
234×23과 241×30을 비교하면 234 < 241, 23 < 30이므로 234×23 < 2,413×3이다.

(3) 유효숫자 비교법

수치의 단위가 너무 클 때는 유효숫자를 활용하여 비교한다.

예 44,322×342 ( ) 37,534×487

→ (<), 유효숫자를 세 자리로 설정하면 44,322와 37,534는 443과 375로 나타낼 수 있다. 443 < 487, 342 < 375
이므로 44,322×342 < 37,534×487이다.

2. 관계 활용법

(1) 배수 활용법

A×B와 C×D에서 A < C이고 B > D이면 B와 C를 각각 D와 A의 배수로 나타내어 비교한다. 5배, 10배 등 비교적
계산이 쉬운 수치를 기준으로 하며 배수가 큰 쪽이 곱이 더 크다.

예 67×754 ( ) 684×82

→ (<), 684는 67의 684/67≒10.2배이고, 754는 82의 754/82≒9.2배로 67에서 684로의 배수가 더 크므로
67×754 < 684×82이다.

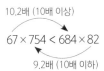

10.2배 (10배 이상)

67×754 < 684×82

9.2배 (10배 이하)

(2) 증가율 활용법

A×B와 C×D에서 A>C이고 B<D이면 C에서 A, B에서 D로의 증가율을 비교한다. 5%, 10%, 20% 등 비교적 계산이 쉬운 수치를 기준으로 하며 증가율이 큰 쪽이 곱이 더 크다.

예 561×48 ( ) 542×52

→ ⓐ (<), 542에서 561로의 증가율은 {(561−542)/542}×100≒3.5%이고, 48에서 52로의 증가율은 {(52−48)/48}×100≒8.3%로 48에서 52로의 증가율이 더 크므로 561×48 < 542×52이다.

ⓑ (<), 542에서 5% 증가하면 542(1+0.05)=569.1이므로 542에서 561로의 증가율은 5% 이하이고, 48에서 5% 증가하면 48(1+0.05)=50.4이므로 48에서 52로의 증가율은 5% 이상이다. 따라서 48에서 52로의 증가율이 더 크므로 561×48 < 542×52이다.

8.3% (5% 이상)

561×48 < 542×52

3.5% (5% 이하)

🔷 문제에 적용하기

조사대상 기업 중에서 적자로 보고한 기업 수가 최대인 해는 언제인가?

조사대상 기업 수와 적자보고율이 가장 낮으므로 2003년은 대소 비교에서 제외

〈표〉 연도별 이익수준과 적자보고율

연도	조사대상 기업 수(개)	이익수준					적자 보고율
		전체		구간			
		평균	표준편차	하위평균	중위평균	상위평균	
2003	540	0.0374	0.0923	0.0107	0.0364	0.0754	0.15
2004	580	0.0395	0.0986	0.0107	0.0445	0.0818	0.17
2005	620	0.0420	0.0975	0.0140	0.0473	0.0788	0.15
2006	530	0.0329	0.1056	0.0119	0.0407	0.0792	0.19
2007	570	0.0387	0.0929	0.0123	0.0414	0.0787	0.17

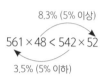

※ 적자보고율= 적자로 보고한 기업 수 / 조사대상 기업 수

① 2003년
② 2004년
③ 2005년
④ 2006년
⑤ 2007년

① 2004년과 2005년 비교
조사대상 기업 수: 2004년 대비 2005년 10% 이하 증가
적자보고율: 2004년 대비 2005년 약 10% 감소
∴ 적자로 보고한 기업 수: 2004년 > 2005년

② 2004년과 2006년 비교
조사대상 기업 수: 2004년 대비 2006년 10% 이하 감소
적자보고율: 2004년 대비 2006년 약 10% 이상 증가
∴ 적자로 보고한 기업 수: 2004년 < 2006년

③ 2006년과 2007년 비교
조사대상 기업 수: 2006년 대비 2007년 10% 이하 증가
적자보고율: 2006년 대비 2007년 약 10% 감소
∴ 적자로 보고한 기업 수: 2006년 > 2007년
따라서 적자로 보고한 기업 수가 최대인 해는 2006년이다.

정답 및 해설 ④

적자보고율= 적자로 보고한 기업 수 / 조사대상 기업 수 임을 적용하여 구한다. 적자로 보고한 기업 수는 2003년이 540×0.15=81.0개, 2004년이 580×0.17=98.6개, 2005년이 620×0.15=93.0개, 2006년이 530×0.19=100.7개, 2007년이 570×0.17=96.9개로 조사대상 기업 중에서 적자로 보고한 기업 수가 최대인 해는 2006년이다.

01 다음 곱셈의 대소를 비교하시오.

(1) 212×48 ( ) 23×520

(2) $371 \times 1,498$ ( ) $2,480 \times 191$

(3) 632×71 ( ) 603×80

(4) $5,114 \times 619$ ( ) $4,806 \times 689$

(5) $15,894 \times 351$ ( ) $143 \times 34,777$

(6) $27,458 \times 8,121$ ( ) $32,358 \times 7,531$

[정답 및 해설]

01 (1) 212는 23의 212/23≒9.2배이고, 520은 48의 520/48≒10.8배로 48에서 520으로의 배수가 더 크므로 $212 \times 48 < 23 \times 520$이다. ($212 \times 48 = 10,176 < 23 \times 520 = 11,960$)

(2) 2,480은 371의 2,480/371≒6.7배이고, 1,498은 191의 1,498/191≒7.8배로 191에서 1,498로의 배수가 더 크므로 $371 \times 1,498 > 2,480 \times 191$이다. ($371 \times 1,498 = 555,758 > 2,480 \times 191 = 473,680$)

(3) 603에서 632로의 증가율은 {(632−603)/603}×100≒4.8%로 10% 이하이고, 71에서 80으로의 증가율은 {(80−71)/71}×100≒12.7%로 10% 이상이므로 $632 \times 71 < 603 \times 80$이다. ($632 \times 71 = 44,872 < 603 \times 80 = 48,240$)

(4) 5,114와 4,806을 유효숫자 세 자리로 설정하면 511과 480이다. 480에서 511로의 증가율은 {(511−480)/480}×100≒6.5%로 10% 이하이고, 619에서 689로의 증가율은 {(689−619)/619}×100≒11.3%로 10% 이상이므로 $5,114 \times 619 < 4,806 \times 689$이다. ($5,114 \times 619 = 3,165,566 < 4,806 \times 689 = 3,311,334$)

(5) 15,894는 143의 15,894/143≒111.1배이고, 34,777은 351의 34,777/351≒99.1배로 143에서 15,894로의 배수가 더 크므로 $15,894 \times 351 > 143 \times 34,777$이다. ($15,894 \times 351 = 5,578,794 > 143 \times 34,777 = 4,973,111$)

(6) 27,458에서 32,358로의 증가율은 {(32,358−27,458)/27,458}×100≒17.8%로 10% 이상이고, 7,531에서 8,121로의 증가율은 {(8,121−7,531)/7,531}×100≒7.8%로 10% 미만이므로 $27,458 \times 8,121 < 32,358 \times 7,531$이다. ($27,458 \times 8,121 = 222,986,418 < 32,358 \times 7,531 = 243,688,098$)

01 (1) < (2) > (3) < (4) < (5) > (6) <

05 분수의 연산과 비교

1 | 분수의 연산

1. 분수의 정의 및 특징

① 분수는 $\dfrac{A}{B}$와 같이 분자와 분모 형태로 나타낸 것으로, 두 수 A와 B에서 A를 B로 나눈 값을 의미한다.

② 분수는 분자의 값에 비례하고 분모의 값에 반비례하며 소수나 백분율로 나타낼 수 있다.

③ $\dfrac{A}{B}$＝A:B＝B 대비 A

2. 분수의 사칙연산

분수 간 덧셈, 뺄셈, 곱셈, 나눗셈이 가능하다.

① 분수의 덧셈: $\dfrac{B}{A} + \dfrac{D}{C} = \dfrac{BC+AD}{AC}$

② 분수의 뺄셈: $\dfrac{B}{A} - \dfrac{D}{C} = \dfrac{BC-AD}{AC}$

③ 분수의 곱셈: $\dfrac{B}{A} \times \dfrac{D}{C} = \dfrac{BD}{AC}$

④ 분수의 나눗셈: $\dfrac{B}{A} \div \dfrac{D}{C} = \dfrac{B}{A} \times \dfrac{C}{D} = \dfrac{BC}{AD}$

$$= \dfrac{\dfrac{B}{A}}{\dfrac{D}{C}} = \dfrac{BC}{AD}$$

3. 분수 변환표

분수 변환표를 통해 분수의 연산과 비교를 빠르게 할 수 있다.

분수	소수	백분율
$\dfrac{1}{2}$	0.5	50.0%
$\dfrac{1}{3}$	0.333	33.3%
$\dfrac{1}{4}$	0.25	25.0%
$\dfrac{1}{5}$	0.2	20.0%
$\dfrac{1}{6}$	0.167	16.7%
$\dfrac{1}{7}$	0.143	14.3%
$\dfrac{1}{8}$	0.125	12.5%
$\dfrac{1}{9}$	0.111	11.1%
$\dfrac{1}{10}$	0.1	10.0%
$\dfrac{1}{11}$	0.091	9.1%
$\dfrac{1}{12}$	0.083	8.3%
$\dfrac{1}{13}$	0.077	7.7%
$\dfrac{1}{14}$	0.071	7.1%
$\dfrac{1}{15}$	0.067	6.7%
$\dfrac{1}{16}$	0.063	6.3%
$\dfrac{1}{17}$	0.059	5.9%
$\dfrac{1}{18}$	0.056	5.6%
$\dfrac{1}{19}$	0.053	5.3%
$\dfrac{1}{20}$	0.05	5.0%

※ 소수의 값이 넷째 자리 이상일 경우 소수 넷째 자리에서 반올림하여 소수 셋째 자리까지 나타냄
※ 백분율은 소수 둘째 자리에서 반올림하여 소수 첫째 자리까지 나타냄

2 | 분수의 대소 비교

1. 단순 비교법

분자 값이 크고, 분모 값이 작을수록 분수의 값은 크다.

예 $\dfrac{16}{37}$ ( ) $\dfrac{15}{38}$

　→ (>), 분자 간의 값을 비교하면 16>15이고, 분모 간의 값을 비교하면 37 < 38이므로 $\dfrac{16}{37}$ > $\dfrac{15}{38}$이다.

확인 문제

01 다음 분수의 대소를 비교하시오.

(1) $\dfrac{81}{316}$ ( ) $\dfrac{80}{322}$

(2) $\dfrac{981}{4,315}$ ( ) $\dfrac{992}{4,308}$

(3) $\dfrac{37,015}{912,723}$ ( ) $\dfrac{37,064}{912,584}$

(4) $\dfrac{51,243,184}{1,984,221}$ ( ) $\dfrac{51,236,913}{1,984,535}$

[정답 및 해설]

01 (1) 분자 간의 값은 81>80이고, 분모 간의 값은 316<322이므로 $\dfrac{81}{316}$ > $\dfrac{80}{322}$이다.

(2) 분자 간의 값은 981<992이고, 분모 간의 값은 4,315>4,308이므로 $\dfrac{981}{4,315}$ < $\dfrac{992}{4,308}$이다.

(3) 분자 간의 값은 37,015<37,064이고, 분모 간의 값은 912,723>912,548이므로 $\dfrac{37,015}{912,723}$ < $\dfrac{37,064}{912,584}$이다.

(4) 분자 간의 값은 51,243,184>51,236,913이고, 분모 간의 값은 1,984,221<1,984,535이므로 $\dfrac{51,243,184}{1,984,221}$ > $\dfrac{51,236,913}{1,984,535}$이다.

01 (1) > (2) < (3) < (4) >

---

2. 관계 활용법

(1) 배수 활용법

분모 값이 분자 값의 몇 배수인지 확인하여 비교한다. 분자와 분모 간의 배수 차이는 해당 분수를 약분했을 때 분모의 값이므로 배수가 작을수록 분수의 값은 크고, 배수가 클수록 분수의 값은 작다.

예 $\dfrac{37}{186}$ ( ) $\dfrac{47}{293}$

　→ (>), $\dfrac{37}{186}$에서 분모 값은 분자 값의 186/37≒5.0배이고, $\dfrac{47}{293}$에서 분모 값은 분자 값의 293/47≒6.2배이다. 분자와 분모 간의 배수 차이는 $\dfrac{37}{186}$이 더 작으므로 $\dfrac{37}{186}$ > $\dfrac{47}{293}$이다.

다음 〈표〉는 '갑'시 자격시험 접수, 응시 및 합격자 현황이다. 이에 대한 설명으로 옳은 것은?

〈표〉 '갑'시 자격시험 접수, 응시 및 합격자 현황

(단위: 명)

구분	종목	접수	응시	합격
산업기사	치공구설계	28	22	14
	컴퓨터응용가공	48	42	14
	기계설계	86	76	31
	용접	24	11	2
	전체	186	151	61
기능사	기계가공조립	17	17	17
	컴퓨터응용선반	41	34	29
	웹디자인	9	8	6
	귀금속가공	22	22	16
	컴퓨터응용밀링	17	15	12
	전산응용기계제도	188	156	66
	전체	294	252	146

PART 1 연산

해커스공기업 PSAT 기출로 끝내는 NCS 수리·자료해석 집중 공략

※ 1) 응시율(%)= $\frac{응시자 수}{접수자 수}$ ×100

2) 합격률(%)= $\frac{합격자 수}{응시자 수}$ ×100

컴퓨터응용가공 합격률= $\frac{14}{42}$ ×100 → $\frac{42}{14}$ =3.0

전산응용기계제도 합격률= $\frac{66}{156}$ ×100 → $\frac{156}{66}$ ≒2.4

→ ∴ 합격률: 컴퓨터응용가공 〈 전산응용기계제도

① 산업기사 종목 중 컴퓨터응용가공 합격률은 기능사 종목 중 전산응용기계제도 합격률보다 낮다.

② 산업기사 종목 중 응시자 수가 많은 것부터 순서대로 나열하면 기계설계, 컴퓨터응용가공, 용접, 치공구설계 순이다.

③ 자격시험 종목 중 접수자 수 대비 합격자 수의 차이가 가장 큰 것은 기계설계이다.

④ 기능사 종목 중 기계가공조립과 컴퓨터응용밀링 응시자 수의 합은 컴퓨터응용선반 응시자 수보다 많다.

⑤ 기능사 종목 중 합격자 수가 두 번째로 적은 것은 귀금속가공이다.

컴퓨터응용가공 합격률과 전산응용기계제도 합격률에서 분모 값이 분자 값의 몇 배수인지 확인하여 비교한다.
컴퓨터응용가공 합격률에서 42는 14의 42/14=3.0배이고 전산응용기계제도 합격률에서 156은 66의 156/66≒2.4배이다.
배수가 클수록 분수의 값이 작으므로 컴퓨터응용가공 합격률이 전산응용기계제도 합격률보다 낮다.

정답 및 해설 ①

산업기사 종목 중 컴퓨터응용가공 합격률은 (14/42)×100≒33.3%이고, 기능사 종목 중 전산응용기계제도 합격률은 (66/156)×100≒42.3%이다. 따라서 컴퓨터응용가공 합격률은 전산응용기계제도 합격률보다 낮으므로 옳은 설명이다.

(2) 비율 활용법

분자 값이 분모 값의 몇 %인지 비율로 변환하여 비교한다. 비율로 변환할 때 분자 값을 분모 값으로 직접 나누기보다는 분모 값의 5%, 10%, 20% 등 비교적 계산이 쉬운 수치를 기준으로 하여 분자 값과 비교한다.

예 $\frac{16}{172}$ ( ) $\frac{21}{186}$

→ (<), $\frac{16}{172}$에서 분자 값 16은 분모 값 172의 10%인 17.2보다 작으므로 $\frac{16}{172}$의 비율은 10% 이하이고, $\frac{21}{186}$에서 분자 값 21은 분모 값 186의 10%인 18.6보다 크므로 $\frac{21}{186}$의 비율은 10% 이상이다. 따라서 $\frac{16}{172} < \frac{21}{186}$이다.

(3) 교차 곱셈법

① 분모 값이 동일하도록 통분하여 분자 값을 비교한다.

② $\frac{A}{B}$와 $\frac{C}{D}$에서 분모 값을 통분하면 각각 다음과 같다.

$\frac{A}{B}$ ✕ $\frac{C}{D}$ → $\frac{AD}{BD}$, $\frac{BC}{BD}$

분모 값은 BD로 공통적이므로 제외하고 분자 값인 AD와 BC만을 비교한다.

예 $\frac{46}{342}$ ( ) $\frac{49}{355}$

→ ⓐ (<), 분모 값을 342×355로 통분하면 $\frac{46 \times 355}{342 \times 355}$와 $\frac{49 \times 342}{342 \times 355}$이고, 분모 값은 공통적이므로 분자 값인 46×355, 49×342만을 비교한다. 46에서 49로의 증가율은 {(49−46)/46}×100≒6.5%이고, 342에서 355로의 증가율은 {(355−342)/342}×100≒3.8%로 46×355<49×342이므로 $\frac{46}{342} < \frac{49}{355}$이다.

ⓑ (<), 46의 5%는 46×0.05=2.3이므로 46에서 49로의 증가율은 5% 이상이고, 342의 5%는 342×0.05=17.1 이므로 342에서 355로의 증가율은 5% 이하이다. 따라서 46×355<49×342이므로 $\frac{46}{342} < \frac{49}{355}$이다.

6.5% (5% 이상)

46×355 ( ) 49×342

3.8% (5% 이하)

01 다음 분수의 대소를 비교하시오.

(1) $\dfrac{23}{85}$ ( ) $\dfrac{17}{46}$

(2) $\dfrac{50}{471}$ ( ) $\dfrac{79}{803}$

(3) $\dfrac{17}{18}$ ( ) $\dfrac{18}{19}$

(4) $\dfrac{1,556}{6,413}$ ( ) $\dfrac{3,218}{9,157}$

02 다음 분수를 큰 순서대로 나열하시오.

(1) $\dfrac{51}{1,002}$, $\dfrac{49}{998}$, $\dfrac{11}{102}$

(2) $\dfrac{72}{475}$, $\dfrac{17}{96}$, $\dfrac{8}{110}$

(3) $\dfrac{432}{65,288}$, $\dfrac{71}{5,265}$, $\dfrac{18}{765}$

[정답 및 해설]

01 (1) $\dfrac{23}{85}$의 분모는 분자의 85/23≒3.7배이고, $\dfrac{17}{46}$의 분모는 분자의 46/17≒2.7배이므로 $\dfrac{23}{85} < \dfrac{17}{46}$이다.

(2) $\dfrac{50}{471}$에서 50은 471의 10%인 471×0.1=47.1보다 크고, $\dfrac{79}{803}$에서 79는 803의 10%인 803×0.1=80.3보다 작으므로 $\dfrac{50}{471} > \dfrac{79}{803}$이다.

(3) 분모의 값을 18×19로 통분하면 분자 값은 좌변이 17×19=323이고, 우변이 18×18=324이다. 우변의 분자 값이 더 크므로 $\dfrac{17}{18} < \dfrac{18}{19}$이다.

(4) $\dfrac{1,556}{6,413}$의 분모는 분자의 6,413/1,556≒4.1배이고, $\dfrac{3,218}{9,157}$의 분모는 분자의 9,157/3,218≒2.8배이므로 $\dfrac{1,556}{6,413} < \dfrac{3,218}{9,157}$이다.

02 (1) $\dfrac{51}{1,002}$에서 51은 1,002의 5%인 1,002×0.05=50.1보다 크고, $\dfrac{49}{998}$에서 49는 998의 5%인 998×0.05=49.9보다 작으므로 $\dfrac{51}{1,002} > \dfrac{49}{998}$이다. 또한 $\dfrac{11}{102}$에서 11은 102의 10%인 102×0.1=10.2보다 크므로 $\dfrac{11}{102} > \dfrac{51}{1,002} > \dfrac{49}{998}$이다.

(2) $\dfrac{72}{475}$의 분모는 분자의 475/72≒6.6배, $\dfrac{17}{96}$의 분모는 분자의 96/17≒5.6배, $\dfrac{8}{110}$의 분모는 분자의 110/8≒13.8배이므로 $\dfrac{17}{96} > \dfrac{72}{475} > \dfrac{8}{110}$이다.

(3) $\dfrac{432}{65,288}$에서 432는 65,288의 1%인 65,288×0.01≒652.9보다 작고, $\dfrac{71}{5,265}$에서 71은 5,265의 1%인 5,265×0.01≒52.7보다 크므로 $\dfrac{71}{5,265} > \dfrac{432}{65,288}$이다. 또한 $\dfrac{18}{765}$에서 18은 765의 2%인 765×0.02=15.3보다 크므로 $\dfrac{18}{765} > \dfrac{71}{5,265} > \dfrac{432}{65,288}$이다.

01 (1) < (2) > (3) < (4) < **02** (1) $\dfrac{11}{102}$, $\dfrac{51}{1,002}$, $\dfrac{49}{998}$ (2) $\dfrac{17}{96}$, $\dfrac{72}{475}$, $\dfrac{8}{110}$ (3) $\dfrac{18}{765}$, $\dfrac{71}{5,265}$, $\dfrac{432}{65,288}$

3. 차이 활용법

① $\dfrac{A}{B}$와 $\dfrac{C}{D}$에서 A<C이고 B<D일 때, 즉 한쪽의 분모 값과 분자 값이 모두 다른 한쪽보다 작은 수로 구성될 때 분자 값 간의 차와 분모 값 간의 차를 분수로 나타내어 $\dfrac{A}{B}$와 비교한다.

② $\dfrac{A}{B} < \dfrac{C-A}{D-B}$이면 $\dfrac{A}{B} < \dfrac{C}{D}$이고, $\dfrac{A}{B} > \dfrac{C-A}{D-B}$이면 $\dfrac{A}{B} > \dfrac{C}{D}$이다.

예 $\dfrac{87}{176}$ ( ) $\dfrac{101}{217}$

→ (>), 분자 값 간의 차와 분모 값 간의 차를 분수로 나타내면 $\dfrac{101-87}{217-176}=\dfrac{14}{41}$이다. $\dfrac{87}{176}$에서 분모는 분자의 176/87≒2.0배이고, $\dfrac{14}{41}$에서 분모는 분자의 41/14≒2.9배이다. 분자와 분모 간의 배수 차이는 $\dfrac{87}{176}$이 더 작아 $\dfrac{87}{176} > \dfrac{14}{41}$이므로 $\dfrac{87}{176} > \dfrac{101}{217}$이다.

※ 참고: 차이 활용법의 증명

$\dfrac{A}{B}$와 $\dfrac{C-A}{D-B}$에서 교차 곱셈법을 통해 분모를 비교 대상에서 제외하면 분자는 각각 A(D−B)=AD−AB와 B(C−A)=BC−AB임을 알 수 있다. AB는 양변에 공통적이므로 제외하면 AD와 BC는 $\dfrac{A}{B}$와 $\dfrac{C}{D}$로 나타낼 수 있다. 따라서 $\dfrac{A}{B}$와 $\dfrac{C-A}{D-B}$의 대소 비교는 $\dfrac{A}{B}$와 $\dfrac{C}{D}$의 대소 비교와 동일하다.

확인 문제

01 다음 분수의 대소를 비교하시오.

(1) $\dfrac{16}{43}$ ( ) $\dfrac{35}{71}$

(2) $\dfrac{545}{800}$ ( ) $\dfrac{601}{913}$

(3) $\dfrac{501}{3,614}$ ( ) $\dfrac{688}{4,766}$

[정답 및 해설]

01 (1) 분자 값 간의 차이와 분모 값 간의 차이를 분수로 나타내면 $\dfrac{35-16}{71-43}=\dfrac{19}{28}$이다. $\dfrac{16}{43}$에서 분모는 분자의 43/16≒2.7배이고, $\dfrac{19}{28}$에서 분모는 분자의 28/19=1.5배이므로 $\dfrac{16}{43} < \dfrac{19}{28}$이다. 따라서 $\dfrac{16}{43} < \dfrac{35}{71}$이다.

(2) 분자 값 간의 차이와 분모 값 간의 차이를 분수로 나타내면 $\dfrac{601-545}{913-800}=\dfrac{56}{113}$이다. $\dfrac{545}{800}$에서 545는 800의 50%인 800×0.5=400보다 크고, $\dfrac{56}{113}$에서 56은 113의 50%인 113×0.5=56.5보다 작으므로 $\dfrac{545}{800} > \dfrac{56}{113}$이다. 따라서 $\dfrac{545}{800} > \dfrac{601}{913}$이다.

(3) 분자 값 간의 차이와 분모 값 간의 차이를 분수로 나타내면 $\dfrac{688-501}{4,766-3,614}=\dfrac{187}{1,152}$이다. $\dfrac{501}{3,614}$에서 분모는 분자의 3,614/501≒7.2배이고, $\dfrac{187}{1,152}$에서 분모는 분자의 1,152/187≒6.2배이므로 $\dfrac{501}{3,614} < \dfrac{187}{1,152}$이다. 따라서 $\dfrac{501}{3,614} < \dfrac{688}{4,766}$이다.

01 (1) < (2) > (3) <

4. 증가율 활용법

$\frac{A}{B}$와 $\frac{C}{D}$에서 A<C이고 B<D이면 분자 값 A에서 C, 분모 값 B에서 D로의 증가율을 비교하여 분자 값 간의 증가율이 분모 값 간의 증가율보다 클수록 분수의 값은 크다.

예 $\frac{24}{261}$ ( ) $\frac{27}{311}$

→ ⓐ (>), 분자 값 24에서 27로의 증가율은 {(27−24)/24}×100＝12.5%이고, 분모 값 261에서 311로의 증가율은 {(311−261)/261}×100≒19.2%로 분모 값 261에서 311로의 증가율이 더 크므로 $\frac{24}{261}$ > $\frac{27}{311}$이다.

ⓑ (>), 분자 값 24에서 27로의 증가율과 분모 값 261에서 311로의 증가율에서 ×100은 공통적이므로 제외하면, 분자 값 24에서 27로의 증가율은 $\frac{3}{24}$이고, 분모 값 261에서 311로의 증가율은 $\frac{50}{261}$이다. $\frac{3}{24}$에서 분모는 분자의 24/3＝8배이고, $\frac{50}{261}$에서 분모는 분자의 261/50≒5.2배이다. 따라서 분모 값 261에서 311로의 증가율이 더 크므로 $\frac{24}{261}$ > $\frac{27}{311}$이다.

확인 문제

01 다음 분수의 대소를 비교하시오.

(1) $\frac{26}{45}$ ( ) $\frac{20}{37}$

(2) $\frac{185}{355}$ ( ) $\frac{167}{344}$

(3) $\frac{4,235}{6,329}$ ( ) $\frac{4,367}{6,684}$

[정답 및 해설]

01 (1) 분자 값 20에서 26으로의 증가율은 {(26−20)/20}×100≒30%이고, 분모 값 37에서 45로의 증가율은 {(45−37)/37}×100≒21.6%이다. 분자 값의 증가율이 더 크므로 $\frac{26}{45}$ > $\frac{20}{37}$이다.

(2) 분자 값 167에서 185로의 증가율은 {(185−167)/167}×100≒10.8%이고, 분모 값 344에서 355로의 증가율은 {(355−344)/344}×100≒3.2%이다. 분자 값의 증가율이 더 크므로 $\frac{185}{355}$ > $\frac{167}{344}$이다.

(3) 분자 값 4,235에서 4,367로의 증가율은 {(4,367−4,235)/4,235}×100≒3.1%이고, 분모 값 6,329에서 6,684로의 증가율은 {(6,684−6,329)/6,329}×100≒5.6%이다. 분모 값의 증가율이 더 크므로 $\frac{4,235}{6,329}$ > $\frac{4,367}{6,684}$이다.

01 (1) > (2) > (3) >

해커스공기업 PSAT 기출로 끝내는 NCS 수리·자료해석 집중 공략

PART 2

기초통계

×

01 경우의 수

1 | 경우의 수의 정의

어떤 사건이 일어날 수 있는 모든 경우의 가짓수를 의미한다.

동일한 조건에서 실험이나 관찰에 의하여 나타나는 결과를 의미함

2 | 두 사건의 경우의 수

1. 합의 법칙

어떤 사건 A, B가 일어나는 경우의 수가 각각 m, n이고, 두 사건 A, B가 동시에 일어나지 않을 때, 사건 A 또는 B가 일어나는 경우의 수는 $m+n$이다.

2. 곱의 법칙

어떤 사건 A, B가 일어나는 경우의 수가 각각 m, n이고, 두 사건 A, B가 서로 영향을 주지 않을 때, 두 사건 A, B가 동시에 일어나는 경우의 수는 $m \times n$이다.

01 서로 다른 2개의 주사위를 동시에 던질 때, 두 눈의 합이 4 또는 6인 경우의 수는 몇 가지인가?

① 5가지   ② 6가지   ③ 7가지   ④ 8가지   ⑤ 9가지

02 동전 1개와 주사위 1개를 동시에 던질 때, 동전은 앞면이 나오고, 주사위는 짝수의 눈이 나오는 경우의 수는 몇 가지인가?

① 1가지   ② 2가지   ③ 3가지   ④ 4가지   ⑤ 5가지

03 서로 다른 동전 2개와 주사위 1개를 동시에 던질 때, 동전은 서로 다른 면이 나오고, 주사위는 홀수의 눈이 나오는 경우의 수는 몇 가지인가?

① 4가지   ② 5가지   ③ 6가지   ④ 7가지   ⑤ 8가지

[정답 및 해설]

01 서로 다른 2개의 주사위를 동시에 던질 때, 두 눈의 합이 4인 경우의 수는 (1, 3), (2, 2), (3, 1)로 3가지이고, 두 눈의 합이 6인 경우의 수는 (1, 5), (2, 4), (3, 3), (4, 2), (5, 1)로 5가지이다. 따라서 두 눈의 합이 4 또는 6인 경우의 수는 3+5=8가지이다.

02 동전이 앞면이 나오는 경우의 수는 1가지이고, 주사위가 짝수의 눈이 나오는 경우의 수는 2, 4, 6으로 3가지이다. 따라서 동전 1개와 주사위 1개를 동시에 던질 때, 동전은 앞면이 나오고, 주사위는 짝수의 눈이 나오는 경우의 수는 1×3=3가지이다.

03 서로 다른 동전이 서로 다른 면이 나오는 경우의 수는 (앞면, 뒷면), (뒷면, 앞면)으로 2가지이고, 주사위가 홀수의 눈이 나오는 경우의 수는 1, 3, 5로 3가지이다. 따라서 서로 다른 동전 2개와 주사위 1개를 동시에 던질 때, 동전은 서로 다른 면이 나오고, 주사위는 홀수의 눈이 나오는 경우의 수는 2×3=6가지이다.

01 ④   **02** ③   **03** ③

3 | 여러 가지 사건의 경우의 수

1. 한 줄로 세울 때의 경우의 수

- n명을 한 줄로 세울 때의 경우의 수: $n \times (n-1) \times (n-2) \times \cdots \times 2 \times 1 = n!$
- n명 중 k명만 한 줄로 세울 때의 경우의 수: $n \times (n-1) \times (n-2) \times \cdots \times (n-k+1)$

2. 대표를 선출할 때의 경우의 수

- n명 중 자격이 다른 2명의 대표를 선출할 때의 경우의 수: $n \times (n-1)$
- n명 중 자격이 같은 2명의 대표를 선출할 때의 경우의 수: $\dfrac{n \times (n-1)}{2}$

01 남자 5명을 일렬로 세우는 경우의 수는 몇 가지인가?

① 24가지　　　　② 48가지　　　　③ 60가지　　　　④ 90가지　　　　⑤ 120가지

02 남자 5명 중 3명을 일렬로 세우는 경우의 수는 몇 가지인가?

① 24가지　　　　② 48가지　　　　③ 60가지　　　　④ 90가지　　　　⑤ 120가지

03 15명 중 반장과 부반장을 선출하는 경우의 수는 몇 가지인가?

① 105가지　　　　② 210가지　　　　③ 225가지　　　　④ 250가지　　　　⑤ 315가지

04 5명 중 자격이 같은 2명의 대표를 선출하는 경우의 수는 몇 가지인가?

① 4가지　　　　② 6가지　　　　③ 10가지　　　　④ 15가지　　　　⑤ 20가지

05 여자 8명 중 3명을 일렬로 세우는 경우의 수는 몇 가지인가?

① 216가지　　　　② 336가지　　　　③ 343가지　　　　④ 392가지　　　　⑤ 512가지

06 여자 9명 중 자격이 같은 2명의 대표를 선출하는 경우의 수는 몇 가지인가?

① 18가지　　　　② 36가지　　　　③ 72가지　　　　④ 144가지　　　　⑤ 288가지

[정답 및 해설]

01　5명을 일렬로 세우는 경우의 수는 $5 \times 4 \times 3 \times 2 \times 1 = 5! = 120$가지이다.

02　5명 중 3명을 일렬로 세우는 경우의 수는 $5 \times 4 \times 3 = 60$가지이다.

03　15명 중 반장과 부반장을 선출하는 경우의 수는 $15 \times 14 = 210$가지이다.

04　5명 중 자격이 같은 2명의 대표를 선출하는 경우의 수는 $\dfrac{5 \times 4}{2} = 10$가지이다.

05　여자 8명 중 3명을 일렬로 세우는 경우의 수는 $8 \times 7 \times 6 = 336$가지이다.

06　여자 9명 중 자격이 같은 2명의 대표를 선출하는 경우의 수는 $\dfrac{9 \times 8}{2} = 36$가지이다.

01 ⑤　**02** ③　**03** ②　**04** ③　**05** ②　**06** ②

4 | 순열

1. 중복을 허락하지 않는 순열

서로 다른 n개에서 중복을 허락하지 않고 r개를 택하여 한 줄로 배열하는 경우의 수를 의미한다.

$$\cdot \; {}_n\mathrm{P}_r = \underbrace{n \times (n-1) \times (n-2) \times \cdots \times (n-r+1)}_{r개} = \frac{n!}{(n-r)!} \; (단, \; 0 < r \leq n)$$

2. 중복순열

서로 다른 n개에서 중복을 허락하여 r개를 택하여 한 줄로 배열하는 경우의 수를 의미한다.

$$\cdot \; {}_n\Pi_r = n^r$$

3. 같은 것이 있는 순열

n개 중에서 같은 것이 각각 p, q, r개일 때, n개를 모두 사용하여 한 줄로 배열하는 경우의 수를 의미한다.

$$\cdot \; \frac{n!}{p!q!r!} \; (단, \; p+q+r=n)$$

4. 원순열

서로 다른 n개의 원소를 원형으로 배열하는 경우의 수를 의미한다.

$$\cdot \; 서로 \; 다른 \; n개를 \; 원형으로 \; 배열하는 \; 경우의 \; 수 : \frac{{}_n\mathrm{P}_n}{n} = \frac{n!}{n} = (n-1)!$$

$$\cdot \; 서로 \; 다른 \; n개에서 \; r개를 \; 택하여 \; 원형으로 \; 배열하는 \; 경우의 \; 수 : \frac{{}_n\mathrm{P}_r}{r}$$

01 7명의 학생 중 3명을 뽑아서 일렬로 세우는 경우의 수는 몇 가지인가?

① 30가지 　　② 90가지 　　③ 150가지 　　④ 210가지 　　⑤ 270가지

02 1에서 6까지의 숫자 중 중복을 허락하여 세 자리의 비밀번호를 만드는 경우의 수는 몇 가지인가?

① 81가지 　　② 216가지 　　③ 243가지 　　④ 625가지 　　⑤ 729가지

03 6개의 문자 c, o, f, f, e, e를 일렬로 배열하는 경우의 수는 몇 가지인가?

① 120가지 　　② 180가지 　　③ 360가지 　　④ 540가지 　　⑤ 720가지

04 5명이 원형 모양의 식탁에 둘러앉는 경우의 수는 몇 가지인가?

① 24가지 　　② 48가지 　　③ 60가지 　　④ 90가지 　　⑤ 120가지

05 6명의 학생 중 3명을 뽑아서 원형 모양의 식탁에 둘러앉는 경우의 수는 몇 가지인가?

① 20가지 　　② 30가지 　　③ 40가지 　　④ 50가지 　　⑤ 60가지

06 7명의 학생 중 6명을 뽑아서 원형 모양의 식탁에 둘러앉는 경우의 수는 몇 가지인가?

① 42가지 　　② 210가지 　　③ 420가지 　　④ 840가지 　　⑤ 5,040가지

07 0~9까지 10개 숫자 중 중복을 허락하지 않고 네 자리의 비밀번호를 만드는 경우의 수는 몇 가지인가?

① 336가지 　　② 504가지 　　③ 720가지 　　④ 3,024가지 　　⑤ 5,040가지

[정답 및 해설]

01 7명 중 3명을 뽑아서 일렬로 세우는 경우의 수는 $_7P_3 = \dfrac{7!}{(7-3)!} = 7 \times 6 \times 5 = 210$가지이다.

02 1에서 6까지의 숫자 중 중복을 허락하여 세 자리의 비밀번호를 만드는 경우의 수는 $_6\Pi_3 = 6^3 = 216$가지이다.

03 6개 중에서 같은 것이 각각 1개, 1개, 2개, 2개인 문자를 일렬로 배열하는 경우의 수는 $\dfrac{6!}{1!1!2!2!} = 6 \times 5 \times 3 \times 2 = 180$가지이다.

04 5명이 원형 모양의 식탁에 둘러앉는 경우의 수는 $(5-1)! = 4! = 24$가지이다.

05 6명 중 3명이 원형 모양의 식탁에 둘러앉는 경우의 수는 $\dfrac{_6P_3}{3} = 40$가지이다.

06 7명 중 6명이 원형 모양의 식탁에 둘러앉는 경우의 수는 $\dfrac{_7P_6}{6} = 840$가지이다.

07 0~9까지 10개 숫자 중 중복을 허락하지 않고 네 자리의 비밀번호를 만드는 경우의 수는 $_{10}P_4 = \dfrac{10!}{(10-4)!} = 10 \times 9 \times 8 \times 7 = 5,040$가지이다.

01 ④　　**02** ②　　**03** ②　　**04** ①　　**05** ③　　**06** ④　　**07** ⑤

5 | 조합

1. 중복을 허락하지 않는 조합

서로 다른 n개에서 순서를 고려하지 않고 r개를 택하는 경우의 수를 의미한다.

$$\cdot\ _nC_r = \frac{_nP_r}{r!} = \frac{n \times (n-1) \times (n-2) \times \cdots \times (n-r+1)}{r!} = \frac{n!}{r!(n-r)!} \ (단, 0 < r \le n)$$

2. 중복조합

서로 다른 n개에서 순서를 고려하지 않고 중복을 허락하여 r개를 택하는 경우의 수를 의미한다.

$$\cdot\ _nH_r = _{n+r-1}C_r$$

해커스공기업 PSAT 기출로 끝내는 NCS 수리·자료해석 집중 공략

확인 문제

01 총인원이 8명인 모임에서 2명의 대표를 뽑는 경우의 수는 몇 가지인가?

① 14가지   ② 28가지   ③ 42가지   ④ 56가지   ⑤ 70가지

02 서로 다른 3개의 바구니에 똑같은 공 6개를 넣는 경우의 수는 몇 가지인가?

① 28가지   ② 56가지   ③ 84가지   ④ 112가지   ⑤ 140가지

03 사과, 배, 딸기 중에서 순서를 고려하지 않고, 중복을 허락하여 7개를 주문하는 경우의 수는 몇 가지인가?

① 36가지   ② 48가지   ③ 60가지   ④ 72가지   ⑤ 144가지

[정답 및 해설]

01 8명 중 2명의 대표를 뽑는 경우의 수는 $_8C_2 = \frac{8!}{2!6!} = 28$가지이다.

02 서로 다른 3개의 바구니에 똑같은 공 6개를 넣는 경우의 수는 $_3H_6 = _8C_6 = \frac{8!}{6!2!} = 28$가지이다.

03 사과, 배, 딸기 중에서 순서를 고려하지 않고, 중복을 허락하여 7개를 주문하는 경우의 수는 $_3H_7 = _9C_7 = \frac{9!}{7!2!} = 36$가지이다.

01 ②   **02** ①   **03** ①

PART 2 기초통계 01 경우의 수   67

02 확률

1 | 확률의 정의

어떤 시행에서 사건 A가 일어날 가능성을 수로 나타낸 것을 의미한다.

· $P(A) = \dfrac{\text{사건 A가 일어날 경우의 수}}{\text{모든 경우의 수}}$ (단, $0 \le P(A) \le 1$)

확인 문제

01 1개의 동전을 던질 때, 뒷면이 나올 확률은 얼마인가?

① $\dfrac{1}{2}$　　② $\dfrac{1}{3}$　　③ $\dfrac{1}{4}$　　④ $\dfrac{1}{5}$　　⑤ $\dfrac{1}{6}$

02 1개의 주사위를 던질 때, 4 이상의 눈이 나올 확률은 얼마인가?

① $\dfrac{1}{2}$　　② $\dfrac{1}{3}$　　③ $\dfrac{1}{4}$　　④ $\dfrac{1}{5}$　　⑤ $\dfrac{1}{6}$

03 서로 다른 2개의 주사위를 던질 때, 두 주사위 모두 소수가 나올 확률은 얼마인가?

① $\dfrac{1}{2}$　　② $\dfrac{1}{3}$　　③ $\dfrac{1}{4}$　　④ $\dfrac{1}{6}$　　⑤ $\dfrac{5}{6}$

[정답 및 해설]

01 1개의 동전을 던질 때, 동전의 뒷면이 나오는 사건을 A라고 하면 사건 A의 경우의 수는 1가지이고, 모든 경우의 수는 앞면 또는 뒷면이 나오는 경우 2가지이므로 $P(A) = \dfrac{1}{2}$이다.

02 1개의 주사위를 던질 때, 4 이상의 눈이 나오는 사건을 A라고 하면 사건 A의 경우의 수는 4, 5, 6으로 3가지이고, 모든 경우의 수는 1, 2, 3, 4, 5, 6이 나오는 경우 6가지이므로 $P(A) = \dfrac{3}{6} = \dfrac{1}{2}$이다.

03 서로 다른 2개의 주사위를 던질 때, 두 주사위 모두 소수가 나오는 사건을 A라고 하면 사건 A의 경우의 수는 (2, 2), (2, 3), (2, 5), (3, 2), (3, 3), (3, 5), (5, 2), (5, 3), (5, 5)로 9가지이고, 모든 경우의 수는 $6 \times 6 = 36$가지이므로 $P(A) = \dfrac{9}{36} = \dfrac{1}{4}$이다.

01 ①　**02** ①　**03** ③

1. 확률의 덧셈 정리

두 사건 A, B에 대하여 사건 A 또는 B가 일어날 확률을 의미하며 P(A∪B)로 나타낸다. 이때 사건 A, B가 동시에 일어날 확률은 P(A∩B)이다.

· $P(A \cup B) = P(A) + P(B) - P(A \cap B)$

2. 여사건의 확률

여사건이란 전체 사건에서 어떤 특정한 사건을 제외한 나머지 사건을 의미하며 여사건의 확률이란 사건 A가 일어나지 않을 확률을 의미한다.

· $P(A^c) = 1 - P(A)$

확인 문제

01 1개의 주사위를 던질 때, 짝수 또는 소수가 나올 확률은 얼마인가?

① $\frac{1}{6}$ ② $\frac{1}{3}$ ③ $\frac{1}{2}$ ④ $\frac{2}{3}$ ⑤ $\frac{5}{6}$

02 서로 다른 2개의 주사위를 동시에 던질 때, 5의 눈이 적어도 한 번 나올 확률은 얼마인가?

① $\frac{11}{36}$ ② $\frac{1}{3}$ ③ $\frac{13}{36}$ ④ $\frac{1}{2}$ ⑤ $\frac{25}{36}$

03 서로 다른 2개의 주사위를 동시에 던질 때, 서로 다른 눈이 나올 확률은 얼마인가?

① $\frac{1}{6}$ ② $\frac{5}{6}$ ③ $\frac{17}{36}$ ④ $\frac{25}{36}$ ⑤ $\frac{29}{36}$

01 1개의 주사위를 던질 때, 짝수가 나오는 사건을 A, 소수가 나오는 사건을 B라고 하면 P(A)는 2, 4, 6이 나올 때이므로 $\frac{3}{6}$이고, P(B)는 2, 3, 5가 나올 때이므로 $\frac{3}{6}$이다. 이때 짝수이면서 소수는 2이므로 P(A∩B)=$\frac{1}{6}$이다. 따라서 P(A∪B)=P(A)+P(B)−P(A∩B)=$\frac{3}{6}$+$\frac{3}{6}$−$\frac{1}{6}$=$\frac{5}{6}$이다.

02 5의 눈이 적어도 한 번 나오는 사건을 A라고 하면 A의 여사건은 5의 눈이 한 번도 나오지 않는 사건이다. 서로 다른 2개의 주사위를 던져서 나올 수 있는 모든 경우의 수는 36가지이고, 사건 A의 여사건의 경우의 수는 각 주사위의 눈이 5를 제외한 1, 2, 3, 4, 6이 나올 때로 5×5=25가지이므로 P(A^c)=$\frac{25}{36}$이다. 따라서 P(A)=1−P(A^c)=1−$\frac{25}{36}$=$\frac{11}{36}$이다.

03 서로 다른 2개의 주사위를 동시에 던질 때, 서로 다른 눈이 나오는 사건을 A라고 하면 A의 여사건은 서로 다른 2개의 주사위에서 서로 같은 눈이 나오는 사건이다. 서로 다른 2개의 주사위를 동시에 던져서 나올 수 있는 모든 경우의 수는 36가지이고, 사건 A의 여사건의 경우의 수는 각 주사위의 눈이 (1, 1), (2, 2), (3, 3), (4, 4), (5, 5), (6, 6)이 나오는 6가지이므로 P(A)=1−P(A^c)=1−$\frac{6}{36}$=$\frac{5}{6}$이다.

01 ⑤ **02** ① **03** ②

3 | 조건부 확률과 확률의 곱셈 정리

1. 조건부 확률

두 사건 A, B에 대하여 사건 A가 일어났을 때, 사건 B가 일어날 확률을 의미한다.

$$\cdot\ P(B|A)=\frac{P(A∩B)}{P(A)}\ (단,\ P(A)≠0)$$

2. 확률의 곱셈 정리

두 사건 A, B에 대하여 사건 A, B가 동시에 일어날 확률을 의미하며 조건부 확률의 정의에 의해 곱셈 정리가 성립된다.

$$\cdot\ P(A∩B)=P(A)\cdot P(B|A)=P(B)\cdot P(A|B)\ (단,\ P(A)≠0,\ P(B)≠0)$$

01 1개의 주사위를 던져서 소수의 눈이 나왔을 때, 그것이 짝수일 확률은 얼마인가?

① $\frac{1}{6}$　　　② $\frac{1}{3}$　　　③ $\frac{1}{2}$　　　④ $\frac{2}{3}$　　　⑤ $\frac{5}{6}$

02 1부터 10까지의 자연수가 적혀있는 카드를 갑과 을이 차례대로 각각 1장씩 뽑을 때, 갑과 을 모두 홀수가 적힌 카드를 뽑을 확률은 얼마인가? (단, 한 번 뽑은 카드는 다시 뽑지 않는다.)

① $\frac{1}{9}$　　　② $\frac{2}{9}$　　　③ $\frac{1}{3}$　　　④ $\frac{4}{9}$　　　⑤ $\frac{5}{9}$

03 1개의 주사위를 던져서 6의 약수인 눈이 나왔을 때, 그것이 소수일 확률은 얼마인가?

① $\frac{1}{2}$　　　② $\frac{2}{3}$　　　③ $\frac{3}{4}$　　　④ $\frac{1}{6}$　　　⑤ $\frac{5}{6}$

04 흰 공 8개와 검은 공 4개가 들어 있는 상자에서 갑과 을이 갑, 을 순서대로 각각 1개씩 공을 꺼낼 때, 갑은 흰 공 1개, 을은 검은 공 1개를 꺼낼 확률은 얼마인가? (단, 한 번 뽑은 공은 다시 상자에 넣지 않는다.)

① $\frac{4}{6}$　　　② $\frac{5}{12}$　　　③ $\frac{1}{23}$　　　④ $\frac{1}{30}$　　　⑤ $\frac{8}{33}$

[정답 및 해설]

01 1개의 주사위를 던져서 소수의 눈이 나오는 사건을 A, 짝수의 눈이 나오는 사건을 B라고 하면 $P(A)=\frac{3}{6}$이고, 소수이면서 짝수인 눈은 2이므로 $P(A\cap B)=\frac{1}{6}$이다. 따라서 $P(B|A)=\frac{P(A\cap B)}{P(A)}=\frac{\frac{1}{6}}{\frac{3}{6}}=\frac{1}{3}$이다.

02 갑이 홀수가 적힌 카드를 뽑는 사건을 A, 을이 홀수가 적힌 카드를 뽑는 사건을 B라고 하면 $P(A)=\frac{5}{10}$이고, 갑이 홀수가 적힌 카드를 뽑았을 때 남은 카드 9장 중 홀수가 적힌 카드는 4장이므로 을도 홀수가 적힌 카드를 뽑을 확률은 $P(B|A)=\frac{4}{9}$이다. 따라서 $P(A\cap B)=P(A)\cdot P(B|A)=\frac{5}{10}\times\frac{4}{9}=\frac{2}{9}$이다.

03 1개의 주사위를 던져서 6의 약수인 눈이 나오는 사건을 A, 소수의 눈이 나오는 사건을 B라고 하면 $P(A)=\frac{4}{6}$이고, 6의 약수이면서 소수인 눈은 2, 3이므로 $P(A\cap B)=\frac{2}{6}$이다. 따라서 $P(B|A)=\frac{P(A\cap B)}{P(A)}=\frac{\frac{2}{6}}{\frac{4}{6}}=\frac{1}{2}$이다.

04 갑이 흰 공 1개를 꺼내는 사건을 A, 을이 검은 공 1개를 꺼내는 사건을 B라고 하면 $P(A)=\frac{8}{12}$이고, 갑이 흰 공 1개를 꺼내고 남은 공 11개 중 검은 공은 4개이므로 을이 검은 공 1개를 꺼낼 확률은 $P(B|A)=\frac{4}{11}$이다. 따라서 $P(A\cap B)=P(A)\cdot P(B|A)=\frac{8}{12}\times\frac{4}{11}=\frac{8}{33}$이다.

01 ②　　**02** ②　　**03** ①　　**04** ⑤

1. 독립사건

서로 독립인 두 사건을 의미한다. 두 사건 A, B에 대하여 사건 A가 일어나거나 일어나지 않는 일이 사건 B가 일어날 확률에 영향을 주지 않을 때, 두 사건 A, B는 서로 독립이다.

· 두 사건 A, B가 서로 독립이기 위한 필요충분조건: $P(A \cap B) = P(A) \cdot P(B)$ (단, $P(A) \neq 0$, $P(B) \neq 0$)

2. 종속사건

서로 종속인 두 사건을 의미한다. 두 사건 A, B에 대하여 사건 A가 일어날 때와 일어나지 않을 때에 따라 사건 B가 일어날 확률이 다를 때, 두 사건 A, B는 서로 독립이 아닌 종속이다.

확인 문제

01 두 사건 A, B가 서로 독립이고, $P(A) = \frac{1}{3}$, $P(B) = \frac{1}{4}$일 때, $P(A \cap B)$의 값은 얼마인가?

① $\frac{1}{12}$　　　② $\frac{1}{4}$　　　③ $\frac{5}{12}$　　　④ $\frac{2}{3}$　　　⑤ $\frac{11}{12}$

02 두 사건 A, B가 서로 독립이고, $P(A) = \frac{1}{6}$, $P(B) = \frac{3}{5}$일 때, $P(A \cup B)$의 값은 얼마인가?

① $\frac{1}{10}$　　　② $\frac{1}{3}$　　　③ $\frac{1}{2}$　　　④ $\frac{2}{3}$　　　⑤ $\frac{23}{30}$

[정답 및 해설]

01 두 사건 A, B가 서로 독립일 때, $P(A \cap B) = P(A) \cdot P(B) = \frac{1}{3} \times \frac{1}{4} = \frac{1}{12}$이다.

02 두 사건 A, B가 서로 독립일 때, $P(A \cup B) = P(A) + P(B) - P(A \cap B) = P(A) + P(B) - P(A) \cdot P(B) = \frac{1}{6} + \frac{3}{5} - \frac{1}{6} \times \frac{3}{5} = \frac{2}{3}$이다.

01 ①　　**02** ④

1 | 통계의 정의

① 집단적 현상이나 수집된 자료를 쉽게 이해할 수 있도록 나타낸 수치 또는 수치에 대한 설명을 의미한다.
② 사회 집단이나 자연 현상을 정리·분석하고 어떠한 결론을 논리적으로 추출·검증하는 도구이다.

2 | 통계의 종류

1. 정태 통계

특정한 시점에 대상이 되는 항목의 상황을 파악하는 통계를 의미한다.

예 2013년 4대 범죄 유형별 발생건수 및 검거건수

(단위: 건)

구분 범죄 유형	발생건수	검거건수
강도	5,753	5,481
살인	132	122
절도	14,778	12,525
방화	1,647	1,646
계	22,310	19,774

→ 제시된 자료는 2013년 각 범죄 유형에 따른 발생건수와 검거건수의 상황을 나타낸 정태 통계자료이다.

2. 동태 통계

일정한 기간에 대상이 되는 항목의 시간적인 변화 상황을 파악하는 통계를 의미한다.

예 2011~2013년 4대 범죄 발생건수 및 검거건수

(단위: 건, 천 명)

연도 \ 구분	발생건수	검거건수	총인구	인구 10만 명당 발생건수
2011	19,498	16,404	49,740	39.2
2012	19,670	16,630	50,051	39.3
2013	22,310	19,774	50,248	44.4

→ 제시된 자료는 2011~2013년 동안의 4대 범죄 발생건수, 검거건수와 총인구 등에 대한 변화 상황을 나타낸 동태 통계자료이다.

3 | 대푯값

자료의 특징이나 경향을 하나의 수치로 대표하여 나타내는 값을 의미한다.

1. 평균

(1) 평균의 정의 및 특징

① 자료의 여러 관찰값을 고르게 하여 나타낸 중간값을 의미한다.

② 너무 작거나 너무 큰 극단적인 값이 관찰값으로 제시되면 평균은 자료 전체를 대표하지 못할 가능성이 있다.

예 A, B의 관찰값과 평균

구분	관찰값	평균
A	51, 54, 56, 60, 53	54.8
B	81, 10, 80, 5, 98	54.8

→ 제시된 자료에서 항목 A, B의 평균은 같다. 그러나 관찰값 간의 수치가 고르게 나타나는 항목 A와 달리 항목 B의 관찰값은 5, 98과 같이 다른 관찰값에 비해 너무 작거나 큰 수치가 나타나므로 항목 B의 평균은 관찰값 전체를 대표한다고 보기 어렵다.

(2) 평균의 종류

① 산술평균

전체 관찰값을 모두 더한 후 관찰값의 개수로 나눈 값이다.

$$\cdot \text{산술평균} = \frac{\text{관찰값의 합}}{\text{관찰값의 개수}}$$

② 가평균

- 관찰값의 평균과 근사하게 임의로 설정한 평균값을 의미하며, 가평균을 활용하면 산술평균을 쉽게 구할 수 있다.
- 산술평균은 각 관찰값과 가평균의 차이를 관찰값의 개수로 나눈 값과 가평균을 더하여 구한다.

$$\cdot \text{산술평균} = \frac{\text{(관찰값} - \text{가평균)의 합}}{\text{관찰값의 개수}} + \text{가평균}$$

③ 가중평균

- 각 관찰값에 자료의 상대적 중요도나 영향 정도를 나타내는 가중치를 곱하여 모두 더한 값을 가중치의 합계로 나눈 값이다.
- 두 항목의 관찰값이 비율로 제시된 경우, 인원수나 수량 등의 실제 수치는 가중치이고 전체 비율은 가중평균이다. 이때 가중치를 x, y라고 하면 x와 y의 비는 각 관찰값과 가중평균과의 차의 비와 반비례한다.

$$\cdot \text{가중평균} = \frac{\text{(가중치} \times \text{관찰값)의 합}}{\text{가중치의 합}}$$

$$\cdot W_1 : W_2 = (X_2 - \overline{WX}) : (\overline{WX} - X_1) \quad (\overline{WX} = \text{가중평균}, X_i = \text{관찰값}, W_i = \text{가중치}, X_1 < \overline{WX} < X_2)$$

예 다음 <표>에서 전체 감기 발생률은?

<표> A, B 학교의 감기 발생률과 학생 수

항목	감기 발생률 (%)	총 학생 수 (명)
A 학교	30	400
B 학교	35	600
전체	( )	1,000

→ ⓐ A, B 학교의 감기 발생률이 관찰값이므로 A, B 학교의 학생 수는 가중치이고, A, B 학교의 전체 감기 발생률은 가중평균이다. 가중평균 $= \frac{\text{(가중치} \times \text{관찰값)의 합}}{\text{가중치의 합}}$ 이므로 전체 감기 발생률은 $\frac{(400 \times 0.3) + (600 \times 0.35)}{1,000} \times 100$ $= 33\%$이다.

ⓑ A, B 학교 학생 수의 비는 A, B 학교의 감기 발생률과 전체 감기 발생률과의 차의 비와 반비례하고, A, B 학교 총 학생 수의 비는 $4:6 = 2:3$이므로 A, B 학교의 전체 감기 발생률을 x라고 하면 $(x - 30) : (35 - x) = 3 : 2$이다. 따라서 A, B 학교 전체의 감기 발생률은 33%이다.

01 관찰값이 각각 95, 86, 79, 88, 63, 57일 때, 산술평균은 얼마인가?

① 72   ② 74   ③ 76   ④ 78   ⑤ 80

02 관찰값이 각각 82, 87, 78, 90, 85, 81일 때, 산술평균은 대략 얼마인가?

① 82.6   ② 82.8   ③ 83.6   ④ 83.8   ⑤ 84.6

03 과목 A~D 과목별 점수가 아래 〈표〉와 같을 때, 과목 A~D의 점수에 대한 가중평균은 대략 얼마인가? (단, 소수점 둘째 자리에서 반올림하여 계산한다.)

〈표〉 A~D 과목별 점수

(단위: 점)

과목	가중치	점수
A	1	73
B	2	74
C	3	80
D	3	85

① 78.0점   ② 78.4점   ③ 78.9점   ④ 79.3점   ⑤ 79.6점

04 대학생 1,000명을 대상으로 성형수술에 대해 설문 조사한 결과가 아래 〈표〉와 같을 때, 남성과 여성 대학생의 인원수는 각각 얼마인가?

〈표〉 성형수술 희망 응답자의 성별 비율

(단위: %)

남성	여성	전체
30.0	37.5	33.0

        남성   여성   남성   여성
① 400명   600명   ② 450명   550명
③ 500명   500명   ④ 550명   450명
⑤ 600명   400명

05 관찰값이 각각 152, 161, 158, 163, 170일 때, 산술평균은 얼마인가?

① 160.2   ② 160.4   ③ 160.6   ④ 160.8   ⑤ 161

06 고등학생 2,000명을 대상으로 사교육 참여에 대해 설문 조사한 결과가 아래 〈표〉와 같을 때, 여성 고등학생의 인원수는 얼마인가?

〈표〉 사교육 참여 응답자의 성별 비율

(단위: %)

남성	여성	전체
41.0	45.0	42.0

① 500명   ② 750명   ③ 1,000명   ④ 1,250명   ⑤ 1,500명

01 산술평균$=\dfrac{\text{관찰값의 합}}{\text{관찰값의 개수}}$이므로 95, 86, 79, 88, 63, 57에 대한 산술평균은 $\dfrac{95+86+79+88+63+57}{6}=\dfrac{468}{6}=78$이다.

02 산술평균$=\dfrac{(\text{관찰값}-\text{가평균})\text{의 합}}{\text{관찰값의 개수}}+\text{가평균}$이므로 85를 가평균으로 설정하면 산술평균은

$\dfrac{\{(82-85)+(87-85)+(78-85)+(90-85)+(85-85)+(81-85)\}}{6}+85≒83.8$이다.

03 가중평균$=\dfrac{(\text{가중치}\times\text{관찰값})\text{의 합}}{\text{가중치의 합}}$이므로 각 과목의 점수에 가중치를 곱한 값은 A가 $1\times73=73$점, B가 $2\times74=148$점, C가 $3\times80=240$

점, D가 $3\times85=255$점이고, 과목 A~D의 점수에 대한 가중평균은 $\dfrac{73+148+240+255}{1+2+3+3}≒79.6$점이다.

04 제시된 자료에서 성형수술 희망 응답자 남녀 비율이 관찰값이므로 전체 비율은 가중평균이고, 남성과 여성의 인원수는 가중치이다. 남성과 여성 인원수의 비는 남성, 여성 비율과 전체 비율과의 차의 비와 반비례하고, 남성, 여성의 비율과 전체 비율과의 차의 비는 $(33.0-30.0):(37.5-33.0)=2:3$이므로 남성과 여성 인원수의 비는 3:2이다. 따라서 총 대학생 인원 1,000명 중 남성 인원수는 $1,000\times\dfrac{3}{5}$ $=600$명이고, 여성 인원수는 $1,000\times\dfrac{2}{5}=400$명이다.

05 산술평균$=\dfrac{\text{관찰값의 합}}{\text{관찰값의 개수}}$이므로 152, 161, 158, 163, 170에 대한 산술평균은 $\dfrac{152+161+158+163+170}{65}=\dfrac{804}{5}=160.8$이다.

06 제시된 자료에서 사교육 참여 응답자 남녀 비율이 관찰값이므로 전체 비율은 가중평균이고, 남성과 여성의 인원수는 가중치이다. 남성과 여성 인원수의 비는 남성, 여성 비율과 전체 비율과의 차이 비와 반비례하고, 남성, 여성의 비율과 전체 비율과의 차이 비는 $(42.0-41.0):(45.0-42.0)=1:3$이므로 남성과 여성 인원수의 비는 3:1이다. 따라서 총 고등학생 인원 2,000명 중 여성 인원수는 $2,000\times\dfrac{1}{4}$ $=500$명이다.

01 ④ **02** ④ **03** ⑤ **04** ⑤ **05** ④ **06** ①

2. 중앙값

① 전체 관찰값을 최솟값부터 최댓값까지 크기순으로 나열했을 때 정중앙에 위치하는 값을 의미하며, 너무 작거나 너무 큰 극단적인 값에 영향을 받지 않고 자료 전체를 대표할 수 있다.

② 관찰값의 개수가 홀수일 때, 중앙값은 $\dfrac{\text{관찰값의 개수}+1}{2}$번째 관찰값이고,

관찰값의 개수가 짝수일 때, 중앙값은 $\dfrac{\text{관찰값의 개수}}{2}$번째와 $\dfrac{\text{관찰값의 개수}+2}{2}$번째 관찰값의 평균이다.

3. 최빈값

관찰값 중에서 가장 자주 나오는 값을 의미하며, 한 개 이상의 최빈값이 존재할 수 있다.

확인 문제

01 관찰값이 각각 다음과 같을 때, 중앙값은 무엇인가?

(1) 75, 80, 90, 96, 81

(2) 69, 77, 81, 66, 89, 90, 72, 83

02 관찰값이 각각 다음과 같을 때, 최빈값은 무엇인가?

(1) 169, 173, 170, 178, 173, 178, 173, 176

(2) 76, 81, 76, 70, 67, 73, 67

03 관찰값이 각각 다음과 같을 때, 중앙값은 무엇인가?

(1) 61, 85, 74, 82, 77, 68, 86

(2) 90, 74, 86, 55, 69, 76, 73, 91, 87, 82

[정답 및 해설]

01 (1) 관찰값의 개수가 홀수일 때, 중앙값은 $\frac{관찰값의 개수 + 1}{2}$번째 관찰값이므로 관찰값을 최솟값부터 크기순으로 나열하면 75, 80, 81, 90, 96이고, 중앙값은 $\frac{5+1}{2}=$3번째 관찰값인 81이다.

(2) 관찰값의 개수가 짝수일 때, 중앙값은 $\frac{관찰값의 개수}{2}$번째와 $\frac{관찰값의 개수 + 2}{2}$번째 관찰값의 평균이므로 관찰값을 최솟값부터 크기순으로 나열하면 66, 69, 72, 77, 81, 83, 89, 90이고, 중앙값은 $\frac{8}{2}=$4번째 관찰값과 $\frac{8+2}{2}=$5번째 관찰값의 평균인 $\frac{77+81}{2}=79$이다.

02 (1) 관찰값을 최솟값부터 크기순으로 배열하면 169, 170, 173, 173, 173, 176, 178, 178이고, 관찰값 중 173이 3번, 178이 2번 나오므로 최빈값은 173이다.

(2) 관찰값을 최솟값부터 크기순으로 배열하면 67, 67, 70, 73, 76, 76, 81이고, 관찰값 중 67이 2번, 76이 2번 나오므로 최빈값은 67, 76이다.

03 (1) 관찰값의 개수가 홀수일 때, 중앙값은 $\frac{관찰값의 개수 + 1}{2}$번째 관찰값이므로 관찰값을 최솟값부터 크기순으로 나열하면 61, 68, 74, 77, 82, 85, 86이고, 중앙값은 $\frac{7+1}{2}=$4번째 관찰값인 77이다.

(2) 관찰값의 개수가 짝수일 때, 중앙값은 $\frac{관찰값의 개수}{2}$번째와 $\frac{관찰값의 개수 + 2}{2}$번째 관찰값의 평균이므로 관찰값을 최솟값부터 크기순으로 나열하면 55, 69, 73, 74, 76, 82, 86, 87, 90, 91이고, 중앙값은 $\frac{10}{2}=$5번째 관찰값과 $\frac{10+2}{2}=$6번째 관찰값의 평균인 $\frac{76+82}{2}=79$이다.

01 (1) 81 (2) 79   **02** (1) 173 (2) 67, 76   **03** (1) 77 (2) 79

4 | 퍼진 정도

통계에서 주어진 관찰값이 평균으로부터 얼마나 떨어져 있는지를 나타내는 개념이다.

1. 범위

① 관찰값의 흩어진 정도를 나타내는 가장 간단한 도구로, 관찰값 중 최댓값에서 최솟값을 뺀 값이다.
② 범위는 계산이 용이한 반면 극단적인 값에 크게 영향을 받을 수 있다. 즉, 관찰값 중 지나치게 크거나 작은 값이 있으면 퍼진 정도에 대한 정확한 정보를 얻을 수 없다.

> · **범위＝최댓값−최솟값**

2. 분산

관찰값에서 평균을 뺀 값

① 관찰값의 퍼져 있는 정도를 구체적인 수치로 계산하는 도구로, 편차 제곱의 평균값이다.
② 분산은 편차의 제곱으로 구하기 때문에 퍼진 정도가 원래 편차보다 더 크게 나타난다.
③ 분산이 크면 클수록 관찰값은 평균에서 멀리 떨어져 있음을 의미하고, 분산이 0에 가까울수록 관찰값은 평균에 집중되어 있음을 의미한다.

> · **분산 ＝ $\dfrac{\text{편차}^2\text{의 합}}{\text{관찰값의 개수}}$**

3. 표준편차

① 각 관찰값이 평균으로부터 얼마나 떨어져 있는지를 나타내는 도구로, 분산값의 제곱근이다.
② 표준편차는 원래 편차의 크기와 유사하게 맞추기 위해 분산에 제곱근을 취하기 때문에 보다 정확하게 관찰값의 퍼진 정도를 파악할 수 있다.
③ 표준편차가 크면 관찰값이 평균으로부터 넓게 퍼져 관찰값 간에 이질성이 크다는 것을 의미하며, 표준편차가 작으면 각 관찰값이 평균에 집중되어 관찰값 간에 동질성이 크다는 것을 의미한다.

> · **표준편차 ＝ $\sqrt{\text{분산}}$ ＝ $\sqrt{\dfrac{\text{편차}^2\text{의 합}}{\text{관찰값의 개수}}}$**

01 A 기업 신제품의 출시 첫날 판매량이 매장별로 각각 35, 72, 81, 94, 123일 때, 범위는 얼마인가?

02 A~E 지역 성인의 연평균 해외여행 횟수가 각각 2, 3, 4, 6, 10회일 때, 분산은 얼마인가?

① 2.4   ② 3.8   ③ 5   ④ 6.2   ⑤ 8

03 어느 야구팀의 1회부터 5회까지 회당 안타 수의 편차가 각각 −4, −2, 0, 3, 4일 때, 표준편차는 얼마인가?

① 2   ② $\sqrt{6}$ ③ 8   ④ 3   ⑤ $\sqrt{10}$

04 축구 경기 A 조에 속한 팀의 우승 횟수가 각각 3, 4, 5, 6, 7이고, B 조에 속한 팀의 우승 횟수가 각각 1, 3, 5, 7, 9일 때, 팀별 우승 횟수 간 이질성이 더 큰 조는 어디인가?

05 갑~무의 연평균 병원 방문 횟수가 각각 2, 4, 6, 6, 7회일 때, 분산은 얼마인가?

① 2.4   ② 3.2   ③ 3.6   ④ 4   ⑤ 4.2

[정답 및 해설]

01 최댓값이 123이고, 최솟값이 35이므로 범위는 123−35=88이다.

02 평균이 $\dfrac{2+3+4+6+10}{5}=5$이므로 분산은 $\dfrac{(2-5)^2+(3-5)^2+(4-5)^2+(6-5)^2+(10-5)^2}{5}=8$이다.

03 분산이 $\dfrac{(-4)^2+(-2)^2+0^2+3^2+4^2}{5}=\dfrac{45}{5}=9$이므로, 표준편차는 분산값의 제곱근인 $\sqrt{9}=3$이다.

04 A 조는 평균이 $\dfrac{3+4+5+6+7}{5}=5$이므로 분산은 $\dfrac{(3-5)^2+(4-5)^2+(5-5)^2+(6-5)^2+(7-5)^2}{5}=2$이고, 표준편차는 분산값의 제곱근인 $\sqrt{2}$이다. B 조는 평균이 $\dfrac{1+3+5+7+9}{5}=5$이므로 분산은 $\dfrac{(1-5)^2+(3-5)^2+(5-5)^2+(7-5)^2+(9-5)^2}{5}=8$이고, 표준편차는 분산값의 제곱근인 $\sqrt{8}$이다. 따라서 표준편차가 더 큰 B 조의 관찰값들이 A 조보다 이질성이 더 크다.

05 평균이 $\dfrac{2+4+6+6+7}{5}=5$이므로 분산은 $\dfrac{(2-5)^2+(4-5)^2+(6-5)^2+(6-5)^2+(7-5)^2}{5}=3.2$이다.

01 88   **02** ⑤   **03** ④   **04** B 조   **05** ②

PART 3

도표분석

×

01 자료의 구조

1 | 제목

제목에는 자료의 내용, 범위 등이 제시된다. 따라서 자료가 두 개 이상 제시된 경우 제목 간 공통점과 차이점을 파악하면 선택지나 <보기>에서 언급한 자료를 빠르게 찾을 수 있다.

예 A~D 국의 성별 평균소득, 대학 진학률 및 '간이 성평등지수'

국가 \ 항목	평균소득			대학 진학률			간이 성평등지수
	여성	남성	격차지수	여성	남성	격차지수	
A	8,000	16,000	0.50	68	48	1.00	0.75
B	36,000	60,000	0.60	( )	80	( )	( )
C	20,000	25,000	0.80	70	84	0.83	0.82
D	3,500	5,000	0.70	11	15	0.73	0.72

→ 제목에 따라 <표>에서 A~D 국의 평균소득, 대학 진학률, 간이 성평등지수에 관한 수치가 제시될 것임을 알 수 있다.

2 | 단위

① 자료의 수량을 수치로 나타낼 때 기초가 되는 일정한 기준으로 원, 퍼센트(%), 명 등으로 제시된다.
② 단위의 자릿수는 국제 기준에 따라 세 자리씩 쉼표로 구분하여 일, 천, 백만, 십억, 조로 나타낸다.

예 단위의 자릿수
1,000,000,000,000
↓　　↓　　↓　　↓　　↓
조　십억　백만　천　일

③ 표에 제시된 단위와 선택지나 <보기>에 제시된 단위가 서로 다를 수 있으므로 표, 선택지, <보기> 등에 사용된 단위를 정확히 확인해야 한다.

예 단위의 변환

길이	1cm=10mm 1m=100cm=1,000mm 1km=1,000m=100,000cm	넓이	1cm²=100mm² 1m²=10,000cm²=1,000,000mm² 1km²=1,000,000m²
무게	1g=1,000mg 1kg=1,000g=1,000,000mg 1ton=1,000kg=1,000,000g	부피	1mℓ=1cm³=1cc 1ℓ=1,000cm³=1,000cc 1kℓ=1,000ℓ=1m³

3 | 각주

자료에 대한 추가적인 정보를 제공하는 것으로 자료 하단에 ※, * 등의 표시로 제시된다. 각주는 생소한 용어를 설명하거나 공식, 예시 등으로 자료의 수치를 계산하는 방법을 설명하고, 자료에 제시된 수치의 기준을 설정하는 역할을 한다. 특히 각주에 공식이 제시된 경우 이를 활용하여 자료의 수치를 계산하는 선택지나 <보기>가 출제된다.

예 A~D 국의 성별 평균소득, 대학 진학률 및 '간이 성평등지수'

(단위: 달러, %)

국가＼항목	평균소득			대학 진학률			간이 성평등지수
	여성	남성	격차지수	여성	남성	격차지수	
A	8,000	16,000	0.50	68	48	1.00	0.75
B	36,000	60,000	0.60	( )	80	( )	( )
C	20,000	25,000	0.80	70	84	0.83	0.82
D	3,500	5,000	0.70	11	15	0.73	0.72

※ 1) 격차지수는 남성 항목 값 대비 여성 항목 값의 비율로 계산하며, 그 값이 1을 넘으면 1로 함
　 2) '간이 성평등지수'는 평균소득 격차지수와 대학 진학률 격차지수의 산술 평균임
　 3) 격차지수와 '간이 성평등지수'는 소수점 셋째 자리에서 반올림한 값임

→ 제시된 <표>에서 각주 1)과 2)는 격차지수와 간이 성평등지수를 계산하는 공식을 제시하고, 각주 3)은 자료의 수치에 대한 소수점 기준을 제시하고 있다.

4 | 정보나 조건

① 자료에 나타나지 않은 항목을 분석하고, 수치 계산을 통해 추가적인 정보를 도출하기 위하여 제공한다.
② 용어 정의, 공식, 예시와 같이 자료의 분석에 필요한 추가적인 조건과 문제를 푸는 데 활용되는 규칙 등이 제시된다. 정보나 조건이 제시된 경우 이를 활용하여 결괏값을 구하거나 조건에 알맞은 항목을 고르는 내용이 반드시 출제되므로 정보나 조건을 꼼꼼히 확인해야 한다.

예 6개 수종의 기건비중 및 강도

수종	기건비중 (ton/m³)	강도(N/mm²)			
		압축강도	인장강도	휨강도	전단강도
A	0.53	48	52	88	10
B	0.89	64	125	118	12
C	0.61	63	69	82	9
삼나무	0.37	41	45	72	7
D	0.31	24	21	39	6
E	0.43	51	59	80	7

〈조 건〉
○ 전단강도 대비 압축강도 비가 큰 상위 2개 수종은 낙엽송과 전나무이다.
○ 휨강도와 압축강도 차가 큰 상위 2개 수종은 소나무와 참나무이다.
○ 참나무의 기건비중은 오동나무 기건비중의 2.5배 이상이다.
○ 인장강도와 압축강도의 차가 두 번째로 큰 수종은 전나무이다.

→ 제시된 <표>에서는 A~E의 수종이 무엇인지 파악할 수 없다. 따라서 <표>의 하단에 추가로 제시된 <조건>을 통해 A~E의 수종이 무엇인지 파악해야 한다.

02 자료의 형태적 분류

1 | 표

조사한 자료를 기준에 따라 항목별로 배열하여 정리한 것으로 행과 열로 구성된다. 표를 이용하여 자료를 정리하면 한 눈에 수치를 파악할 수 있으나 자료의 양이 많아질수록 해석이 복잡해질 수 있으므로 표의 구조에 따라 빠르게 읽는 방법을 익혀야 한다.

표에서 행은 가로 방향의 줄을 의미하고, 열은 세로 방향의 줄을 의미함

1. 대칭 구조

표의 각 항목이 대등한 수준으로 배열되어 대칭적인 구조를 갖는 형태이다.

예 2010~2012년 국가별 이산화탄소 배출량

(단위: 천만 톤, 톤/인)

국가	구분	연도 2010	2011	2012
한국	총배출량	56.45	58.99	59.29
	1인당 배출량	11.42	11.85	11.86
멕시코	총배출량	41.79	43.25	43.58
	1인당 배출량	3.66	3.74	3.75
남아공	총배출량	37.63	36.15	37.61
	1인당 배출량	7.39	7.01	7.20
사우디	총배출량	41.49	42.98	45.88
	1인당 배출량	15.22	15.48	16.22
캐나다	총배출량	53.14	53.67	53.37
	1인당 배출량	15.57	15.56	15.30
브라질	총배출량	38.85	40.80	44.02
	1인당 배출량	1.99	2.07	2.22

※ 1인당 배출량(톤/인)=$\frac{총배출량}{인구}$

→ 이산화탄소 총배출량과 1인당 배출량이 국가별로 모두 대등하게 제시되고 있다.

[01~02] 다음 〈표〉는 2022년 A~J 지역의 발주기관별 공사실적에 대한 자료이다. 〈표〉를 보고 물음에 답하시오.

〈표〉 2022년 A~J 지역의 발주기관별 공사실적

(단위: 건)

지역 \ 발주기관	정부기관	지방자치단체	공공단체	공기업
A	485	704	16	99
B	78	218	17	40
C	69	283	90	38
D	40	360	10	111
E	100	134	33	50
F	76	199	49	25
G	31	151	9	16
H	36	45	57	3
I	461	207	64	95
J	237	708	27	31
계	1,613	3,009	372	508

01 A~E 지역 중 2022년 지역별 공공단체 및 공기업 공사실적의 합이 가장 큰 지역은 어디인가?

02 2022년 전체 지방자치단체 발주실적 건수에서 J 지역의 발주실적 건수가 차지하는 비중은 약 얼마인가? (단, 소수점 둘째 자리에서 반올림하여 계산한다.)

① 21.8% ② 22.6% ③ 23.5% ④ 24.1% ⑤ 25.3%

[정답 및 해설]

01 2022년 지역별 공공단체 및 공기업 공사실적의 합은 A 지역이 16+99=115건, B 지역이 17+40=57건, C 지역이 90+38=128건, D 지역이 10+111=121건, E 지역이 33+50=83건이다. 따라서 A~E 지역 중 2022년 지역별 공공단체 및 공기업 공사실적의 합이 가장 큰 지역은 C 지역이다.

02 2022년 전체 지방자치단체 발주실적 건수는 3,009건이고, J 지역의 발주실적 건수는 708건이다. 따라서 2022년 전체 지방자치단체 발주실적 건수에서 J 지역의 발주실적 건수가 차지하는 비중은 (708/3,009)×100≒23.5%이다.

01 C 지역   **02** ③

2. 비대칭 구조

① 표의 각 항목 배열이 비대칭적인 구조를 갖는 형태이다. 일부 항목만 세부 항목이 제시되거나 특정 항목의 연도 범위가 다르게 제시되어 나타난다. 따라서 변경된 세부 항목이 무엇인지, 그것이 나타내는 바가 무엇인지 정확히 파악해야 한다.

② 비대칭 구조는 원래 자료의 항목을 대칭적으로 나타낼 수 없을 때, 특정 항목을 강조하기 위해 의도적으로 일부 항목에만 세부 항목을 추가했을 때 사용한다.

예 A 무역회사 해외지사의 수출 상담실적

(단위: 건, %)

연도 해외지사	2008	2009	2010	2011년 1~11월	전년동기 대비 증감률
칠레	352	284	472	644	60.4
싱가포르	136	196	319	742	154.1
독일	650	458	724	810	22.4
태국	3,630	1,995	1,526	2,520	80.0
미국	307	120	273	1,567	526.8
인도	0	2,333	3,530	1,636	− 49.4
영국	8	237	786	12,308	1,794.1
합계	5,083	5,623	7,630	20,227	197.3

→ 2008~2010년과 달리 2011년의 연도 범위만 1~11월로 제시되었고, 전년동기 대비 증감률도 2011년 1~11월 항목에만 제시되었다. 따라서 2011년 1~11월의 수출 상담실적을 강조하기 위해 의도적으로 2011년만 세부 항목으로 나타냈음을 알 수 있다.

[01~02] 다음 〈표〉는 조선시대 태조~선조 대 동안 과거 급제자 및 '출신 신분이 낮은 급제자' 중 '본관이 없는 자', '3품 이상 오른 자'에 대한 자료이다. 〈표〉에 대한 설명 중 옳은 것은 O, 틀린 것은 X를 하시오.

〈표〉 조선시대 과거 급제자

(단위: 명)

왕 대	전체 급제자	출신 신분이 낮은 급제자		
			본관이 없는 자	3품 이상 오른 자
태조 · 정종	101	40	28	13
태종	266	133	75	33
세종	463	155	99	40
문종 · 단종	179	62	35	16
세조	309	94	53	23
예종 · 성종	478	106	71	33
연산군	251	43	21	13
중종	900	188	39	69
인종 · 명종	470	93	10	26
선조	1,112	186	11	40

※ 급제자는 1회만 급제한 것으로 가정함

01 세조 대의 출신 신분이 낮은 급제자 중 본관이 없는 자의 비율은 50% 이상이다.

(O/X)

02 전체 급제자가 가장 많은 왕 대에 출신 신분이 낮은 급제자도 가장 많다.

(O/X)

[정답 및 해설]

01 세조 대의 출신 신분이 낮은 급제자 중 본관이 없는 자의 비율은 (53/94)×100≒56.4%이므로 50% 이상이다.

02 전체 급제자가 가장 많은 왕 대는 전체 급제자가 1,112명인 선조 대이나 출신 신분이 낮은 급제자가 가장 많은 왕 대는 출신 신분이 낮은 급제자가 188명인 중종 대이다.

01 ○　**02** X

3. 교차표

두 종류의 자료가 각각 행과 열로 배열되어 서로 교차하는 형태이다. 행과 열이 교차하는 각각의 칸에 해당 항목의 수치를 나타내며 이를 통해 두 변수 간 상관관계와 분포적 특성을 쉽게 파악할 수 있다.

예 브라질 한인 1세의 이민 시기와 이민 당시 나이의 교차분석

(단위: 명)

구분		이민 시기						
		1960년 이전	1961-1970년	1971-1980년	1981-1990년	1991-2000년	2001년 이후	전체
이민 당시 나이	12세 이하	112	640	202	468	283	600	2,305
	13-19세	120	210	216	558	70	475	1,649
	20-29세	7	208	387	255	75	270	1,202
	30-39세	0	270	242	745	281	395	1,933
	40세 이상	0	49	209	216	218	1,798	2,490
	전체	239	1,377	1,256	2,242	927	3,538	9,579

→ 행에는 브라질 한인 1세의 이민 당시 나이, 열에는 브라질 한인 1세의 이민 시기가 배열되어 교차하고 있다.

[01~02] 다음 〈표〉는 A 국의 복지사업을 지원욕구 및 지원대상별로 분류한 자료이다. 〈표〉를 보고 물음에 답하시오.

〈표〉 욕구별 · 대상별 복지사업 유형

(단위: 건)

구분		대상										
		일반	청소년	장애인	노인	여성가족	근로자	대학생	초중등	농어업	시설	특수
욕구	생계	12	9	7	4	4	3	2	1	2	0	33
	의료	16	8	7	6	7	1	0	0	0	0	8
	교육	0	6	3	0	1	2	9	6	1	0	8
	근로/창업	8	0	8	1	1	3	1	0	0	0	4
	주거	18	0	1	0	0	0	0	0	1	0	3
	돌봄	3	2	4	6	0	0	0	0	0	0	3
	보육/양육	0	9	2	0	1	0	0	0	1	0	4
	정보통신	6	0	2	1	0	0	0	1	0	0	0
	에너지	8	0	0	0	0	0	0	0	0	0	0
	자활	6	0	0	0	0	0	0	0	0	0	0
	문화	3	0	0	1	0	0	0	0	0	0	1
	시설운영	0	0	0	0	0	0	0	0	0	15	0
	기타	0	3	0	0	0	0	0	0	1	0	2

01 일반을 대상으로 하는 복지사업 중 지원욕구가 주거인 복지사업의 비중은 약 얼마인가? (단, 소수점 둘째 자리에서 반올림하여 계산한다.)

① 22.5%　　　② 23.1%　　　③ 23.8%　　　④ 24.3%　　　⑤ 25.6%

02 대상별 복지사업 수는 여성가족과 대학생 중 어느 대상이 더 많은가?

[정답 및 해설]

01 일반을 대상으로 하는 복지사업의 건수는 12+16+8+18+3+6+8+6+3=80건이므로 일반을 대상으로 하는 복지사업 중 지원욕구가 주거인 복지사업의 비중은 (18/80)×100=22.5%이다.

02 여성가족을 대상으로 하는 복지사업의 건수는 4+7+1+1+1=14건이고, 대학생을 대상으로 하는 복지사업의 건수는 2+9+1=12건이다. 따라서 여성가족을 대상으로 하는 복지사업의 건수가 대학생을 대상으로 하는 복지사업의 건수보다 많다.

01 ①　　**02** 여성가족

4. 짝을 이루는 표

① 행과 열의 항목명이 동일하게 배열되어 짝을 이루는 형태이다.

② 거리나 비용, 게임 등과 관련된 문제에서는 주로 대칭적으로 짝을 이루는 표가 제시된다. 행을 기준으로 볼 때나 열을 기준으로 볼 때 모두 동일한 값을 가지기 때문에 행과 열을 특별히 구분하지 않는다. 또한 항목의 수치는 표 전체의 대각선을 중심으로 대각선 위에 배열된 칸과 대각선 아래에 배열된 칸이 대칭을 이루어 동일하다. 이때 같은 항목끼리는 항목값이 존재하지 않으므로 동일한 항목명이 교차하는 칸은 빈칸이거나 하이픈(-) 또는 대각선(\) 으로 표시한다.

예 2010년 직접거래액

(단위: 억 원)

구분	C1	C2	C3	C4	C5	C6	C7	C8	합
C1		0	0	10	0	0	6	4	20
C2	0		6	5	6	5	0	0	22
C3	0	6		0	0	4	0	0	10
C4	10	5	0		3	5	7	2	32
C5	0	6	0	3		0	5	6	20
C6	0	5	4	5	0		0	0	14
C7	6	0	0	7	5	0		0	18
C8	4	0	0	2	6	0	0		12

→ 행과 열의 항목명이 동일하게 배열되어 있고, 행과 열 두 항목 중 어떤 것을 기준으로 보든 동일한 값을 가지므로 대칭적으로 짝을 이루는 표임을 알 수 있다. 실제로 전체 표의 대각선을 중심으로 대각선 위에 배열된 칸과 아래에 배열된 칸이 대칭을 이루며 1행 1열에 행과 열을 구분하는 기준이 표시되지 않는다.

③ 전입과 전출, 예상과 실제 결과, 1차와 2차 등 순서와 관련된 문제에서는 주로 비대칭적으로 짝을 이루는 표가 제시된다. 행과 열을 구분하는 기준이 1행 1열에 표시되어 있고, 행을 기준으로 볼 때와 열을 기준으로 볼 때에 따라 다른 값을 가지므로 정확한 분석을 위해서는 표 전체를 모두 살펴보아야 한다. 또한 동일한 항목명이 교차하는 칸은 동일한 속성끼리의 상관관계를 나타내므로 그 결괏값이 중요한 의미를 가진다.

예 AI의 동물식별 능력 조사 결과

(단위: 마리)

실제 \ AI 식별 결과	개	여우	돼지	염소	양	고양이	합계
개	457	10	32	1	0	2	502
여우	12	600	17	3	1	2	635
돼지	22	22	350	2	0	3	399
염소	4	3	3	35	1	2	48
양	0	0	1	1	76	0	78
고양이	3	6	5	2	1	87	104
전체	498	641	408	44	79	96	1,766

→ 행과 열의 항목명이 동일하게 배열되어 있으나 1행 1열에 'AI 식별 결과', '실제'와 같이 행과 열을 구분하는 기준이 표시되어 있다. 따라서 행과 열 두 항목 중 어떤 것을 기준으로 보는지에 따라 다른 값을 가진다.

[01~02] 다음 〈표〉는 다섯 개 도시에 위치한 화물터미널 사이의 컨테이너 물동량을 1개월 동안 조사한 것이다. 〈표〉를 보고 물음에 답하시오.

〈표〉 컨테이너 물동량

(단위: 개)

출발 도시 \ 도착 도시	A	B	C	D	E	합계
A		150	0	0	0	150
B	0		70	80	0	150
C	0	0		40	55	95
D	120	0	0		0	120
E	0	15	0	60		75
합계	120	165	70	180	55	

01 D 도시에 도착한 컨테이너 물동량 중 B 도시에서 출발하여 D 도시에 도착한 컨테이너 물동량이 차지하는 비중은 약 얼마인가? (단, 소수점 둘째 자리에서 반올림하여 계산한다.)

① 42.2% ② 43.4% ③ 44.4% ④ 45.6% ⑤ 46.2%

02 C 도시에서 출발한 컨테이너 물동량의 합과 E 도시에서 출발한 컨테이너 물동량의 합 중 컨테이너 물동량의 합이 더 많은 도시는 어디인가?

[정답 및 해설]

01 D 도시에 도착한 컨테이너 물동량은 180개이고, B 도시에서 출발하여 D 도시에 도착한 컨테이너 물동량은 80개이므로 D 도시에 도착한 컨테이너 물동량 중 B 도시에서 출발하여 D 도시에 도착한 컨테이너 물동량이 차지하는 비중은 $(80/180) \times 100 ≒ 44.4\%$이다.

02 C 도시에서 출발한 컨테이너 물동량의 합은 $40+55=95$개이고, E 도시에서 출발한 컨테이너 물동량의 합은 $15+60=75$개이다. 따라서 C 도시에서 출발한 컨테이너 물동량의 합이 E 도시에서 출발한 컨테이너 물동량의 합보다 많다.

01 ③ **02** C 도시

5. 순위표

① 항목별로 구매 건수 및 매출액 등의 활동 내역을 집계하고 순위를 매겨 나열한 형태이다.

② 모든 항목의 전체 순위가 제시되거나 상위권 또는 하위권의 일부 항목이 제시된다. 순위표가 제시된 문제에서는 순위에 해당하는 항목을 찾거나 순위권 밖의 항목값을 유추하고 순위 및 추이를 비교하는 내용 등이 주로 출제된다.

③ 순위의 일부만 제시되었을 때, 표에 제시되지 않은 순위권 밖의 항목값은 제시된 순위표의 최하위 혹은 최상위 항목값을 통해 유추할 수 있다. 상위권 항목만 제시되었다면 순위권 밖의 항목은 상위권의 최하위 항목값보다 작거나 같고, 하위권 항목만 제시되었다면 순위권 밖의 항목은 하위권의 최상위 항목값보다 크거나 같다. 이때 순위가 오름차순인지 내림차순인지 확인해야 한다.

예 2013년 10월 월매출액 상위 10개 자동차의 매출 현황

(단위: 억 원, %)

순위	자동차	월매출액	시장점유율	전월 대비 증가율
1	A	1,139	34.3	60
2	B	1,097	33.0	40
3	C	285	8.6	50
4	D	196	5.9	50
5	E	154	4.6	40
6	F	149	4.5	20
7	G	138	4.2	50
8	H	40	1.2	30
9	I	30	0.9	150
10	J	27	0.8	40

※ 시장점유율(%) = $\dfrac{\text{해당 자동차 월매출액}}{\text{전체 자동차 월매출 총액}} \times 100$

→ 월매출액 상위 10개 자동차의 항목만 제시되고 있다. 따라서 표에 제시되지 않은 11위 자동차의 월매출액은 27억 원 미만일 것임을 유추할 수 있다.

[01~02] 다음 〈표〉는 2021~2022년 신혼부부 수 상위 10개 국가 현황에 대한 자료이다. 〈표〉에 대한 설명 중 옳은 것은 O, 틀린 것은 X를 하시오.

〈표〉 2021~2022년 신혼부부 수 상위 10개 국가 현황

(단위: 쌍)

순위 \ 구분 \ 연도	2021		2022	
	국가명	신혼부부 수	국가명	신혼부부 수
1	A 국	28,036	A 국	29,548
2	B 국	26,392	B 국	23,988
3	C 국	5,434	D 국	6,371
4	D 국	5,119	C 국	5,504
5	E 국	4,184	E 국	3,755
6	F 국	3,900	F 국	3,327
7	G 국	2,578	G 국	2,517
8	H 국	1,667	K 국	1,572
9	I 국	1,564	I 국	1,480
10	J 국	1,192	H 국	1,135

01 상위 10개 국가 중 2022년 신혼부부 수의 순위가 2021년 신혼부부 수의 순위보다 높은 국가의 수는 총 2개이다.

(O/X)

02 2022년 E 국의 신혼부부 수는 전년 대비 439쌍 감소하였다.

(O/X)

[정답 및 해설]

01 2022년 신혼부부 수의 순위가 2021년 신혼부부 수의 순위보다 높은 국가는 2021년 순위가 4위, 2022년 순위가 3위인 D 국, 2021년 순위가 10위권 밖, 2022년 순위가 8위인 K 국이므로 총 2개이다.

02 2021년 E 국의 신혼부부 수는 4,184쌍, 2022년 E 국의 신혼부부 수는 3,755쌍이므로 2022년 E 국의 신혼부부 수는 전년 대비 4,184－3,755=429쌍 감소하였다.

01 ○ **02** X

6. 표 해석법

① 여러 개의 표가 제시되었을 때, 각각의 표가 무엇을 나타내는지 정확히 파악할 수 있도록 제목에 표시를 한다. 제목으로 자료의 특징, 자료 간의 공통점과 차이점 등을 먼저 파악하면 선택지나 <보기> 풀이에 필요한 정보를 빠르게 찾을 수 있다.

② 증감 추이는 '↑, ↓, →' 등으로 표시하거나 여러 항목이 제시되었을 때 구분 선을 진하게 긋는 등 표에 제시된 정보를 알아보기 쉽도록 자신만의 기호로 시각화한다.

③ 비율 등의 계산을 해야 할 때, 표에 제시된 '계, 합, 소계, 총합' 등의 합계를 활용한다. 단, '소계'는 세부 항목과 나란히 제시되어 소계를 세부 항목으로 착각하기 쉬우므로 그 위치가 헷갈리지 않도록 유의해야 한다.

예 동남권의 양파와 마늘 재배면적의 지역별 분포

(단위: ha)

재배작물	지역	연도	
		2010	2011
양파	부산	56	40
	울산	( )	( )
	경남	4,100	4,900
	소계	( )	5,100
마늘	부산	24	29
	울산	42	66
	경남	3,934	4,905
	소계	4,000	5,000

※ 동남권은 부산, 울산, 경남으로만 구성됨

→ 소계가 양파와 마늘의 하위 항목으로 재배 지역과 나란히 제시되어 있다. 따라서 소계에 해당하는 수치를 중복해서 계산하는 일이 없도록 주의한다.

④ 표에 수치가 아닌 기호가 표시되는 경우가 있다. 이 경우 기호마다 나타내는 의미가 다르므로 표의 각주를 잘 확인해야 한다.

예 정책에 대한 평가결과

정책 \ 심사위원	A	B	C	D
가	●	●	◑	○
나	●	●	◑	●
다	◑	○	●	◑
라	( )	●	◑	( )
마	●	( )	●	◑
바	◑	◑	◑	●
사	◑	◑	◑	◑
아	◑	◑	●	( )
자	◑	◑	( )	●
차	( )	●	◑	○
평균(점)	0.55	0.70	0.70	0.50

※ 정책은 ○(0점), ◑(0.5점), ●(1.0점)으로만 평가됨

→ 표에 수치가 아닌 기호가 표시되어 있다. 각 기호마다 평가 점수가 다르므로 표의 각주를 잘 확인하여야 계산을 정확히 할 수 있다.

여러 수치를 선, 그림, 원 등을 이용해서 시각적으로 표현하여 한눈에 알아볼 수 있게 나타낸 것이다. 그래프의 종류는 크게 목적, 용도, 형상별로 구분할 수 있지만 실제로는 목적과 용도, 형상을 여러 가지로 조합하여 사용한다. 특히 자료변환 유형에서 그래프가 자주 제시되므로 표의 수치가 그래프의 단위에 맞게 잘 변경되었는지, 그래프의 수치가 제시된 자료와 일치하는지 등을 꼼꼼히 확인한다.

목적	용도	형상
계획 및 통제 해설 및 분석 보고	경과 비중 비교 분포 상관관계 구성요소	선 그래프 막대 그래프 원 그래프 점 그래프 층별 그래프 방사형 그래프 물방울 그래프 등

1. 선 그래프

① 주로 시간의 경과에 따른 항목의 수치 변화를 꺾은선의 기울기로 나타낸다.

② 시간적 추이를 표시하거나 비교, 분포, 상관관계 등을 나타내는 용도로 쓰이며 대소 비교와 추이 파악에 용이하다.

예 2013~2017년 '갑'기업 사업장별 연간 매출액

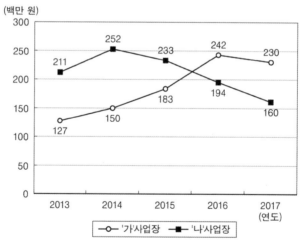

→ 2013~2017년 동안의 항목의 수치 변화가 꺾은선의 기울기로 나타나 있으며 이에 따라 항목별 수치의 추이를 사업장별로 쉽게 파악할 수 있다.

[01~02] 다음 〈그림〉은 2017~2021년 A 사의 매출 현황에 관한 자료이다. 〈그림〉에 대한 설명 중 옳은 것은 O, 틀린 것은 X를 하시오.

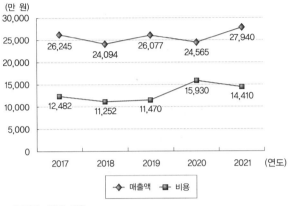

〈그림〉 2017~2021년 A 사의 매출 현황

※ 세전이익 = 매출액 − 비용

01 2019년 A 사의 세전이익은 전년 대비 증가하였다.

(O/X)

02 2018~2021년 동안 A 사의 매출액과 비용의 증감 방향은 매년 동일하다.

(O/X)

[정답 및 해설]

01 A 사의 세전이익은 2018년이 24,094−11,252=12,842만 원, 2019년이 26,077−11,470=14,607만 원이다. 따라서 2019년 A 사의 세전이익은 전년 대비 증가하였다.

02 2020년 A 사의 매출액은 전년 대비 감소하였지만, 2020년 A 사의 비용은 전년 대비 증가하였고, 2021년 A 사의 매출액은 전년 대비 증가하였지만, 2021년 A 사의 비용은 전년 대비 감소하였다. 따라서 2018~2021년 동안 A 사의 매출액과 비용의 증감 방향은 매년 동일하지 않다.

01 ○   **02** X

2. 막대 그래프

① 수치를 의미하는 막대의 길이를 통해 항목별 수치의 대소를 나타낸다.

② 경과, 비중, 분포를 파악하고 비교하는 용도로 쓰이며 대소 비교와 추이 파악에 용이하다. 대소 비교는 주로 가로 방향의 막대 그래프, 추이 파악은 주로 세로 방향의 막대 그래프를 사용한다.

예 훈련대상·성별 자격증 취득률

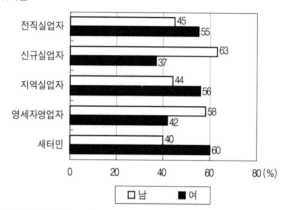

→ 가로 방향의 막대 그래프로 나타나 있으며 이에 따라 항목별 수치의 대소를 훈련대상 및 성별로 쉽게 비교할 수 있다.

예 '갑'국 상업용 무인기의 국내 시장 판매량

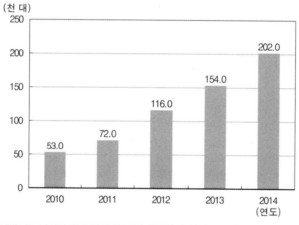

→ 세로 방향의 막대 그래프로 나타나 있으며 이에 따라 항목별 수치의 증감 추이를 쉽게 파악할 수 있다.

[01~02] 다음 〈그림〉은 2015~2021년 '갑'국의 사교육비 현황에 관한 자료이다. 〈그림〉을 보고 물음에 답하시오.

〈그림〉 2015~2021년 '갑'국의 사교육비 현황

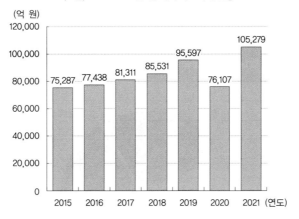

01 2021년 '갑'국의 사교육비의 2년 전 대비 증가액은 얼마인가?

① 9,682억 원   ② 9,842억 원   ③ 19,672억 원   ④ 29,172억 원   ⑤ 29,412억 원

02 2015~2017년 동안 '갑'국의 사교육비의 합은 얼마인가?

① 214,036억 원   ② 224,036억 원   ③ 234,036억 원   ④ 244,036억 원   ⑤ 254,036억 원

[정답 및 해설]

01 2021년 '갑'국의 사교육비는 105,279억 원, 2019년 '갑'국의 사교육비는 95,597억 원이다. 따라서 2021년 '갑'국의 사교육비의 2년 전 대비 증가액은 105,279－95,597＝9,682억 원이다.

02 '갑'국의 사교육비는 2015년에 75,287억 원, 2016년에 77,438억 원, 2017년에 81,311억 원이다. 따라서 2015~2017년 동안 '갑'국의 사교육비의 합은 75,287＋77,438＋81,311＝234,036억 원이다.

01 ①   02 ③

3. 원 그래프

① 하나의 원을 전체 수치에 대한 부분의 비율에 따라 비례하는 면적의 부채꼴로 나타낸다.
② 비중, 구성요소 등을 나타내는 용도로 쓰이며 여러 시점이나 여러 변수들을 동시에 비교하기 어렵기 때문에 막대 그래프나 선 그래프 등과 함께 제시되기도 한다.
③ 구성요소 간 비율을 비교하는 문제가 주로 출제되며, 이때 50%, 25%와 같이 계산하기 쉬운 수치가 제시된 경우에는 원의 1/2, 원의 1/4 지점을 그래프에 직접 표시하여 비율을 쉽게 확인할 수 있다.

예 25~54세 기혼 경력단절여성의 연령대 구성비

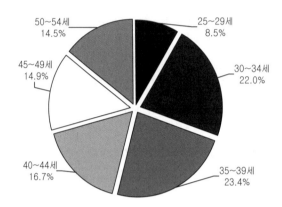

→ 하나의 원을 연령대별 구성비에 따라 부채꼴로 구분하여 나타내고 있다.

예 30~39세 기혼 경력단절여성의 경력단절 사유 분포

(단위: 천 명)

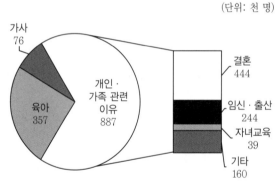

→ 30~39세 기혼 경력단절여성의 경력단절 사유를 부채꼴로 구분하여 나타내고, 그중 개인·가족 관련 이유 항목에 대한 세부 내용을 나타내기 위해 막대 그래프를 함께 제시하고 있다.

[01~02] 다음 〈그림〉은 2022년 '갑'국의 에너지원별 소비량 구성비를 나타낸 자료이다. 〈그림〉에 대한 설명 중 옳은 것은 O, 틀린 것은 X를 하시오.

〈표〉 2022년 '갑'국의 에너지원별 소비량 구성비

(단위 : %)

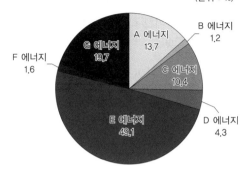

01 2022년 '갑'국의 전체 에너지 소비량이 104,233천 toe일 경우, '갑'국의 전체 에너지 소비량 중 E 에너지 소비량은 52,000천 toe 이상이다.

(O/X)

02 2022년 '갑'국의 전체 에너지 소비량에서 C 에너지 소비량이 차지하는 비중은 B 에너지, D 에너지, F 에너지 소비량의 합이 차지하는 비중보다 크다.

(O/X)

[정답 및 해설]

01 2022년 '갑'국의 전체 에너지 소비량이 104,233천 toe일 경우, '갑'국의 전체 에너지 소비량 중 E 에너지 소비량은 104,233×0.491 ≒ 51,178.4천 toe이므로 52,000천 toe 미만이다.

02 2022년 '갑'국의 전체 에너지 소비량에서 C 에너지 소비량이 차지하는 비중은 10.4%이고, B 에너지, D 에너지, F 에너지 소비량의 합이 차지하는 비중은 1.2+4.3+1.6=7.1%이다. 따라서 2022년 '갑'국의 전체 에너지 소비량에서 C 에너지 소비량이 차지하는 비중은 B 에너지, D 에너지, F 에너지의 합이 차지하는 비중보다 크다.

01 X **02** O

4. 점 그래프

① 가로축과 세로축의 항목이 각기 다른 수치들의 분포를 점으로 나타낸다.

② 지역별 분포를 비롯하여 도시, 지방, 기업, 상품 등의 평가나 위치, 성격을 표시하는 용도로 쓰이며 두 항목 간의 상관관계가 시각적으로 잘 드러난다.

③ 점들의 경향성이 항목 간 상관관계를 나타내는데, 점 그래프가 오른쪽 위 방향으로 진행하는 모양으로 배열된다면 양의 상관관계, 그 반대라면 음의 상관관계를 가진다고 볼 수 있다. 그러나 이러한 상관관계는 관련이 있음을 나타낼 뿐 그 원인과 결과를 나타내는 것은 아니므로 점 그래프로 인과관계는 판단할 수 없다.

예 2013년 A 국의 세계시장 수출점유율 상위 10개 산업

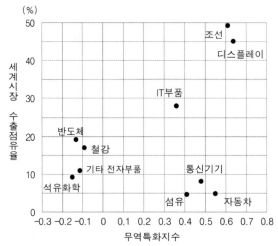

→ 무역특화지수와 세계시장 수출점유율을 각각 가로축, 세로축 좌표로 하여 항목별 수치의 분포를 점으로 나타내고 있다. 무역특화지수도 높고 세계시장 수출점유율도 높은 산업, 무역특화지수도 낮고 세계시장 수출점유율도 낮은 산업 등 항목 간 상관관계가 시각적으로 잘 드러난다.

[01~02] 다음 〈그림〉은 2015년 A~D 국의 전체 기업 수와 국내총생산(GDP)에 대한 자료이다. 〈그림〉을 보고 물음에 답하시오.

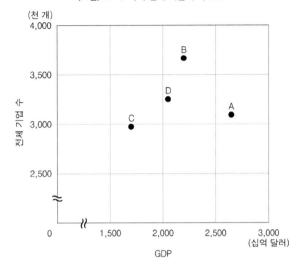

〈그림〉 A~D 국의 전체 기업 수와 GDP

01 2015년 전체 기업 수가 많은 국가는 B 국과 D 국 중 어디인가?

02 A~D 국 중 GDP가 2,000십억 달러 이상, 전체 기업 수가 3,000천 개 이상인 국가는 총 몇 개인가?

[정답 및 해설]

01 2015년 전체 기업 수는 B 국이 약 3,700천 개, D 국이 약 3,300천 개이다. 따라서 2015년 전체 기업 수가 많은 국가는 B 국과 D 국 중 B 국이다.

02 A~D 국 중 GDP가 2,000십억 달러 이상, 전체 기업 수가 3,000천 개 이상인 국가는 A 국, B 국, D 국 총 3개이다.

01 B 국   **02** 3개

5. 방사형 그래프

① 원 그래프의 한 종류로 비교하는 수치를 직경 또는 반경으로 나누어 원의 중심에서의 거리에 따라 각 수치의 관계를 나타낸다.

② 막대 그래프나 선 그래프에 비해 수치 파악이 어렵지만 다양한 요소를 한 번에 비교하거나 경과를 나타내는 용도로 쓰인다.

③ 항목별로 수치를 비교하거나 전체 항목의 합을 비교하는 문제가 자주 출제되는데, 이때 수치를 직접 확인하지 않아도 그래프 안의 면적을 비교하면 쉽게 대소를 비교할 수 있다.

예 2013년 A~D 국의 항목별 웰빙지수

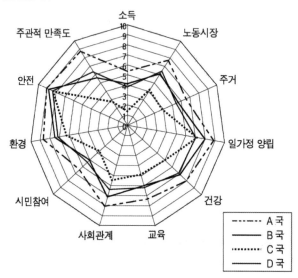

→ 방사형으로 구분된 축 위에 원의 중심에서의 거리에 따라 2013년 A~D 국의 웰빙지수를 항목별로 나타내고 있다. 그래프 안의 면적을 비교했을 때 면적이 가장 넓은 A 국의 웰빙지수 합이 가장 크다.

[01~03] 다음 〈그림〉은 A~D 음료의 8개 항목에 대한 소비자평가 결과를 나타낸 것이다. 〈그림〉에 대한 설명 중 옳은 것은 O, 틀린 것은 X를 하시오.

〈그림〉 A~D 음료의 항목별 소비자평가 결과

(단위: 점)

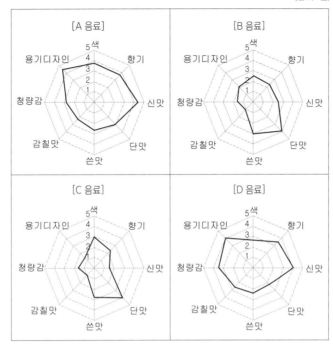

01 소비자평가 결과의 항목별 점수의 합은 A 음료가 C 음료보다 크다.

(O/X)

02 A~D 음료 간 항목별 점수를 비교할 때 '신맛'의 점수가 가장 높은 음료는 '청량감'의 점수도 가장 높다.

(O/X)

03 B 음료는 8개 항목 중 '쓴맛'의 점수가 가장 높다.

(O/X)

[정답 및 해설]

01 그래프 안의 면적을 비교하면 소비자평가 결과의 항목별 점수의 합을 쉽게 대소 비교할 수 있다. A 음료와 C 음료의 그래프 안의 면적을 비교했을 때 면적이 더 넓은 A 음료가 C 음료보다 소비자평가 결과의 항목별 점수의 합이 더 크다.

02 A~D 음료 간 항목별 점수를 비교할 때 '신맛'의 점수가 가장 높은 음료는 '신맛'의 점수가 약 4.3점인 A 음료이고, '청량감'의 점수가 가장 높은 음료는 '청량감'의 점수가 약 3.5점인 D 음료이다.

03 B 음료는 8개 항목 중 '단맛'의 점수가 약 4점으로 가장 높다.

01 ○ **02** X **03** X

6. 물방울 그래프

① 점 그래프의 한 종류로 가로축과 세로축의 항목 간 상관관계를 나타냄과 동시에 가로축과 세로축에서 나타낸 항목 외에 또 다른 항목을 원의 크기로 나타낸다.

② 원의 중심점이 가로축과 세로축 항목의 수치이므로 이를 통해 가로축과 세로축의 항목 간 관계를 파악하고 가로축과 세로축의 항목 외 또 다른 항목은 원의 크기로 파악한다. 물방울 그래프에서는 이 세 항목 간의 관계를 묻는 문제가 자주 출제된다.

예 국내 7개 시중은행의 경영통계

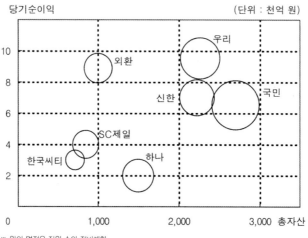

→ 각 원의 중심점은 가로축과 세로축에 해당하는 총자산과 당기순이익을 나타내며, 원의 크기는 총자산과 당기순이익 항목을 제외한 또 다른 항목인 직원 수를 나타내고 있다. 따라서 원의 중심점을 명확히 파악하고 원의 크기를 비교하여 항목 간 관계를 파악하는 것이 중요하다.

확인 문제

[01~02] 다음 〈그림〉은 각 산업의 부가가치율, 연구개발투자율 및 연구개발투자규모를 나타낸 그래프이다. 〈그림〉에 대한 설명 중 옳은 것은 O, 틀린 것은 X를 하시오.

〈그림〉 산업별 연구개발투자규모

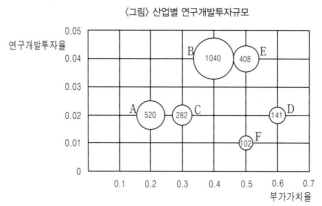

※ 1) 원의 크기와 숫자는 연구개발투자규모를 나타내며 숫자 단위는 십억 원임

2) 부가가치율 = $\dfrac{\text{부가가치}}{\text{매출액}}$

3) 연구개발투자율 = $\dfrac{\text{연구개발투자규모}}{\text{매출액}}$

01 A 산업보다 B 산업의 매출액이 더 크다.

(O/X)

02 E 산업과 F 산업의 부가가치는 서로 동일하다.

(O/X)

[정답 및 해설]

01 연구개발투자율 $=\dfrac{\text{연구개발투자규모}}{\text{매출액}}$ 임을 적용하여 구한다. 매출액은 A 산업이 $\dfrac{520}{0.02}=26,000$십억 원, B 산업이 $\dfrac{1,040}{0.04}=26,000$십억 원으로 동일하다.

02 부가가치율 $=\dfrac{\text{부가가치}}{\text{매출액}}$ 와 연구개발투자율 $=\dfrac{\text{연구개발투자규모}}{\text{매출액}}$ 임을 적용하여 구한다. 매출액은 E 산업이 $\dfrac{408}{0.04}=10,200$십억 원, F 산업이 $\dfrac{102}{0.01}=10,200$십억 원이고, 부가가치는 E 산업이 $0.5\times10,200=5,100$십억 원, F 산업이 $0.5\times10,200=5,100$십억 원이므로 E 산업과 F 산업의 부가가치는 서로 동일하다.

01 X **02** O

7. 그래프 해석법

① 그래프가 여러 개 제시된 경우 일부 그래프의 단위가 다를 수 있으므로 모든 그래프의 단위를 꼼꼼히 확인한다.

② 그래프의 축에 눈금이 생략된 경우 실제 배수 비교는 눈으로 보는 것과 다를 수 있음에 유의해야 한다.

예 전체 고용률과 장년층 고용률 추이(2000~2014년)

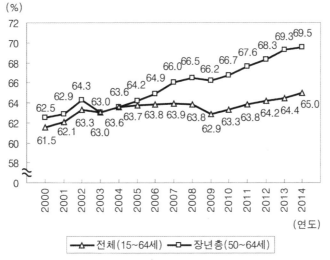

→ 2013년의 전체 고용률과 장년층 고용률은 시각적으로는 2배 정도 차이가 나 보이지만 실제 수치는 각각 64.4%, 69.3%로 약 5%p 차이에 불과하다. 따라서 축의 눈금이 생략된 그래프가 제시된 경우에는 반드시 수치를 직접 찾아 읽고 계산해야 한다.

03 자료의 내용적 분류

1 | 분석의 기준에 따른 분류

1. 횡단면 자료

① 동일 시점 또는 동일 기간에 하나 이상의 변수에 대하여 수집된 자료, 즉 한 시점에서 측정된 자료를 의미한다. 시점은 고정되어 있으나 변수가 여러 개로 구성된다.

② 전체 항목 중 최댓값 또는 최솟값을 계산하여 찾거나 항목 간 대소를 비교할 수 있다.

예 2015년 A~D 국의 산업별 기업 수

(단위: 개)

국가 \ 산업	전체	제조업	서비스업	기타
A	3,094,595	235,093	2,283,769	575,733
B	3,668,152	396,422	2,742,627	529,103
C	2,975,674	397,171	2,450,288	128,215
D	3,254,196	489,530	2,747,603	17,063

→ 2015년 한 시점에서의 산업별 기업 수를 제시하고 있다.

[01~02] 다음 〈표〉는 2018~2020년 '갑'국의 어업 활동별 현황에 관한 자료이다. 〈표〉를 보고 물음에 답하시오.

〈표〉 2018~2020년 '갑'국의 어업 활동별 현황

(단위: 건, 백만 원)

연도 구분 어업 활동	2018		2019		2020	
	건수	소요액	건수	소요액	건수	소요액
A 어업	38,248	1,273,025	36,553	1,331,478	36,077	1,360,773
B 어업	524	86,847	516	87,636	519	88,866
C 어업	135,467	3,805,448	133,654	3,961,033	129,857	4,008,038
D 어업	10,659	232,499	10,284	231,266	10,139	233,584
E 어업	4,935	77,830	4,754	78,958	4,756	79,085
F 어업	39,896	165,071	40,155	167,580	40,723	168,250
G 어업	6,750	222,062	6,656	227,201	6,716	230,382
H 어업	23,273	867,469	23,220	896,440	23,426	906,730
I 어업	1,421	33,204	1,375	33,196	1,350	33,584
전체	261,173	6,763,455	257,167	7,014,788	253,563	7,109,292

01 2020년 어업 활동 건수 대비 소요액은 G 어업과 H 어업 중 어느 어업 활동이 더 큰가?

02 2018~2020년 동안 B 어업의 어업 활동 건수 대비 소요액이 가장 큰 연도는 언제인가?

[정답 및 해설]

01 2020년 어업 활동 건수 대비 소요액은 G 어업이 230,382/6,716≒34.3백만 원/건, H 어업이 906,730/23,426≒38.7백만 원/건이다. 따라서 H 어업의 어업 활동 건수 대비 소요액이 G 어업의 어업 활동 건수 대비 소요액보다 크다.

02 B 어업의 어업 활동 건수 대비 소요액은 2018년이 86,847/524≒165.7백만 원/건, 2019년이 87,636/516≒169.8백만 원/건, 2020 년이 88,866/519≒171.2백만 원/건이다. 따라서 2018~2020년 동안 B 어업의 어업 활동 건수 대비 소요액이 가장 큰 연도는 2020 년이다.

01 H 어업 **02** 2020년

2. 시계열 자료

① 동일 변수에 대하여 여러 시점에 걸쳐 수집된 자료, 즉 여러 시점에서 측정된 자료를 의미한다. 변수가 시간의 흐름에 따라 구성된다.

② 일정 범위 동안의 추이를 비교하거나 시점 간 증감량, 증감률 등을 계산할 수 있다.

③ 선택지나 <보기>에서 묻는 비교 시점의 범위가 자료에 제시된 시점과 다를 수 있으므로 정확히 확인해야 한다. 또한 시점을 나타내는 표현 중 '00년 이후'는 '00년'을 포함하고, '00년~0X년 동안 전년대비 매년'은 '00년'의 전년대비 추이도 포함한다.

④ 자료에 따라서는 시간이 연속적으로 제시되지 않거나 역순으로 배열되어 있을 수 있다. 특히 시간이 연속적이지 않은 자료가 제시된 경우 제시되지 않은 시점의 항목값은 확인할 수 없으므로 전년대비 증감 추이 등은 알 수 없다.

예 선정 업체의 연도별 과제 이행 실적 건수

(단위: 건)

연도	2013	2014	2015	전체
과제 이행 실적	12	24	19	55

→ 2013~2015년 동안의 선정 업체의 과제 이행 실적 건수를 제시하고 있다.

예 A 지역 인구 및 사노비 비율

구분 / 조사 연도	인구(명)	인구 중 사노비 비율(%)			
		솔거노비	외거노비	도망노비	전체
1720	2,228	18.5	10.0	11.5	40.0
1725	3,143	13.8	6.8	12.8	33.4
1762	3,380	11.5	8.5	11.7	31.7
1774	3,189	14.0	8.8	12.0	34.8
1783	3,056	14.9	6.7	9.3	30.9
1795	2,359	18.2	4.3	6.5	29.0

→ 조사 연도가 1720년, 1725년, 1762년…으로 연속적이지 않으며 그 간격도 5년, 7년, 12년 등으로 일정하지 않다. 따라서 1720~1795년 동안 A 지역 사노비 수의 전년대비 증감 추이 등은 알 수 없다.

01 2017~2019년 동안 회계부정행위 신고 현황이 아래 〈표〉와 같을 때, 2017년 대비 2019년 회계부정행위 신고 건수의 증감률은 얼마인가? (단, 소수점 둘째 자리에서 반올림하여 계산한다.)

〈표〉 회계부정행위 신고 현황

(단위: 건, %)

구분 \ 연도	2017	2018	2019
회계부정행위 신고 건수	44	93	64
전년대비 증가율	–	111.4	−31.2

02 조사 연도별 국세청 세수 현황이 아래 〈표〉와 같을 때, 2007~2017년 동안 국세청 세수의 전년대비 증가율이 가장 큰 해는 언제인가?

〈표〉 국세청 세수 현황

(단위: 억 원)

조사 연도 \ 구분	국세청 세수	일반회계	특별회계
2002	966,166	876,844	89,322
2007	1,530,628	1,479,753	50,875
2012	1,920,926	1,863,469	57,457
2017	2,555,932	2,499,810	56,122

[정답 및 해설]

01 2017년 대비 2019년 회계부정행위 신고 건수의 증감률은 {(64−44)/44}×100≒45.5%이다.

02 조사 연도가 2002년, 2007년, 2012년, 2017년으로 연속적이지 않다. 따라서 2007~2017년 동안 국세청 세수의 전년대비 증가율이 가장 큰 해는 언제인지 알 수 없다.

01 45.5% **02** 알 수 없음

3. 합동 자료

① 횡단면 자료와 시계열 자료가 통합된 형태의 자료로 여러 변수에 대하여 여러 시점에 걸쳐 수집된 자료를 의미한다. 여러 변수가 시간의 흐름에 따라 측정된다.

② 특정 항목 간의 대소를 비교하거나 시간의 흐름에 따른 추이를 비교할 수 있다.

예 2015~2017년 영역별 만족도 점수

(단위: 점)

영역＼연도	2015	2016	2017
교과	3.60	3.41	3.45
비교과	3.73	3.50	3.56
교수활동	3.72	3.52	3.57
학생복지	3.39	3.27	3.31
교육환경 및 시설	3.66	3.48	3.56
교육지원	3.57	3.39	3.41

→ 2015~2017년 동안의 만족도 점수를 여러 영역별로 구분하여 제시하고 있다.

확인 문제

[01~02] 다음 〈표〉는 2015~2020년 '갑'국의 공연예술 건수에 대한 자료이다. 〈표〉를 보고 물음에 답하시오.

〈표〉 2015~2020년 '갑'국의 공연예술 건수

(단위: 건)

분야＼연도	2015	2016	2017	2018	2019	2020
A 분야	1,547	1,507	1,583	1,735	1,929	645
B 분야	10,190	9,907	10,576	11,333	12,219	4,629
C 분야	5,721	6,271	6,533	7,608	9,693	10,424
D 분야	1,330	1,398	1,340	1,270	1,540	517
E 분야	1,208	1,473	2,076	2,773	3,546	2,874

01 2015~2017년 동안 공연예술 건수의 합은 A 분야와 E 분야 중 어느 분야가 더 많은가?

02 2016~2020년 동안 공연예술 건수가 전년대비 매년 증가한 분야는 어느 분야인가?

[03~04] 다음 〈표〉는 2015~2020년 '갑'국의 맞벌이 부부 수에 대한 자료이다. 〈표〉에 대한 설명 중 옳은 것은 O, 틀린 것은 X를 하시오.

〈표〉 2015~2020년 '갑'국의 맞벌이 부부 수

(단위: 쌍)

연도 지역	2015	2016	2017	2018	2019	2020
A 지역	137,986	137,150	131,338	129,568	125,266	124,450
B 지역	35,759	35,769	33,953	33,632	32,413	32,299
C 지역	23,646	23,887	23,460	23,766	23,417	23,083
D 지역	34,291	34,989	33,349	33,962	32,889	31,506
E 지역	15,752	16,514	19,786	20,487	26,156	21,474
F 지역	18,192	18,132	17,246	17,166	16,540	16,669
G 지역	17,000	16,692	16,530	16,358	16,267	16,099
H 지역	3,876	4,846	5,357	6,351	6,863	6,970
I 지역	157,707	163,268	159,878	156,778	165,909	167,162
J 지역	14,750	15,000	14,940	15,516	15,770	15,935

03 2016~2020년 동안 G 지역의 맞벌이 부부 수의 전년 대비 감소량이 가장 큰 해는 2018년이다.

(O/X)

04 2016~2020년 동안 B 지역과 I 지역의 맞벌이 부부 수의 전년대비 증감 방향은 서로 동일하다.

(O/X)

[정답 및 해설]

01 2015~2017년 동안 공연예술 건수의 합은 A 분야가 1,547+1,507+1,583=4,637건, E 분야가 1,208+1,473+2,076=4,757건이다. 따라서 2015~2017년 동안 공연예술 건수의 합은 E 분야가 더 많다.

02 2016~2020년 동안 공연예술 건수가 전년대비 매년 증가한 분야는 C 분야이다.

03 G 지역의 맞벌이 부부 수의 전년대비 감소량은 2016년이 17,000−16,692=308쌍, 2017년이 16,692−16,530=162쌍, 2018년이 16,530−16,358=172쌍, 2019년이 16,358−16,267=91쌍, 2020년이 16,267−16,099=168쌍이다. 따라서 2016~2020년 동안 G 지역의 맞벌이 부부 수의 전년대비 감소량이 가장 큰 해는 2016년이다.

04 2016~2020년 동안 B 지역의 맞벌이 부부 수의 전년대비 증감 방향은 증가, 감소, 감소, 감소, 감소이고, I 지역의 맞벌이 부부 수의 전년대비 증감 방향은 증가, 감소, 감소, 증가, 증가이다. 따라서 2016~2020년 동안 B 지역과 I 지역의 맞벌이 부부 수의 전년대비 증감 방향은 서로 동일하지 않다.

01 E 분야 **02** C 분야 **03** X **04** X

2 | 자료의 성격에 따른 분류

1. 절대적 자료

① 각 항목들의 실제 수치를 나타낸 자료로 직접 측정한 수치를 특정 단위로 표시한다.

② 증감량, 증감률, 합, 평균 등을 계산하거나 항목의 추이, 대소 등을 비교할 수 있다.

[예] 항공사별 공급석 및 탑승객 수

(단위: 만 개, 만 명)

구분 항공사 \ 연도	공급석 수		탑승객 수	
	2016	2017	2016	2017
A	260	360	220	300
B	20	110	10	70
C	240	300	210	250
D	490	660	410	580
E	450	570	380	480
F	250	390	200	320
전체	1,710	2,390	1,430	2,000

→ 좌석 수와 탑승 인원수라는 실제 수치가 제시되어 있다.

[01~02] 다음 〈표〉는 2018년 '갑'국의 대학 유형별 현황에 관한 자료이다. 〈표〉에 대한 설명 중 옳은 것은 O, 틀린 것은 X를 하시오.

〈표〉 대학 유형별 현황

(단위: 개, 명)

구분 \ 유형	국립대학	공립대학	사립대학	전체
학교	34	1	154	189
학과	2,776	40	8,353	11,169
교원	15,299	354	49,770	65,423
여성	2,131	43	12,266	14,440
직원	8,987	205	17,459	26,651
여성	3,254	115	5,259	8,628
입학생	78,888	1,923	274,961	355,772
재적생	471,465	13,331	1,628,497	2,113,293
졸업생	66,890	1,941	253,582	322,413

01 사립대학 교원 수에서 여성이 차지하는 비중은 전체 대학 교원 수에서 여성이 차지하는 비중보다 크다.

(O/X)

02 국립대학 입학생 수는 사립대학 입학생 수의 25% 이상이다.

(O/X)

[정답 및 해설]

01 사립대학 교원 수에서 여성이 차지하는 비중은 $(12,266/49,770) \times 100 ≒ 24.6\%$이고, 전체 대학 교원 수에서 여성이 차지하는 비중은 $(14,440/65,423) \times 100 ≒ 22.1\%$이다. 따라서 사립대학 교원 수에서 여성이 차지하는 비중은 전체 대학 교원 수에서 여성이 차지하는 비중보다 크다.

02 국립대학 입학생 수는 78,888명이고, 사립대학 입학생 수의 25%는 $274,961 \times 0.25 ≒ 68,740$명이다. 따라서 국립대학 입학생 수는 사립대학 입학생 수의 25% 이상이다.

01 ○   02 ○

2. 상대적 자료

(1) 비율 자료

① 각 항목이 전체에서 차지하는 상대적인 크기를 나타낸 자료로 단위는 %로 표시한다. 이때 전체 수치가 기준량이 되고 비교하려는 항목의 수치가 비교하는 양이 된다.

$$\cdot \ \text{비율(\%)} = \frac{\text{비교하는 양}}{\text{기준량}} \times 100$$

② 비율 자료를 볼 때는 비율의 기준이 무엇인지 먼저 파악해야 한다. 비율의 전체 합이 100이 되는 항목이 기준 항목이므로 이를 기준으로 해당 항목의 수치를 해석한다.

③ 제시된 비율만으로는 알 수 없는 내용이 선택지나 <보기>로 구성되기도 한다. 이때 동일한 기준을 가지는 항목끼리는 대소 비교가 가능하지만 다른 기준을 가지는 항목끼리는 대소 비교가 불가능하므로 유의한다.

예 고졸 전직실업자 인원이 전문대졸 지역실업자 인원보다 적다. (O, X)

<표> 훈련대상별 자격증취득인원의 최종학력별 구성비

(단위: %)

구분 \ 훈련대상		전직실업자	신규실업자	지역실업자	영세자영업자	북한이탈주민
최종학력	중졸 이하	4	8	12	32	34
	고졸	23	25	18	28	23
	전문대졸	19	28	31	16	27
	대졸	38	21	23	15	14
	대학원졸	16	18	16	9	2

→ (X), 최종학력 구성비를 중심으로 보면 전직실업자 항목에서 중졸 이하, 고졸, 전문대졸, 대졸, 대학원졸 항목의 수치를 모두 합하여 4+23+19+38+16=100%가 되므로 기준이 되는 항목은 훈련대상임을 알 수 있다. 따라서 제시된 비율만으로는 실제 인원수를 알 수 없으나 동일한 훈련대상 내에서 최종학력 인원수의 대소는 비교할 수 있다. 그러나 다른 훈련대상 간의 최종학력 인원수는 비교할 수 없으므로 고졸 전직실업자 인원이 전문대졸 지역실업자 인원보다 적은지는 알 수 없다.

[01~02] 다음 〈표〉는 서울 및 수도권 지역의 가구를 대상으로 난방 연료 사용현황에 대해 조사한 자료이다. 〈표〉를 보고 물음에 답하시오.

〈표〉 난방 연료 사용현황

(단위: %)

종류	서울	인천	경기남부	경기북부	전국평균
도시가스	84.5	91.8	33.5	66.1	69.5
LPG	0.1	0.1	0.4	3.2	1.4
등유	2.4	0.4	0.8	3.0	2.2
열병합	12.6	7.4	64.3	27.1	26.6
기타	0.4	0.3	1.0	0.6	0.3

01 등유를 사용하는 가구 수는 경기북부와 서울 중 어느 지역이 더 많은가?

02 인천에서 도시가스를 사용하는 가구 수는 열병합을 사용하는 가구 수의 몇 배인가? (단, 소수점 둘째 자리에서 반올림하여 계산한다.)

① 10.2배 ② 11.6배 ③ 12.4배 ④ 13.8배 ⑤ 15.0배

[정답 및 해설]

01 제시된 수치의 기준은 지역이므로 각 지역의 난방 연료 종류별 사용 가구 수의 대소를 비교할 수 있으나 지역 간의 난방 연료 종류별 사용 가구 수의 대소는 비교할 수 없다. 따라서 등유를 사용하는 가구 수는 경기북부와 서울 중 어느 지역이 더 많은지 알 수 없다.

02 제시된 수치에 대한 기준이 모두 인천이므로 제시된 자료를 통해 대소를 비교할 수 있다. 인천에서 도시가스를 사용하는 가구 비율은 열병합을 사용하는 가구 비율의 91.8/7.4≒12.4배이므로 인천에서 도시가스를 사용하는 가구 수도 열병합을 사용하는 가구 수의 12.4배이다.

01 알 수 없음 **02** ③

(2) 지수 자료

① 지수는 비율의 일종으로 특정 항목을 기준 100으로 하여 비교하려는 항목의 상대적인 크기를 나타낸 자료이다.

$$\cdot\,\text{지수} = \frac{\text{비교량}}{\text{기준량}} \times 100$$

② 단위는 따로 붙이지 않고, 각주에 구체적인 정보가 제시되므로 각주를 꼼꼼히 확인하여 기준량이 무엇인지 파악해야 한다. 비율 자료와 마찬가지로 지수 자료만 제시된 경우에는 실제 수치를 알 수 없으며, 다만 기준이 동일한 항목에 대해서는 크기에 대한 대소 비교가 가능하다.

예 2013년 11월 아파트 전세가격 지수 및 전세수급 동향 지수

지수\도시	면적별 전세가격 지수			전세수급 동향 지수
	소형	중형	대형	
서울	115.9	112.5	·113.5	114.6
부산	103.9	105.6	102.2	115.4
대구	123.0	126.7	118.2	124.0
인천	117.1	119.8	117.4	127.4
광주	104.0	104.2	101.5	101.3
대전	111.5	107.8	108.1	112.3
울산	104.3	102.7	104.1	101.0

※ 2013년 11월 전세가격 지수 $= \dfrac{\text{2013년 11월 평균 전세가격}}{\text{2012년 11월 평균 전세가격}} \times 100$

→ 2012년 11월 평균 전세가격을 기준으로 2013년 11월 아파트 전세가격 지수 및 전세수급 동향 지수를 도시별로 제시하고 있다. 따라서 2012년 11월 평균 전세가격 대비 2013년 11월 평균 전세가격의 상승률은 알 수 있으나 실제 전세가격 상승액은 알 수 없다.

[01~02] 다음 〈표〉는 2022년 '갑'국의 A~C 시설 전기공사비 지수를 나타낸 자료이다. 〈표〉를 보고 물음에 답하시오.

〈표〉 2022년 '갑'국의 A~C 시설 전기공사비 지수

월 \ 시설	A 시설	B 시설	C 시설
1	100.0	100.0	100.0
2	102.9	99.8	107.4
3	104.1	98.7	110.3
4	104.4	98.4	113.4
5	104.6	97.8	116.1
6	105.7	96.8	118.0
7	106.9	99.4	122.3
8	108.2	100.1	121.3
9	109.1	101.6	123.6
10	110.7	102.9	128.2
11	112.1	104.4	129.5
12	113.6	104.6	125.3

※ N월 전기공사비지수 = $\dfrac{\text{해당 시설의 N월 전기공사비}}{\text{해당 시설의 1월 전기공사비}} \times 100$

01 A~C 시설 중 전기공사비가 매월 상승한 시설은 몇 개인가?

02 12월 전기공사비는 B 시설과 C 시설 중 어느 시설이 더 높은가?

[정답 및 해설]

01 2022년 1월 전기공사비를 기준으로 2022년 매월 전기공사비 지수를 시설별로 제시하고 있다. A 시설의 경우 2022년 1월 전기공사비를 기준으로 2월부터 12월까지 전기공사비 지수가 매월 증가하고 있다. 그러나 B 시설은 2월부터 6월까지 전기공사비 지수가 전월보다 감소하고 있고, C 시설은 8, 12월 전기공사비 지수가 전월보다 감소하고 있다. 따라서 A~C 시설 중 전기공사비가 매월 상승한 시설은 A 시설로 총 1개이다.

02 2022년 1월 전기공사비를 기준으로 2022년 매월 전기공사비 지수를 시설별로 제시하고 있으므로 제시된 지수만으로는 A~C 시설의 1월 공사비를 알 수 없다. 따라서 각 시설의 12월 전기공사비가 얼마인지 알 수 없으므로 B 시설과 C 시설 중 어느 시설의 12월 전기공사비가 더 비싼지 알 수 없다.

01 1개   **02** 알 수 없음

PART 4

도표계산

×

01 | 비율의 계산

1 | 비율의 정의

① 기준 대상에 대한 비교 대상의 비를 의미하며 기준 대상에 해당하는 것이 분모, 비교 대상에 해당하는 것이 분자이다.

② A 대비 B＝A에 대한 B의 비＝B의 A에 대한 비＝A당 B＝$\dfrac{B}{A}$

확인 문제

01 설문조사의 전체 응답자가 53명이고, 20대 응답자가 7명일 때, 전체 응답자 대비 20대 응답자의 비율은 약 얼마인가? (단, 소수점 둘째 자리에서 반올림하여 계산한다.)

① 13.0%　　　② 13.2%　　　③ 13.4%　　　④ 13.7%　　　⑤ 13.9%

[02~03] 다음 〈표〉는 A~C 유치원의 원아 수에 대한 자료이다. 〈표〉를 보고 물음에 답하시오.

〈표〉 A~C 유치원의 원아 수

(단위: 명)

구분	남자	여자
A 유치원	60	34
B 유치원	28	21
C 유치원	33	19

02 A~C 유치원의 전체 원아 수 대비 전체 여자 원아 수의 비율은 약 얼마인가? (단, 소수점 둘째 자리에서 반올림하여 계산한다.)

① 36.8%　　　② 37.2%　　　③ 37.4%　　　④ 37.7%　　　⑤ 37.9%

03 A~C 유치원의 전체 남자 원아 수 대비 C 유치원 남자 원아 수의 비율은 약 얼마인가? (단, 소수점 둘째 자리에서 반올림하여 계산한다.)

① 26.5%　　　② 27.0%　　　③ 27.3%　　　④ 27.6%　　　⑤ 27.9%

01 전체 응답자 53명 대비 20대 응답자 7명의 비율은 $\frac{7}{53} \times 100 \fallingdotseq 13.2\%$이다.

02 A~C 유치원의 전체 원아 수는 $60+28+33+34+21+19=195$명이고, A~C 유치원의 전체 여자 원아 수는 $34+21+19=74$명이다.
따라서 A~C 유치원의 전체 원아 수 대비 전체 여자 원아 수의 비율은 $\frac{74}{195} \times 100 \fallingdotseq 37.9\%$이다.

03 A~C 유치원의 전체 남자 원아 수는 $60+28+33=121$명이고, C 유치원 남자 원아 수는 33명이므로 A~C 유치원의 전체 남자 원아 수 대비 C 유치원 남자 원아 수의 비율은 $\frac{33}{121} \times 100 \fallingdotseq 27.3\%$이다.

01 ② **02** ⑤ **03** ③

2 | 비율의 단위

1. 퍼센트(%)

백분율을 나타낼 때 사용하는 단위로, 프로라고도 한다. 비율이나 변화율 자체를 나타낼 때 사용하는 단위이다.

기준량을 100으로 하였을 때 비교량의 비율을 의미함

2. 퍼센트포인트(%p)

백분율로 표현된 수치 간의 차이를 나타낼 때 사용하는 단위이다.

확인 문제

01 1인 가구 비율이 31.7%에서 33.4%가 되었다. 1인 가구 비율의 변화량은 몇 %p인가?

02 작년에 수강률이 80%였던 강의는 올해 수강률이 60%로 줄었다. 올해 수강률의 전년대비 감소율은 몇 %인가?

03 '갑'국의 지난해 실업률이 6.4%였고, 올해 실업률이 7.7%가 되었다. '갑'국의 지난해 대비 올해 실업률의 변화량은 몇 %p인가?

01 1인 가구 비율의 변화량은 $33.4-31.7=1.7\%$p이다.

02 올해 수강률의 전년대비 감소율은 $\{(80-60)/80\} \times 100=25\%$이다.

03 '갑'국의 지난해 대비 올해 실업률의 변화량은 $7.7-6.4=1.3\%$p이다.

01 1.7%p **02** 25% **03** 1.3%p

PART 4 도표계산

해커스공기업 PSAT 기출로 끝내는 NCS 수리·자료해석 집중 공략

1. 분모의 값을 100으로 만들 수 있을 때

분모의 값이 10의 약수 또는 배수일 경우 분모의 값을 100이나 1,000으로 만들어 비율을 구할 수 있다. 분모의 값을 100으로 만들기 위해 곱한 값을 분자에도 동일하게 곱했을 때, 분자의 값은 해당 비율의 값이 된다.

예 $\frac{510}{1,500}$ 은 몇 %인가?

→ 분모의 값을 100으로 만들기 위해 공통 약수인 30으로 약분한 후 분모와 분자에 각각 2를 곱한다. $\frac{510}{1,500} = \frac{17}{50} = \frac{34}{100}$ 이므로 34%이다.

확인 문제

01 다음 분수의 백분율을 구하시오.

(1) $\frac{42}{125}$ (2) $\frac{25}{91}$

(3) $\frac{214}{802}$ (4) $\frac{2,853}{6,682}$

[정답 및 해설]

01 (1) 분모의 값을 1,000으로 만들어 비율을 구한다. $\frac{42 \times 8}{125 \times 8} = \frac{336}{1,000}$ 이므로 33.6%이다.

(2) 분모의 값을 100이나 1,000으로 만들 수 없는 경우에는 100에 근접한 값으로 만든다. $\frac{분자 \times (1+10\%)}{분모 \times (1+10\%)} = \frac{25+2.5}{91+9.1} = \frac{27.5}{100.1}$ 이므로 약 27.5%이다.

(3) 분모의 값을 100이나 1,000으로 만들 수 없는 경우에는 100이나 1,000에 근접한 값으로 만든다. $\frac{분자 \times (1+25\%)}{분모 \times (1+25\%)} = \frac{214+53.5}{802+200.5} = \frac{267.5}{1,002.5}$ 이므로 약 26.7%이다.

(4) 계산해야 할 수치가 클 경우, 유효숫자를 이용하여 수치를 간소화한 후 분모의 값을 1,000에 근접한 값으로 만든다. $\frac{2,853}{6,682} \approx \frac{285}{668}$ 이고, $\frac{분자 \times (1+50\%)}{분모 \times (1+50\%)} = \frac{285+142.5}{668+334} = \frac{427.5}{1,002}$ 이므로 약 42.7%이다.

01 (1) 33.6%   (2) 약 27.5%   (3) 약 26.7%   (4) 약 42.7%

---

2. 여사건을 활용할 수 있을 때

선택지나 <보기>에서 '이상, 이하, 초과, 미만'에 대한 내용이 제시되는 비율 계산의 경우 여사건을 활용하면 좀 더 간단하게 계산할 수 있다.

사건	여사건
95% 이상 감소하였다.	남은 비율이 5% 미만이다.
A의 비중이 80% 미만이다.	A를 제외한 비중이 20% 이상이다.

예 2013년과 2014년 '양자' 지원형태로 공여한 원조액은 매년 전체 원조액의 90% 이상이다. (O, X)

<표> 지원형태별 공적개발원조액

(단위: 백만 원)

지원형태＼연도	2013	2014
양자	500,139	542,725
다자	22,644	37,827
전체	522,783	580,552

→ (O), '양자' 지원형태로 공여한 원조액이 전체 원조액의 90% 이상이라는 것은 '다자' 지원형태로 공여한 원조액이 전체 원조액의 10% 미만이라는 것을 의미한다. 전체 원조액의 10%는 2013년이 52,278.3백만 원이고, 2014년이 58,055.2백만 원이다. 따라서 '다자' 지원형태로 공여한 원조액은 매년 전체 원조액의 10%보다 적으므로 '양자' 지원형태로 공여한 원조액은 매년 전체 원조액의 90% 이상이다.

3. 분자의 값이 분모의 값보다 훨씬 작을 때

분자의 값이 분모의 10%나 1% 값과 몇 배 차이가 나는지 확인한다. 이때 천의 자리 이상의 복잡한 수치가 제시된 경우, 자릿수가 큰 부분부터 두세 자리 정도를 유효숫자로 설정하여 확인한다.

예 $\dfrac{2,148}{6,425}$은 몇 %인가?

→ 유효숫자를 두 자리로 설정하면 $\dfrac{21}{64}$이고, 분모의 10% 값은 6.4이다. 21은 6.4의 21/6.4≒3.3배이므로 $\dfrac{2,148}{6,425}$은 약 33%이다.

확인 문제

01 다음 분수의 백분율을 구하시오.

(1) $\dfrac{192}{711}$

(2) $\dfrac{865}{2,428}$

(3) $\dfrac{153}{601}$

(4) $\dfrac{24,013}{70,028}$

[정답 및 해설]

01 (1) 192가 711의 약 10% 값인 71과 몇 배 차이가 나는지 확인한다. 192/71≒2.7배이므로 약 27%이다.

(2) 865가 2,428의 약 1% 값인 24와 몇 배 차이가 나는지 확인한다. 865/24≒36.0배이므로 약 36%이다.

(3) 153이 601의 약 10% 값인 60과 몇 배 차이가 나는지 확인한다. 153/60≒2.55배이므로 약 25.5%이다.

(4) 유효숫자를 두 자리로 설정하면 $\dfrac{24}{70}$이고, 24가 70의 약 10% 값인 7과 몇 배 차이가 나는지 확인한다. 24/7≒3.43배이므로 약 34.3%이다.

01 (1) 약 27% (2) 약 36% (3) 약 25.5% (4) 약 34.3%

4. 분자의 값과 분모의 값이 비슷할 때

① 분자와 분모의 값이 비슷하다는 것은 분수의 값이 1에 가깝다는 것을 의미한다. 분수의 값이 클수록 비율을 계산하는 것이 복잡할 수 있으므로 여사건을 활용하여 문제를 풀이한다.

② 1에서 해당 분수의 값을 뺀 후, 그 결괏값의 분자 값이 분모의 10%나 1% 값과 몇 배 차이가 나는지 확인한다. 이때 천의 자리 이상의 복잡한 수치가 제시되는 경우, 자릿수가 큰 부분부터 두세 자리 정도를 유효숫자로 먼저 설정한 후 확인한다.

예 $\dfrac{840,134}{900,352}$ 는 몇 %인가?

→ 유효숫자를 세 자리로 설정하면 $\dfrac{840}{900}$ 이고, $1-\dfrac{840}{900}=\dfrac{60}{900}$ 이다. 900의 1%는 9이고, 60은 9의 60/9≒6.7배이다.

따라서 $\dfrac{60}{900}$ 이 약 6.7%이므로 $\dfrac{840,134}{900,352}$ 는 $100-6.7≒93.3$%이다.

확인 문제

01 다음 분수의 백분율을 구하시오.

(1) $\dfrac{576}{600}$

(2) $\dfrac{334,567}{343,789}$

(3) $\dfrac{472,117}{481,312}$

(4) $\dfrac{68,829}{71,914}$

[정답 및 해설]

01 (1) 분모와 분자의 값이 비슷하므로 여사건을 활용한다. $1-\dfrac{576}{600}=\dfrac{24}{600}=\dfrac{4}{100}$ 이므로 4%이다. 따라서 $\dfrac{576}{600}$ 은 $100-4=96$%이다.

(2) 유효숫자를 세 자리로 설정하면 $\dfrac{335}{344}$ 이고, $1-\dfrac{335}{344}=\dfrac{9}{344}$ 는 9/34≒0.26으로 약 3%이다. 따라서 $\dfrac{334,567}{343,789}$ 은 $100-3≒97$% 이다.

(3) 유효숫자를 세 자리로 설정하면 $\dfrac{472}{481}$ 이고, $1-\dfrac{472}{481}=\dfrac{9}{481}$ 는 9/48≒0.19로 약 2%이다. 따라서 $\dfrac{472,117}{481,312}$ 은 $100-2≒98$%이다.

(4) 유효숫자를 세 자리로 설정하면 $\dfrac{688}{719}$ 이고, $1-\dfrac{688}{719}=\dfrac{31}{719}$ 은 31/72≒0.43으로 약 4.3%이다. 따라서 $\dfrac{68,829}{71,914}$ 은 $100-4.3≒$ 95.7%이다.

01 (1) 96% (2) 약 97% (3) 약 98% (4) 약 95.7%

※ 참고: 비율을 활용한 분수의 대소 비교(p. 56)

분자와 분모 값 간의 비율을 활용하여 대소 비교를 할 수 있다. 5%, 10%, 20% 등 일정한 비율을 기준으로 설정하여 분자 값이 분모 값의 기준 비율을 넘는지, 넘지 않는지 비교한다.

예 $\dfrac{1,185}{12,874}$ ( ) $\dfrac{1,513}{14,960}$

→ (<), 1,185는 12,874의 10%인 1,287.4보다 작고, 1,513은 14,960의 10%인 1,496보다 크므로 $\dfrac{1,185}{12,874}<\dfrac{1,513}{14,960}$ 이다.

1 | 비중의 정의

① 전체에서 부분이 차지하는 비율을 의미하며 구성비라고도 한다. 전체에 해당하는 것이 분모, 부분에 해당하는 것이 분자이다.

② 전체에서 A가 차지하는 비중(%)=$\dfrac{A}{전체} \times 100$

확인 문제

01 2022년 '갑' 기업의 전체 채용 인원이 325명이고, '갑' 기업의 B 부서 채용 인원이 91명일 때, 2022년 '갑' 기업의 전체 채용 인원 중 B 부서 채용 인원의 비중은 약 얼마인가?

① 25% ② 26% ③ 27% ④ 28% ⑤ 29%

02 2021년 '갑'국의 전체 감자 수확량이 1,592천 톤이고, '갑'국의 A 지역 감자 수확량이 414천 톤일 때, 2021년 '갑'국의 전체 감자 수확량에서 A 지역 감자 수확량이 차지하는 비중은 약 얼마인가?

① 25.7% ② 26.0% ③ 26.2% ④ 26.7% ⑤ 27.2%

[정답 및 해설]

01 '갑' 기업의 전체 채용 인원 325명 중 B 부서 채용 인원 91명의 비중은 $\dfrac{91}{325} \times 100 = 28\%$이다.

02 2021년 '갑'국의 전체 감자 수확량 1,592천 톤에서 A 지역 감자 수확량이 차지하는 비중은 $\dfrac{414}{1,592} \times 100 \fallingdotseq 26.0\%$이다.

01 ④ **02** ②

2 | 비중 계산법

① 비중 관련 자료가 제시되는 경우, 우선 자료의 가로축 또는 세로축 중 어느 방향에서 총합이 100%인지 판단해야 한다. 이를 통해 비중의 기준이 되는 항목이 무엇인지 파악할 수 있고, 자료의 정확한 해석 및 계산이 가능해진다. 또한 총합이 100%가 맞는지도 확인한다. 자료에 제시되지 않은 항목이 있을 경우 총합이 100% 미만일 수도 있기 때문이다.

② 항목의 비중에 대한 실제 수치를 구할 수 있는 조건이나 자료가 제시되지 않은 경우, 비중 관련 자료만으로는 항목의 실제 수치를 계산할 수 없다. 단, 기준이 동일한 항목끼리는 크기에 대한 대소 비교가 가능하다.

③ 자료에서 연도별로 항목들의 비중이 제시되고, 선택지나 <보기>에서 '한 항목의 증가율이 총합의 증가율보다 크다.'와 같은 내용이 제시된 경우, 자료에서 해당 항목의 비중 추이를 확인한다. 제시된 자료에서 한 항목의 증가율이 총합의 증가율보다 크면 해당 항목의 비중은 이전보다 증가하기 때문이다.

예 [01~02] 다음 <표>를 보고 각 물음에 답하시오.

<표> 금융서비스 제공방식별 업무처리 건수 비중 현황

(단위: %)

구분 연도	대면거래	비대면거래			합
		CD/ATM	텔레뱅킹	인터넷뱅킹	
2007	13.6	38.0	12.2	36.2	100.0
2008	13.8	39.5	13.1	33.6	100.0
2009	13.7	39.3	12.6	34.4	100.0
2010	13.6	39.8	12.4	34.2	100.0
2011	12.2	39.1	12.4	36.3	100.0

01. 2007~2011년 동안 매년 비대면거래 중 업무처리 건수가 가장 적은 제공방식은 텔레뱅킹이다. (O, X)

→ (O), 각 연도별로 비중의 총합이 100%이므로 수치의 기준이 되는 것은 연도이다. 따라서 실제 업무처리 건수를 구할 수 있는 조건이나 자료가 제시되지 않았더라도 업무처리 건수 비중을 통해 연도별 업무처리 건수에 대한 대소 비교가 가능하다. 이에 따라 2007~2011년 동안 매년 비대면거래 중 비중이 가장 적은 텔레뱅킹이 업무처리 건수도 가장 적음을 알 수 있다.

02. 2008~2011년 동안 대면거래 건수는 매년 감소하였다. (O, X)

→ (X), 제시된 수치의 기준은 연도이므로 각 연도별로 항목 간 업무처리 건수의 대소를 비교하는 것은 가능하나 항목별로 연도 간 업무처리 건수의 대소 비교는 제시된 자료만으로는 할 수 없다. 또한 실제 대면거래 건수를 구할 수 있는 조건이나 자료가 제시되지 않았으므로 2008~2011년 동안 대면거래 건수가 매년 감소하였는지는 알 수 없다.

[01~02] 다음 〈표〉는 A 시 30대와 50대 취업자의 최종학력, 직종 분포에 대한 자료이다. 〈표〉를 보고 물음에 답하시오.

〈표 1〉 A 시 30대와 50대 취업자의 최종학력 분포

(단위: %)

연령대＼최종학력	미취학	초등학교 졸업	중학교 졸업	고등학교 졸업	대학 졸업 이상
30대	0.10	0.10	0.40	14.50	84.90
50대	0.76	9.55	16.56	41.92	31.21

〈표 2〉 A 시 30대와 50대 취업자의 직종 분포

(단위: %)

연령대＼직종	전문직	사무직	서비스직	판매직	기계직	기타
30대	30.90	20.40	12.60	16.11	4.70	15.29
50대	17.10	14.70	5.50	12.30	16.00	34.40

01 서비스직 취업자 수는 30대와 50대 중 어느 연령대에서 더 많은가?

02 최종학력이 중학교 졸업인 50대 취업자 수와 직종이 기계직인 50대 취업자 수 중 취업자 수는 어느 쪽이 더 많은가?

[03~04] 다음 〈표〉는 A 국 최종에너지 소비량에 대한 자료이다. 〈표〉를 보고 물음에 답하시오.

〈표〉 2009~2010년 유형별 최종에너지 소비량 비중

(단위: %)

연도＼유형	석탄		석유제품	도시가스	전력	기타
	무연탄	유연탄				
2009	2.8	10.3	54.0	10.7	18.6	3.6
2010	2.9	11.5	51.9	10.9	19.1	3.7

03 2010년 도시가스 소비량은 2009년 도시가스 소비량보다 더 많은가?

04 2009년 유연탄 소비량과 2009년 도시가스 소비량 중 소비량은 어느 쪽이 더 많은가?

[정답 및 해설]

01 〈표 1〉과 〈표 2〉 모두 30대와 50대 취업자에 대한 비율만 제시되었으므로 30대와 50대 간의 취업자 수에 대한 대소 비교는 할 수 없다. 따라서 서비스직 취업자 수는 30대와 50대 중 어느 연령대에서 더 많은지 알 수 없다.

02 수치에 대한 기준이 모두 50대 취업자 수이므로 제시된 자료를 통해 대소 비교를 할 수 있다. 〈표 1〉에서 최종학력이 중학교 졸업인 50대 취업자의 비율은 16.56%이고, 〈표 2〉에서 50대 기계직 취업자의 비율은 16.00%이다. 따라서 비율이 더 높은 최종학력이 중학교 졸업인 50대 취업자 수가 직종이 기계직인 50대 취업자 수보다 많다.

03 〈표〉에 제시된 수치인 유형별 최종에너지 소비량 비중은 각 연도를 기준으로 제시되어 있으므로 다른 연도 간의 최종에너지 소비량에 대한 대소 비교는 할 수 없다. 따라서 2010년 도시가스 소비량이 2009년 도시가스 소비량보다 더 많은지 알 수 없다.

04 〈표〉에 제시된 수치인 유형별 최종에너지 소비량 비중은 각 연도를 기준으로 제시되어 있으므로 같은 연도 간의 최종에너지 소비량에 대한 대소 비교를 할 수 있다. 2009년 유연탄 소비량의 비중은 10.3%이고, 도시가스 소비량은 10.7%이다. 따라서 비중이 더 높은 2009년 도시가스 소비량이 2009년 유연탄 소비량보다 소비량이 더 많다.

01 알 수 없음　**02** 최종학력이 중학교 졸업인 50대 취업자 수　**03** 알 수 없음　**04** 2009년 도시가스 소비량

03 변화량의 계산

1 | 변화량의 정의

① 기준 연도 대비 비교 연도에서 변화된 양을 의미한다.
② 기준 연도 대비 비교 연도 A의 변화량＝비교 연도 A－기준 연도 A

> ### 확인 문제
>
> **01** 2021년 H 기업 해외 매출액이 5,863억 달러이고, 2022년 H 기업 해외 매출액이 7,429억 달러일 때, 전년 대비 2022년 H 기업의 해외 매출액 증가량은 얼마인가?
>
> ① 1,466억 달러　　② 1,556억 달러　　③ 1,566억 달러　　④ 1,656억 달러　　⑤ 1,666억 달러
>
> **02** 2017~2019년 동안 '갑'국의 A 제품 수입량이 아래 〈표〉와 같을 때, 2017년 대비 2019년 '갑'국의 A 제품 수입량의 증가량은 얼마인가?
>
> 〈표〉 2017~2019년 '갑'국의 A 제품 수입량
>
> (단위: 천 개)
>
> | 연도 | 2017 | 2018 | 2019 |
> |---|---|---|---|
> | A 제품 | 47,321 | 49,741 | 51,928 |
>
> ① 2,187천 개　　② 2,420천 개　　③ 4,607천 개　　④ 4,821천 개　　⑤ 5,102천 개
>
> **[정답 및 해설]**
>
> **01** H 기업 해외 매출액이 2021년 5,863억 달러에서 2022년 7,429억 달러로 7,429－5,863＝1,566억 달러 증가하였다.
>
> **02** '갑'국의 A 제품 수입량은 2017년 47,321천 개에서 2019년 51,928천 개로 51,928－47,321＝4,607천 개 증가하였다.
>
> **01** ③　**02** ③

2 | 변화량 계산법

1. 증가량, 감소량, 변화량 비교

① 증가량이 가장 큰 것: 자료에서 증가한 항목 중 그 양이 가장 큰 것
② 감소량이 가장 큰 것: 자료에서 감소한 항목 중 그 양이 가장 큰 것
③ 변화량이 가장 큰 것: 자료에서 증가 또는 감소한 항목 중 그 양이 가장 큰 것

2. 어림 계산을 활용한 변화량 비교

문제에서 변화량의 정확한 값을 계산해야 하는 경우를 제외하고, 변화량이 가장 크거나 작은 항목이 어떤 것인지 묻는 경우, 어림 계산을 활용하여 변화량을 비교하면 좀 더 간단하게 계산할 수 있다. 이때 비교해야 하는 여러 항목들 중 한 항목의 변화량을 대략적으로 계산하여 어림 계산의 기준이 되는 수치로 설정한 후 다른 항목들의 변화량과 비교한다.

 문제에 적용하기

다음 〈표〉는 2004년부터 2010년까지 친환경 농산물 생산량에 대한 자료이다. 이에 대한 설명 중 옳지 않은 것은?

〈표〉 친환경 농산물 생산량 추이

(단위: 백 톤)

구분	2004년	2005년	2006년	2007년	2008년	2009년	2010년
유기 농산물	1,721	2,536	2,969	4,090	7,037	11,134	15,989
무농약 농산물	6,312	9,193	10,756	14,345	25,368	38,082	54,687
저농약 농산물	13,766	20,198	23,632	22,505	18,550	—	—
계	21,799	31,927	37,357	40,940	50,955	49,216	70,676

※ 1) 모든 친환경 농산물은 유기, 무농약, 저농약 중 한 가지 인증을 받아야 함
  2) 단, 2007년 1월 1일부터 저농약 신규 인증은 중단되며, 2009년 1월 1일부터 저농약 인증 자체가 폐지됨

2005~2007년 전년대비
증가량〈 11,000백 톤

2008년 전년대비
증가량≒11,000백 톤

2009~2010년 전년대비
증가량〉 11,000백 톤

① 유기 농산물 생산량은 매년 증가하였다.
② 무농약 농산물 생산량은 매년 증가하였다.
③ 저농약 신규 인증 중단 전 저농약 농산물 생산량은 매년 무농약 농산물 생산량의 2배 이상이다.
④ 2004년 친환경 농산물 생산량 중 유기 농산물 생산량이 차지하는 비중은 5% 이상이다.
⑤ 2005년 이후 무농약 농산물 생산량의 전년대비 증가량은 2008년이 가장 크다.

> 2008년 무농약 농산물 생산량의 전년대비 증가량을 어림 계산하면 약 11,000백 톤이다.
> 11,000백 톤을 어림 계산의 기준 수치로 설정하면 전년대비 증가량은 2005~2007년이
> 11,000백 톤 미만이고, 2009년이 약 13,000백 톤, 2010년이 약 16,000백 톤으로 11,000
> 백 톤 초과이므로 무농약 농산물 생산량의 전년대비 증가량은 2010년이 가장 크다.

정답 및 해설 ⑤

2005년 이후 무농약 농산물 생산량의 전년대비 증가량은 2005년이 9,193−6,312=2,881백 톤, 2006년이 10,756−9,193=1,563백 톤, 2007년이 14,345−10,756=3,589백 톤, 2008년이 25,368−14,345=11,023백 톤, 2009년이 38,082−25,368=12,714백 톤, 2010년이 54,687−38,082=16,605백 톤으로 2010년에 증가량이 가장 크므로 옳지 않은 설명이다.

PART 4 도표계산

해커스공기업 PSAT 기출로 끝내는 NCS 수리·자료해석 집중 공략

01 2013~2015년 동안 A 회사의 연도별 한·중·일 임직원 현황이 아래 〈표〉와 같을 때, 2014년과 2015년 모두 전년대비 임직원 수가 가장 많이 증가한 국적은 한국, 중국, 일본 중 어디인가?

〈표〉 A 회사의 연도별 한·중·일 임직원 현황

(단위: 명)

연도 구분	2013	2014	2015
한국	9,566	10,197	11,298
중국	2,636	3,848	5,053
일본	1,615	2,753	3,549

02 2008년과 2009년 4대 이동통신사업자 매출액이 아래 〈표〉와 같을 때, 2009년 전년대비 매출액이 가장 많이 증가한 이동통신사업자는 A~D 사 중 어디인가?

〈표〉 4대 이동통신사업자 매출액

(단위: 백만 달러)

구분	A 사	B 사	C 사	D 사
2008년	3,701	3,645	2,547	2,958
2009년	3,969	3,876	2,603	3,134

[정답 및 해설]

01 2014년 전년대비 임직원 수의 증가량은 한국이 10,197−9,566=631명, 중국이 3,848−2,636=1,212명, 일본이 2,753−1,615 =1,138명이므로 중국의 임직원 수가 가장 많이 증가했다. 2015년 전년대비 임직원 수의 증가량은 한국이 11,298−10,197=1,101명, 중국이 5,053−3,848=1,205명이고, 일본이 3,549−2,753=796명이므로 중국의 임직원 수가 가장 많이 증가했다. 따라서 2014년과 2015년에 전년대비 임직원 수가 가장 많이 증가한 국적은 모두 중국이다.

02 2009년 4대 이동통신사업자 매출액의 전년대비 증가량은 A 사가 3,969−3,701=268백만 달러, B 사가 3,876−3,645=231백만 달러, C 사가 2,603−2,547=56백만 달러, D 사가 3,134−2,958=176백만 달러이므로 A 사의 매출액이 가장 많이 증가했다. 따라서 2009 년 전년대비 매출액이 가장 많이 증가한 이동통신사업자는 A 사이다.

01 중국   **02** A 사

04 증감률의 계산

1 | 증감률의 정의

① 비교 연도 대비 기준 연도에서 변화된 비율을 의미한다.

② 기준 연도 대비 비교 연도 A의 증감률(%)=$\left(\dfrac{\text{비교 연도 A}-\text{기준 연도 A}}{\text{기준 연도 A}}\right)\times 100$

확인 문제

01 A 국의 2010년 국세 징수액은 138조 원이고, 2018년 국세 징수액은 216조 원일 때, 2010년 대비 2018년 A 국의 국세 징수액 증가율은 약 얼마인가?

① 55.5% ② 55.8% ③ 56.2% ④ 56.5% ⑤ 56.8%

02 H 항공사의 2021년 운항편수는 9,883편이고, 2022년 운항편수는 12,419편일 때, 2022년 H 항공사 운항편수의 전년 대비 증가율은 약 얼마인가? (단, 소수점 둘째 자리에서 반올림하여 계산한다.)

① 25.5% ② 25.6% ③ 25.7% ④ 25.8% ⑤ 25.9%

[정답 및 해설]

01 A 국의 2010년 국세 징수액 138조 원 대비 2018년 국세 징수액 216조 원의 증가율은 $\left(\dfrac{216-138}{138}\right)\times 100\fallingdotseq 56.5\%$이다.

02 2022년 H 항공사 운항편수의 전년대비 증가율은 $\left(\dfrac{12,419-9,883}{9,883}\right)\times 100\fallingdotseq 25.7\%$이다.

01 ④ **02** ③

2 | 증감률의 기울기

실제 수치를 나타낸 그래프에서 좌표 간격이 일정하고 각 항목의 수치가 일정하게 변화하는 경우, 기울기와 변화량은 모두 일정하므로 기울기=변화량이라고 할 수 있다. 그러나 증감률은 초기값에 대한 변화량을 의미하므로 각 항목의 기울기와 변화량이 일정하다고 해도 초기값은 항목마다 다르기 때문에 증감률은 일정하지 않다. 따라서 그래프에서 기울기만으로 증감률을 파악하기는 어렵다.

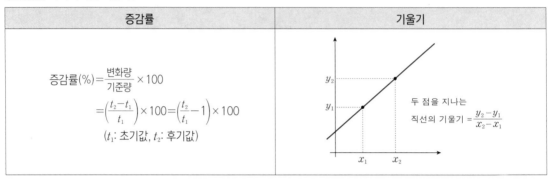

증감률	기울기
$증감률(\%) = \dfrac{변화량}{기준량} \times 100$ $= \left(\dfrac{t_2 - t_1}{t_1}\right) \times 100 = \left(\dfrac{t_2}{t_1} - 1\right) \times 100$ (t_1: 초기값, t_2: 후기값)	두 점을 지나는 직선의 기울기 $= \dfrac{y_2 - y_1}{x_2 - x_1}$

확인 문제

01 2014~2018년 동안 '갑'국의 A 산업 투자액 및 투자건수가 아래 〈그림〉과 같을 때, 2014~2018년 동안 투자건수의 전년대비 증가율이 가장 낮은 해는 언제인가?

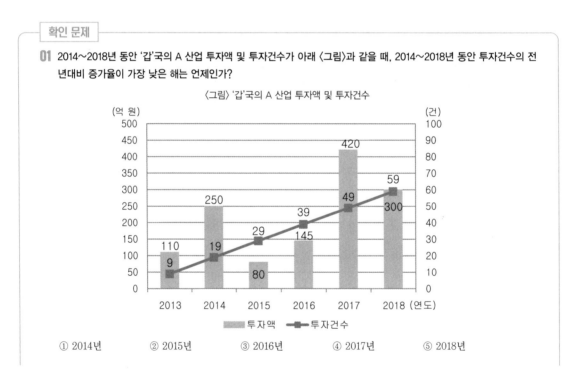

〈그림〉 '갑'국의 A 산업 투자액 및 투자건수

① 2014년   ② 2015년   ③ 2016년   ④ 2017년   ⑤ 2018년

02 2005~2010년 동안 '갑' 기업 A 자동차 출고량이 아래 〈그림〉과 같을 때, 2005~2010년 동안 '갑' 기업 A 자동차 출고량의 전년대비 증가율이 가장 높은 해는 언제인가?

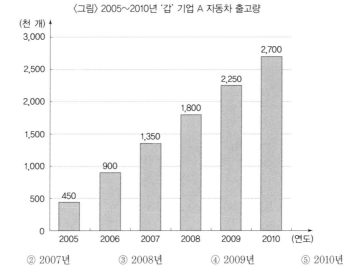

〈그림〉 2005~2010년 '갑' 기업 A 자동차 출고량

① 2006년　　② 2007년　　③ 2008년　　④ 2009년　　⑤ 2010년

[정답 및 해설]

01 투자건수의 전년대비 증가량은 2014~2018년 모두 10건이고, 그래프의 기울기 또한 일정하다. 제시된 자료에서 기울기가 일정하여 증가율도 일정하게 보일 수 있으나, 분자의 값이 일정할 때 분모의 값에 해당하는 초기값이 클수록 증가율이 낮아지므로 초기값이 될 수 있는 2013~2017년 중 투자건수가 가장 많은 해에 증가율이 가장 낮다. 따라서 2017년 투자건수가 49건으로 가장 많으므로 2017년 투자건수를 초기값으로 하는 2018년에 전년대비 증가율이 가장 낮다.

02 '갑' 기업 A 자동차 출고량의 전년대비 증가량은 2005~2010년 동안 모두 450천 개로 동일하므로 제시된 자료에서 꺾은선 그래프를 그리면 그래프의 기울기는 일정하다. 이때 기울기가 일정하여 증가율도 일정하게 보일 수 있으나, 분자의 값이 일정할 때 분모의 값에 해당하는 초기값이 작을수록 증가율이 커지므로 초기값이 될 수 있는 2005~2009년 중 A 자동차 출고량이 가장 적은 해에 증가율이 가장 크다. 따라서 2005년 A 자동차 출고량이 450천 건으로 가장 적으므로 2005년 A 자동차 출고량을 초기값으로 하는 2006년 A 자동차 출고량의 전년대비 증가율이 가장 크다.

01 ⑤　　**02** ①

1. 그래프를 활용한 증가율 비교

다음과 같은 경우에는 그래프의 기울기만으로도 증가율의 대소를 비교할 수 있다. 그래프에서 분모에 해당하는 초기값이 작을수록, 분자에 해당하는 후기값 또는 변화량(후기값−초기값)이 클수록 증가율이 더 크다.

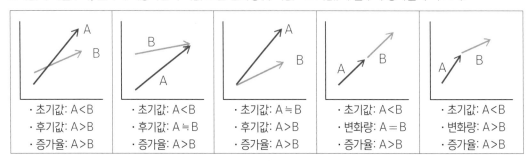

🔷 **문제에 적용하기**

다음 〈그림〉은 연도별 A~C 시 공공체육시설 수에 관한 자료이다. 이에 대한 설명으로 옳은 것은?

〈그림〉 연도별 A~C 시 공공체육시설 수

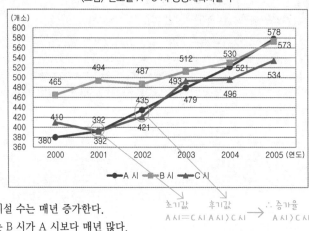

① C 시의 공공체육시설 수는 매년 증가한다.
② 공공체육시설 수는 B 시가 A 시보다 매년 많다.
③ 공공체육시설 수는 C 시가 A 시보다 매년 적다.
④ 2002년 공공체육시설 수의 전년대비 증가율은 A 시가 C 시보다 높다.
⑤ 2000~2005년 동안 공공체육시설 수의 전년대비 증감방향은 B 시와 C 시가 동일하다.

초기값에 해당하는 2001년 A 시와 C 시의 공공체육시설 수는 모두 392개소로 동일하고, 후기값에 해당하는 2002년 공공체육시설 수는 A 시가 435개소, C 시가 421개소로 A 시의 후기값이 더 크므로 2002년 공공체육시설 수의 전년대비 증가율은 A 시가 C 시보다 높다.

정답 및 해설 ④

2002년 공공체육시설 수의 전년대비 증가율은 A 시가 $\{(435-392)/392\} \times 100 ≒ 11.0\%$이고, C 시가 $\{(421-392)/392\} \times 100 ≒ 7.4\%$이므로 A 시가 C 시보다 높다.

2. 배수를 활용한 증감률 비교

증감률을 배수로 바꿔서 표현했을 때 계산 과정이 좀 더 간단해질 수 있으므로 증감률과 배수의 표현을 정확히 파악해야 한다.

증가율	배수
10% 증가	초기값의 1.1배
50% 증가	초기값의 1.5배
100% 증가	초기값의 2배
150% 증가	초기값의 2.5배
200% 증가	초기값의 3배
n% 증가	초기값의 $(1+\frac{n}{100})$배

감소율	배수
10% 감소	초기값의 0.9배
20% 감소	초기값의 0.8배
30% 감소	초기값의 0.7배
50% 감소	초기값의 0.5배
80% 감소	초기값의 0.2배
n% 감소	초기값의 $(1-\frac{n}{100})$배

예 2009년 A 국의 도시폐기물량이 2,200만 톤이고, 2018년 A 국의 도시폐기물량이 6,880만 톤일 때, 2009년 대비 2018 년 A 국의 도시폐기물량의 증가율은 200% 이상이다. (O, X)

→ (O), 증가율이 200%라는 것은 증가된 수치가 초기값의 $(1+\frac{200}{100})$=3배인 것을 의미한다. 2018년 A 국의 도시폐기물량 6,880만 톤은 2009년 A 국 도시폐기물량의 3배인 2,200×3=6,600만 톤을 초과하므로 옳은 설명이다.

※ 참고: 증가율을 활용한 분수의 대소 비교(p.59)

분자 값 간의 증가율과 분모 값 간의 증가율을 활용하여 대소 비교를 할 수 있다. 좌변과 우변의 분자 값 간 증가율과 분모 값 간 증가율을 각각 비교한다. 이때 증가율 계산식에서 100은 공통적으로 곱해지는 값이므로 제외한다.

예 $\frac{78}{89}$ ( ) $\frac{87}{98}$

→ (<), 증가율 계산식에서 ×100을 제외하면 78에서 87로의 증가율은 $(87-78)/78=9/78$이고, 89에서 98로의 증가율은 $(98-89)/89=9/89$이다. 78에서 87로의 증가율이 더 크므로 $\frac{78}{89} < \frac{87}{98}$이다.

※ 참고: 배수를 활용한 곱셈의 대소 비교(p.49)

수치 간의 배수를 활용하여 대소 비교를 할 수 있다.

예 124×495 ( ) 370×182

→ (<), 124에서 370으로 370/124≒3.0배 증가했고, 182에서 495로 495/182≒2.7배 증가했다. 124에서 370으로 더 많이 증가했으므로 124×495 < 370×182이다.

01 2014~2018년 도시별 공공복지 예산이 아래 〈표〉와 같을 때, 2014년 대비 2018년 공공복지 예산의 증가율은 A 시가 C 시의 약 몇 배인가?

〈표〉 2014~2018년 도시별 공공복지 예산

(단위: 십억 원)

연도 국가	2014	2015	2016	2017	2018
A 시	5,466	8,034	11,563	14,692	16,420
B 시	6,394	6,870	7,112	9,256	12,365
C 시	10,200	11,463	11,191	13,257	14,249

① 3배　　　　② 4배　　　　③ 5배　　　　④ 6배　　　　⑤ 7배

02 2000~2010년 3개국(한국, 일본, 미국)의 CG 분야 3개국 특허출원 현황이 아래 〈그림〉과 같을 때, 2010년 CG 분야 특허출원 건수의 전년대비 증가율이 가장 높은 국적은 한국, 일본, 미국 중 어디인가?

〈그림〉 연도별 CG 분야 3개국 특허출원 추이

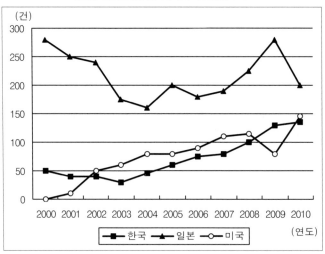

[정답 및 해설]

01 2014년 대비 2018년 공공복지 예산은 A 시가 16,420/5,466≒3.0배 증가했으므로 증가율은 약 200%이고, C 시가 14,249/10,200≒
1.4배 증가했으므로 증가율은 약 40%이다. 따라서 2014년 대비 2018년 공공복지 예산의 증가율은 A 시가 C 시의 200/40≒5배이다.

02 2010년 CG 분야 특허출원 건수가 전년대비 감소한 일본을 제외하고, 한국과 미국의 CG 분야 특허출원 건수의 전년대비 증가율을
비교한다. 이때 CG 분야 특허출원 건수의 전년대비 증가율에서 초기값은 미국이 한국보다 작고, 후기값은 미국이 한국보다 크므로 CG
분야 특허출원 건수의 전년대비 증가율은 미국이 한국보다 크다. 따라서 CG 분야 특허출원 건수의 전년대비 증가율이 가장 높은 국적은
미국이다.

01 ③　　**02** 미국

PART 5

기초수리

×

1 | 약수와 배수의 정의

① 어떤 수를 나누어떨어지게 하는 수를 약수, 어떤 수의 정수배를 배수라고 한다. 즉, 어떤 자연수 A가 B로 나누어떨어질 때 B는 A의 약수, A는 B의 배수이다.

$$\cdot \underset{\text{배수}}{A} = \underset{\text{약수}}{B} \times \underset{\text{약수}}{Q}$$

② 1은 모든 수의 약수이고, 모든 수는 자기 자신의 약수이다.

확인 문제

01 12의 약수 중 가장 큰 수를 A, 두 번째로 큰 수를 B라고 할 때 AB의 값은 얼마인가?

① 6   ② 18   ③ 24   ④ 48   ⑤ 72

02 28의 약수 중 두 번째로 작은 수 A, 두 번째로 큰 수를 B, 가장 큰 수를 C라고 할 때 ABC의 값은 얼마인가?

① 98   ② 196   ③ 392   ④ 784   ⑤ 1,568

[정답 및 해설]

01 $12=1\times12=2\times6=3\times4$이므로 12의 약수는 1, 2, 3, 4, 6, 12이다. 12의 약수 중 가장 큰 수 A는 12, 두 번째로 큰 수 B는 6이므로 $AB=12\times6=72$이다.

02 $28=1\times28=2\times14=4\times7$이므로 28의 약수는 1, 2, 4, 7, 14, 28이다. 28의 약수 중 두 번째로 작은 수 A는 2, 두 번째로 큰 수 B는 14, 가장 큰 수 C는 28이므로 $ABC=2\times14\times28=784$이다.

01 ⑤   **02** ④

2 | 소인수분해

① 어떤 자연수를 소인수들의 곱으로만 나타내는 것으로, 소인수는 약수 중 1과 자기 자신만을 약수로 하는 수이다.
② 자연수 N이 $a^x \times b^y \times c^z$로 소인수분해 될 때, N의 약수 개수는 $(x+1) \times (y+1) \times (z+1)$이다.

확인 문제

01 18의 약수의 개수는 몇 개인가?

① 3개   ② 4개   ③ 5개   ④ 6개   ⑤ 7개

02 572의 약수의 개수는 몇 개인가?

① 8   ② 10   ③ 12   ④ 14   ⑤ 18

[정답 및 해설]

01   18을 소인수분해 하면 $2 \times 3 \times 3 = 2^1 \times 3^2$이므로 약수의 개수는 $(1+1) \times (2+1) = 2 \times 3 = 6$개이다.

02   572를 소인수분해 하면 $2 \times 2 \times 11 \times 13 = 2^2 \times 11^1 \times 13^1$이므로 약수의 개수는 $(2+1) \times (1+1) \times (1+1) = 3 \times 2 \times 2 = 12$개이다.

01 ④   **02** ③

---

3 | 최대공약수와 최소공배수

① 둘 이상의 수에서 공통인 약수 중 최대인 수를 최대공약수, 둘 이상의 수에서 공통인 배수 중 최소인 수를 최소공배수라고 한다. 이때 공통인 약수가 오로지 1뿐인 둘 이상의 수는 서로소이다.
② 최대공약수는 각 자연수를 소인수분해 한 후, 공통 인수 중 지수가 작은 수만을 곱하여 구한다.
③ 최소공배수는 각 자연수를 소인수분해 한 후, 공통 인수 중 지수가 높은 수와 공통이 아닌 소인수를 모두 곱하여 구한다.
④ 두 자연수 A, B의 최대공약수를 G, 최소공배수를 L이라고 하면, A=aG, B=bG (a, b는 서로소), L=abG이다.

예 18, 45의 최소공배수는 무엇인가?
→ 18, 45를 소인수분해 하면 각각 $18 = 2 \times 3^2$, $45 = 3^2 \times 5$이다. 18과 45의 최대공약수는 공통 인수인 3^2이고 최소공배수는 최대공약수와 공통이 아닌 소인수를 모두 곱한 값이므로 $3^2 \times 2 \times 5 = 90$이다.

01 12, 30의 최대공약수와 최소공배수는 무엇인가?

	최대공약수	최소공배수
①	3	60
②	3	96
③	5	60
④	6	96
⑤	6	60

02 192, 216의 최대공약수와 최소공배수를 더한 값은 무엇인가?

① 1,724 ② 1,728 ③ 1,740 ④ 1,752 ⑤ 1,756

[정답 및 해설]

01 12, 30을 소인수분해 하면 각각 $12=2^2 \times 3$, $30=2 \times 3 \times 5$이므로 12와 30의 최대공약수는 $2 \times 3=6$이고, 최소공배수는 $2^2 \times 3 \times 5=60$이다.

02 192, 216을 소인수분해 하면 각각 $192=2^6 \times 3$, $216=2^3 \times 3^3$이므로 192와 216의 최대공약수는 $2^3 \times 3=24$이고, 최소공배수는 $2^6 \times 3^3=1,728$이다. 따라서 192, 216의 최대공약수와 최소공배수를 더한 값은 $24+1,728=1,752$이다.

01 ⑤   **02** ④

4 | 배수 판정법

제시된 수의 끝자리 수 또는 각 자리 수의 합을 이용하여 어떤 수의 배수인지 판정하는 방법이다.

구분	판정 방법
2의 배수	끝자리 수가 0 또는 2의 배수이면 원래 수도 2의 배수이다.
3의 배수	각 자리 수의 합이 3의 배수이면 원래 수도 3의 배수이다.
4의 배수	끝 두 자리 수가 00 또는 4의 배수이면 원래 수도 4의 배수이다.
5의 배수	끝자리 수가 0 또는 5이면 원래 수는 5의 배수이다.
6의 배수	각 자리 수의 합이 3의 배수인 짝수이면 원래 수는 6의 배수이다.
8의 배수	끝 세 자리 수가 000 또는 8의 배수이면 원래 수도 8의 배수이다.
9의 배수	각 자리 수의 합이 9의 배수이면 원래 수도 9의 배수이다.

02 방정식과 부등식, 비례식

1 | 방정식

PART 5 기초수리

해커스공기업 PSAT 기출로 끝내는 NCS 수리·자료해석 집중 공략

1. 방정식의 정의

미지수를 포함하는 등식을 말하며, 미지수의 값에 따라 참 또는 거짓이 되는 식이다. 방정식의 근 또는 해는 등식이 참이 되게 하는 미지수의 값을 의미한다.

2. 방정식의 분류

방정식에서 미지수의 차수가 1차이면 일차방정식, 2차이면 이차방정식이라고 하며, 두 개 이상의 방정식을 모두 만족시키는 미지수가 존재할 때 그 방정식들의 묶음을 연립방정식이라고 한다.

예 $x^2+3x+2=0$ → 미지수의 차수가 2차이고, 미지수가 1개인 이차방정식이다.

$$\begin{cases} x+y=30 \\ x+12=2z \\ z=y+6 \end{cases}$$ → 미지수의 차수가 1차이고, 미지수가 3개인 연립일차방정식이다.

3. 방정식 풀이법

계수는 기호 문자로 된 어느 미지수에 곱해진 숫자를 의미함

(1) 일차방정식

주어진 방정식을 $ax=b$ $(a\neq0)$의 꼴로 정리하고 양변을 x의 계수로 나누어 해를 구한다.

예 $25x+19=23(x+1)$

→ 우변의 괄호를 풀어 미지수가 있는 항을 한쪽으로, 상수를 또 다른 한쪽으로 정리하면

$25x+19=23x+23$ → $25x-23x=23-19$ → $2x=4$

양변을 x의 계수인 2로 나누면 $x=2$

따라서 주어진 일차방정식의 해는 2이다.

(2) 이차방정식

주어진 이차방정식 $ax^2+bx+c=0$을 인수분해하거나 공식에 적용하여 해를 구한다.

① 인수분해

하나의 다항식을 일차식의 곱으로 변형하는 것으로, AB=0이면 A=0 또는 B=0임을 적용하여 이차방정식의 해를 구하는 방법이다. 따라서 인수분해하기 전 반드시 한쪽 항을 0으로 정리한다.

· $x^2\pm 2xy+y^2=(x\pm y)^2$
· $x^2-y^2=(x+y)(x-y)$
· $x^2+(a+b)x+ab=(x+a)(x+b)$
· $acx^2+(ad+bc)x+bd=(ax+b)(cx+d)$ (단, $a\neq 0,\ c\neq 0$)

② 근의 공식

어떤 이차방정식에서도 쉽게 미지수의 값을 도출할 수 있도록 정리한 일반식이다. 주어진 방정식을 인수분해하기 어려울 때 근의 공식을 적용하여 해를 구한다.

· $ax^2+bx+c=0$ $(a\neq 0)$에서 $x=\dfrac{-b\pm\sqrt{b^2-4ac}}{2a}$ (단, $b^2-4ac\geq 0$)

(3) 연립방정식

미지수가 1개인 방정식이 되도록 미지수를 소거하여 해를 구한다.

① 가감법

주어진 방정식을 서로 더하거나 빼서 하나의 미지수를 소거한 후 일차방정식을 푸는 방법이다. 미지수의 계수가 다를 경우, 각 방정식에 적절한 수를 곱하여 미지수의 계수가 같아지도록 변형한다.

예 $\begin{cases} x+y=8 \\ 4x+6y=42 \end{cases}$

$\rightarrow \begin{cases} x+y=8 & \cdots ⓐ \\ 4x+6y=42 & \cdots ⓑ \end{cases}$ 에서 ⓐ의 양변에 4를 곱하면 $4x+4y=32$ $\cdots ⓒ$

미지수의 계수가 모두 양수이므로 ⓑ－ⓒ를 하면 $2y=10 \rightarrow y=5$

$y=5$를 ⓐ에 대입하면 $x=3$

따라서 주어진 연립방정식의 해는 $x=3,\ y=5$이다.

② 대입법

하나의 방정식을 특정한 미지수에 대한 식으로 정리한 후, 이것을 다른 방정식에 대입하여 일차방정식을 푸는 방법이다.

예 $\begin{cases} x+y=8 \\ 4x+6y=42 \end{cases}$

$\rightarrow \begin{cases} x+y=8 & \cdots ⓐ \\ 4x+6y=42 & \cdots ⓑ \end{cases}$ 에서 ⓐ를 y에 대한 식으로 정리하면 $y=8-x$ $\cdots ⓒ$

ⓒ를 ⓑ에 대입하면 $4x+6(8-x)=42 \rightarrow -2x=-6 \rightarrow x=3$

$x=3$을 ⓐ에 대입하면 $y=5$

따라서 주어진 연립방정식의 해는 $x=3,\ y=5$이다.

③ 등치법

주어진 방정식을 어느 하나의 미지수에 대한 식으로 정리한 후, 그 식이 모두 같다고 놓고 푸는 방법이다. 이때 추후 계산이 용이하도록 미지수의 계수를 같게 하여 정리한다.

예 $\begin{cases} x+y=8 \\ 4x+6y=42 \end{cases}$

$\rightarrow \begin{cases} x+y=8 & \cdots ⓐ \\ 4x+6y=42 & \cdots ⓑ \end{cases}$ 에서 ⓐ와 ⓑ를 각각 $4x$에 대한 식으로 정리하면

$4x=32-4y \quad \cdots ⓒ$

$4x=42-6y \quad \cdots ⓓ$

ⓒ와 ⓓ가 서로 같으므로 $32-4y=42-6y \rightarrow 2y=10 \rightarrow y=5$

$y=5$를 ⓐ에 대입하면 $x=3$

따라서 주어진 연립방정식의 해는 $x=3$, $y=5$이다.

확인 문제

01 이차방정식 $x^2+6x+8=0$의 해는 무엇인가?

① -8 ② -4 ③ -2 ④ -1 ⑤ $-\dfrac{1}{2}$

02 저금통에 50원, 100원, 500원짜리 동전이 들어있다. 50원짜리 동전은 100원짜리 동전보다 3개 적고, 500원짜리 동전은 100원짜리 동전보다 4개 더 많다. 50원짜리 동전 개수와 500원짜리 동전 개수의 곱은 100원짜리 동전 개수와 50원짜리 동전 개수의 곱의 두 배보다 6개가 적다고 할 때, 100원짜리 동전의 개수는 몇 개인가?

① 1개 ② 3개 ③ 4개 ④ 6개 ⑤ 7개

03 25개의 문제가 출제된 시험에서 정답을 맞히면 4점을 얻고, 틀리면 1점을 잃는다. 25문제를 모두 풀어 75점을 받았다면, 틀린 문제는 모두 몇 개인가?

① 3개 ② 5개 ③ 7개 ④ 9개 ⑤ 11개

04 사과 1개와 바나나 1개의 가격은 각각 x원, y원으로 가격이 항상 일정하다. 지희가 사과 5개와 바나나 2개를 구매하면 11,500원을 지출하고, 사과 3개와 바나나 6개를 구매하면 14,100원을 지출한다고 할 때, 사과 1개와 바나나 1개의 가격은 각각 얼마인가? (단, 구매 시 기타 비용은 고려하지 않는다.)

	사과	바나나
①	1,500원	1,600원
②	1,500원	1,700원
③	1,600원	1,500원
④	1,700원	1,500원
⑤	1,700원	1,700원

01 ⓐ 주어진 방정식을 인수분해하면 $(x+2)(x+4)=0 \rightarrow x=-2$ 또는 $x=-4$

ⓑ 주어진 방정식을 근의 공식에 적용하면 $x=\dfrac{-6\pm\sqrt{6^2-(4\times1\times8)}}{2\times1} \rightarrow x=-2$ 또는 $x=-4$

02 100원짜리 동전의 개수를 x라고 하면, 50원짜리 동전의 개수는 $x-3$개, 500원짜리 동전의 개수는 $x+4$개이므로

$(x-3)(x+4)=2x(x-3)-6 \rightarrow x^2-7x+6=0 \rightarrow (x-1)(x-6)=0 \rightarrow x=1$ 또는 $x=6$

50원짜리 동전의 개수가 100원짜리 동전의 개수보다 3개 적으므로 가능한 100원짜리 동전의 개수는 6개이다.

03 정답을 맞힌 문제의 개수를 x, 틀린 문제의 개수를 y라고 하면

$x+y=25$ ···ⓐ

$4x-y=75$ ···ⓑ

y를 소거하기 위해 ⓐ+ⓑ를 하면 $5x=100 \rightarrow x=20$, $y=5$

따라서 틀린 문제는 모두 5개이다.

04 사과 1개의 가격은 x원, 바나나 1개의 가격은 y원이므로

$5x+2y=11,500$ ···ⓐ

$3x+6y=14,100$ ···ⓑ

y를 소거하기 위해 $3\times$ⓐ$-$ⓑ를 하면 $12x=20,400 \rightarrow x=1,700$, $y=1,500$

따라서 사과 1개의 가격은 1,700원, 바나나 1개의 가격은 1,500원이다.

01 ②, ③ **02** ④ **03** ② **04** ④

2 | 부등식

1. 부등식의 정의

부등호 >, <, ≥, ≤를 사용하여 두 개의 식 또는 수의 대소 관계를 나타낸 식이다.

2. 부등식의 해석

① 두 개의 식 또는 수 A, B를 부등식으로 나타낼 때, A>B는 A가 B보다 큼을 의미하고, A≥B는 A가 B보다 크거나 같음을 의미한다.

② 두 개의 식 또는 수 A, B를 부등식으로 나타낼 때, A<B는 A가 B보다 작음을 의미하고, A≤B는 A가 B보다 작거나 같음을 의미한다.

3. 부등식의 성질

① A<B일 때 A+C<B+C이고, A−C<B−C이다.

② A<B일 때 C>0이면 AC<BC이고, $\dfrac{A}{C} < \dfrac{B}{C}$이다.

③ A<B일 때 C<0이면 AC>BC이고, $\dfrac{A}{C} > \dfrac{B}{C}$이다.

3 | 비례식

1. 비례식의 정의

① 비의 값이 동일한 두 개의 비를 등식으로 나타낸 식을 의미한다.

② 비에서 쓰인 두 수를 항이라고 하며, 앞의 항을 전항, 뒤의 항을 후항이라고 한다. 비의 전항과 후항에 0이 아닌 같은 수를 곱하거나 나누어도 비의 값은 같다.

A : B
전항 후항

③ 비례식의 바깥쪽에 있는 두 항을 외항, 안쪽에 있는 두 항을 내항이라고 하며, 이때 내항의 곱과 외항의 곱은 같다.

내항
A:B=C:D
외항

2. 비례식의 계산 및 공식

① A의 B에 대한 비=B에 대한 A의 비=A:B $\rightarrow \dfrac{A}{B}$

② A:B=AC:BC

③ A:B=C:D $\rightarrow \dfrac{A}{B} = \dfrac{C}{D}$일 때 AD=BC

④ C당 A:C당 B=$\dfrac{A}{C}:\dfrac{B}{C}$=A:B $\rightarrow \dfrac{\frac{A}{C}}{\frac{B}{C}} = \dfrac{A}{C} \div \dfrac{B}{C} = \dfrac{A}{C} \times \dfrac{C}{B} = \dfrac{A}{B}$

⑤ A 대비 C:B 대비 C=$\dfrac{C}{A}:\dfrac{C}{B}$=B:A $\rightarrow \dfrac{\frac{C}{A}}{\frac{C}{B}} = \dfrac{C}{A} \div \dfrac{C}{B} = \dfrac{C}{A} \times \dfrac{B}{C} = \dfrac{B}{A}$

해커스공기업 PSAT 기출로 끝내는 NCS 수리·자료해석 집중 공략

3. 비례식 계산법

① 전체에서 부분이 차지하는 비율을 구할 때 비례식을 활용하면 좀 더 간단하게 계산할 수 있다.

② 전체:부분=전체 비율(100%):부분 비율(%)

예 A, B, C 세 구역으로 구성된 '갑'시의 여성 인구가 300명일 때, A, B, C 구역별 여성 인구는 각각 몇 명인가?

<표> '갑'시의 거주구역별 여성 인구분포

(단위: %)

구분	A	B	C	합
여성	42	30	28	100

→ (A 구역: 126명, B 구역: 90명, C 구역: 84명), A 구역 여성 인구를 x라고 하여 비례식을 나타내면 42:100=x:300 이다. 100에서 300으로 3배 증가하여 x=42×3=126이므로 A 구역 여성 인구는 126명이다. 또한 B, C 구역 여성 인구도 해당 비율의 3배이므로 각각 30×3=90명, 28×3=84명이다.

확인 문제

01 60분 동안 90km를 이동하는 버스가 있다. 버스가 같은 속력으로 450km를 이동한다고 할 때, 이동하는 데 걸리는 시간은 얼마인가?

① 4시간 30분　　② 4시간 45분　　③ 5시간　　④ 5시간 15분　　⑤ 5시간 30분

02 조선시대 총통의 종류별 무게가 아래 〈표〉와 같을 때, 황자총통의 총통무게는 얼마인가?

〈표〉 조선시대 총통의 종류별 무게

구분	천자총통	지자총통	현자총통	황자총통
총통무게	452근 8냥 (271.5kg)	155근 (93.0kg)	89근 (53.4kg)	36근 (　　)

① 21.3kg　　② 21.6kg　　③ 21.9kg　　④ 22.1kg　　⑤ 22.4kg

03 180마일이 290km일 때, 55마일은 약 얼마인가? (단, 소수점 둘째 자리에서 반올림하여 계산한다.)

① 86.1km　　② 86.8km　　③ 87.7km　　④ 88.6km　　⑤ 89.8km

[정답 및 해설]

01 버스가 같은 속력으로 400km를 이동하는 데 걸리는 시간을 x라고 하면 60:90=x:450이고, x=(60×450)/90=300이다. 따라서 이동하는 데 걸리는 시간은 300분=5시간이다.

02 무게가 155근, 93.0kg인 지자총통의 수치가 천자총통과 현자총통의 수치보다 간단하므로 지자총통을 이용하여 황자총통의 총통무게를 구한다. 지자총통과 황자총통의 총통무게를 비례식으로 나타내면 155:93.0=36:x이고, x=(93.0×36)/155=21.6이다. 따라서 황자총통의 총통무게는 21.6kg이다.

03 55마일을 $x$km라고 하면 180:290=55:x이고, x={(290×55)/180}≒88.6이다. 따라서 55마일은 약 88.6km이다.

01 ③　　02 ②　　03 ④

03 수열

1 | 수열의 정의

숫자를 일정한 규칙에 따라 순서대로 나열한 것을 의미한다.

2 | 수열의 종류

수열은 나열된 숫자의 규칙에 따라 그 종류를 분류할 수 있다.

1. 등차수열

① 어떤 수열 $\{a_n\}$의 연속한 두 항의 차가 일정한 값을 가지는 수열이다. 즉, 앞항에 차례로 일정한 수를 더하면 다음 항이 얻어진다.

② 등차수열에서 연속한 두 항의 차를 공차라고 하며, 일정하게 더해지는 값을 의미한다.

예

1	→	3	→	5	→	7	→	9	→	11	→	13
	+2		+2		+2		+2		+2		+2	

→ 제시된 각 숫자 간의 값이 +2로 반복되므로 공차가 2인 등차수열이다.

2. 등비수열

① 어떤 수열 $\{a_n\}$의 연속한 두 항 사이의 비가 일정한 값을 가지는 수열이다. 즉, 앞항에 차례로 일정한 수를 곱하면 다음 항이 얻어진다.

② 등비수열에서 연속한 두 항의 비를 공비라고 하며, 일정하게 곱해지는 값을 의미한다.

예

1	→	2	→	4	→	8	→	16	→	32	→	64
	×2		×2		×2		×2		×2		×2	

→ 제시된 각 숫자 간의 값이 ×2로 반복되므로 공비가 2인 등비수열이다.

3. 계차수열

어떤 수열 $\{a_n\}$의 인접하는 두 항의 차인 계차가 또다시 일정한 규칙을 갖는 수열이다. 앞항과 다음 항의 차가 등차수열을 이루면 등차 계차수열이라고 하고, 앞항과 다음 항의 차가 등비수열을 이루면 등비 계차수열이라고 한다.

예

1	→	3	→	7	→	13	→	21	→	31	→	43
	+2	→	+4	→	+6	→	+8	→	+10	→	+12	
		+2		+2		+2		+2		+2		

→ 제시된 각 숫자의 차가 +2, +4, +6, …과 같이 +2씩 변화하므로 계차가 등차수열을 이루는 등차 계차수열이다.

예

1	→	3	→	7	→	15	→	31	→	63	→	127
	+2	→	+4	→	+8	→	+16	→	+32	→	+64	
		×2		×2		×2		×2		×2		

→ 제시된 각 숫자의 차가 +2, +4, +8, …과 같이 ×2씩 변화하므로 계차가 등비수열을 이루는 등비 계차수열이다.

4. 반복수열

어떤 수열 $\{a_n\}$의 앞항과 다음 항 사이에 여러 개의 연산기호나 연산이 반복적으로 적용된 수열이다.

예

1	→	3	→	6	→	4	→	6	→	12	→	10
	+2		×2		−2		+2		×2		−2	

→ 제시된 각 숫자 간의 값이 +2, ×2, −2로 반복되는 수열이다.

예

1	→	3	→	9	→	11	→	33	→	35	→	105
	+2		×3		+2		×3		+2		×3	

→ 제시된 각 숫자 간의 값이 +2, ×3으로 반복되는 수열이다.

5. 피보나치수열

어떤 수열 $\{a_n\}$에서 바로 앞의 두 항을 합하면 다음 항이 얻어지는 수열이다.

예

0	→	1	→	1	→	2	→	3	→	5	→	8
				=0+1		=1+1		=1+2		=2+3		=3+5

→ 세 번째 항부터 제시된 각 숫자는 앞의 두 숫자의 합이라는 규칙이 적용되는 피보나치수열이다.

6. 기타 수열

① 어떤 수열 $\{a_n\}$에 적용되는 규칙 또는 규칙을 적용하는 항이 다양한 수열이다.

② 어떤 수열 $\{a_n\}$에서 홀수항에 적용되는 연산과 짝수항에 적용되는 연산이 각각 일정한 규칙으로 변화하는 수열, 항과 다음 항 사이에 적용되는 연산이 분기점을 중심으로 변화하는 수열, 앞항에 두 개 이상의 연산을 적용시키면 다음 항이 얻어지는 수열 등이 있다.

예

10	→	15	→	20	→	30	→	40	→	45	→	60

→ 홀수항에 제시된 각 숫자 간의 값이 ×2로 반복되고, 짝수항에 제시된 각 숫자 간의 값이 +15로 반복되는 수열이다.

예

1	→	1	→	2	→	6	→	24	→	72	→	144	→	144
	×1		×2		×3		×4		×3		×2		×1	

→ 제시된 각 숫자 간의 값이 ×1, ×2, ×3, ×4, ×3, ×2, ×1과 같이 변화하는 수열이다.

예

1	→	3	→	8	→	19	→	42	→	89	→	184
	×2+1		×2+2		×2+3		×2+4		×2+5		×2+6	

→ 제시된 각 숫자 간의 값이 ×2+1, ×2+2, ×2+3, …과 같이 변화하는 수열이다.

확인 문제

01 일정한 규칙으로 나열된 수에서 빈칸에 들어갈 알맞은 숫자는 무엇인가?

1　2　3　5　8　13　21　( )

① 27　　② 30　　③ 32　　④ 34　　⑤ 37

02 일정한 규칙으로 나열된 수에서 빈칸에 들어갈 알맞은 숫자는 무엇인가?

$\frac{1}{5}$　$\frac{1}{6}$　$\frac{3}{5}$　$\frac{2}{3}$　1　( )　$\frac{7}{5}$　$\frac{5}{3}$

① $\frac{5}{6}$　　② 1　　③ $\frac{7}{6}$　　④ $\frac{4}{3}$　　⑤ $\frac{3}{2}$

03 일정한 규칙으로 나열된 수에서 빈칸에 들어갈 알맞은 숫자는 무엇인가?

3　10　20　33　49　68　90　( )

① 111　　② 113　　③ 115　　④ 117　　⑤ 119

04 일정한 규칙으로 나열된 수에서 빈칸에 들어갈 알맞은 숫자는 무엇인가?

4　18　46　102　214　438　886　( )

① 1,682　　② 1,692　　③ 1,772　　④ 1,782　　⑤ 1,792

3 | 수열 풀이법

① 각 항의 차를 구했을 때 수가 점점 커진다면, 그 차가 수열을 이룰 가능성이 높으므로 계차수열인지 확인해본다.

예

| A: | 54 | 57 | 60 | 63 | 66 | 69 | 72 |
| B: | 31 | 43 | 57 | 73 | 91 | 111 | 133 |

→ A에 제시된 각 숫자 간의 값은 +3으로 일정하게 반복되나, B에 제시된 각 숫자 간의 값은 +12, +14, +16, …과 같이 점점 커지므로 A는 등차수열, B는 등차 계차수열이다.

② 제시된 수열에서 각 항이 점점 커질 때는 덧셈과 곱셈 연산, 각 항이 점점 작아질 때는 뺄셈과 나눗셈 연산을 우선으로 고려한다.

예

| A: | 2,106 | 702 | 234 | 78 | 26 |
| B: | 44 | 88 | 176 | 352 | 704 |

→ A에 제시된 각 숫자 간의 값은 숫자가 큰 간격으로 작아지므로 나눗셈을 우선 고려하고, B에 제시된 각 숫자 간의 값은 숫자가 큰 간격으로 커지므로 곱셈을 우선 고려한다. 따라서 A는 공비가 $\frac{1}{3}$, B는 공비가 2인 등비수열임을 알 수 있다.

③ 규칙을 찾기 어려울 때는 숫자를 하나의 덩어리로 보지 말고 하나하나 나누어 살펴본다.

예

| $\frac{39}{15}$ | $\frac{37}{18}$ | $\frac{35}{21}$ | $\frac{33}{24}$ | $\frac{31}{27}$ | $\frac{29}{30}$ |

→ 제시된 각 숫자를 분자와 분모로 나누어 살펴보면 분자의 각 숫자 간의 값은 −2로 반복되고, 분모의 각 숫자 간의 값은 +3으로 반복되고 있다.

01 일정한 규칙으로 나열된 수에서 빈칸에 들어갈 알맞은 숫자는 무엇인가?

| 76 201 306 391 456 501 526 ( ) |

① 531　　　　② 536　　　　③ 541　　　　④ 546　　　　⑤ 551

02 일정한 규칙으로 나열된 수에서 빈칸에 들어갈 알맞은 숫자는 무엇인가?

| $\frac{2}{3}$　$\frac{3}{6}$　$\frac{4}{12}$　$\frac{5}{24}$　( )　$\frac{7}{96}$　$\frac{8}{192}$ |

① $\frac{6}{24}$　　② $\frac{6}{30}$　　③ $\frac{6}{36}$　　④ $\frac{6}{42}$　　⑤ $\frac{6}{48}$

03 일정한 규칙으로 나열된 수에서 빈칸에 들어갈 알맞은 숫자는 무엇인가?

| $\frac{2}{3}$　$\frac{3}{2}$　4　9　24　54　144　( ) |

① 192　　　　② 216　　　　③ 288　　　　④ 324　　　　⑤ 864

[정답 및 해설]

01 제시된 각 숫자 간의 차가 +125, +105, +85, ···와 같이 −20씩 변화하므로 빈칸에 들어갈 알맞은 숫자는 531이다.

02 제시된 각 숫자를 분자와 분모로 나누어 살펴보면 분자의 각 숫자 간의 값은 +1로 반복되고, 분모의 각 숫자 간의 값은 ×2로 반복되므로 빈칸에 들어갈 알맞은 숫자는 $\frac{6}{48}$이다.

03 세 번째 항이 첫 번째 항의 6배, 다섯 번째 항이 세 번째 항의 6배로 홀수 항의 값이 ×6으로 반복되고, 네 번째 항이 두 번째 항의 6배, 여섯 번째 항이 네 번째 항의 6배로 짝수 항의 값도 ×6으로 반복된다. 따라서 빈칸에 들어갈 알맞은 숫자는 324이다.

01 ①　**02** ⑤　**03** ④

04 | 도형 및 기하

1 | 다각형의 넓이

1. 삼각형

① 정삼각형: $S=\dfrac{\sqrt{3}}{4}\times a^2$

② 부등변삼각형: $S=\dfrac{1}{2}\times a\times h$

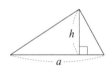

2. 사각형

① 직사각형: $S=a\times b$

② 정사각형: $S=a^2$

③ 마름모: $S=\dfrac{1}{2}\times a\times b$

④ 사다리꼴: $S=\dfrac{1}{2}(a+b)\times h$

⑤ 평행사변형: $S=a\times h$

01 한 변의 길이가 6cm인 정삼각형의 넓이는 얼마인가?

① $6\sqrt{3}\text{cm}^2$　　② 12cm^2　　③ $8\sqrt{3}\text{cm}^2$　　④ $6\sqrt{6}\text{cm}^2$　　⑤ $9\sqrt{3}\text{cm}^2$

02 윗변과 아랫변의 길이가 각각 3cm, 5cm이고, 높이가 4cm인 사다리꼴의 넓이는 얼마인가?

① 12cm^2　　② 13cm^2　　③ 14cm^2　　④ 15cm^2　　⑤ 16cm^2

03 아랫변의 길이가 8cm, 높이가 12cm인 부등변삼각형의 넓이는 얼마인가?

① 20cm^2　　② 24cm^2　　③ 36cm^2　　④ 48cm^2　　⑤ 96cm^2

04 아랫변의 길이가 9cm, 높이가 6cm인 평행사변형의 넓이는 얼마인가?

① 7.5cm^2　　② 15cm^2　　③ 27cm^2　　④ 54cm^2　　⑤ 108cm^2

05 두 대각선의 길이가 각각 4cm, 9cm인 마름모의 넓이는 얼마인가?

① 12cm^2　　② 16cm^2　　③ 18cm^2　　④ 24cm^2　　⑤ 36cm^2

[정답 및 해설]

01 정삼각형의 넓이는 $\frac{\sqrt{3}}{4}a^2$이므로 $\frac{\sqrt{3}}{4}\times6^2=9\sqrt{3}\text{cm}^2$이다.

02 사다리꼴의 넓이는 $\frac{1}{2}(a+b)\times h$이므로 $\frac{1}{2}(3+5)\times4=16\text{cm}^2$이다.

03 부등변삼각형의 넓이는 $\frac{1}{2}\times a\times h$이므로 $\frac{1}{2}\times8\times12=48\text{cm}^2$이다.

04 평행사변형의 넓이는 $a\times h$이므로 $9\times6=54\text{cm}^2$이다.

05 마름모의 넓이는 $\frac{1}{2}\times a\times b$이므로 $\frac{1}{2}\times4\times9=18\text{cm}^2$이다.

01 ⑤　　**02** ⑤　　**03** ④　　**04** ④　　**05** ③

2 | 다각형의 대각선의 길이

1. 사각형

① 직사각형: $l = \sqrt{a^2 + b^2}$

② 정사각형: $l = \sqrt{2}a$

확인 문제

01 가로의 길이가 3cm, 세로의 길이가 5cm인 직사각형의 대각선의 길이는 얼마인가?

① $\sqrt{28}$ cm   ② $\sqrt{30}$ cm   ③ $\sqrt{32}$ cm   ④ $\sqrt{34}$ cm   ⑤ $\sqrt{36}$ cm

02 한 변의 길이가 8cm인 정사각형의 대각선의 길이는 얼마인가?

① $\sqrt{16}$ cm   ② $\sqrt{32}$ cm   ③ $\sqrt{64}$ cm   ④ $\sqrt{128}$ cm   ⑤ $\sqrt{256}$ cm

[정답 및 해설]

01 직사각형의 대각선의 길이는 $\sqrt{a^2 + b^2}$ 이므로 $\sqrt{3^2 + 5^2} = \sqrt{34}$ cm이다.

02 정사각형의 대각선의 길이는 $\sqrt{2}a$ 이므로 $8\sqrt{2} = \sqrt{8 \times 8 \times 2} = \sqrt{128}$ cm이다.

01 ④   **02** ④

---

3 | 원과 부채꼴

1. 원

① 반지름의 길이가 r인 원의 둘레: $l = 2\pi r$

② 반지름의 길이가 r인 원의 넓이: $S = \pi r^2$

2. 부채꼴

① 반지름의 길이가 r, 중심각의 크기가 θ인 부채꼴에서 호의 길이: $l = 2\pi r \times \dfrac{\theta}{360°}$

② 반지름의 길이가 r, 중심각의 크기가 θ인 부채꼴에서 호의 넓이: $S = \pi r^2 \times \dfrac{\theta}{360°} = \dfrac{1}{2}rl$

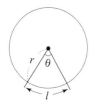

확인 문제

01 반지름의 길이가 5cm인 원의 넓이는 얼마인가?

① $5\pi\text{cm}^2$　　② $10\pi\text{cm}^2$　　③ $15\pi\text{cm}^2$　　④ $20\pi\text{cm}^2$　　⑤ $25\pi\text{cm}^2$

02 반지름의 길이가 6cm, 중심각의 크기가 60°인 부채의 넓이는 얼마인가?

① $6\pi\text{cm}^2$　　② $12\pi\text{cm}^2$　　③ $24\pi\text{cm}^2$　　④ $30\pi\text{cm}^2$　　⑤ $36\pi\text{cm}^2$

03 반지름의 길이가 4cm, 중심각의 크기가 45°인 부채꼴의 호의 길이는 얼마인가?

① $0.5\pi\text{cm}$　　② πcm　　③ $2\pi\text{cm}$　　④ $3\pi\text{cm}$　　⑤ $4\pi\text{cm}$

[정답 및 해설]

01 원의 넓이는 πr^2이므로 $25\pi\text{cm}^2$이다.

02 부채꼴의 넓이는 $\pi r^2 \times \dfrac{\theta}{360°}$이므로 $\pi \times 6^2 \times \dfrac{60°}{360°} = 6\pi\text{cm}^2$

03 부채꼴의 호의 길이는 $2\pi r \times \dfrac{\theta}{360°}$이므로 $2\pi \times 4 \times \dfrac{45°}{360°} = \pi\text{cm}$이다.

01 ⑤　　**02** ①　　**03** ②

1. 뿔

밑넓이가 S, 높이가 h인 뿔의 부피: $V = \dfrac{1}{3} \times S \times h$

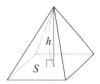

2. 기둥

밑넓이가 S, 높이가 h인 기둥의 부피: $V = S \times h$

01 밑넓이가 16cm², 높이가 3cm인 사각뿔의 부피는 얼마인가?

① 16cm³   ② 18cm³   ③ 20cm³   ④ 22cm³   ⑤ 24cm³

02 밑넓이가 25πcm², 높이가 9cm인 원뿔의 부피는 얼마인가?

① 25πcm³   ② 75πcm³   ③ 125πcm³   ④ 175πcm³   ⑤ 225πcm³

03 밑넓이가 15cm², 높이가 8cm인 기둥의 부피는 얼마인가?

① 40cm³   ② 45cm³   ③ 60cm³   ④ 90cm³   ⑤ 120cm³

[정답 및 해설]

01 뿔의 부피는 $\frac{1}{3} \times S \times h$이므로 $\frac{1}{3} \times 16 \times 3 = 16$cm³이다.

02 뿔의 부피는 $\frac{1}{3} \times S \times h$이므로 $\frac{1}{3} \times 25\pi \times 9 = 75\pi$cm³이다.

03 기둥의 부피는 $S \times h$이므로 $15 \times 8 = 120$cm³이다.

01 ①   **02** ②   **03** ⑤

PART 6

심화수리

×

01 농도, 속력, 일률, 연비

1 | 농도

일정량의 용액 안에 들어있는 용질의 비율을 나타내는 것으로, 용액의 진하기를 의미한다.

- 용액의 농도 $= \dfrac{\text{용질의 양}}{\text{용액의 양}} \times 100$
- 용질의 양 $=$ 용액의 양 $\times \dfrac{\text{용질의 농도}}{100}$
- 용액의 양 $=$ 용매의 양 $+$ 용질의 양

확인 문제

01 240g의 물에 60g의 소금을 넣었을 때, 소금물의 농도는 얼마인가?

① 10%　　　　② 15%　　　　③ 20%　　　　④ 25%　　　　⑤ 30%

02 농도가 10%인 소금물 420g에 농도가 21%인 소금물 100g을 넣었을 때, 해당 소금물의 농도는 얼마인가? (단, 소수점 둘째 자리에서 반올림하여 계산한다.)

① 11.2%　　　　② 11.8%　　　　③ 12.1%　　　　④ 12.8%　　　　⑤ 13.6%

[정답 및 해설]

01 용액의 농도 $= \dfrac{\text{용질의 양}}{\text{용액의 양}} \times 100$이므로 소금물의 농도는 $\dfrac{60}{240+60} \times 100 = 20\%$이다.

02 용질의 양 $=$ 용액의 양 $\times \dfrac{\text{용액의 농도}}{100}$이므로 농도가 10%인 소금물 420g의 소금의 양은 $420g \times 0.1 = 42g$이고, 농도가 21%인 소금물 100g의 소금의 양은 $100g \times 0.21 = 21g$이다. 따라서 용액의 농도 $= \dfrac{\text{용질의 양}}{\text{용액의 양}} \times 100$이므로 해당 소금물의 농도는 $\dfrac{42+21}{420+100} \times 100 ≒ 12.1\%$이다.

01 ③　　**02** ③

2 | 속력

물체가 일정 시간 동안 이동한 거리를 나타내는 것으로, 물체의 빠르기를 의미한다.

- 속력 = $\dfrac{거리}{시간}$
- 거리 = 속력 × 시간
- 시간 = $\dfrac{거리}{속력}$

확인 문제

01 승은이가 차를 타고 140km를 2시간 동안 이동했을 때, 차의 속력은 얼마인가?

① 60km/h　　　② 62km/h　　　③ 66km/h　　　④ 70km/h　　　⑤ 74km/h

02 나연이가 차를 타고 80km에 떨어져 있는 A 지역을 60km/h로 이동했을 때, A 지역에 도착하는 데 걸리는 시간은 얼마인가?

① 1시간　　　② 1시간 10분　　　③ 1시간 20분　　　④ 1시간 30분　　　⑤ 1시간 40분

[정답 및 해설]

01 속력 = $\dfrac{거리}{시간}$ 이므로 차의 속력은 $\dfrac{140}{2}$ = 70km/h이다.

02 시간 = $\dfrac{거리}{속력}$ 이므로 A 지역에 도착하는 데 걸리는 시간은 $\dfrac{80}{60} = \dfrac{4}{3}$ 로 1시간 20분이다.

01 ④　　**02** ③

---

3 | 일률

일정 시간 동안 작업한 양을 나타내는 것으로, 일의 효율을 의미한다.

- 시간당 작업량 = $\dfrac{작업량}{시간}$
- 작업량 = 시간당 작업량 × 시간
- 시간 = $\dfrac{작업량}{시간당 작업량}$

01 지환이가 1시간에 29개의 상품을 포장할 수 있을 때, 116개의 상품을 포장하는 데 걸리는 시간은 얼마인가?

① 3시간   ② 3시간 15분   ③ 3시간 30분   ④ 3시간 45분   ⑤ 4시간

02 병수가 하루에 시간당 23개의 빵을 만들 수 있을 때, 병수가 4시간씩 4일 동안 만든 빵의 총개수는 얼마인가?

① 348개   ② 352개   ③ 358개   ④ 365개   ⑤ 368개

[정답 및 해설]

01 시간 $=\dfrac{\text{작업량}}{\text{시간당 작업량}}$ 이므로 116개의 상품을 포장하는 데 걸리는 시간은 $\dfrac{116}{29}=4$시간이다.

02 작업량 $=$ 시간당 작업량 $\times$ 시간이므로 병수가 만든 빵의 총개수는 $23\times4\times4=368$개이다.

01 ⑤   **02** ⑤

---

4 | 연비

일정한 양의 연료당 주행할 수 있는 거리를 나타내는 것으로, 연료 소비율을 의미한다.

- 연비 $=\dfrac{\text{주행 거리}}{\text{소비 연료}}$

- 주행 거리당 비용 $=\dfrac{\text{유가}}{\text{연비}}$

01 A 자동차가 23L의 연료로 고속도로 326.6km를 주행했을 때, A 자동차의 연비는 얼마인가?

① 14.2km/L   ② 14.4km/L   ③ 14.6km/L   ④ 14.8km/L   ⑤ 15.0km/L

02 B 자동차의 연비는 9.8km/L, 유가는 1리터당 1,568원일 때, B 자동차의 주행 거리당 비용은 얼마인가?

① 154원/km   ② 157원/km   ③ 160원/km   ④ 163원/km   ⑤ 166원/km

[정답 및 해설]

01 연비 $=\dfrac{\text{주행 거리}}{\text{소비 연료}}$ 이므로 A 자동차의 연비는 $\dfrac{326.6}{23}=14.2$km/L이다.

02 주행 거리당 비용 $=\dfrac{\text{유가}}{\text{연비}}$ 이므로 B 자동차의 주행 거리당 비용은 $\dfrac{1,568}{9.8}=160$원/km이다.

01 ①   **02** ③

02 원가와 정가, 이자

1 | 원가와 정가

원가는 생산 가격 또는 최초 구입 시의 가격을 의미하고, 정가는 원가에 이익을 더한 판매가를 의미한다.

- 정가 = 원가 × $(1 + \frac{이익률}{100})$
- 이익 = 정가 − 원가 (정가 > 원가)
- 할인율(%) = $(\frac{정가 - 할인가}{정가}) × 100$
- 할인가 = 정가 × $(1 - \frac{할인율}{100})$

확인 문제

01 정가가 25,000원인 인형을 22,000원에 할인 판매할 때, 인형의 할인율은 얼마인가?

① 11% ② 12% ③ 13% ④ 14% ⑤ 15%

02 원가가 28,000원이고 정가가 31,500원인 신발을 42켤레 판매했을 때, 신발 판매로 얻은 총이익은 얼마인가?

① 3,500원 ② 35,000원 ③ 78,000원 ④ 147,000원 ⑤ 194,000원

[정답 및 해설]

01 할인율(%) = $(\frac{정가 - 할인가}{정가}) × 100$이므로 우산의 할인율은 $(\frac{25,000 - 22,000}{25,000}) × 100 = 12\%$이다.

02 이익 = 정가 − 원가 (정가 > 원가)이므로 총 이익은 이익 × 판매 개수이다. 따라서 신발 판매로 얻은 총이익은 $(31,500 - 28,000) × 42 = 147,000$원이다.

01 ② **02** ④

---

2 | 이자

1. 이자와 이자율

① 이자는 금전 또는 대체물을 빌려 쓴 대가로 지불하는 금전이나 기타 대체물을 의미하며, 이자율은 기간당 지급하는 원금에 대한 이자의 비율로 금리라고도 한다.

② 이자는 계산하는 방식에 따라 단리와 복리로 구분할 수 있으며, 일정한 시기에 약정한 이자율을 적용하여 원금에 대해서만 약정된 이자를 지급하는 방식을 단리, 원금과 원금에 더해진 이자까지 이자를 지급하는 방식을 복리라고 한다.

2. 원리합계

사전에 정한 일정 기간 동안에는 은행이 환급하지 않을 것을 약정하고 이자 수취를 목적으로 한 저축성 예금

원리합계는 원금과 이자의 합을 의미하며, 이자의 계산법에 따라 단리와 복리로 나누어 계산할 수 있다.

① 정기예금

원금을 A, 이자율을 r, 기간을 n이라고 할 때,
· 단리의 원리합계 $= A \times \{1 + (r \times n)\}$
· 복리의 원리합계 $= A \times (1 + r)^n$

② 정기적금

사전에 정한 일정 기간 동안 매월 일정액을 적립하고 만기일에 약정금액을 지급받는 것으로 하는 적립식 예금

각 기간의 첫날에 원금을 적립하는 것을 기수불, 각 기간의 마지막 날에 원금을 적립하는 것을 기말불이라고 하며, 기수불과 기말불의 계산법에 따라 원리합계도 달라진다.

원금을 A, 이자율을 r, 기간을 n이라고 할 때,
· 복리(기수불)의 원리합계 $= A(1+r) + A(1+r)^2 + \cdots + A(1+r)^n = \dfrac{A(1+r)\{(1+r)^n - 1\}}{(1+r) - 1}$
· 복리(기말불)의 원리합계 $= A + A(1+r) + \cdots + A(1+r)^{n-1} = \dfrac{A\{(1+r)^n - 1\}}{(1+r) - 1}$

확인 문제

01 1,000만 원으로 단리 이자를 지급하는 연 3%의 정기예금을 들 때, 1년 후의 원리합계는 얼마인가?

① 1,003만 원   ② 1,010만 원   ③ 1,030만 원   ④ 1,033만 원   ⑤ 1,090만 원

02 매월 4%의 복리 이자를 지급하는 정기적금 상품에 12개월 동안 매월 초에 100만 원씩 넣을 때, 만기일의 원리합계는 약 얼마인가? (단, $1.04^{12} ≒ 1.60$)

① 1,500만 원   ② 1,520만 원   ③ 1,540만 원   ④ 1,560만 원   ⑤ 1,580만 원

03 매월 5%의 복리 이자를 지급하는 정기적금 상품에 5개월 동안 매월 말일 50만 원씩 넣을 때, 만기일의 원리합계는 약 얼마인가? (단, $1.05^5 ≒ 1.28$)

① 275만 원   ② 280만 원   ③ 285만 원   ④ 290만 원   ⑤ 295만 원

[정답 및 해설]

01 단리의 원리합계는 원금 $\times \{1 + (\text{이자율} \times \text{기간})\}$이므로 1년 후의 원리합계는 $1,000 \times \{1 + (0.03 \times 1)\} = 1,030$만 원이다.

02 복리 이자를 지급하는 기수불의 원리합계는 $\dfrac{A(1+r)\{(1+r)^n - 1\}}{(1+r) - 1}$이므로 $\dfrac{100(1+0.04)\{(1+0.04)^{12} - 1\}}{(1+0.04) - 1} ≒ 1,560$만 원이다.

03 복리 이자를 지급하는 기말불의 원리합계는 $\dfrac{A\{(1+r)^n - 1\}}{(1+r) - 1}$이므로 $\dfrac{50\{(1+0.05)^5 - 1\}}{(1+0.05) - 1} ≒ 280$만 원이다.

01 ③   **02** ④   **03** ②

03 전기요금, 건강보험료

1 | 전기요금

전력의 판매가격을 의미하며, 각 제품의 소비 전력과 사용 시간을 곱하여 구한 전력량의 크기에 의해 결정된다. 또한, 쓰임에 따라 주택용, 일반용, 교육용, 산업용, 농사용, 가로등용 등으로 분류할 수 있다. 주택용은 전기요금 누진제를 적용하여 전력을 더 많이 사용하는 가정에는 높은 요금을 내도록 하고 있으며, 일반용, 교육용, 산업용에는 계절이나 시간대에 따라 차등 요금이 적용된다.

확인 문제

[01~02] 다음 〈표〉는 하계(7~8월) 주택용 전기요금표에 대한 자료이다. 〈표〉를 보고 물음에 답하시오.

〈표〉 하계(7~8월) 주택용 전기요금표

(단위: 원/호, 원/kWh)

구간		기본요금	전력량요금
1	300kWh 이하 사용	910	98.1
2	300kWh 초과 450kWh 이하 사용	1,600	192.7
3	450kWh 초과 사용	7,300	285.4

※ 1) 월별 가정용 전기요금=기본요금+전력량요금(월별 가정용 전기요금은 원 단위 절사)
   2) 슈퍼유저요금: 하계 기간 동안 1,000kWh 초과분 전력량요금은 714.3원/kWh 적용

01 주희네 가족이 7월 한 달 동안 사용한 전력량이 총 280kWh일 때, 주희네 가족의 7월 한 달 전기요금은 얼마인가? (단, 전기요금 이외에 부가가치세 및 전력산업기반기금은 계산하지 않는다.)

① 27,460원　　② 28,350원　　③ 28,370원　　④ 29,060원　　⑤ 30,340원

02 경수네 가족이 8월 한 달 동안 사용한 전력량이 총 1,100kWh일 때, 경수네 가족의 8월 한 달 전기요금은 얼마인가? (단, 전기요금 이외에 부가가치세 및 전력산업기반기금은 계산하지 않는다.)

① 251,140원　　② 286,730원　　③ 294,030원　　④ 300,610원　　⑤ 336,200원

01 주희네 가족이 7월 한 달 동안 사용한 전력량은 총 280kWh이므로 기본요금은 910원이고, 전력량요금은 $280 \times 98.1 = 27,468$원이다. 이때 기본요금과 전력량요금의 합은 $910 + 27,468 = 28,378$원이고, 월별 가정용 전기요금은 원 단위로 절사하므로 주희네 가족의 7월 한 달 전기요금은 28,370원이다.

02 경수네 가족이 8월 한 달 동안 사용한 전력량은 총 1,100kWh이므로 기본요금은 7,300원이고, 8월 한 달 동안 사용한 전력량이 1,000kWh를 초과할 경우 슈퍼유저요금이 적용되므로 전력량 요금은 $(300 \times 98.1) + (150 \times 192.7) + (550 \times 285.4) + (100 \times 714.3) = 29,430 + 28,905 + 156,970 + 71,430 = 286,735$원이다. 따라서 경수네 가족의 8월 한 달 전기요금은 $7,300 + 286,735 = 294,035$원이고, 월별 가정용 전기요금은 원 단위로 절사하므로 경수네 가족의 8월 한 달 전기요금은 294,030원이다.

01 ③   02 ③

2 | 건강보험료

국민건강보험을 통해 평소 일정액의 건강보험료를 내고 이를 기금화하였다가, 사고가 발생했을 때 보험급여를 지불하여 의료서비스를 제공받을 수 있게 한다.

나라에서 운영하는 사회보장제도 중 하나로 갑작스럽게 발생하는 고액의 진료비로 인해
가계가 어려움에 처하는 것을 막기 위해 운영되는 제도

1. 건강보험료 납부

직장가입자는 회사 보수에 대한 보험료를 회사와 나누어 부담하게 되는데, 회사가 보험료의 50%를 납부하고 나머지 50%를 본인이 부담한다.

(1) 보수월액보험료

직장가입자가 당해 연도에 받은 보수총액을 근무월수로 나눈 금액인 보수월액과 보험료율을 곱하여 산정한다.

· **보수월액보험료＝보수월액×보험료율**

01 직장인 A 씨의 보수월액이 200만 원으로 일정하고 현재의 보험료율이 6.46%일 때, A 씨가 부담해야 할 이번 달 보수월액보험료는 얼마인가?

① 64,600원   ② 81,800원   ③ 104,200원   ④ 129,200원   ⑤ 146,400원

02 직장인 B 씨의 보수총액이 매년 3,960만 원으로 일정하고, B 씨가 매월 부담해야 할 보수월액보험료가 132,000원일 때, 현재 보험료율은 얼마인가? (단, 보수총액과 보수월액보험료 이외의 다른 금액은 고려하지 않는다.)

① 6%   ② 7%   ③ 8%   ④ 9%   ⑤ 10%

[정답 및 해설]

01 현재의 보험료율이 6.46%로 A 씨 본인이 부담해야 할 보험료율은 그 절반인 3.23%가 되므로 A 씨가 부담해야 할 이번 달 보수월액보험료는 200×0.0323=6.46만 원=64,600원이다.

02 B 씨의 보수총액이 매년 3,960만 원으로 일정하므로 보수월액은 매월 $\frac{3,960}{12}$=330만 원이고, B 씨가 매월 부담해야 할 보수월액보험료가 보수월액보험료 총액의 절반인 132,000원이므로 보수월액보험료 총액은 132,000×2=264,000원이다. 따라서 B 씨의 현재 보험료율은 $\frac{26.4}{330}$×100=8%이다.

01 ①   02 ③

PART 6 심화수리

해커스공기업 PSAT 기출로 끝내는 NCS 수리·자료해석 집중 공략

PART 7

PSAT 기반 NCS 수리능력 집중공략문제

×

* 본 파트는 실전 문제 풀이에 꼭 필요한 자료 분석 능력, 응용수리 계산 능력, 시간 단축 능력, 고득점 달성 능력을 키우는 부분입니다. 각 집중공략문제에 제시되어 있는 학습 방법에 따라 학습해보며, 실전 문제 풀이에 필요한 네 가지 능력을 꼭 키우시기 바랍니다.

NCS 수리능력의 중심, 자료 분석!

NCS 수리능력에서 가장 출제 비중이 높은 자료해석 문제 풀이의 핵심은 자료를 정확하고 빠르게 분석하는 능력에 있습니다. 수리 전문가가 짚어주는 핵심 분석 포인트를 통해 빠르고 정확한 자료 분석 연습을 한다면 자료해석 문제의 정답률을 높일 수 있을 것입니다.

기출: 20 민경채

01 다음 〈표〉는 2016~2019년 '갑'국의 방송통신 매체별 광고매출액에 관한 자료이다. 이에 대한 〈보기〉의 설명 중 옳은 것만을 고르면?

〈표〉 2016~2019년 방송통신 매체별 광고매출액

(단위: 억 원)

매체	세부 매체 \ 연도	2016	2017	2018	2019
방송	지상파TV	15,517	14,219	12,352	12,310
	라디오	2,530	2,073	1,943	1,816
	지상파DMB	53	44	36	35
	케이블PP	18,537	17,130	16,646	( )
	케이블SO	1,391	1,408	1,275	1,369
	위성방송	480	511	504	503
	소계	38,508	35,385	32,756	31,041
온라인	인터넷(PC)	19,092	20,554	19,614	19,109
	모바일	28,659	36,618	45,678	54,781
	소계	47,751	57,172	65,292	73,890

〈보 기〉

ㄱ. 2017~2019년 동안 모바일 광고매출액의 전년 대비 증가율은 매년 30% 이상이다.

ㄴ. 2017년의 경우, 방송 매체 중 지상파TV 광고매출액이 차지하는 비중은 온라인 매체 중 인터넷(PC) 광고매출액이 차지하는 비중보다 작다.

ㄷ. 케이블PP의 광고매출액은 매년 감소한다.

ㄹ. 2016년 대비 2019년 광고매출액 증감률이 가장 큰 세부 매체는 모바일이다.

① ㄱ, ㄴ

② ㄱ, ㄷ

③ ㄴ, ㄷ

④ ㄴ, ㄹ

⑤ ㄷ, ㄹ

핵심 분석 포인트

1. 〈보기〉 ㄱ의 경우 2017~2019년의 모바일 광고매출액의 전년 대비 '증가량'은 거의 비슷하다. 그렇다면 어느 기간만 보면 해결할 수 있겠는가?

2. 〈보기〉 ㄷ의 경우 케이블PP 광고매출액에 해당하는 값을 계산해야 알 수 있는가?

정답

1. 증가량이 비슷하면 분모가 클수록 비율이 작아지기 때문에 2019년의 전년 대비 증가율만 확인해보면 된다. 2019년의 전년 대비 증가율이 30%를 넘으면 나머지 기간도 모두 넘는다고 볼 수 있고, 넘지 않으면 옳지 않은 설명이 된다.

2. 그렇지 않다. 방송 광고매출액의 소계를 비교해보면 2018년과 2019년이 504억 원, 503억 원으로 비슷하므로 각 세부 매체별로의 증감량 추이를 살펴보면 유추할 수 있다.

다음은 우리나라 기술무역에 관련한 자료이다. 이에 대한 설명으로 옳지 않은 것은?

[기술무역규모 상위 10개 국가 현황]

(단위: 백만 달러)

순위	기술수출		기술도입	
1	베트남	2,463	미국	7,420
2	미국	2,180	싱가포르	1,172
3	중국	2,159	일본	995
4	싱가포르	1,273	핀란드	887
5	영국	861	아일랜드	812
6	일본	487	영국	757
7	인도	449	독일	722
8	슬로바키아	252	중국	717
9	체코	186	인도	438
10	독일	158	스웨덴	407
10개국 합계	10,468		14,327	
기타국가	1,329		2,150	
전체	11,797		16,477	

※ 무역수지＝기술수출금액－기술도입금액
※ 출처: KOSIS(과학기술정보통신부, 기술무역통계)

① 기술수출과 기술도입의 규모가 상위 10위권에 동시에 들어가 있는 국가는 7개이다.

② 슬로바키아와의 무역수지는 최소 −155백만 달러 이상이다.

③ 상위 10개국 국가의 기술무역금액이 차지하는 비율은 수출 부분이 도입 부분보다 크다.

④ 미국에 대한 기술도입금액이 50% 절감되면 우리나라 전체 무역수지는 흑자가 된다.

⑤ 기술무역규모 상위 10개 국가 중 무역수지가 가장 큰 곳은 베트남이다.

PART 7 집중공략문제

해커스공기업 PSAT 기출로 끝내는 NCS 수리·자료해석 집중공략

핵심 분석 포인트

1. ②에서 상위 10개 국가에 포함되지 않은 국가의 정보는 어떻게 유추해야 하는가?

2. 단순 뺄셈 연산인 선택지와 비율 계산 선택지로 나눠보면?

정답

1. 10위로 제시된 수치 정보 '이하'로 해석해야 한다.

2. 단순 뺄셈 연산: ②, ④, ⑤
   비율 계산: ③

03 다음 〈조사개요〉와 〈표〉는 A 기관 5개 지방청에 대한 외부고객 만족도 조사 결과이다. 이에 대한 설명으로 옳지 않은 것은?

───〈조사개요〉───

○ 조사기간: 2019년 7월 28일~2019년 8월 8일
○ 조사방법: 전화 조사
○ 조사목적: A 기관 5개 지방청 외부고객의 주소지 관할 지방청에 대한 만족도 조사
○ 응답자 수: 총 101명(조사항목별 무응답은 없음)
○ 조사항목: 업무 만족도, 인적 만족도, 시설 만족도

〈표〉 A 기관 5개 지방청 외부고객 만족도 조사 결과

(단위: 점)

구분	조사항목	업무 만족도	인적 만족도	시설 만족도
전체		4.12	4.29	4.20
성별	남자	4.07	4.33	4.19
	여자	4.15	4.27	4.20
연령대	30세 미만	3.82	3.83	3.70
	30세 이상 40세 미만	3.97	4.18	4.25
	40세 이상 50세 미만	4.17	4.39	4.19
	50세 이상	4.48	4.56	4.37
지방청	경인청	4.35	4.48	4.30
	동북청	4.20	4.39	4.28
	호남청	4.00	4.03	4.04
	동남청	4.19	4.39	4.30
	충청청	3.73	4.16	4.00

※ 1) 주어진 점수는 응답자의 조사항목별 만족도의 평균이며, 점수가 높을수록 만족도가 높음(5점 만점)
　 2) 점수는 소수점 아래 셋째 자리에서 반올림한 값임

① 모든 연령대에서 '업무 만족도'보다 '인적 만족도'가 높다.
② '업무 만족도'가 높은 지방청일수록 '인적 만족도'도 높다.
③ 응답자의 연령대가 높을수록 '업무 만족도'와 '인적 만족도'가 모두 높다.
④ '업무 만족도', '인적 만족도', '시설 만족도'의 합이 가장 큰 지방청은 경인청이다.
⑤ 남자 응답자보다 여자 응답자가 많다.

📝 **핵심 분석 포인트**

1. ⑤에서 묻는 개념은 무엇인가?

정답
1. 가중평균＝
$$\frac{(가중치 \times 관찰값)의 합}{가중치의 합}$$

04 다음 〈표〉는 1930~1934년 동안 A 지역의 곡물 재배면적 및 생산량을 정리한 자료이다. 이에 대한 설명으로 옳은 것은?

〈표〉 A 지역의 곡물 재배면적 및 생산량

(단위: 천 정보, 천 석)

곡물 \ 구분	연도	1930	1931	1932	1933	1934
미곡	재배면적	1,148	1,100	998	1,118	1,164
	생산량	15,276	14,145	13,057	15,553	18,585
맥류	재배면적	1,146	773	829	963	1,034
	생산량	7,347	4,407	4,407	6,339	7,795
두류	재배면적	450	283	301	317	339
	생산량	1,940	1,140	1,143	1,215	1,362
잡곡	재배면적	334	224	264	215	208
	생산량	1,136	600	750	633	772
서류	재배면적	59	88	87	101	138
	생산량	821	1,093	1,228	1,436	2,612
전체	재배면적	3,137	2,468	2,479	2,714	2,883
	생산량	26,520	21,385	20,585	25,176	31,126

① 1931~1934년 동안 재배면적의 전년대비 증감방향은 미곡과 두류가 동일하다.

② 생산량은 매년 두류가 서류보다 많다.

③ 재배면적은 매년 잡곡이 서류의 2배 이상이다.

④ 1934년 재배면적당 생산량이 가장 큰 곡물은 미곡이다.

⑤ 1933년 미곡과 맥류 재배면적의 합은 1933년 곡물 재배면적 전체의 70% 이상이다.

핵심 분석 포인트

1. 계산을 하지 않고 풀 수 있는 '자료 읽기형' 선택지와 계산이 필요한 '자료 계산형' 선택지는 몇 번인가?

2. '재배면적당 생산량'의 계산식은 무엇인가?

3. ⑤에서 '전체의 70% 이상이다.'를 여사건으로 해석하면 어떤 의미인가?

정답

1. 자료 읽기형: ①, ②, ③
   자료 계산형: ④, ⑤

2. $\dfrac{\text{생산량}}{\text{재배면적}}$ (p.124 참고)

3. '미곡과 맥류를 제외한 곡물의 재배면적 합이 전체의 30% 미만이다.'라는 의미이다.

05 다음 〈그림〉은 국가 A~H의 GDP와 에너지사용량에 관한 자료이다. 이에 대한 설명으로 옳지 않은 것은?

〈그림〉 국가 A~H의 GDP와 에너지사용량

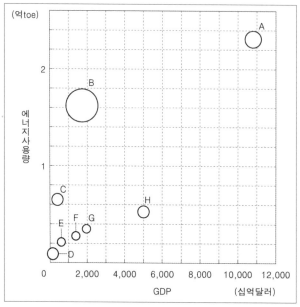

※ 1) 원의 면적은 각 국가 인구수에 정비례함.
   2) 각 원의 중심좌표는 각 국가의 GDP와 에너지사용량을 나타냄.

① 에너지사용량이 가장 많은 국가는 A 국이고 가장 적은 국가는 D 국이다.

② 1인당 에너지사용량은 C 국이 D 국보다 많다.

③ GDP가 가장 낮은 국가는 D 국이고 가장 높은 국가는 A 국이다.

④ 1인당 GDP는 H 국이 B 국보다 높다.

⑤ 에너지사용량 대비 GDP는 A 국이 B 국보다 낮다.

핵심 분석 포인트

1. '1인당 GDP'의 계산식은 무엇인가?

2. '에너지사용량 대비 GDP'의 계산식은 무엇인가?

3. 그래프에서 '에너지사용량 대비 GDP'의 의미는 무엇인가?

정답

1. $\dfrac{GDP}{인구수}$

2. $\dfrac{GDP}{에너지사용량}$

3. 그래프의 기울기는 $\dfrac{Y축}{X축}$이고, '에너지사용량 대비 GDP'는 $\dfrac{GDP}{에너지사용량}$로 그래프의 $\dfrac{X축}{Y축}$이므로 기울기의 역수를 의미한다.

06 다음 〈표〉와 〈그림〉은 조선시대 A 군의 조사 시기별 가구 수 및 인구수와 가구 구성비에 대한 자료이다. 이에 대한 〈보기〉의 설명 중 옳은 것만을 모두 고르면?

〈표〉 A 군의 조사 시기별 가구 수 및 인구수

(단위: 호, 명)

조사시기	가구 수	인구 수
1729년	1,480	11,790
1765년	7,210	57,330
1804년	8,670	68,930
1867년	27,360	144,140

〈그림〉 A 군의 조사 시기별 가구 구성비

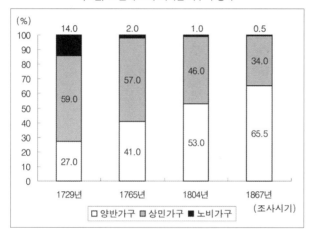

─〈보 기〉─
ㄱ. 1804년 대비 1867년의 가구당 인구수는 증가하였다.
ㄴ. 1765년 상민가구 수는 1804년 양반가구 수보다 적다.
ㄷ. 노비가구 수는 1804년이 1765년보다는 적고 1867년보다는 많다.
ㄹ. 1729년 대비 1765년에 상민가구 구성비는 감소하였고 상민가구 수는 증가하였다.

① ㄱ, ㄴ
② ㄱ, ㄷ
③ ㄴ, ㄹ
④ ㄱ, ㄷ, ㄹ
⑤ ㄴ, ㄷ, ㄹ

📋 **핵심 분석 포인트**

1. 조사 시기별 상민가구 수와 양반가구 수, 노비가구 수를 각각 구할 수 있는가?

2. '가구당 인구수'의 계산식은 무엇인가?

정답
1. 조사 시기별 가구 수와 가구 구성비를 곱하여 구할 수 있다.

2. $\dfrac{인구수}{가구 수}$

07 다음 〈표〉는 성인 500명이 응답한 온라인 도박과 오프라인 도박 관련 조사결과이다. 이에 대한 〈보기〉의 설명 중 옳은 것만을 모두 고르면?

〈표〉 온라인 도박과 오프라인 도박 관련 조사결과

(단위: 명)

온라인＼오프라인	×	△	○	합
×	250	21	2	( )
△	113	25	6	144
○	59	16	8	( )
계	422	( )	( )	500

※ 1) ×: 경험이 없고 충동을 느낀 적도 없음
  2) △: 경험은 없으나 충동을 느낀 적이 있음
  3) ○: 경험이 있음

〈보 기〉

ㄱ. 온라인 도박 경험이 있다고 응답한 사람은 83명이다.

ㄴ. 오프라인 도박에 대해, '경험은 없으나 충동을 느낀 적이 있음'으로 응답한 사람은 전체 응답자의 10% 미만이다.

ㄷ. 온라인 도박 경험이 있다고 응답한 사람 중 오프라인 도박 경험이 있다고 응답한 사람의 비중은 전체 응답자 중 오프라인 도박 경험이 있다고 응답한 사람의 비중보다 크다.

ㄹ. 온라인 도박에 대해, '경험이 없고 충동을 느낀 적도 없음'으로 응답한 사람은 전체 응답자의 50% 이하이다.

① ㄱ, ㄴ

② ㄱ, ㄷ

③ ㄷ, ㄹ

④ ㄱ, ㄴ, ㄷ

⑤ ㄱ, ㄷ, ㄹ

정답

1. 교차표: 두 종류의 자료가 각각 행과 열로 배열되어 서로 교차하는 형태이다. 행과 열이 교차하는 각각의 칸에 해당 항목의 수치를 나타내며 이를 통해 두 변수 간 상관관계와 분포적 특성을 쉽게 파악할 수 있다.

2. 가로 '합': 온라인 도박 관련 조사 응답자 수
세로 '계': 오프라인 도박 관련 조사 응답자 수

08 다음 〈보고서〉는 '갑'국 아동 및 청소년의 성별 스마트폰 과의존위험군에 관한 자료이고, 〈표〉는 A~E 국의 스마트폰 과의존위험군 비율에 관한 자료이다. 〈보고서〉의 내용을 근거로 판단할 때, A~E 중 '갑'국에 해당하는 국가는?

핵심 분석 포인트

1. %p 단위는 어떤 경우에 쓰는 단위인가?

〈보고서〉

'갑'국은 전체 아동과 청소년 중 스마트폰 과의존위험군 비율을 조사하여 스마트폰 과의존위험군을 위험의 정도에 따라 고위험군과 잠재위험군으로 구분했다. '갑'국의 아동은 남자가 여자보다 고위험군과 잠재위험군 비율이 모두 높았으나, 청소년은 반대로 여자가 남자보다 모든 위험군에서 비율이 높았다.

다음으로, 남자와 여자 모두 아동에 비해 청소년의 과의존위험군 비율이 높았다. 아동의 경우 남자와 여자 각각 과의존위험군 비율이 20%에서 25% 사이이지만, 청소년의 경우 남자와 여자의 과의존위험군 비율은 각각 25%를 초과했다.

아동과 청소년 간 과의존위험군 비율 차이는 남자보다 여자가 컸지만, 여자의 해당 비율 차이는 10%p 이하였다. 잠재위험군 비율에서 아동과 청소년 간 차이는 남자가 5%p 이하였으나, 여자는 7%p 이상이었다.

〈표〉 A~E 국 아동 및 청소년의 성별 스마트폰 과의존위험군 비율 현황

(단위: %)

구분	성별	위험군	A	B	C	D	E
아동	남자	고위험	2.1	2.3	2.2	2.6	2.2
		잠재위험	20.1	20.0	20.2	21.3	21.2
	여자	고위험	2.0	2.2	1.8	2.0	2.4
		잠재위험	18.1	19.8	17.5	19.9	18.8
청소년	남자	고위험	3.1	3.3	3.2	3.6	3.2
		잠재위험	24.7	25.3	24.8	25.5	25.1
	여자	고위험	4.1	3.9	3.8	4.0	3.5
		잠재위험	28.2	28.1	25.2	27.4	27.7

① A

② B

③ C

④ D

⑤ E

정답

1. %와 %의 차이를 구할 때 쓰는 단위이다.

09 다음 〈표〉는 2020년 12월 '갑'공장 A~C 제품의 생산량과 불량품 수에 대한 자료이다. 이에 대한 설명으로 옳지 않은 것은?

〈표〉 A~C 제품의 생산량과 불량품 수

(단위: 개)

구분 \ 제품	A	B	C	전체
생산량	2,000	3,000	5,000	10,000
불량품 수	200	300	400	900

※ 1) 불량률(%) = $\frac{불량품\ 수}{생산량} \times 100$

2) 수율(%) = $\frac{생산량 - 불량품\ 수}{생산량} \times 100$

① 불량률이 가장 낮은 제품은 C이다.

② 제품별 생산량 변동은 없고 불량품 수가 제품별로 100%씩 증가한다면 전체 수율은 82%이다.

③ 제품별 불량률 변동은 없고 생산량이 제품별로 100%씩 증가한다면 전체 수율은 기존과 동일하다.

④ 제품별 생산량 변동은 없고 불량품 수가 제품별로 100개씩 증가한다면 전체 수율은 88%이다.

⑤ 제품별 불량률 변동은 없고 생산량이 제품별로 1,000개씩 증가한다면 전체 수율은 기존과 동일하다.

핵심 분석 포인트

1. '100% 증가한다'는 어떤 의미인가?

2. ⑤는 계산을 해야 알 수 있는 내용인가?

3. 위의 2번에서 계산이 필요하지 않다면, 어떤 해석을 갖고 있는가?

정답

1. 수량이 두 배가 되는 것이다.

2. 아니다.

3. 각 생산량이 증가하고 불량률은 변동이 없는 것은, 불량률을 구하는 계산에서 분모(생산량)와 분자(불량품 수)가 모두 증가하지만 증가량이 동일한 것이 아닌 증가율이 동일한 것이다. 증가율이 동일하다면, 상대적으로 작은 수인 분자의 증가량이 작기 때문에 전체 수율은 기존보다 높아질 수밖에 없다.

10 다음 〈표〉는 '갑'회사의 생산직 근로자 133명과 사무직 근로자 87명이 직무스트레스 조사에 응답한 결과이다. 이에 대한 〈보기〉의 설명 중 옳은 것만을 모두 고르면?

핵심 분석 포인트

1. 계산이 필요하지 않은 〈보기〉는 어떤 것인가?

〈표 1〉 생산직 근로자의 직무스트레스 수준 응답 구성비

(단위: %)

스트레스 수준 / 항목	상위		하위	
	매우 높음	높음	낮음	매우 낮음
업무과다	9.77	67.67	22.56	0.00
직위불안	10.53	64.66	24.06	0.75
관계갈등	10.53	67.67	20.30	1.50
보상부적절	10.53	60.15	27.82	1.50

2. 보기 ㄷ의 경우 '매우 높음'의 응답자와 '매우 낮음'의 응답자를 각각 구해야 하는가?

〈표 2〉 사무직 근로자의 직무스트레스 수준 응답 구성비

(단위: %)

스트레스 수준 / 항목	상위		하위	
	매우 높음	높음	낮음	매우 낮음
업무과다	10.34	67.82	20.69	1.15
직위불안	12.64	58.62	27.59	1.15
관계갈등	10.34	64.37	24.14	1.15
보상부적절	10.34	64.37	20.69	4.60

〈보 기〉

ㄱ. 항목별 직무스트레스 수준이 '상위'에 해당하는 근로자의 비율은 각 항목에서 사무직이 생산직보다 높다.

ㄴ. '직위불안' 항목에서 '낮음'으로 응답한 근로자는 생산직이 사무직보다 많다.

ㄷ. '관계갈등' 항목에서 '매우 높음'으로 응답한 생산직 근로자는 '매우 낮음'으로 응답한 생산직 근로자보다 11명 많다.

ㄹ. '보상부적절' 항목에서 '높음'으로 응답한 근로자는 사무직이 생산직보다 적다.

① ㄱ

② ㄹ

③ ㄱ, ㄷ

④ ㄴ, ㄷ

⑤ ㄴ, ㄹ

정답

1. ㄱ

2. 그렇지 않다. 응답률의 차이를 구한 뒤, 전체 인원수에 곱하여서 계산하면 된다.

11 다음 〈표〉는 행정심판위원회 연도별 사건처리현황에 관한 자료이다. 이에 대한 〈보기〉의 설명 중 옳은 것만을 모두 고르면?

〈표〉 행정심판위원회 연도별 사건처리현황

(단위: 건)

구분 연도	접수	심리·의결				취하·이송
		인용	기각	각하	소계	
2010	31,473	4,990	24,320	1,162	30,472	1,001
2011	29,986	4,640	23,284	( )	28,923	1,063
2012	26,002	3,983	19,974	1,030	24,987	1,015
2013	26,255	4,713	18,334	1,358	24,405	1,850
2014	26,014	4,131	19,164	( )	25,270	744

※ 1) 당해연도에 접수된 사건은 당해연도에 심리·의결 또는 취하·이송됨

2) 인용률(%) = $\dfrac{\text{인용 건수}}{\text{심리·의결 건수}} \times 100$

─〈보 기〉─

ㄱ. 인용률이 가장 높은 해는 2013년이다.
ㄴ. 취하·이송 건수는 매년 감소하였다.
ㄷ. 각하 건수가 가장 적은 해는 2011년이다.
ㄹ. 접수 건수와 심리·의결 건수의 연도별 증감방향은 동일하다.

① ㄱ, ㄴ

② ㄱ, ㄷ

③ ㄷ, ㄹ

④ ㄱ, ㄷ, ㄹ

⑤ ㄴ, ㄷ, ㄹ

핵심 분석 포인트

1. '각주 1)'의 의미는 무엇인가?

2. 계산을 하지 않고 풀 수 있는 '자료 읽기형' 〈보기〉와 계산이 필요한 '자료 계산형' 〈보기〉는 무엇인가?

3. '자료 계산형' 〈보기〉를 확인해야 정답 도출이 가능한가?

정답
1. 접수 건수＝심리·의결(소계) 건수＋취하·이송 건수

2. 자료 읽기형: ㄴ, ㄹ
   자료 계산형: ㄱ, ㄷ

3. 간단한 자료 읽기형 〈보기〉 ㄴ, ㄹ만 확인하여도 정답 도출이 가능하다.

12 다음 〈그림〉은 2003년부터 2006년까지 실용신안, 상표, 특허 및 디자인의 출원 및 등록건수에 대한 자료이다. 이에 대한 〈조건〉을 이용하여 A, B, C, D를 순서대로 바르게 나열한 것은?

〈그림 1〉 출원건수

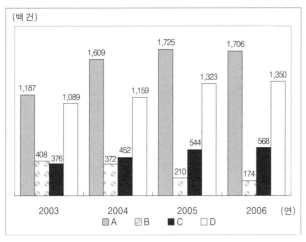

〈그림 2〉 등록건수

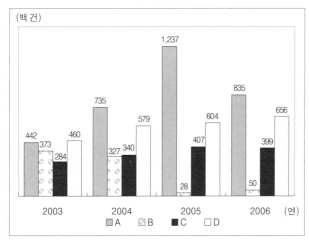

〈조 건〉

○ 특허는 다른 해와 비교하여 2005년에 등록건수가 가장 많다.
○ 2004년부터 2006년까지 디자인 출원건수는 전년대비 매년 증가한다.
○ 2004년에 비해 2005년의 등록건수가 감소한 항목은 실용신안이다.
○ 2004년부터 2006년까지 상표는 출원 및 등록건수가 각각 전년대비 매년 증가한다.

	A	B	C	D
①	특허	실용신안	디자인	상표
②	실용신안	특허	상표	디자인
③	특허	실용신안	상표	디자인
④	실용신안	상표	디자인	특허
⑤	디자인	실용신안	특허	상표

핵심 분석 포인트

1. 어떤 〈조건〉을 가장 먼저 확인해야 하는가?

2. 답을 도출하는 과정에 확인할 필요가 없는 〈조건〉이 존재하는가?

정답

1. 한 가지 항목에 대해서만 설명하고 있는 세 번째 〈조건〉을 먼저 확인하여 정확한 정보를 얻는다.

2. 세 번째 〈조건〉을 통해 ②, ④, 네 번째 〈조건〉을 통해 ③, 두 번째 〈조건〉을 통해 ⑤가 소거된다. 따라서 첫 번째 〈조건〉을 확인할 필요가 없다.

13 다음 〈표〉는 2017~2019년 '갑'국 A~D 지역의 1인 1일당 단백질 섭취량과 지역별 전체 인구에 대한 자료이다. 〈표〉를 이용하여 작성한 그래프로 옳지 않은 것은?

〈표 1〉 지역별 1인 1일당 단백질 섭취량

(단위: g)

지역＼연도	2017	2018	2019
A	50	60	75
B	100	100	110
C	100	90	80
D	50	50	50

※ 단백질은 동물성 단백질과 식물성 단백질로만 구성됨.

〈표 2〉 지역별 1인 1일당 식물성 단백질 섭취량

(단위: g)

지역＼연도	2017	2018	2019
A	25	25	25
B	10	30	50
C	20	20	20
D	10	5	5

〈표 3〉 지역별 전체 인구

(단위: 명)

지역＼연도	2017	2018	2019
A	1,000	1,000	1,100
B	1,000	1,000	1,000
C	800	700	600
D	100	100	100

① 2017~2019년 B와 D 지역의 1인 1일당 동물성 단백질 섭취량

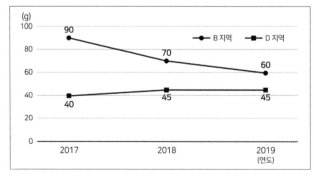

② 2019년 지역별 1일 단백질 총섭취량

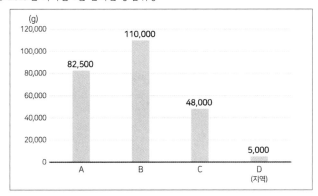

③ 2017년 지역별 1인 1일당 단백질 섭취량 구성비

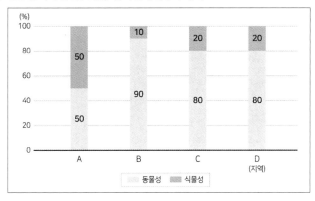

④ 2017~2019년 A와 C 지역의 1인 1일당 동물성 단백질 섭취량과 1인 1일당 식물성 단백질 섭취량의 차이

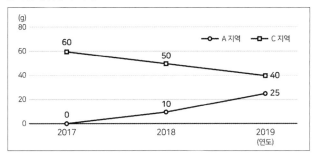

⑤ 지역별 2017년 대비 2018년 1인 1일당 식물성 단백질 섭취량 증감률

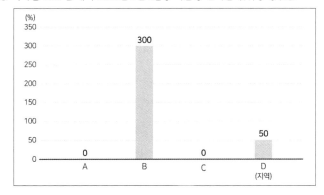

정답

1. 지역별 1인 1일당 단백질 섭취량 × 지역별 전체인구

2. 증가량 20에 대한 비율이므로 200%이다.

14 다음 〈표〉는 항공정비 산업의 현황 및 전망에 대한 자료이다. 이에 대한 설명으로 옳지 않은 것은?

핵심 분석 포인트

1. 계산을 하지 않고 풀 수 있는 '자료 읽기형' 선택지는 무엇인가?

2. 계산이 필요한 '자료 계산형' 선택지는 정확한 계산값을 요구하고 있는가?

〈표 1〉 세계 항공기 보유 현황 및 전망

(단위: 대, %)

연도 지역	2016	2036	연평균 성장률 (2016년~2036년)
아시아	6,830	17,520	4.8
북미	7,060	10,130	1.8
중동	1,430	3,900	5.1
남미	1,550	3,660	4.4
유럽	4,800	8,160	2.7
오세아니아	1,090	1,980	3.0
아프리카	720	1,600	4.1
전 세계 합계	23,480	46,950	

〈표 2〉 세계 항공정비 시장 분야별 구성비

(단위: %)

연도 정비분야	2016	2026
엔진 정비	40	41
부품 정비	22	22
운항 정비	17	16
기체 정비	14	12
개조	7	9
합계	100	100

① 2036년 전 세계 항공기 보유 대수는 46,950대로 2016년 23,480대 대비 약 2배로 증가할 것으로 전망된다.

② 2016년 대비 2036년에 아시아 지역과 북미 지역 모두 전 세계에서 차지하는 항공기 보유 비중이 증가할 것으로 전망된다.

③ 2016년 세계 항공정비 시장에서 엔진 정비의 비중이 40%로 가장 높으며 부품 정비, 운항 정비, 기체 정비가 각각 22%, 17%, 14%를 차지하고 있다.

④ 2026년 세계 항공정비 시장의 규모가 2016년에 비해 20% 증가한다면 같은 기간 동안 기체 정비 시장의 절대적인 규모는 증가할 것이다.

⑤ 2016년~2036년 항공기 보유 대수의 연평균 성장률은 중동이 5.1%로 가장 높으며 아시아 4.8%, 남미 4.4% 순으로 높을 것으로 예상된다.

정답

1. ①, ③, ⑤

2. ②, ④ 모두 정확한 계산값이 아닌 비중의 증가 및 감소에 대한 해석을 요구하고 있다. 따라서 분모 값의 증가율과 분자 값의 증가율을 비교하여 판단할 수 있다.

기출: 11 민경채

15 다음 〈표〉는 '갑' 공제회의 회원기금원금, 회원 수 및 1인당 평균 계좌 수, 자산 현황에 관한 자료이다. 이에 대한 〈보기〉의 설명 중 옳지 않은 것을 모두 고르면?

〈표 1〉 공제회 회원기금원금(연말 기준)

(단위: 억 원)

원금구분 \ 년	2005	2006	2007	2008	2009	2010
회원급여 저축원금	19,361	21,622	21,932	22,030	23,933	26,081
목돈수탁원금	7,761	7,844	6,270	6,157	10,068	12,639
계	27,122	29,466	28,202	28,187	34,001	38,720

〈표 2〉 공제회 회원 수 및 1인당 평균 계좌 수(연말 기준)

(단위: 명, 개)

구분 \ 년	2005	2006	2007	2008	2009	2010
회원 수	166,346	169,745	162,425	159,398	162,727	164,751
1인당 평균 계좌 수	65.19	64.27	58.02	61.15	67.12	70.93

〈표 3〉 2010년 공제회 자산 현황(연말 기준)

(단위: 억 원, %)

구분	금액(비중)
회원급여저축총액	37,952 (46.8)
차입금	17,976 (22.1)
보조금 등	7,295 (9.0)
안정기금	5,281 (6.5)
목돈수탁원금	12,639 (15.6)
계	81,143(100.0)

※ 회원급여저축총액 = 회원급여저축원금 + 누적이자총액

〈보 기〉
ㄱ. 회원기금원금은 매년 증가하였다.
ㄴ. 공제회의 회원 수가 가장 적은 해에 목돈수탁원금도 가장 적다.
ㄷ. 2010년에 회원급여저축총액에서 누적이자총액이 차지하는 비중은 50% 이상이다.
ㄹ. 1인당 평균 계좌 수가 가장 많은 해에 회원기금원금도 가장 많다.

① ㄱ, ㄴ
② ㄱ, ㄷ
③ ㄴ, ㄷ
④ ㄴ, ㄹ
⑤ ㄱ, ㄷ, ㄹ

 핵심 분석 포인트

1. 계산을 하지 않고 풀 수 있는 '자료 읽기형' 〈보기〉와 계산이 필요한 '자료 계산형' 〈보기〉는 무엇인가?

2. '자료 계산형' 〈보기〉를 확인해야 정답 도출이 가능한가?

3. 각주를 통해 〈보기〉 ㄷ을 해석하면 어떤 의미가 되는가?

정답
1. 자료 읽기형: ㄱ, ㄴ, ㄹ
   자료 계산형: ㄷ

2. ㄱ, ㄴ, ㄹ만 확인하여 계산을 하지 않고 답을 도출할 수 있다.

3. 누적이자총액의 비중이 50% 이상이라는 것은 회원급여저축원금보다 누적이자총액이 많음을 의미한다.

16 다음 〈표〉는 2020년 우리나라 5개 도시(서울, 부산, 인천, 대구, 광주)의 국내여행 방문자 수에 대한 자료이다. 〈표〉와 〈정보〉를 근거로 'B'와 'C'에 해당하는 도시를 바르게 나열한 것은?

핵심 분석 포인트

1. 정확한 비중을 구해야 하는 조건이 있는가?

2. 두 번째 조건과 세 번째 조건 확인 시 활용해야 하는 개념은 무엇인가?

〈표〉 2020년 국내여행 도시별 방문자 수

(단위: 천 명)

		A	B	대구	C	D
방문자 수		16,412	17,317	5,346	11,981	4,399
성별	남자	8,945	8,663	2,591	6,172	2,182
	여자	7,467	8,654	2,755	5,809	2,217
연령	19세 이하	1,048	863	178	324	171
	20대	4,385	4,796	990	2,644	902
	30대	3,458	4,156	1,186	2,511	786
	40대	2,968	3,194	1,270	2,832	785
	50대	2,531	2,606	980	2,081	894
	60대	1,228	1,298	489	1,255	513
	70세 이상	794	404	253	334	348
학력	초졸 이하	288	236	82	112	274
	중학교	697	682	446	276	210
	고등학교	4,583	4,680	1,884	4,005	1,378
	대학교 이상	10,844	11,719	2,934	7,588	2,537

〈정 보〉

○ 남자 국내여행 방문자 수가 여자 국내여행 방문자 수보다 많은 도시는 서울, 부산, 인천이다.

○ 5개 도시 중 각 도시별 국내여행 방문자 수에서 20대 방문자 수가 차지하는 비중이 가장 높은 도시는 부산이다.

○ 각 도시별 국내여행 방문자 수에서 '대학교 이상' 학력의 방문자 수가 차지하는 비중은 서울이 인천보다 높다.

	B	C
①	부산	서울
②	부산	인천
③	서울	부산
④	서울	인천
⑤	인천	광주

정답

1. 그렇지 않다.

2. 분수 대소 비교법: 단순 비교법과 관계 활용법(배수 활용법, 비율 활용법, 교차 곱셈법), 차이 활용법, 증가율 활용법이 있다.

17 다음 〈표〉는 8개 기관의 장애인 고용 현황이다. 〈표〉와 〈조건〉에 근거하여 A~D에 해당하는 기관을 바르게 나열한 것은?

〈표〉 기관별 장애인 고용 현황

(단위: 명, %)

기관	전체 고용인원	장애인 고용의무인원	장애인 고용인원	장애인 고용률
남동청	4,013	121	58	1.45
A	2,818	85	30	1.06
B	22,323	670	301	1.35
북동청	92,385	2,772	1,422	1.54
C	22,509	676	361	1.60
D	19,927	598	332	1.67
남서청	53,401	1,603	947	1.77
북서청	19,989	600	357	1.79

※ 장애인 고용률(%)= $\frac{장애인\ 고용인원}{전체\ 고용인원} \times 100$

〈조 건〉
○ 동부청의 장애인 고용의무인원은 서부청보다 많고, 남부청보다 적다.
○ 장애인 고용률은 서부청이 가장 낮다.
○ 장애인 고용의무인원은 북부청이 남부청보다 적다.
○ 동부청은 남동청보다 장애인 고용인원은 많으나, 장애인 고용률은 낮다.

	A	B	C	D
①	동부청	서부청	남부청	북부청
②	동부청	서부청	북부청	남부청
③	서부청	동부청	남부청	북부청
④	서부청	동부청	북부청	남부청
⑤	서부청	남부청	동부청	북부청

📝 **핵심 분석 포인트**

1. 어떤 〈조건〉을 가장 먼저 확인 해야 하는가?

2. 답을 도출하는 과정에서 확인 할 필요가 없는 〈조건〉이 존재 하는가?

정답
1. '가장', '최대', '최소' 등의 의 미가 있는 두 번째 〈조건〉 을 먼저 확인하면 〈조건〉 에 대한 알맞은 항목을 비교 적 빠르게 찾을 수 있고 선 택지에서 상당 부분을 소거 할 수 있다.
2. 두 번째 〈조건〉을 통해 A 가 서부청임을 확인하게 되 면 선택지에서 나머지 항목 에 대한 정보를 얻을 수 있 다. 이를 통해 네 번째와 첫 번째 〈조건〉을 선택적으로 확인하면 세 번째 〈조건〉을 확인하지 않아도 정답을 찾 을 수 있다.

18 다음 〈그림〉은 2004~2017년 '갑'국의 엥겔계수와 엔젤계수를 나타낸 자료이다. 이에 대한 설명으로 옳은 것은?

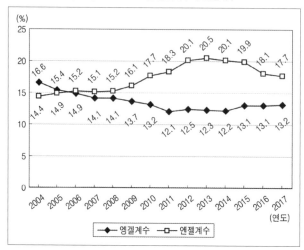

〈그림〉 2004~2017년 엥겔계수와 엔젤계수

※ 1) 엥겔계수(%) = 식료품비 / 가계 지출액 × 100
　2) 엔젤계수(%) = 18세 미만 자녀에 대한 보육·교육비 / 가계 지출액 × 100
　3) 보육·교육비에는 식료품비가 포함되지 않음

① 2008~2013년 동안 엔젤계수의 연간 상승폭은 매년 증가한다.

② 2004년 대비 2014년, 엥겔계수 하락폭은 엔젤계수 상승폭보다 크다.

③ 2006년 이후 매년 18세 미만 자녀에 대한 보육·교육비는 식료품비를 초과한다.

④ 2008~2012년 동안 매년 18세 미만 자녀에 대한 보육·교육비 대비 식료품비의 비율은 증가한다.

⑤ 엔젤계수는 가장 높은 해가 가장 낮은 해에 비해 7.0%p 이상 크다.

핵심 분석 포인트

1. '상승폭, 증가폭'은 증가량인가, 증가율인가?

2. ③, ④의 의도는 무엇인가?

정답
1. 증가량
2. '각주 1)'과 '각주 2)'에서 분모가 가계 지출액으로 동일한 점을 활용하여 문제를 풀이하는 것이다.

19 다음 〈표〉는 2013년 복지부정 신고센터의 분야별 신고 현황과 처리결과에 관한 자료이다. 이에 대한 〈보기〉의 설명 중 옳은 것만을 모두 고르면?

〈표 1〉 복지부정 신고센터의 분야별 신고상담 및 신고접수 현황

(단위: 건)

구분＼분야	보건복지	고용노동	여성가족	교육	보훈	산업	기타	합
신고상담	605	81	5	6	11	12	1,838	2,558
신고접수	239	61	7	6	5	2	409	729

〈표 2〉 복지부정 신고센터에 신고접수된 건의 분야별 처리결과

(단위: 건)

처리결과＼분야	보건복지	고용노동	여성가족	교육	보훈	산업	기타	합
이첩	58	18	2	3	0	1	123	205
송부	64	16	3	1	4	0	79	167
내부처리	117	27	2	2	1	1	207	357
전체	239	61	7	6	5	2	409	729

〈보 기〉

ㄱ. 전체 신고상담 건수는 전체 신고접수 건수의 3배 이상이다.

ㄴ. 전체 신고접수 건수 대비 분야별 신고접수 건수의 비율이 가장 높은 분야는 기타를 제외하면 보건복지 분야이다.

ㄷ. 분야별 전체 신고접수 건수 중 '이첩' 건수의 비중이 가장 큰 분야는 여성가족 분야이다.

ㄹ. '내부처리' 건수는 전체 신고상담 건수의 15% 이상이다.

① ㄱ, ㄴ

② ㄱ, ㄷ

③ ㄴ, ㄷ

④ ㄱ, ㄴ, ㄹ

⑤ ㄴ, ㄷ, ㄹ

핵심 분석 포인트

1. 〈표 1〉과 〈표 2〉 간에 정보의 연결성이 있는가?

2. 〈보기〉 ㄴ을 구하는 식은 무엇인가?

정답

1. 〈표 2〉는 〈표 1〉의 분야별 신고접수 건수를 분야별 처리결과로 세분화한 것이므로 연결성이 있다. 〈표 2〉의 분야별 전체 합은 〈표 1〉의 분야별 신고접수 건수와 동일하다.

2. 분야별 신고접수 건수 / 전체 신고접수 건수

20 다음 〈그림〉은 2005~2009년 A 지역 도서관 현황에 관한 자료이다. 이에 대한 〈보기〉의 설명 중 옳은 것만을 모두 고르면?

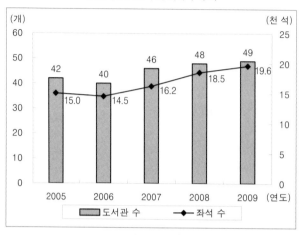

〈그림 1〉 도서관 수와 좌석 수 추이

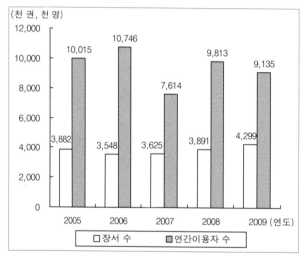

〈그림 2〉 장서 수와 연간이용자 수 추이

〈보 기〉

ㄱ. 2007년 도서관 수는 전년보다 증가하였지만 도서관당 좌석 수는 전년보다 감소하였다.
ㄴ. 연간이용자 수가 가장 적은 해와 도서관당 연간이용자 수가 가장 적은 해는 같다.
ㄷ. 2008년 도서관 수의 전년대비 증가율은 장서 수의 전년 대비 증가율보다 높다.
ㄹ. 2009년 장서 수, 연간이용자 수, 도서관 수, 좌석 수 중 전년대비 증가율이 가장 큰 항목은 장서 수이다.

① ㄱ, ㄹ

② ㄴ, ㄷ

③ ㄱ, ㄴ, ㄷ

④ ㄱ, ㄴ, ㄹ

⑤ ㄴ, ㄷ, ㄹ

핵심 분석 포인트

1. 계산을 하지 않고 풀 수 있는 '자료 읽기형' 〈보기〉가 있는가?

2. 정확한 계산값을 요구하는 〈보기〉가 있는가?

정답
1. 모든 〈보기〉가 계산이 필요한 자료 계산형이다.
2. 모든 〈보기〉는 정확한 계산값이 아닌 증가, 감소 등에 대한 해석을 요구하고 있다. 따라서 계산이 필요한 수치를 유효숫자로 정리하여 근삿값을 통해 대소 관계를 확인하거나 5%, 10% 등 간단한 비율을 구하여 판단할 수 있다.

21 다음 〈그림〉은 2006~2010년 동남권의 양파와 마늘 재배면적 및 생산량 추이를 나타낸 것이고, 〈표〉는 2010년, 2011년 동남권의 양파와 마늘 재배면적의 지역별 분포를 나타낸 것이다. 이에 대한 설명으로 옳은 것은?

〈그림〉 동남권의 양파와 마늘 재배면적 및 생산량 추이

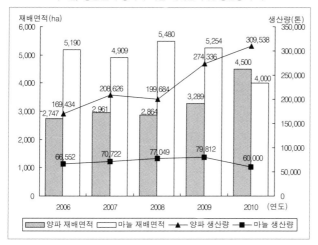

〈표〉 동남권의 양파와 마늘 재배면적의 지역별 분포

(단위: ha)

재배작물	지역	연도	
		2010	2011
양파	부산	56	40
	울산	( )	( )
	경남	4,100	4,900
	소계	( )	5,100
마늘	부산	24	29
	울산	42	66
	경남	3,934	4,905
	소계	4,000	5,000

※ 동남권은 부산, 울산, 경남으로만 구성됨

① 2006~2010년 동안 동남권의 마늘 생산량은 매년 증가하였다.

② 2006~2010년 동안 동남권의 단위 재배면적당 양파 생산량은 매년 증가하였다.

③ 2011년 울산의 양파 재배면적은 전년에 비해 증가하였다.

④ 2006~2011년 동안 동남권의 마늘 재배면적은 양파 재배면적보다 매년 크다.

⑤ 2011년 동남권의 단위 재배면적당 마늘 생산량이 2010년과 동일하다면 2011년 동남권의 마늘 생산량은 75,000톤이다.

 핵심 분석 포인트

1. 가장 먼저 해결해야 하는 것은 무엇인가?

2. ②의 경우 연도별 '재배면적당 양파 생산량'을 계산해야 하는가?

정답
1. 소계가 제시되고 빈칸이 많지 않으므로 빈칸을 먼저 채우고 선택지 문장을 해석하는 것이 수월하다.

2. 재배면적당 양파 생산량 계산식에서 분모 값은 양파 재배면적, 분자 값은 양파 생산량이다. 이때 분모 값의 전년대비 증가율과 분자 값의 전년대비 증가율을 비교하면 계산하지 않아도 연도별 재배면적당 양파 생산량의 추이를 파악할 수 있다.

22 다음 〈표〉와 〈그림〉은 2015~2017년 '갑'국 철강산업의 온실가스 배출량 및 철강 생산량에 관한 자료이다. 〈표〉와 〈그림〉에 대한 〈보기〉의 설명 중 옳은 것만을 모두 고르면?

📋 **핵심 분석 포인트**

1. 가장 먼저 해결해야 하는 것은 무엇인가?

2. <보기> ㄷ의 의도는 무엇인가?

〈표〉 업체별·연도별 온실가스 배출량

(단위: 천 tCO2eq.)

구분 업체	배출량				예상 배출량
	2015년	2016년	2017년	3년 평균 (2015~2017년)	2018년
A	1,021	990	929	980	910
B	590	535	531	552	524
C	403	385	361	383	352
D	356	( )	260	284	257
E	280	271	265	272	241
F	168	150	135	151	132
G	102	101	100	( )	96
H	92	81	73	82	71
I	68	59	47	58	44
J	30	29	28	( )	24
기타	28	27	20	25	22
전체	3,138	2,864	( )	2,917	2,673

〈그림〉 업체 A~J의 3년 평균(2015~2017년) 철강 생산량과 온실가스 배출량

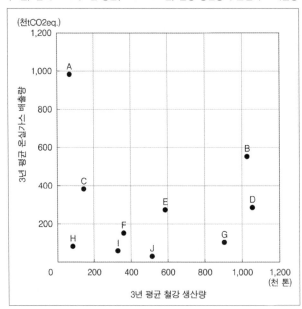

※ 온실가스 배출 효율성 = $\dfrac{3년 평균 철강 생산량}{3년 평균 온실가스 배출량}$

ㄱ. 2015~2017년 동안 매년 온실가스 배출량 기준 상위 2개 업체가 해당 년도 전체 온실가스 배출량의 50% 이상을 차지하고 있다.

ㄴ. 2015~2017년 동안 철강산업의 전체 온실가스 배출량은 매년 감소하였다.

ㄷ. 업체 A~J 중 2015~2017년의 온실가스 배출 효율성이 가장 낮은 업체는 J이고, 가장 높은 업체는 A이다.

ㄹ. 2015~2017년 동안 업체 A~J 각각의 온실가스 배출량은 매년 감소하였다.

① ㄱ, ㄴ

② ㄱ, ㄷ

③ ㄱ, ㄴ, ㄷ

④ ㄱ, ㄴ, ㄹ

⑤ ㄴ, ㄷ, ㄹ

PART 7 집중공략문제

해커스공기업 PSAT 기출로 끝내는 NCS 수리·자료해석 집중 공략

정답

1. 계산이 간단하고 빈칸이 많지 않으므로 빈칸을 먼저 채운다.

2. 각주에 제시된 식을 통해 온실가스 배출 효율성이 기울기의 역수임을 확인하는 것이다.

23 다음 〈표〉는 '갑' 잡지가 발표한 세계 스포츠 구단 중 2020년 가치액 기준 상위 10개 구단에 관한 자료이다. 이에 대한 〈보기〉의 설명 중 옳은 것만을 모두 고르면?

〈표〉 2020년 가치액 상위 10개 스포츠 구단

(단위: 억 달러)

순위	구단	종목	가치액
1(1)	A	미식축구	58(58)
2(2)	B	야구	50(50)
3(5)	C	농구	45(39)
4(8)	D	농구	44(36)
5(9)	E	농구	42(33)
6(3)	F	축구	41(42)
7(7)	G	미식축구	40(37)
8(4)	H	축구	39(41)
9(11)	I	미식축구	37(31)
10(6)	J	축구	36(38)

※ ( ) 안은 2019년도 값임.

────〈보 기〉────

ㄱ. 2020년 상위 10개 스포츠 구단 중 전년보다 순위가 상승한 구단이 순위가 하락한 구단보다 많다.

ㄴ. 2020년 상위 10개 스포츠 구단 중 미식축구 구단 가치액 합은 농구 구단 가치액 합보다 크다.

ㄷ. 2020년 상위 10개 스포츠 구단 중 전년 대비 가치액 상승률이 가장 큰 구단의 종목은 미식축구이다.

ㄹ. 연도별 상위 10개 스포츠 구단의 가치액 합은 2019년이 2020년보다 크다.

① ㄱ, ㄴ

② ㄱ, ㄹ

③ ㄷ, ㄹ

④ ㄱ, ㄴ, ㄷ

⑤ ㄴ, ㄷ, ㄹ

🔖 **핵심 분석 포인트**

1. 순위표의 정보를 볼 때 주의할 점은 무엇인가?

2. 〈보기〉 ㄷ의 경우 상승률에 대한 정확한 계산이 필요한가?

정답
1. 순위는 숫자가 작아질수록 순위가 높아지는 것이다.

2. 그렇지 않다. 분수 대소비교법으로 해결할 수 있다.

24 다음 〈표〉는 2004년과 2014년의 전국의 지역별·산업별 고용인원에 대한 자료이다. 이에 대한 〈보기〉의 설명 중 옳은 것을 모두 고르면?

〈표〉 지역별·산업별 고용인원

(단위: 천 명)

구분	수도권		중부권		영남권		호남권	
	2004년	2014년	2004년	2014년	2004년	2014년	2004년	2014년
농업·임업·어업	194	166	434	358	650	484	547	444
제조업	2,170	2,029	399	538	1,329	1,441	279	322
건설업	893	896	244	239	456	424	225	236
도소매·숙박·음식점업	2,932	3,142	729	714	1,566	1,445	634	588
사업·개인·공공서비스	3,297	4,825	813	1,271	1,512	2,018	692	965
전기·운수·통신·금융	1,411	1,778	290	317	595	667	255	279
합계	10,897	12,836	2,909	3,437	6,108	6,479	2,632	2,834

※ 전국은 수도권, 중부권, 영남권, 호남권으로 구성됨

―――〈보 기〉―――

ㄱ. 2004년 대비 2014년에 전국고용인원은 약 3,040천 명 증가하였다.
ㄴ. 2004년 대비 2014년에 수도권의 고용증가인원은 중부권, 영남권, 호남권의 고용증가인원을 합친 것보다 적다.
ㄷ. 2004년 대비 2014년에 제조업의 전국고용인원은 증가하였다.
ㄹ. 2004년 대비 2014년에 도소매·숙박·음식점업의 전국고용인원은 감소하였다.

① ㄱ, ㄴ

② ㄱ, ㄷ

③ ㄴ, ㄷ

④ ㄴ, ㄹ

⑤ ㄷ, ㄹ

정답

1. 모든 〈보기〉는 자료 읽기형 또는 덧셈, 뺄셈 등의 단순 연산 문제이다.

2. ㄱ은 구체적인 수치를 제시하였으므로 정확한 계산이 필요하고, 나머지 〈보기〉는 어림 계산으로 대략적인 해석이 가능하다.

25 다음 〈표〉와 〈그림〉은 2018년 테니스 팀 A~E의 선수 인원수 및 총연봉과 각각
의 전년대비 증가율에 대한 자료이다. 이에 대한 설명으로 옳지 않은 것은?

〈표〉 2018년 테니스 팀 A~E의 선수 인원수 및 총연봉

(단위: 명, 억 원)

테니스 팀	선수 인원수	총연봉
A	5	15
B	10	25
C	8	24
D	6	30
E	6	24

※ 팀 선수 평균 연봉 = $\dfrac{\text{총연봉}}{\text{선수 인원수}}$

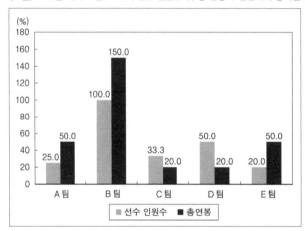

〈그림〉 2018년 테니스 팀 A~E의 선수 인원수 및 총 연봉의 전년대비 증가율

※ 전년 대비 증가율은 소수점 둘째 자리에서 반올림한 값임

① 2018년 '팀 선수 평균 연봉'은 D 팀이 가장 많다.

② 2018년 전년대비 증가한 선수 인원수는 C 팀과 D 팀이 동일하다.

③ 2018년 A 팀의 '팀 선수 평균 연봉'은 전년대비 증가하였다.

④ 2018년 선수 인원수가 전년대비 가장 많이 증가한 팀은 총연봉도 가장 많이 증가
하였다.

⑤ 2017년 총연봉은 A 팀이 E 팀보다 많다.

핵심 분석 포인트

1. '전년대비 선수 인원수의 증가율'
이 높은 팀은 '전년대비 증가한
선수 인원수'도 더 많다고 볼 수
있는가?

2. 전년대비 증가율이 25%인 것은
무슨 의미인가?

3. 전년대비 증가율인 150%인 것
은 무슨 의미인가?

정답
1. 전년도 선수 인원수가 각 팀
별로 다르기 때문에 증가율
만으로 증가한 인원수의 많
고 적음을 판단할 수 없다.

2. 전년도의 1.25배인 것을 의
미한다. 이는 전년도 수치의
125%이므로 전년도의 5/4
이다.

3. 전년도의 2.5배인 것을 의미
한다. 증가율이 150%인 것
은 전년도 수치의 250%이므
로 전년도의 5/2이다.

26 다음 〈그림〉과 〈표〉는 어느 도시의 엥겔계수 및 슈바베계수 추이와 소비지출 현황을 나타낸 것이다. 빈칸 A~E에 들어갈 값으로 잘못 짝지어진 것은?

핵심 분석 포인트

1. 하나의 식으로 두 개의 항목을 확인할 수 있는가?

2. 위의 1에서 확인할 수 있다면 그 식의 계산값은 얼마인가?

3. '식료품·비주류음료 소비지출'을 구할 수 있는 방법은 무엇인가?

〈그림〉 엥겔계수 및 슈바베계수 추이(2005~2011년)

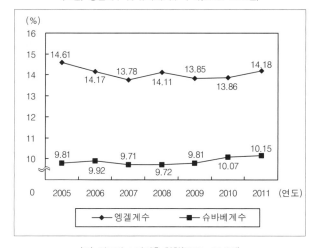

〈표〉 연도별 소비지출 현황(2008~2011년)

(단위: 억 원, %p)

연도 \ 구분	총소비지출	식료품·비주류음료 소비지출	주거·수도·광열 소비지출	계수 차이
2008	100,000	(A)	9,720	4.39
2009	120,000	16,620	(B)	4.04
2010	150,000	20,790	15,105	(C)
2011	(D)	(E)	20,300	4.03

※ 1) 엥겔계수(%) = $\dfrac{\text{식료품·비주류음료 소비지출}}{\text{총소비지출}} \times 100$

　2) 슈바베계수(%) = $\dfrac{\text{주거·수도·광열 소비지출}}{\text{총소비지출}} \times 100$

　3) 계수 차이 = |엥겔계수 − 슈바베계수|

① A: 14,110

② B: 11,772

③ C: 3.79

④ D: 200,000

⑤ E: 27,720

정답

1. D와 E는 2011년의 수치이므로 하나의 식에 적용하여 확인해 볼 수 있다.

2. '총소비지출'과 '식료품·비주류음료 소비지출'을 통해 알 수 있는 것은 엥겔계수이므로 D와 E의 수치가 모두 옳은 값이라면 엥겔계수는 14.18%여야 한다.

3. 〈표〉에 제시된 '각주 1)'에 따라 식료품·비주류음료 소비지출 = $\dfrac{\text{엥겔계수} \times \text{총소비지출}}{100}$ 이다.

27 다음 〈표〉와 〈그림〉은 2008~2012년 A 지역의 임가소득 현황을 나타낸 자료이다. 이에 대한 〈보기〉의 설명 중 옳은 것만을 모두 고르면?

〈표〉 A 지역의 임가소득 현황

(단위: 천 원, %)

구분\연도	2008	2009	2010	2011	2012
임가소득	27,288	27,391	27,678	28,471	29,609
경상소득	24,436	( )	( )	25,803	26,898
임업소득	8,203	7,655	7,699	8,055	8,487
임업외소득	11,786	11,876	12,424	12,317	13,185
이전소득	4,447	4,348	4,903	5,431	5,226
비경상소득	2,852	3,512	2,652	2,668	2,711
임업의존도	30.1	27.9	27.8	( )	( )

※ 1) 임가소득 = 경상소득 + 비경상소득
　 2) 경상소득 = 임업소득 + 임업외소득 + 이전소득
　 3) 임업의존도(%) = $\frac{임업소득}{임가소득}$ × 100

〈그림〉 A 지역의 임업소득 현황

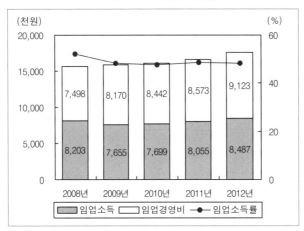

※ 1) 임업소득 = 임업총수입 − 임업경영비
　 2) 임업소득률(%) = $\frac{임업소득}{임업총수입}$ × 100

──────〈보 기〉──────
ㄱ. 임업소득률이 50% 이상인 연도는 2008년뿐이다.
ㄴ. 임업의존도는 2008년부터 2010년까지 매년 감소하다가 이후 매년 증가한다.
ㄷ. 2012년 임업총수입의 전년 대비 증가율은 5% 이하이다.
ㄹ. 경상소득은 2008년부터 2012년까지 매년 증가한다.
───────────────────

① ㄱ, ㄴ
② ㄱ, ㄹ
③ ㄴ, ㄷ
④ ㄱ, ㄴ, ㄹ
⑤ ㄴ, ㄷ, ㄹ

〈 핵심 분석 포인트 〉

1. 〈보기〉 중에서 가장 간단히 해결할 수 있는 것은?

2. 〈보기〉 ㄴ의 경우 분모와 분자 값의 대략적인 증가율로 판단할 수 있는가?

3. 〈보기〉 ㄹ의 경우 정확한 계산이 필요한가?

〈정답〉
1. ㄱ은 〈그림〉에서 각 연도마다 임업소득이 절반 이상을 차지하는지 확인하여 가장 간단히 해결할 수 있다.

2. 판단할 수 있다. 임업의존도의 분모 값인 2008~2010년 임가소득의 전년 대비 증가율과 분자 값인 2008~2010년 임업소득의 전년 대비 증가율을 비교한다. 이때 분자 값의 전년 대비 증가율이 분모 값의 전년 대비 증가율보다 크면 전체 비율값은 증가했음을 알 수 있다.

3. 임업소득, 임업외소득, 이전소득의 증감량을 어림 계산하여 비교하면 정확히 계산하지 않아도 ㄹ을 파악할 수 있다.

28 다음 〈표〉는 2017년과 2018년 주요 10개 자동차 브랜드 가치평가에 관한 자료이다. 이에 대한 〈보기〉의 설명 중 옳은 것만을 모두 고르면?

〈표 1〉 브랜드 가치평가액

(단위: 억 달러)

브랜드 \ 연도	2017	2018
TO	248	279
BE	200	218
BM	171	196
HO	158	170
FO	132	110
WO	56	60
AU	37	42
HY	35	41
XO	38	39
NI	32	31

〈표 2〉 브랜드 가치평가액 순위

브랜드 \ 구분 \ 연도	전체 제조업계 내 순위		자동차업계 내 순위	
	2017	2018	2017	2018
TO	9	7	1	1
BE	11	10	2	2
BM	16	15	3	3
HO	19	19	4	4
FO	22	29	5	5
WO	56	56	6	6
AU	78	74	8	7
HY	84	75	9	8
XO	76	80	7	9
NI	85	90	10	10

〈보기〉

ㄱ. 2017년 대비 2018년에 브랜드 가치평가액이 상승한 브랜드는 2017년 대비 2018년 '전체 제조업계 내 순위'도 상승하였다.

ㄴ. 전체 제조업계의 브랜드 가치평가액 상위 10위 중 자동차업계 브랜드가 차지하는 비율은 2017년 대비 2018년에 증가하였다.

ㄷ. 2017년 대비 2018년 브랜드 가치평가액의 증감률은 BM 브랜드가 TO 브랜드보다 크다.

ㄹ. 2017년 자동차업계 내 브랜드 가치평가액 순위 중 상위 7개 브랜드의 같은 해 총 가치평가액은 1,050억 달러 이상이다.

① ㄱ, ㄴ   ② ㄱ, ㄹ   ③ ㄴ, ㄷ   ④ ㄴ, ㄹ   ⑤ ㄷ, ㄹ

29 다음 〈표〉는 도입과 출산을 통한 반달가슴곰 복원 현황에 관한 자료이다. 이에 대한 〈보기〉의 설명 중 옳은 것만을 모두 고르면?

핵심 분석 포인트

1. '자료 읽기형' 보기와 '자료 계산형' 보기는 무엇인가?

〈표〉 도입과 출산을 통한 반달가슴곰 복원 현황

(단위: 개체)

| 구분 | | 생존 | | 폐사 | 전체 | 폐사원인 |
		자연 적응	학습장			
도 입 처	러시아	13	5	8	9	22	자연사: 8 올무: 3 농약: 1 기타: 3
	북한	3	2	1	4	7	
	중국	3	0	3	1	4	
	서울대공원	6	5	1	1	7	
	청주동물원	1	0	1	0	1	
	소계	26	12	14	15	41	
출산 방식	자연출산	41	39	2	5	46	자연사: 4 올무: 2
	증식장출산	7	4	3	1	8	
	소계	48	43	5	6	54	
계		74	55	19	21	95	–

※ 1) 도입처(출산방식)별 자연적응률(%)= $\dfrac{도입처(출산방식)별 자연적응 반달가슴곰 수}{도입처(출산방식)별 생존 반달가슴곰 수} \times 100$
  2) 도입처(출산방식)별 생존율(%)= $\dfrac{도입처(출산방식)별 생존 반달가슴곰 수}{도입처(출산방식)별 전체 반달가슴곰 수} \times 100$
  3) 도입처(출산방식)별 폐사율(%)= $\dfrac{도입처(출산방식)별 폐사 반달가슴곰 수}{도입처(출산방식)별 전체 반달가슴곰 수} \times 100$

〈보 기〉

ㄱ. 출산방식별 생존율은 자연출산 반달가슴곰이 증식장출산 반달가슴곰보다 높다.
ㄴ. 자연출산 반달가슴곰의 생존율이 도입처가 서울대공원인 반달가슴곰의 생존율보다 낮다.
ㄷ. 자연출산 반달가슴곰 중 올무로 인하여 폐사된 개체가 있다.
ㄹ. 전체 도입처의 자연적응률보다 높은 자연적응률을 보이는 도입처는 총 3곳이다.

① ㄱ, ㄴ   ② ㄱ, ㄷ   ③ ㄱ, ㄹ   ④ ㄱ, ㄷ, ㄹ   ⑤ ㄴ, ㄷ, ㄹ

정답

1. 자료 읽기형 : ㄷ
   자료 계산형 : ㄱ, ㄴ, ㄹ

30 다음은 1,000명을 대상으로 해외여행을 가본 지역에 대해 설문조사한 결과이다. 이에 대한 설명으로 옳은 것은?

〈표 1〉 해외여행 이력이 있다고 응답한 비율

(단위: %)

전체	남성	여성
82.5	87.5	75

〈표 2〉 해외여행 이력이 있다고 응답한 사람 중 여행 지역별 비율

(단위: %)

구분	남성	여성
아시아주계	80	80
북아메리카주계	60	95
남아메리카주계	20	30
유럽주계	40	70
아프리카주계	4	10
오세아니아주계	40	60

※ 단, 여행 지역에 대하여 복수 응답이 가능함

① 아시아주계를 여행한 이력이 있다고 응답한 남녀의 수는 동일하다.

② 북아메리카주계를 여행한 이력이 있다고 응답한 사람은 여성이 남성보다 많다.

③ 유럽주계를 여행한 이력이 있다고 응답한 남녀의 수는 동일하다.

④ 오세아니아주계를 여행한 이력이 있다고 응답한 사람은 설문 인원의 50% 이상이다.

⑤ 설문 인원 중 해외여행을 가본 적이 없는 사람은 남아메리카주계를 여행한 이력이 있는 사람보다 많다.

📋 **핵심 분석 포인트**

1. 자료에서 남자, 여자의 인원수를 구할 때 필요한 개념은 무엇인가?

2. 위의 1번의 개념으로 확인할 수 있는 것인 남자, 여자의 '조사에 참여한 인원수'인가, 해외여행 이력이 있다고 응답한 응답자 수'인가?

정답
1. 가중평균
2. 조사에 참여한 인원수이다.

약점 보완 해설집 p.2

완벽한 NCS 수리능력 대비를 위해 응용 계산 문제도 꼼꼼히!
다양한 난이도의 응용 계산 집중공략문제들을 풀어보며 수리 전 영역을 대비하세요.

01 맞물려 있는 두 개의 톱니바퀴를 회전시키려고 한다. 톱니 수가 28개인 작은 톱니바퀴를 15바퀴 회전시키면 큰 톱니바퀴는 2바퀴 회전한다고 할 때 큰 톱니바퀴의 톱니는 몇 개인가?

① 190개　　　② 200개　　　③ 210개　　　④ 220개　　　⑤ 230개

02 상진이는 로켓 모형을 제작하기 위해 원뿔 모형을 반지름의 길이가 같은 원기둥 모형 위에 얹히려고 한다. 원뿔의 높이가 6cm이고 원기둥의 둘레가 16πcm, 높이가 10cm일 때, 이어 붙인 두 도형의 전체 부피는 얼마인가?

① $128\pi cm^3$　　　② $256\pi cm^3$　　　③ $640\pi cm^3$　　　④ $768\pi cm^3$　　　⑤ $1,280\pi cm^3$

03 민수가 만들 수 있는 종이봉투는 3시간에 171개이다. 창수가 2시간에 만들 수 있는 종이봉투의 개수는 민수가 3시간에 만들 수 있는 종이봉투의 개수보다 41개 적고, 갑수가 4시간에 만들 수 있는 종이봉투의 개수는 창수가 2시간에 만들 수 있는 종이봉투의 개수보다 82개 많다면, 세 사람이 1시간에 만들 수 있는 종이봉투의 총개수는 얼마인가?

① 165개　　　② 169개　　　③ 171개　　　④ 175개　　　⑤ 181개

04 한수는 A 지역에서 장난감 250개를 장난감 생산 원가에 140%의 이윤이 남도록 정가를 책정하여 판매하였고, B 지역에서 장난감 200개를 장난감 생산 원가에 80%의 이윤이 남도록 정가를 책정하여 판매하였다. 한수가 장난감을 모두 판매한 금액이 480,000원일 때, A, B 지역에서 판매한 장난감의 1개당 정가는 얼마인가? (단, 한수가 판매하는 장난감의 1개당 생산 원가는 일정하다.)

	A 지역에서 판매한 장난감의 1개당 정가	B 지역에서 판매한 장난감의 1개당 정가
①	700원	400원
②	1,200원	800원
③	1,200원	900원
④	1,440원	480원
⑤	1,440원	1,080원

05 가연이는 연비가 12.2km/L이고, 연료량이 0L인 자동차에 35,000원만큼 휘발유를 주입한 후 305km를 주행하였고, 나연이는 연비 14.6km/L이고, 연료량이 0L인 자동차에 42,000원만큼 경유를 주입한 후 511km를 주행하였다고 할 때, 휘발유와 경유의 리터당 가격은 얼마인가? (단, 휘발유와 경유를 주입하기 전 각 자동차의 연료량은 0L이며, 주행 후 남아 있는 휘발유와 경유는 없다.)

	휘발유	경유
①	1,350원/L	1,150원/L
②	1,350원/L	1,200원/L
③	1,400원/L	1,200원/L
④	1,400원/L	1,250원/L
⑤	1,450원/L	1,250원/L

06 500ml의 매실원액 중 5%만큼을 물 1.2L와 섞어 매실차를 만들었을 때, 매실차의 부피는 얼마인가?

① 122.5ml   ② 145ml   ③ 1,200ml   ④ 1,225ml   ⑤ 1,450ml

07 200보다 큰 세 자리 자연수 중 일의 자리는 홀수이고, 십의 자리는 소수인 자연수는 몇 개인가?

① 120개 　　② 140개 　　③ 160개 　　④ 180개 　　⑤ 200개

08 '갑' 회사는 전체 사원을 A 그룹, B 그룹으로 나눠 리더십 교육 참가자를 조사하였다. A 그룹은 총 사원 2,250명 중 34.8%가 리더십 교육에 참가하였고, B 그룹은 총 사원 3,000명 중 41.1%가 리더십 교육에 참가하였다. 이때 '갑' 회사의 전체 사원 중 리더십 교육에 참가한 사원의 비율은 얼마인가?

① 34.8% 　　② 36.4% 　　③ 38.4% 　　④ 40.2% 　　⑤ 42.4%

09 라연이는 1~10까지의 숫자가 적혀있는 공 중에서 2개의 공을 뽑아 각 공에 적혀있는 숫자의 합이 8 이상이면 경품을 받는 행사에 참여하였다. 이 행사에서 라연이가 경품을 받았을 확률은 얼마인가?

① $\frac{1}{2}$ 　　② $\frac{2}{3}$ 　　③ $\frac{2}{5}$ 　　④ $\frac{4}{5}$ 　　⑤ $\frac{5}{6}$

10 일정한 규칙으로 나열된 수에서 빈칸에 들어갈 알맞은 숫자는 무엇인가?

$\frac{2}{3}$ 　 2 　 4 　 12 　 16 　 48 　 54 　 (　)

① 62 　　② 108 　　③ 162 　　④ 216 　　⑤ 324

11 a, b, c는 차례로 5배씩 커지는 자연수이고, 세 자연수의 평균은 40보다 크고 63보다 작다. a가 소수일 때, 세 자연수의 합은 얼마인가?

① 93   ② 105   ③ 124   ④ 155   ⑤ 186

12 소금물의 농도가 각각 15%, 10%, 4%인 소금물 300g, 200g, 100g이 있다. 15% 소금물과 10%의 소금물을 혼합한 용액의 20%를 버린 후 다시 4%의 소금물 100g과 혼합한 후 소금이 섞여 있지 않은 물을 일정량 넣은 용액의 소금물 농도는 4%였다. 이때 추가로 넣은 물의 무게는 얼마인가?

① 800g   ② 900g   ③ 1,000g   ④ 1,100g   ⑤ 1,200g

13 2.6km의 교량을 열차 A와 B가 각각 일정한 속력으로 서로 반대 방향으로 운행한다. A와 B 열차의 길이는 각각 400m, 225m이며 A 열차의 진행 방향으로 교량의 1.56km 지점에서 B 열차와 만난 직후 18초 후에 A와 B 열차가 교차하는 부분이 없어진다. 이때 A 열차가 교량을 완전히 통과하는 데 걸리는 시간은 얼마인가?

① 124초   ② 134초   ③ 144초   ④ 154초   ⑤ 164초

14 금년도 A 기업의 신입사용 채용에 1,000명이 지원하였다. 이때 지원자의 남녀 비율은 동일하였으며, 최종합격자 중 남성의 비율과 전체 지원자 중 최종합격 비율은 각각 60%로 동일하였다. 이때 여성 지원자 중 불합격자 수의 비율은 얼마인가?

① 28%   ② 35%   ③ 40%   ④ 48%   ⑤ 52%

15 A와 B가 어떤 한 가지 일을 완료하기 위해서는 각각 20일, 12일이 소요된다. 시간을 단축하기 위하여 A와 B가 함께 일을 시작하였으나 도중에 A가 사정상 빠지게 되었고 동료인 C가 합류하여 총 7일에 걸쳐서 일을 완료하였다. C가 단독으로 일을 하면 15일이 걸린다고 할 때 B와 C가 일을 같이한 기간은 얼마인가?

① 2일   ② 3일   ③ 4일   ④ 5일   ⑤ 6일

16 A와 B가 서로 동일한 O/X 8문제를 풀고 있다. 결과가 다음과 같을 때 A의 최종 점수가 B보다 높을 확률은 얼마인가? (단, 각 문항당 배점은 1점이며 문제의 정답을 맞힐 확률은 A와 B 각각 50%이다.)

	Q1	Q2	Q3	Q4	Q5	Q6	Q7	Q8
A 답안	O	X	O	O	O			
B 답안	O	X	O	X	O			
정답	O	X	O	X	O	X	O	O

① $\dfrac{1}{16}$ ② $\dfrac{7}{64}$ ③ $\dfrac{1}{8}$ ④ $\dfrac{9}{64}$ ⑤ $\dfrac{5}{32}$

17 신입사원 A는 약속시각인 9시 정각에 도착하기 위하여 거래처와의 미팅장소를 향해 8시에 회사에서 출발하였다. 회사에서 거래처까지의 거리는 6km이며 이동 속력은 9시 정각에 도착할 수 있는 속력으로 동일하게 유지했으나, 거래처로 가는 도중 회사에서 1.5km 떨어진 지점에서 회사에 중요한 자료를 두고 온 것을 깨달았다. 다시 회사로 돌아가서 자료를 챙기고 거래처로 이동 시 약속시각에 늦지 않기 위한 최소 속력은 얼마인가? (단, 중간에 회사로 돌아가는 시점부터 다시 거래처로 가는 동안의 이동 속력은 동일하다.)

① 8.5km/h   ② 10km/h   ③ 11.5km/h   ④ 13km/h   ⑤ 14.5km/h

18 4%로 소금물 100g과 15%의 소금물 200g이 있다. 용량과 농도를 알 수 없는 소금물 A의 1/3을 4% 소금물과 혼합한 결과 소금물 농도가 8.5%가 되었고, 남은 소금물 A를 15%의 소금물과 혼합한 결과 소금물의 농도는 14%가 되었을 때, 소금물 A의 농도는 얼마인가?

① 8%   ② 10%   ③ 12%   ④ 13%   ⑤ 14%

19 사은 행사를 진행하는 어느 상점에서 당첨 카드 3장이 포함된 30장의 카드를 준비했다. 첫 번째 고객이 한 번에 2장의 카드를 뽑았을 때, 당첨 카드를 뽑을 확률은 얼마인가?

① $\dfrac{1}{10}$　　② $\dfrac{2}{27}$　　③ $\dfrac{14}{145}$　　④ $\dfrac{28}{145}$　　⑤ $\dfrac{117}{145}$

20 A가 단독으로 하면 50일이, B가 단독으로 하면 30일이 걸리는 일이 있다. 둘이 같이하게 된다면 서로의 협력효과로 일의 능률이 20% 증가한다. A와 B가 일을 같이 5일간 하였으며 이후에는 A만 일을 하였을 때, 최종적으로 일을 완료하기까지 걸린 기간은 얼마인가?

① 29일　　② 31일　　③ 34일　　④ 39일　　⑤ 42일

21 속력이 각각 시속 106km, 74km인 기차가 마주 보는 방향으로 운행하고 있다. 이때 두 기차가 만나기 시작하여 완전히 스쳐 지나가기까지 7초가 걸렸다. 속력이 더 빠른 기차의 길이가 다른 기차의 1.5배라고 할 때 속력이 빠른 기차의 길이는 얼마인가?

① 120m　　② 140m　　③ 170m　　④ 210m　　⑤ 240m

22 A와 B가 한 바퀴에 600m인 운동장을 총 10바퀴 도는 달리기 경주를 하고 있다. A는 초반 7바퀴 반을 돌 때 32분 15초가 소요되었으며, B는 한 바퀴를 돌 때 걸리는 시간이 3분 36초가 되는 속력을 경주 내내 유지하고 있다. A가 B와 동시에 경주를 마치기 위해서 남은 2바퀴 반을 도는 동안 유지해야 하는 속력은 얼마인가?

① 18km/h　　② 20km/h　　③ 22km/h　　④ 24km/h　　⑤ 26km/h

23 호수의 둘레가 2.4km인 코스를 A와 B가 돌 때, 시작 지점에서 서로 반대 방향으로 돌면 14분 24초 후에 만나고, 서로 같은 방향으로 돌면 40분 후에 만난다. B의 속력이 더 빠를 때 A의 속력은 얼마인가?

① 2.8km/h ② 3.2km/h ③ 4.8km/h ④ 5.2km/h ⑤ 6.8km/h

24 직장인 M 씨는 이번 달 생활비로 435,000원을 사용하려고 한다. M 씨는 퇴근 후 기타 동호회 모임에 가는데, 가기 전에는 항상 저녁을 사 먹어야 한다. 생활비에서 핸드폰 요금 76,800원과 저녁 외식비를 제외하고 용돈을 200,000원 이상 남기려면 저녁을 한 번 사 먹을 때 사용할 수 있는 최대 금액은 얼마인가? (단, 이번 달에 저녁을 사 먹게 되는 날은 총 25일이고, 핸드폰 요금과 저녁 외식비 이외에 추가 생활비 지출은 없다.)

① 6,136원 ② 6,328원 ③ 6,380원 ④ 6,424원 ⑤ 6,498원

25 ☆마트에서는 달걀 한 판 가격을 기존 판매 가격의 x%만큼 인상하기로 했으며, 이로 인해 달걀 한 판의 판매량은 가격을 인상하기 전보다 $\frac{x}{4}$%만큼 감소할 것으로 예측된다. 가격 인상 후 달걀 판매액을 최대로 만들기 위한 가격 인상률은 얼마인가?

① 50% ② 80% ③ 100% ④ 120% ⑤ 150%

26 농도 3%, 5%, 10%인 소금물 A, B, C가 각각 250g, 200g, 400g씩 있다. A와 B를 섞은 후 100g이 될 때까지 가열한 다음 C와 섞었을 때, 최종 소금물의 농도는 얼마인가?

① 9.5% ② 10.0% ③ 10.5% ④ 11.0% ⑤ 11.5%

27 의자를 조립하는 작업을 진행하고 있는 공장의 1팀에서는 A와 B가, 2팀에서는 C와 D가 같이 일을 하고 있다. A, B, C, D가 각각 혼자 의자를 조립하면 24, 36, 30, 42시간이 소요된다. 1팀과 2팀의 의자 1개를 조립하는 시간 차이는 얼마인가?

① 2시간 39분   ② 2시간 45분   ③ 2시간 54분   ④ 2시간 59분   ⑤ 3시간 6분

28 A와 B가 혼자 하면 각각 24일, 36일이 걸리는 일을 진행하고 있다. A와 B가 같이하면 같은 시간 대비 20%의 일을 더 할 수 있다고 한다. A와 B가 같이 일을 하다가 6일째부터는 B 대신 C가 같이 일을 하게 되었다. 이때 일을 처음부터 완료하기까지 걸리는 시간으로 최소 며칠이 필요한가? (단, C가 단독으로 일을 하면 완료하는 데 총 30일이 소요된다.)

① 8일   ② 10일   ③ 13일   ④ 15일   ⑤ 18일

29 학교 정문에서 본관까지 일직선으로 이어진 600m 길이의 길에 양옆으로 나무를 심으려고 한다. 학교 정문부터 길을 따라 15m씩 간격을 두고 나무를 심을 때, 심을 수 있는 나무는 최대 몇 그루인가?

① 80그루   ② 81그루   ③ 82그루   ④ 83그루   ④ 84그루

30 ○○공장에서 유리컵을 만들어 판매하였을 때 얻는 순수익은 1개당 3,000원이다. 다만 공정 중간에 불량이 발견되었을 때 추가 공정이 들어가야 하므로 순수익이 50% 감소한다. ○○공장에서 유리컵을 100개 판매할 때의 순수익이 277,500원일 때, ○○공장 유리컵 공정의 불량률은 얼마인가?

① 15%   ② 25%   ③ 65%   ④ 75%   ⑤ 85%

31 냉장고에 종류가 모두 다른 8개의 반찬이 있다. 이 중 4개를 꺼내어 테이블 위에 원형으로 놓는 경우의 수는 몇 가지인가?

① 400가지   ② 410가지   ③ 420가지   ④ 430가지   ⑤ 440가지

32 동전을 던져서 앞면이 나오면 동전 금액만큼, 뒷면이 나오면 0점을 얻는 게임을 한다. 100원 동전을 3번, 500원 동전을 3번 던졌을 때 6번을 던진 최종 점수가 800점 이상일 확률은 얼마인가?

① $\dfrac{21}{64}$ ② $\dfrac{3}{8}$ ③ $\dfrac{27}{64}$ ④ $\dfrac{35}{64}$ ⑤ $\dfrac{37}{64}$

33 ○○강의 중간지점에서 상류 방향으로 250m 떨어진 A 지점과 중간지점에서 하류 방향으로 250m 떨어진 B 지점이 있다. 배가 처음에 중간지점에서 A 지점까지 거슬러 올라가는 데 7분 30초가 소요되었으며, 다시 A 지점에서 B 지점까지 내려가는 데에는 3분 45초가 소요되었다. 이때 배의 속력은 얼마인가? (단, 강물의 영향을 제외한 배의 속력은 변화하지 않았다.)

① 2km/h   ② 3km/h   ③ 4km/h   ④ 5km/h   ⑤6km/h

34 기차가 일정한 속력으로 2.09km 길이의 터널을 지나가는 데 23초가 소요되었으며, 터널을 지난 이후 700m의 다리를 지나갈 때는 속력을 30% 감속운행하여 13초가 소요되었을 때 기차의 길이는 얼마인가?

① 150m   ② 170m   ③ 190m   ④ 210m   ⑤ 230m

35 영화관에서 팝콘과 콜라를 각각 4,700원, 3,300원에 판매하고 있으며 팝콘 1개와 콜라 1개를 세트로 구매하면 10%를 할인해 주고 있다. 팝콘과 콜라를 합하여 12개를 구매하는 데 41,400원을 지불하였을 때 구매한 팝콘은 몇 개인가?

① 2개   ② 3개   ③ 4개   ④ 5개   ⑤ 6개

36 어린이날을 맞이하여 유치원생들에게 줄 사탕을 1세트씩 포장하고 있다. 13개씩 포장하면 유치원생 모두에게 나눠주고도 8개가 남지만 14개씩 포장하면 마지막 1세트에서 11개가 모자란다. 이때 준비한 사탕은 모두 몇 개인가?

① 240개   ② 255개   ③ 262개   ④ 275개   ⑤ 282개

37 A가 맞히면 50점을 얻고, 틀리면 10점을 감점하는 OX 문제를 풀고 있다. 총 20문제 중 15문제를 채점했을 때의 점수는 330점이었다고 한다. 남은 5문제의 정답을 맞힐 확률이 각 문제당 50%라고 할 때, 총 20문제 중 정답을 맞힌 문제가 틀린 문제보다 많을 확률은 얼마인가?

① $\dfrac{7}{16}$ ② $\dfrac{16}{32}$ ③ $\dfrac{1}{2}$ ④ $\dfrac{17}{32}$ ⑤ $\dfrac{9}{16}$

38 7%의 소금물 A가 200g, 11%의 소금물 B가 300g이 있다. A와 B를 전부 섞은 후 기존 무게의 30%가 될 때까지 가열한 후 14%의 소금물 C 250g과 전부 혼합하였다. 이때 소금물 C까지 혼합한 용액의 최종 소금물 농도는 얼마인가?

① 14.5%   ② 16.0%   ③ 17.5%   ④ 19.0%   ⑤ 20.5%

39 A가 혼자 하면 36시간이, B가 혼자 하면 40시간이 걸리는 설비 조립이 있다. A와 B가 같이 30일 동안 조립하여 완성된 설비는 총 몇 개인가? (단, 하루 근무시간은 A와 B 모두 8시간으로 동일하고, 휴일은 무시한다.)

① 12개　　　　② 13개　　　　③ 14개　　　　④ 15개　　　　⑤ 16개

40 일정한 속력으로 운행하는 에스컬레이터가 있다. A가 에스컬레이터를 타고 일정한 속력으로 1층에서 2층으로 걸어 올라가니 12초가 걸렸고, 같은 에스컬레이터에서 2층에서 1층으로 걸어서 내려가니 24초 후에 1층에 도달하였다. A가 에스컬레이터에 가만히 서서 올라가면 몇 초가 걸리는가? (단, A가 걷는 속력은 항상 일정하다고 가정한다.)

① 16초　　　　② 24초　　　　③ 32초　　　　④ 40초　　　　⑤ 48초

41 사탕 15개를 한 종류의 포장지를 사용하여 세 묶음으로 포장하려고 할 때, 포장 가능한 경우의 수는 몇 가지인가?

① 16가지　　　　② 17가지　　　　③ 18가지　　　　④ 19가지　　　　⑤ 20가지

42 A 주머니에는 흰 공이 3개, 검은 공이 4개 들어있고, B 주머니에는 흰 공이 5개, 검은 공이 2개 들어있다. A 주머니와 B 주머니에서 공을 각각 1개씩 꺼낼 때 흰 공이 한 개라도 나올 확률은 얼마인가?

① $\dfrac{8}{49}$　　　　② $\dfrac{11}{49}$　　　　③ $\dfrac{20}{49}$　　　　④ $\dfrac{5}{7}$　　　　⑤ $\dfrac{41}{49}$

43 어떤 보험의 가입신청자 중 남녀비율은 2:3이고, 가입승인자 중 남녀비율은 1:1이다. 이 보험의 가입승인 확률은 80%이고 여자 가입신청자가 39명일 때, 가입승인이 된 남자는 몇 명인가?

① 13명　　　　　② 18명　　　　　③ 21명　　　　　④ 23명　　　　　⑤ 26명

44 A, B, C, D가 귤을 나누어 가지려고 한다. 아래 주어진 조건대로 나누어 가졌다고 했을 때, 4명이 나누어 가진 귤의 총개수는 몇 개인가?

> A: 전체 귤의 1/3보다 5개 더 가져간다.
> B: A가 가져가고 남은 귤의 1/3보다 10개 더 가져간다.
> C: A, B가 가져가고 남은 귤의 1/2보다 5개 더 가져간다.
> D: A가 가져간 귤의 개수는 D의 3배이다.

① 114개　　　　　② 120개　　　　　③ 126개　　　　　④ 132개　　　　　⑤ 138개

45 다음은 이 대리가 수원 본사부터 출장 갈 지역까지의 거리를 나타낸 것이다. 이 대리가 수원 본사에서 각 출장지까지 이동하는 거리의 산술평균은 얼마인가?

출장지	경기 여주	강원 춘천	충북 청주	서울 강남
거리	70km	130km	100km	35km

① 83km　　　　　② 83.25km　　　　　③ 83.5km　　　　　④ 83.75km　　　　　⑤ 84km

약점 보완 해설집 p.14

완벽한 실전 대비를 위한 시간 관리 연습은 필수!

실전에서는 정해진 시간 내에 가능한 많은 문제를 정확하게 풀어야 고득점을 할 수 있습니다. 따라서 평소에 문제를 풀 때에도 정해진 시간 내에 빠르고 정확하게 푸는 시간 관리 연습을 해야 합니다. 문제 중간마다 제시되는 '시간 알림 표시'를 참고하여 총 40문제를 60분 내에 푸는 연습을 해보세요.

01 다음은 C 사탕 제조사의 최근 5년간 생산 실적을 나타낸 표이다. 최근 5년간 생산량의 중간값과 평균값의 차이는 얼마인가?

(단위: 백 톤)

연 도	2018	2019	2020	2021	2022
생산량	29.7	31.4	28.7	28.8	36.4

① 0.6   ② 0.9   ③ 1.1   ④ 1.3   ⑤ 1.6

02 갑은 A 지점에서 B 지점까지 자동차로 이동하려고 한다. 자동차가 70km/h의 속력으로 이동하면 갑이 예상한 이동 시간보다 4분 빨리 도착하고, 60km/h의 속력으로 이동하면 예상한 이동 시간보다 2분 늦게 도착한다. 갑이 예상한 이동 시간에 맞춰 이동하려면 자동차는 몇 km/h의 속력으로 이동해야 하는가?

① 42km/h   ② 58km/h   ③ 63km/h   ④ 65km/h   ⑤ 67km/h

03 A 팀은 12명의 팀원으로 구성되어 있다. 각 팀원들의 업무 능력 평가 점수 가운데 9명의 점수 총합은 630점이고, 나머지 3명 중 2명의 평균 점수는 84점, 다른 1명의 점수는 A 팀 전체의 평균 점수보다 16점이 더 높다. 이때 A 팀 전체의 평균 점수는 몇 점인가?

① 70점   ② 72점   ③ 74점   ④ 78점   ⑤ 80점

04 갑 회사의 전체 직원 중 $\frac{2}{5}$가 출퇴근 시 자가용을 이용하는 직원이고, 출퇴근 시 자가용을 이용하는 직원 중 $\frac{3}{4}$이 남자 직원이다. 출퇴근 시 자가용을 이용하지 않는 직원 중 $\frac{1}{4}$이 남자 직원이라고 할 때, 갑 회사의 남자 직원이 출퇴근 시 자가용을 이용할 확률은 얼마인가?

① $\frac{1}{3}$ ② $\frac{2}{3}$ ③ $\frac{3}{4}$ ④ $\frac{4}{5}$ ⑤ $\frac{9}{10}$

05 일회용 마스크를 12명에게 71개씩 나눠주면 남고, 13명에게 66개씩 나눠주면 모자란다. 또한 6명에게 동일한 개수로 나누어주었을 때 4개가 남는다면, 일회용 마스크의 개수로 가능한 것은 몇 개인가?

① 850 ② 856 ③ 862 ④ 868 ⑤ 874

06 세호와 현민이가 함께 작업하면 8시간 동안 1,360개의 초콜릿을 만들 수 있다. 세호가 혼자 작업하면 15분 동안 20개의 초콜릿을 만든다고 할 때, 현민이가 혼자 작업하여 1시간 동안 만들 수 있는 초콜릿은 몇 개인가?

① 60개 ② 75개 ③ 80개 ④ 90개 ⑤ 105개

07 일정한 규칙으로 나열된 수에서 빈칸에 들어갈 알맞은 숫자는 무엇인가?

| 54 66 90 126 174 234 306 390 (　　) |

① 474 ② 480 ③ 486 ④ 492 ⑤ 498

PART 7 집중공략문제

해커스공기업 PSAT 기출로 끝내는 NCS 수리 · 자료해석 집중 공략

다음은 자동차 A, B, C 3대의 주행 시험 결과에 대한 자료이다. 주행 시험 결과에 따라 연비가 가장 높은 자동차를 구매하려고 할 때, 구매할 자동차는 무엇이고, 해당 자동차의 연비는 얼마인가?

구분	사용 연료	주행 거리(km)	연료 비용(원)
A	경유	296.0	26,000
B	경유	290.7	24,700
C	휘발유	345.0	32,200

※ 1) 연료 비용은 주행 거리에 사용된 연료비를 의미함
   2) 휘발유의 리터당 가격(원/L)은 1,400원, 경유의 리터당 가격(원/L)은 1,300원임

	자동차	연비
①	A	14.8km/L
②	A	15.3km/L
③	B	15.0km/L
④	B	15.3km/L
⑤	C	15.0km/L

09 가로가 132cm이고 세로가 312cm인 공간의 바닥에 정사각형의 타일을 깔려고 하는데, 깔 수 있는 가장 큰 정사각형 타일의 한 변의 길이를 Acm, 그 타일의 개수를 B개라고 할 때, A와 B의 합은 얼마인가?

① 168   ② 192   ③ 216   ④ 240   ⑤ 298

10 다음 〈표〉는 '갑'국의 원료곡종별 및 등급별 가공단가와 A~C 지역의 가공량에 관한 자료이다. 이에 대한 〈보기〉의 설명 중 옳은 것만을 모두 고르면?

〈표 1〉 원료곡종별 및 등급별 가공단가

(단위: 천 원/톤)

원료곡종 \ 등급	1등급	2등급	3등급
쌀	118	109	100
현미	105	97	89
보리	65	60	55

〈표 2〉 A~C 지역의 원료곡종별 및 등급별 가공량

(단위: 톤)

지역	원료곡종 \ 등급	1등급	2등급	3등급	합계
A	쌀	27	35	25	87
	현미	43	20	10	73
	보리	5	3	7	15
B	쌀	23	25	55	103
	현미	33	25	21	79
	보리	9	9	5	23
C	쌀	30	35	20	85
	현미	30	37	25	92
	보리	8	30	2	40
전체	쌀	80	95	100	275
	현미	106	82	56	244
	보리	22	42	14	78

※ 가공비용＝가공단가×가공량

〈보 기〉

ㄱ. A 지역의 3등급 쌀 가공비용은 B 지역의 2등급 현미 가공비용보다 크다.

ㄴ. 1등급 현미 전체의 가공비용은 2등급 현미 전체 가공비용의 2배 이상이다.

ㄷ. 3등급 쌀과 3등급 보리의 가공단가가 각각 90천 원/톤, 50천 원/톤으로 변경될 경우, 지역별 가공비용 총액 감소폭이 가장 작은 지역은 A이다.

① ㄱ ② ㄷ ③ ㄱ, ㄴ ④ ㄱ, ㄷ ⑤ ㄴ, ㄷ

⏱ 여기까지 12분 내에 풀어야 합니다.

11 다음은 근골격계 작업위험 요인 노출 정도에 대한 설문조사 결과이다. 이에 대한 설명으로 옳은 것은?

〈표〉 근골격계 작업위험 요인 노출 정도 설문조사 결과

(단위: %)

구분		25회 이상	20회 이상 25회 미만	15회 이상 20회 미만	10회 이상 15회 미만	5회 이상 10회 미만	1회 이상 5회 미만	없음
성별	남성	1.8	3.7	5.3	9.2	22.5	35.9	21.6
	여성	0.6	1.9	2.9	6.2	19.9	39.9	28.6
연령별	15~19세	1.8	4.0	3.0	6.9	26.0	41.9	16.4
	20~29세	0.7	1.6	3.2	5.8	17.7	41.3	29.7
	30~39세	0.9	2.2	3.3	5.9	16.1	41.3	30.3
	40~49세	1.5	2.7	3.8	7.5	19.2	38.8	26.5
	50~59세	1.7	4.1	5.5	9.5	23.9	34.6	20.7
	60세 이상	1.4	3.8	5.6	10.5	29.9	32.0	16.8

※ 위 설문은 근무 시간 동안 10kg의 물건을 드는 횟수에 대하여 응답한 결과임

① 10kg의 물건을 15회 이상 20회 미만 횟수로 드는 작업을 하는 남성의 수가 여성의 수보다 많다.

② 10kg의 물건을 드는 횟수가 25회 이상이라고 응답한 15~19세의 응답자와 남성의 수는 같다.

③ 최소 1회 이상 10kg의 물건을 드는 작업을 하는 사람은 연령대별로 각각 75% 이상이다.

④ 작업 횟수가 5회 이상 10회 미만인 응답자 대비 10회 이상 15회 미만인 응답자의 비율은 남성이 여성보다 높다.

⑤ 연령대가 낮아질수록 작업 횟수가 1회 이상 5회 미만이라고 응답한 사람이 많다.

12 다음 〈표〉는 '갑'공기업의 신규 사업 선정을 위한 2개 사업(A, B) 평가에 관한 자료이다. 〈표〉와 〈조건〉에 근거한 〈보기〉의 설명 중 옳은 것만을 고르면?

〈표 1〉 A와 B 사업의 평가 항목별 원점수

(단위: 점)

구분	평가 항목	A 사업	B 사업
사업적 가치	경영전략 달성 기여도	80	90
	수익창출 기여도	80	90
공적 가치	정부정책 지원 기여도	90	80
	사회적 편익 기여도	90	80
참여 여건	전문인력 확보 정도	70	70
	사내 공감대 형성 정도	70	70

※ 평가 항목별 원점수는 100점 만점임.

〈표 2〉 평가 항목별 가중치

(단위: 점)

구분	평가 항목	가중치
사업적 가치	경영전략 달성 기여도	0.2
	수익창출 기여도	0.1
공적 가치	정부정책 지원 기여도	0.3
	사회적 편익 기여도	0.2
참여 여건	전문인력 확보 정도	0.1
	사내 공감대 형성 정도	0.1
계		1.0

─〈조 건〉─

○ 신규 사업 선정을 위한 각 사업의 최종 점수는 평가 항목별 원점수에 해당 평가 항목의 가중치를 곱한 값을 모두 합하여 산정함.
○ A와 B 사업 중 최종 점수가 더 높은 사업을 신규 사업으로 최종 선정함.

─〈보 기〉─

ㄱ. 각 사업의 6개 평가 항목 원점수의 합은 A 사업과 B 사업이 같다.
ㄴ. '공적 가치'에 할당된 가중치의 합은 '참여 여건'에 할당된 가중치의 합보다 작고, '사업적 가치'에 할당된 가중치의 합보다 크다.
ㄷ. '갑'공기업은 A 사업을 신규 사업으로 최종 선정한다.
ㄹ. '정부정책 지원 기여도' 가중치와 '수익창출 기여도' 가중치를 서로 바꾸더라도 최종 선정되는 신규 사업은 동일하다.

① ㄱ, ㄴ   ② ㄱ, ㄷ   ③ ㄱ, ㄹ   ④ ㄴ, ㄹ   ⑤ ㄷ, ㄹ

13 다음 〈표〉와 〈그림〉은 2019년 '갑'국의 A~J 지역별 산불피해 현황에 관한 자료이다. 이에 대한 〈보기〉의 설명 중 옳은 것만을 모두 고르면?

〈표〉 A~J 지역별 산불 발생건수

(단위: 건)

지역	A	B	C	D	E	F	G	H	I	J
산불 발생건수	516	570	350	277	197	296	492	623	391	165

〈그림 1〉 A~J 지역별 산불 발생건수 및 피해액

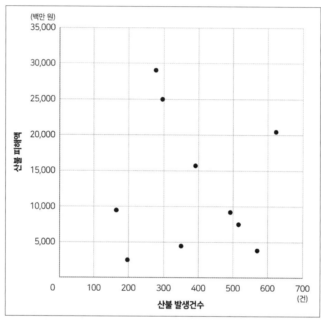

※ 산불 피해액은 산불로 인한 손실 금액을 의미함.

〈그림 2〉 A~J 지역별 산불 발생건수 및 피해재적

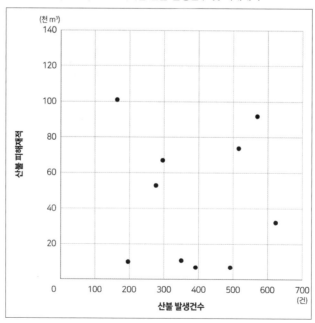

※ 산불 피해재적은 산불 피해를 입은 입목의 재적을 의미함.

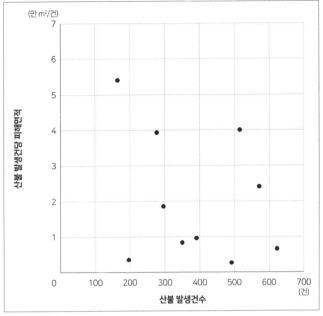

〈그림 3〉 A~J 지역별 산불 발생건수 및 발생건당 피해면적

※ 산불 피해면적은 산불이 발생하여 지상입목, 관목, 시초 등을 연소시키면서 지나간 면적을 의미함.

〈보 기〉

ㄱ. 산불 발생건당 피해면적은 J 지역이 가장 크다.
ㄴ. 산불 발생건당 피해재적은 B 지역이 가장 크고 E 지역이 가장 작다.
ㄷ. 산불 발생건당 피해액은 D 지역이 가장 크고 B 지역이 가장 작다.
ㄹ. 산불 피해면적은 H 지역이 가장 크고 E 지역이 가장 작다.

① ㄱ, ㄴ
② ㄱ, ㄷ
③ ㄱ, ㄹ
④ ㄴ, ㄷ
⑤ ㄷ, ㄹ

14 다음은 결함이 있는 유리 기판 450개의 추정 결함 원인과 실제 결함 원인을 나타낸 자료이다. 이에 대한 설명으로 옳은 것만을 모두 고르면?

〈표〉 유리 기판 추정 결함 원인과 실제 결함 원인

(단위: 개)

추정＼실제	표면 흠집	깨짐	표면 얼룩	내부 이물	두께 불균일	계
표면 흠집	54	8	12	5	14	93
깨짐	11	49	19	8	13	100
표면 얼룩	12	9	67	7	6	101
내부 이물	5	11	14	32	2	64
두께 불균일	6	13	15	10	48	92
계	88	90	127	62	83	450

※ 1) 전체 인식률＝추정 결함 원인과 실제 결함 원인이 동일한 유리 기판의 개수 / 결함이 있는 유리 기판의 개수
　 2) 인식률＝추정 결함 원인과 실제 결함 원인이 동일한 유리 기판의 개수 / 추정 결함에 해당되는 유리 기판의 개수
　 3) 오류율＝1－인식률

〈보 기〉

ㄱ. 전체 인식률은 0.6 이상이다.
ㄴ. 표면 얼룩의 오류율이 표면 흠집의 오류율보다 작다.
ㄷ. 실제 결함 원인 상위 3개 항목은 추정 결함 원인 상위 3개 항목과 동일하다.
ㄹ. 표면 흠집의 인식률이 두께 불균일의 인식률보다 작다.

① ㄱ, ㄴ
② ㄱ, ㄷ
③ ㄴ, ㄷ
④ ㄴ, ㄹ
⑤ ㄷ, ㄹ

15 다음은 2018년 대비 2019년에 음식점 종목을 유지·변경한 사업체 수를 나타낸 자료이다. 이에 대한 설명으로 옳지 않은 것은?

〈표〉 음식점 종목별 사업체 수

(단위: 개)

구분		2019					
		한식	중식	양식	일식	기타 외국식	계
2018	한식	2,987	158	268	187	59	3,659
	중식	245	3,897	125	178	35	4,480
	양식	148	114	2,741	268	47	3,318
	일식	348	477	97	1,854	84	2,860
	기타 외국식	312	201	108	134	458	1,213
	계	4,040	4,847	3,339	2,621	683	15,530

① 주어진 시기에 음식점 종목을 변경한 업체는 전체의 30% 이하이다.

② 한식에서 다른 종목으로 변경한 업체가 기타 외국식에서 다른 종목으로 변경한 업체보다 적다.

③ 중식에서 일식으로 변경한 업체가 양식에서 중식으로 변경한 업체보다 많다.

④ 2019년 종목별 업체 수의 전년 대비 증가율은 중식이 한식보다 높다.

⑤ 매년 종목별 업체 수의 순위는 동일하다.

16 다음 〈표〉는 블로그 이용자와 트위터 이용자를 대상으로 설문조사한 결과이다. 이를 정리한 〈보기〉의 그림 중 옳은 것을 모두 고르면?

〈표〉 블로그 이용자와 트위터 이용자 대상 설문조사 결과

(단위: %)

구분		블로그 이용자	트위터 이용자
성	남자	53.4	53.2
	여자	46.6	46.8
연령	15~19세	11.6	13.1
	20~29세	23.3	47.9
	30~39세	27.4	29.5
	40~49세	25.0	8.4
	50~59세	12.7	1.1
교육수준	중졸 이하	2.0	1.6
	고졸	23.4	14.7
	대졸	66.1	74.4
	대학원 이상	8.5	9.3
소득수준	상	5.5	3.6
	중	74.2	75.0
	하	20.3	21.4

※ 15세 이상 60세 미만의 1,000명의 블로그 이용자와 2,000명의 트위터 이용자를 대상으로 하여 동일 시점에 각각 독립적으로 조사하였으며 무응답과 응답자의 중복은 없음

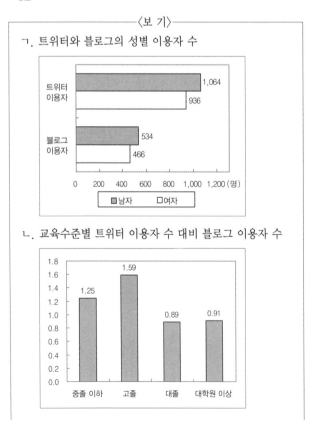

〈보기〉

ㄱ. 트위터와 블로그의 성별 이용자 수

ㄴ. 교육수준별 트위터 이용자 수 대비 블로그 이용자 수

ㄷ. 블로그 이용자와 트위터 이용자의 소득수준별 구성비

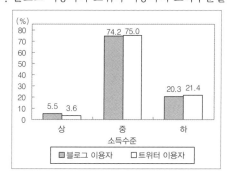

ㄹ. 연령별 블로그 이용자와 트위터 이용자의 구성비

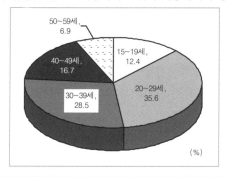

① ㄱ, ㄴ

② ㄱ, ㄷ

③ ㄴ, ㄷ

④ ㄴ, ㄹ

⑤ ㄷ, ㄹ

17 다음 〈표〉는 임진왜란 전기·후기 전투 횟수에 관한 자료이다. 이에 대한 설명으로 옳지 않은 것은?

〈표〉 임진왜란 전기·후기 전투 횟수

(단위: 회)

구분	시기	전기		후기		합계
		1592년	1593년	1597년	1598년	
전체 전투		70	17	10	8	105
공격 주체	조선측 공격	43	15	2	8	68
	일본측 공격	27	2	8	0	37
전투 결과	조선측 승리	40	14	5	6	65
	일본측 승리	30	3	5	2	40
조선의 전투인력 구성	관군 단독전	19	8	5	6	38
	의병 단독전	9	1	0	0	10
	관군·의병 연합전	42	8	5	2	57

① 전체 전투 대비 일본측 공격 비율은 임진왜란 전기에 비해 임진왜란 후기가 낮다.

② 조선측 공격이 일본측 공격보다 많았던 해에는 항상 조선측 승리가 일본측 승리보다 많았다.

③ 전체 전투 대비 관군 단독전 비율은 1598년이 1592년의 2배 이상이다.

④ 1592년 조선이 관군·의병 연합전으로 거둔 승리는 그 해 조선측 승리의 30% 이상이다.

⑤ 1598년에는 관군 단독전 중 조선측 승리인 경우가 있다.

기출: 13 민경채

18 다음 〈그림〉은 2012년 1~4월 동안 월별 학교폭력 신고에 대한 자료이다. 이에 대한 설명으로 옳은 것은?

〈그림 1〉 월별 학교폭력 신고 건수

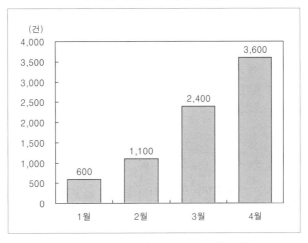

〈그림 2〉 월별 학교폭력 주요 신고자 유형별 비율

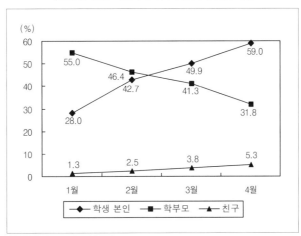

① 1월에 학부모의 학교폭력 신고 건수는 학생 본인의 학교폭력 신고 건수의 2배 이상이다.

② 학부모의 학교폭력 신고 건수는 매월 감소하였다.

③ 2~4월 중에서 전월 대비 학교폭력 신고 건수 증가율이 가장 높은 달은 3월이다.

④ 학생 본인의 학교폭력 신고 건수는 1월이 4월의 10% 이상이다.

⑤ 학교폭력 발생 건수는 매월 증가하였다.

19 다음 〈그림〉은 우리나라의 지역별 한옥건설업체 수 현황이다. 이에 대한 〈보기〉의 설명 중 옳은 것만을 모두 고르면?

〈그림〉 지역별 한옥건설업체 수 현황

(단위: 개)

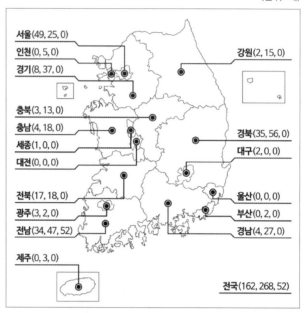

서울(49, 25, 0)
인천(0, 5, 0)
경기(8, 37, 0)
강원(2, 15, 0)
충북(3, 13, 0)
충남(4, 18, 0)
세종(1, 0, 0)
대전(0, 0, 0)
경북(35, 56, 0)
대구(2, 0, 0)
전북(17, 18, 0)
광주(3, 2, 0)
전남(34, 47, 52)
울산(0, 0, 0)
부산(0, 2, 0)
경남(4, 27, 0)
제주(0, 3, 0)
전국(162, 268, 52)

※ 1) 한옥건설업체는 설계업체, 시공업체, 자재업체로 구분됨
   2) 지역명(A, B, C)의 A, B, C는 해당 지역 한옥건설업체의 설계업체 수, 시공업체 수, 자재업체 수를 각각 의미함
   3) 수도권은 서울, 인천, 경기로 구성됨

〈보 기〉

ㄱ. 설계업체 수가 시공업체 수보다 많은 지역의 수는 한옥건설업체가 없는 지역의 수보다 많다.
ㄴ. 전국의 설계업체 수는 시공업체 수보다 많다.
ㄷ. 수도권 시공업체 중 서울 시공업체가 차지하는 비중은 전국 설계업체 중 수도권 설계업체가 차지하는 비중보다 크다.
ㄹ. 설계업체 수 기준 상위 2개 지역의 설계업체 수 합은 전국 설계업체 수의 50% 미만이다.

① ㄱ, ㄴ
② ㄱ, ㄷ
③ ㄴ, ㄹ
④ ㄱ, ㄷ, ㄹ
⑤ ㄴ, ㄷ, ㄹ

20 다음 〈표〉는 5개 구간(A~E)의 교통수단별 소요시간 및 비용에 관한 자료이다. 이에 대한 설명으로 옳은 것은?

〈표〉 교통수단별 소요시간 및 비용

(단위: 분, 원)

구간 \ 구분	교통수단	고속열차	일반열차	고속버스	일반버스
A	소요시간	160	290	270	316
	비용	53,300	40,700	32,800	27,300
B	소요시간	181	302	245	329
	비용	48,600	39,300	29,300	26,500
C	소요시간	179	247	210	264
	비용	36,900	32,800	25,000	22,000
D	소요시간	199	287	240	300
	비용	41,600	37,800	29,200	25,400
E	소요시간	213	283	250	301
	비용	42,800	39,300	29,500	26,400

① C 구간에서 비용이 35,000원 이하인 교통수단 중 소요시간당 비용이 가장 큰 교통수단은 고속버스이다.

② 고속열차와 일반버스 간 소요시간 차이가 가장 작은 구간과 고속열차와 일반버스 간 비용 차이가 가장 작은 구간은 동일하다.

③ 고속열차 이용 시 소요시간당 비용은 D 구간이 E 구간보다 작다.

④ 고속버스가 일반열차보다 소요시간과 비용이 모두 작은 구간은 4개이다.

⑤ A 구간에서 교통수단 간 소요시간 차이가 클수록 비용 차이도 크다.

🕐 여기까지 28분 내에 풀어야 합니다.

21 다음 〈표〉는 2021년 A 시 자녀장려금 수급자의 특성별 수급횟수를 조사한 자료이다. 이에 대한 〈보기〉의 설명 중 옳은 것만을 모두 고르면?

〈표〉 자녀장려금 수급자 특성별 수급횟수 비중

(단위: 명, %)

수급자 특성		수급자 수	수급횟수			
대분류	소분류		1회	2회	3회	4회 이상
연령대	20대 이하	8	37.5	25.0	0.0	37.5
	30대	583	37.2	30.2	19.0	13.6
	40대	347	34.9	27.7	23.9	13.5
	50대 이상	62	29.0	30.6	35.5	4.8
자녀 수	1명	466	42.3	28.1	19.7	9.9
	2명	459	31.2	31.8	22.2	14.8
	3명	66	27.3	22.7	27.3	22.7
	4명 이상	9.0	11.1	11.1	44.4	33.3
주택보유여부	무주택	732	35.0	29.5	22.0	13.5
	유주택	268	38.4	28.7	20.5	12.3
전체		1,000	35.9	29.3	21.6	13.2

─〈보 기〉─

ㄱ. 자녀장려금 수급자의 전체 수급횟수는 2,000회 이상이다.
ㄴ. 자녀장려금을 1회 수령한 수급자 수는 30대가 40대의 1.5배 이상이다.
ㄷ. 자녀 수가 2명인 수급자의 자녀장려금 전체 수급횟수는 자녀 수가 1명인 수급자의 자녀장려금 전체 수급횟수보다 많다.
ㄹ. 자녀장려금을 2회 이상 수령한 수급자 수는 무주택 수급자가 유주택 수급자의 2.5배 이상이다.

① ㄱ
② ㄷ, ㄹ
③ ㄱ, ㄴ, ㄷ
④ ㄱ, ㄴ, ㄹ
⑤ ㄴ, ㄷ, ㄹ

22 다음 〈표〉는 2013년 수도권 3개 지역의 지역 간 화물 유동량에 대한 자료이다. 이를 이용하여 작성한 그림으로 옳지 않은 것은?

〈표〉 2013년 수도권 3개 지역 간 화물 유동량

(단위: 백만 톤)

출발 지역＼도착 지역	서울	인천	경기	합
서울	59.6	8.5	0.6	68.7
인천	30.3	55.3	0.7	86.3
경기	78.4	23.0	3.2	104.6
계	168.3	86.8	4.5	–

※ 수도권 외부와의 화물 이동은 고려하지 않음

① 수도권 출발 지역별 경기 도착 화물 유동량

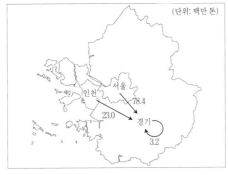

② 수도권 3개 지역별 도착 화물 유동량

③ 수도권 3개 지역의 상호 간 화물 유동량

④ 수도권 3개 지역별 출발 화물 유동량

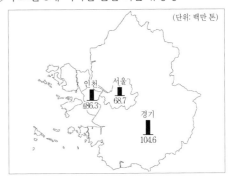

※ '상호 간 화물 유동량'은 두 지역 간 출발 화물 유동량과 도착 화물 유동량의 합임.

⑤ 인천 도착 화물 유동량의 수도권 출발 지역별 비중

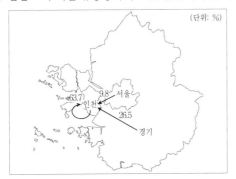

23 다음 〈표〉는 2011년 A 국의 학교급별 특수학급 현황을 나타낸 것이다. 이에 대한 〈보기〉의 설명 중 옳은 것만을 모두 고르면?

〈표〉 2011년 A 국의 학교급별 특수학급 현황

(단위: 개교)

학교급	구분	학교 수	장애학생 배치학교 수	특수학급 설치학교 수
초등학교	국공립	5,868	4,596	3,668
	사립	76	16	4
중학교	국공립	2,581	1,903	1,360
	사립	571	309	52
고등학교	국공립	1,335	1,013	691
	사립	948	494	56
전체	국공립	9,784	7,512	5,719
	사립	1,595	819	112

※ 특수학급 설치율(%)= $\dfrac{\text{특수학급 설치학교 수}}{\text{장애학생 배치학교 수}} \times 100$

〈보 기〉

ㄱ. 특수학급 설치율은 국공립초등학교가 사립초등학교보다 4배 이상 높다.
ㄴ. 모든 학교급에서 국공립학교의 특수학급 설치율은 50% 이상이다.
ㄷ. 전체 사립학교와 전체 국공립학교의 특수학급 설치율 차이는 50%p 이상이다.
ㄹ. 학교 수에서 장애학생 배치학교 수가 차지하는 비율은 사립초등학교가 사립고등학교보다 낮다.

① ㄴ, ㄷ

② ㄷ, ㄹ

③ ㄱ, ㄴ, ㄷ

④ ㄱ, ㄴ, ㄹ

⑤ ㄴ, ㄷ, ㄹ

24 다음 〈표〉는 2008~2010년 동안 A 지역의 용도별 물 사용량 현황을 나타낸 것이다. 이에 대한 〈보기〉의 설명 중 옳지 않은 것을 모두 고르면?

〈표〉 A 지역의 용도별 물 사용량 현황

(단위: m³, %, 명)

용도 \ 연도·구분	2008 사용량	2008 비율	2009 사용량	2009 비율	2010 사용량	2010 비율
생활용수	136,762	56.2	162,790	56.2	182,490	56.1
가정용수	65,100	26.8	72,400	25.0	84,400	26.0
영업용수	11,000	4.5	19,930	6.9	23,100	7.1
업무용수	39,662	16.3	45,220	15.6	47,250	14.5
욕탕용수	21,000	8.6	25,240	8.7	27,740	8.5
농업용수	45,000	18.5	49,050	16.9	52,230	16.1
공업용수	61,500	25.3	77,900	26.9	90,300	27.8
총 사용량	243,262	100.0	289,740	100.0	325,020	100.0
사용인구	379,300		430,400		531,250	

※ 1명당 생활용수 사용량(m³/명) = $\dfrac{\text{생활용수 총 사용량}}{\text{사용인구}}$

〈보 기〉

ㄱ. 총 사용량은 2009년과 2010년 모두 전년대비 15% 이상 증가하였다.
ㄴ. 1명당 생활용수 사용량은 매년 증가하였다.
ㄷ. 농업용수 사용량은 매년 증가하였다.
ㄹ. 가정용수와 영업용수 사용량의 합은 업무용수와 욕탕용수 사용량의 합보다 매년 크다.

① ㄱ, ㄴ
② ㄴ, ㄷ
③ ㄴ, ㄹ
④ ㄱ, ㄴ, ㄹ
⑤ ㄱ, ㄷ, ㄹ

25 다음 〈표〉는 '갑'국의 2021학년도 중등교사 임용시험 과목별 접수인원 및 경쟁률 현황에 대한 자료이다. 이에 대한 〈보기〉의 설명 중 옳은 것만을 고르면?

〈표〉 2021학년도 중등교사 임용시험 과목별 접수 현황

(단위: 명)

과목 \ 구분	모집정원	접수인원	경쟁률	2020학년도 경쟁률
국어	383	6,493	16.95	19.55
영어	( )	4,235	15.92	19.10
중국어	31	819	26.42	23.98
도덕윤리	297	1,396	4.70	( )
일반사회	230	1,557	6.77	7.06
지리	150	1,047	( )	6.83
역사	229	3,268	14.27	15.22
수학	( )	4,452	12.54	14.20
물리	133	( )	7.46	7.10
화학	142	1,122	7.90	8.10
생물	159	1,535	( )	11.14
지구과학	115	795	6.91	7.25
가정	141	1,048	7.43	8.03
기술	144	424	( )	2.65
정보컴퓨터	145	( )	6.26	5.88
음악	193	2,574	( )	11.33
미술	209	1,998	9.56	10.62
체육	425	4,046	9.52	9.46

※ 경쟁률 = $\dfrac{접수인원}{모집정원}$

〈보 기〉

ㄱ. 2021학년도 경쟁률이 전년대비 하락한 과목 수는 상승한 과목 수보다 많다.
ㄴ. 2021학년도 경쟁률 상위 3과목과 접수인원 상위 3과목은 일치한다.
ㄷ. 2021학년도 경쟁률이 5.0 미만인 과목의 모집정원은 각각 150명 이상이다.
ㄹ. 2021학년도 과목별 모집정원은 수학이 영어보다 많다.

① ㄱ, ㄴ
② ㄱ, ㄷ
③ ㄱ, ㄹ
④ ㄴ, ㄷ
⑤ ㄴ, ㄹ

기출: 20 민경채

26 다음 〈그림〉은 2019년 '갑'국의 가구별 근로장려금 산정기준에 관한 자료이다. 이에 대한 〈보기〉의 설명 중 옳은 것만을 모두 고르면?

〈그림〉 2019년 가구별 근로장려금 산정기준

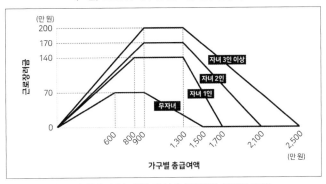

※ 2019년 가구별 근로장려금은 2018년 가구별 자녀 수와 총급여액을 기준으로 산정함.

〈보 기〉

ㄱ. 2018년 총급여액이 1,000만 원이고 자녀가 1명인 가구의 2019년 근로장려금은 140만 원이다.

ㄴ. 2018년 총급여액이 800만 원 이하인 무자녀 가구는 2018년 총급여액이 많을수록 2019년 근로장려금도 많다.

ㄷ. 2018년 총급여액이 2,200만 원이고 자녀가 3명 이상인 가구의 2019년 근로장려금은 2018년 총급여액이 600만 원이고 자녀가 1명인 가구의 2019년 근로장려금보다 적다.

ㄹ. 2018년 총급여액이 2,000만 원인 가구의 경우, 자녀가 많을수록 2019년 근로장려금도 많다.

① ㄱ, ㄷ

② ㄱ, ㄹ

③ ㄴ, ㄷ

④ ㄱ, ㄴ, ㄹ

⑤ ㄴ, ㄷ, ㄹ

27 다음 〈표 1〉은 창의경진대회에 참가한 팀 A, B, C의 '팀 인원수' 및 '팀 평균점수'이며, 〈표 2〉는 〈표 1〉에 기초하여 '팀 연합 인원수' 및 '팀 연합 평균점수'를 각각 산출한 자료이다. (가)와 (나)에 들어갈 값을 바르게 나열한 것은?

〈표 1〉 팀 인원수 및 팀 평균점수

(단위: 명, 점)

팀	A	B	C
인원수	( )	( )	( )
평균점수	40.0	60.0	90.0

※ 1) 각 참가자는 A, B, C팀 중 하나의 팀에만 속하고, 개인별로 점수를 획득함.

2) 팀 평균점수 = $\dfrac{\text{해당 팀 참가자 개인별 점수의 합}}{\text{해당 팀 참가자 인원수}}$

〈표 2〉 팀 연합 인원수 및 팀 연합 평균점수

(단위: 명, 점)

팀 연합	A+B	B+C	C+A
인원수	80	120	(가)
평균점수	52.5	77.5	(나)

※ 1) A+B는 A 팀과 B 팀, B+C는 B 팀과 C 팀, C+A는 C 팀과 A 팀의 인원을 합친 팀 연합임.

2) 팀 연합 평균점수 = $\dfrac{\text{해당 팀 연합 참가자 개인별 점수의 합}}{\text{해당 팀 연합 참가자 인원수}}$

	(가)	(나)
①	90	72.5
②	90	75.0
③	100	72.5
④	100	75.0
⑤	110	72.5

28 다음 〈표〉는 운전자 A~E의 정지시거 산정을 위해 '갑' 시험장에서 측정한 자료이다. 〈표〉와 〈정보〉에 근거하여 맑은 날과 비 오는 날의 운전자별 정지시거를 바르게 연결한 것은?

〈표〉 운전자 A~E의 정지시거 산정을 위한 자료

(단위: m/초, 초, m)

구분 운전자	자동차	운행속력	반응시간	반응거리	마찰계수	
					맑은 날	비 오는 날
A	가	20	2	40	0.4	0.1
B	나	20	2	( )	0.4	0.2
C	다	20	1.6	( )	0.8	0.4
D	나	20	2.4	( )	0.4	0.2
E	나	20	1.4	( )	0.4	0.2

─── 〈정 보〉 ───

○ 정지시거 = 반응거리 + 제동거리
○ 반응거리 = 운행속력 × 반응시간
○ 제동거리 = $\dfrac{(운행속력)^2}{2 \times 마찰계수 \times g}$

(단, g는 중력가속도이며 10m/초²으로 가정함)

	운전자	맑은 날 정지시거[m]	비 오는 날 정지시거[m]
①	A	120	240
②	B	90	160
③	C	72	82
④	D	98	158
⑤	E	78	128

29 다음 〈그림〉은 2014~2020년 연말 기준 '갑'국의 국가채무 및 GDP에 관한 자료이다. 이에 대한 〈보기〉의 설명 중 옳은 것만을 모두 고르면?

〈그림 1〉 GDP 대비 국가채무 및 적자성채무 비율 추이

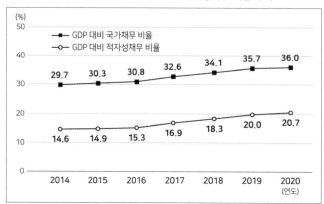

※ 국가채무 = 적자성채무 + 금융성채무

〈그림 2〉 GDP 추이

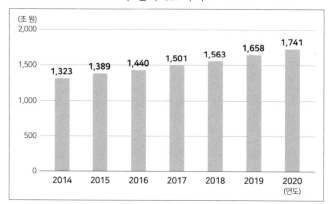

〈보 기〉

ㄱ. 2020년 국가채무는 2014년의 1.5배 이상이다.
ㄴ. GDP 대비 금융성채무 비율은 매년 증가한다.
ㄷ. 적자성채무는 2019년부터 300조 원 이상이다.
ㄹ. 금융성채무는 매년 국가채무의 50% 이상이다.

① ㄱ, ㄴ

② ㄱ, ㄷ

③ ㄴ, ㄹ

④ ㄱ, ㄷ, ㄹ

⑤ ㄴ, ㄷ, ㄹ

30 다음 〈표〉는 최근 이사한 100가구의 이사 전후 주택규모에 관한 조사 결과이다. 이에 대한 〈보기〉의 설명 중 옳은 것만을 모두 고르면?

〈표〉 이사 전후 주택규모 조사 결과

(단위: 가구)

이사 후 \ 이사 전	소형	중형	대형	합
소형	15	10	( )	30
중형	( )	30	10	( )
대형	5	10	15	( )
계	( )	( )	( )	100

※ 주택규모는 '소형', '중형', '대형'으로만 구분하며, 동일한 주택규모는 크기도 같음.

〈보 기〉

ㄱ. 주택규모가 이사 전 '소형'에서 이사 후 '중형'으로 달라진 가구는 없다.
ㄴ. 이사 전후 주택규모가 달라진 가구 수는 전체 가구 수의 50% 이하이다.
ㄷ. 주택규모가 '대형'인 가구 수는 이사 전이 이사 후보다 적다.
ㄹ. 이사 후 주택규모가 커진 가구 수는 이사 후 주택규모가 작아진 가구 수보다 많다.

① ㄱ, ㄴ

② ㄱ, ㄷ

③ ㄴ, ㄹ

④ ㄷ, ㄹ

⑤ ㄱ, ㄴ, ㄷ

⏱ 여기까지 44분 내에 풀어야 합니다.

31 다음 〈표〉는 지역별 마약류 단속에 관한 자료이다. 이에 대한 설명으로 옳은 것은?

〈표〉 지역별 마약류 단속 건수

(단위: 건, %)

마약류 지역	대마	마약	향정신성의약품	합	비중
서울	49	18	323	390	22.1
인천·경기	55	24	552	631	35.8
부산	6	6	166	178	10.1
울산·경남	13	4	129	146	8.3
대구·경북	8	1	138	147	8.3
대전·충남	20	4	101	125	7.1
강원	13	0	35	48	2.7
전북	1	4	25	30	1.7
광주·전남	2	4	38	44	2.5
충북	0	0	21	21	1.2
제주	0	0	4	4	0.2
전체	167	65	1,532	1,764	100.0

※ 1) 수도권은 서울과 인천·경기를 합한 지역임
　 2) 마약류는 대마, 마약, 향정신성의약품으로만 구성됨

① 대마 단속 전체 건수는 마약 단속 전체 건수의 3배 이상이다.

② 수도권의 마약류 단속 건수는 마약류 단속 전체 건수의 50% 이상이다.

③ 마약 단속 건수가 없는 지역은 5곳이다.

④ 향정신성의약품 단속 건수는 대구·경북 지역이 광주·전남 지역의 4배 이상이다.

⑤ 강원 지역은 향정신성의약품 단속 건수가 대마 단속 건수의 3배 이상이다.

32 다음 〈표〉는 A 회사 지사들의 교육훈련 유형별 직원참여율이다. 〈표〉의 내용을 나타낸 것 중 옳지 않은 것은?

〈표〉 지사별 교육훈련 유형별 직원참여율

(단위: 명, %)

지사	교육훈련 유형 직원 수	교실강의	e-러닝	현장실습	멘토링	액션러닝	팀빌딩
한국	81	59.3	88.9	22.2	23.5	6.2	25.9
홍콩	232	71.6	90.9	21.6	12.1	11.6	25.9
일본	117	59.8	93.2	10.3	38.5	1.7	0.0
중국	42	95.2	61.9	11.9	0.0	0.0	90.5
계	472	68.6	88.6	18.0	19.5	7.2	25.2

※ 1) A 회사의 지사는 4개임
   2) 직원참여율은 소수점 아래 둘째 자리에서 반올림한 수치임

① 지사 전체의 교육훈련 유형별 직원참여율

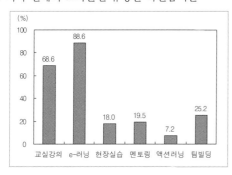

② 현장실습 참여 직원의 지사별 구성비

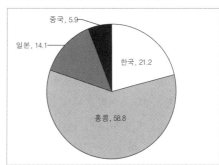

③ 지사 전체와 일본 지사의 교육훈련 유형별 직원참여율

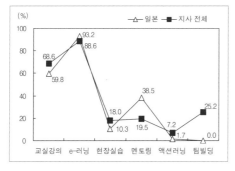

④ 한국과 홍콩 지사의 교육훈련 유형별 직원참여율

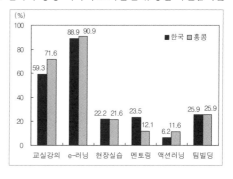

⑤ 지사별 e-러닝 참여 직원 수

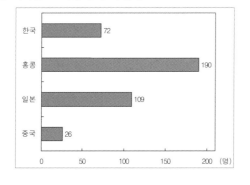

33 다음 〈그림〉은 2012~2015년 '갑'국 기업의 남성육아휴직제 시행 현황에 관한 자료이다. 이에 대한 설명으로 옳은 것은?

〈그림〉 남성육아휴직제 시행기업 수 및 참여직원 수

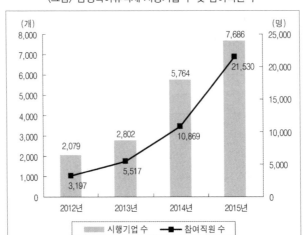

① 2013년 이후 전년보다 참여직원 수가 가장 많이 증가한 해와 시행기업 수가 가장 많이 증가한 해는 동일하다.

② 2015년 남성육아휴직제 참여직원 수는 2012년의 7배 이상이다.

③ 시행기업당 참여직원 수가 가장 많은 해는 2015년이다.

④ 2013년 대비 2015년 시행기업 수의 증가율은 참여직원 수의 증가율보다 높다.

⑤ 2012~2015년 참여직원 수 연간 증가인원의 평균은 6,000명 이하이다.

34 다음 〈표〉와 〈정보〉는 어느 상담센터에서 2013년에 실시한 상담가 유형별 가족상담건수에 관한 자료이다. 이에 근거할 때, 2013년 하반기 전문상담가에 의한 가족상담건수는?

〈표〉 2013년 상담가 유형별 가족상담건수

(단위: 건)

상담가 유형	가족상담건수
일반상담가	120
전문상담가	60

※ 가족상담은 일반상담가에 의한 가족상담과 전문상담가에 의한 가족상담으로만 구분됨

─〈정 보〉─

○ 2013년 가족상담의 30%는 상반기에, 70%는 하반기에 실시되었다.
○ 2013년 일반상담가에 의한 가족상담의 40%는 상반기에, 60%는 하반기에 실시되었다.

① 38

② 40

③ 48

④ 54

⑤ 56

35 다음 〈표〉는 2000년 극한기후 유형별 발생일수와 발생지수에 관한 자료이다. 〈표〉와 〈산정식〉에 따라 2000년 극한기후 유형별 발생지수를 산출할 때, 이에 대한 설명으로 옳은 것은?

〈표〉 2000년 극한기후 유형별 발생일수와 발생지수

유형	폭염	한파	호우	대설	강풍
발생일수(일)	16	5	3	0	1
발생지수	5.00	( )	( )	1.00	( )

※ 극한기후 유형은 폭염, 한파, 호우, 대설, 강풍만 존재함

---〈산정식〉---

극한기후 발생지수 $= 4 \times \left(\dfrac{A-B}{C-B}\right) + 1$

A = 당해년도 해당 극한기후 유형 발생일수
B = 당해년도 폭염, 한파, 호우, 대설, 강풍의 발생일수 중 최솟값
C = 당해년도 폭염, 한파, 호우, 대설, 강풍의 발생일수 중 최댓값

① 발생지수가 가장 높은 유형은 한파이다.

② 호우의 발생지수는 2.00 이상이다.

③ 대설과 강풍의 발생지수의 합은 호우의 발생지수보다 크다.

④ 극한기후 유형별 발생지수의 평균은 3.00 이상이다.

⑤ 폭염의 발생지수는 강풍의 발생지수의 5배이다.

36 다음 〈표〉는 2003~2009년 주요 국가의 연도별 이산화탄소 배출량을 나타낸 자료이다. 이에 대한 〈보기〉
의 설명 중 옳은 것을 모두 고르면?

〈표〉 주요 국가의 연도별 이산화탄소 배출량

(단위: 백만 TC)

국가 \ 연도	2003	2004	2005	2006	2007	2008	2009
중국	2,244.1	3,022.1	3,077.2	5,103.1	6,071.8	6,549.0	6,877.2
미국	4,868.7	5,138.7	5,698.1	5,771.7	5,762.7	5,586.8	5,195.0
인도	582.3	776.6	972.5	1,160.4	1,357.2	1,431.3	1,585.8
러시아	2,178.8	1,574.5	1,505.5	1,516.2	1,578.5	1,593.4	1,532.6
일본	1,064.4	1,147.9	1,184.0	1,220.7	1,242.3	1,152.6	1,092.9
독일	950.4	869.4	827.1	811.8	800.1	804.1	750.2
이란	179.6	252.3	316.7	426.8	500.8	522.7	533.2
캐나다	432.3	465.2	532.8	558.8	568.0	551.1	520.7
한국	229.3	358.6	437.7	467.9	490.3	501.7	515.5
영국	549.3	516.6	523.8	533.1	521.5	512.1	465.8
전 세계	20,966.3	21,791.6	23,492.9	27,188.3	29,047.9	29,454.0	28,999.4

※ 1) 주요 국가는 2009년 이산화탄소 배출량 상위 10개국을 의미함
　2) TC(탄소톤)는 이산화탄소 배출량 측정 단위임

〈보 기〉

ㄱ. 전 세계 이산화탄소 배출량은 매년 증가하였다.
ㄴ. 2009년 이산화탄소 배출량이 가장 많은 국가는 중국이며, 2009년 중국의 이산화탄소 배출량은 전 세
　계 이산화탄소 배출량의 20% 이상이다.
ㄷ. 러시아의 2003년과 2009년 이산화탄소 배출량 차이는 이란의 2003년과 2009년 이산화탄소 배출량
　차이보다 크다.
ㄹ. 2003년 대비 2009년 한국 이산화탄소 배출량의 증가율은 100% 이상이다.

① ㄱ, ㄴ

② ㄴ, ㄷ

③ ㄷ, ㄹ

④ ㄱ, ㄴ, ㄹ

⑤ ㄴ, ㄷ, ㄹ

37 다음 〈그림〉과 〈표〉는 F 국제기구가 발표한 2014년 3월~2015년 3월 동안의 식량 가격지수와 품목별 가격지수에 대한 자료이다. 이에 대한 설명으로 옳지 않은 것은?

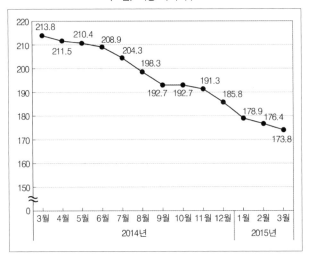

〈그림〉 식량 가격지수

〈표〉 품목별 가격지수

시기	품목	육류	낙농품	곡물	유지류	설탕
2014년	3월	185.5	268.5	208.9	204.8	254.0
	4월	190.4	251.5	209.2	199.0	249.9
	5월	194.6	238.9	207.0	195.3	259.3
	6월	202.8	236.5	196.1	188.8	258.0
	7월	205.9	226.1	185.2	181.1	259.1
	8월	212.0	200.8	182.5	166.6	244.3
	9월	211.0	187.8	178.2	162.0	228.1
	10월	210.2	184.3	178.3	163.7	237.6
	11월	206.4	178.1	183.2	164.9	229.7
	12월	196.4	174.0	183.9	160.7	217.5
2015년	1월	183.5	173.8	177.4	156.0	217.7
	2월	178.8	181.8	171.7	156.6	207.1
	3월	177.0	184.9	169.8	151.7	187.9

※ 기준 연도인 2002년의 가격지수는 100임

① 2015년 3월의 식량 가격지수는 2014년 3월에 비해 15% 이상 하락했다.

② 2014년 4월부터 2014년 9월까지 식량 가격지수는 매월 하락했다.

③ 2014년 3월에 비해 2015년 3월 가격지수가 가장 큰 폭으로 하락한 품목은 낙농품이다.

④ 육류 가격지수는 2014년 8월까지 매월 상승하다가 그 이후에는 매월 하락했다.

⑤ 2002년 가격지수 대비 2015년 3월 가격지수의 상승률이 가장 낮은 품목은 육류이다.

38 다음 〈표〉는 2008년 인터넷 부문 국제 정보화 통계에 관한 자료이다. 이에 대한 〈보기〉의 설명 중 옳은 것을 모두 고르면?

〈표〉 2008년 인터넷 부문 국제 정보화 통계

(단위: 명, 달러)

구분 순위	인터넷		초고속인터넷		초고속인터넷 요금	
	국가명	인구 100명당 이용자 수	국가명	인구 100명당 가입자 수	국가명	속도 1Mbps당 월평균 요금
1	아일랜드	90.7	덴마크	37.2	한국	0.85
2	노르웨이	85.1	네덜란드	35.8	프랑스	3.30
3	네덜란드	84.2	노르웨이	34.5	영국	4.08
4	덴마크	81.3	스위스	33.5	일본	4.79
5	스웨덴	80.9	아이슬란드	32.8	포르투갈	4.94
6	안도라	79.3	한국	32.3	이탈리아	5.28
7	핀란드	79.0	스웨덴	32.0	독일	5.64
8	룩셈부르크	78.2	핀란드	30.7	체코	6.53
9	스페인	76.7	룩셈부르크	30.2	룩셈부르크	6.81
10	한국	76.3	캐나다	29.5	덴마크	7.11
11	대만	74.4	영국	28.5	오스트리아	7.35
12	캐나다	73.1	벨기에	28.1	노르웨이	7.97
13	스위스	72.6	프랑스	28.0	네덜란드	8.83
14	미국	72.5	독일	27.4	핀란드	9.63
15	모나코	72.2	미국	25.8	미국	10.02

〈보 기〉

ㄱ. 초고속인터넷의 속도 1Mbps당 월평균 요금이 10달러 이하인 국가는 조사대상국 전체에서 15개국 미만이다.

ㄴ. 인구 100명당 초고속인터넷 가입자 수 상위 5개국 중 인구 100명당 인터넷 이용자 수가 가장 적은 국가는 스위스이다.

ㄷ. 네덜란드는 세 가지 지표 각각에서 캐나다보다 순위가 높다.

ㄹ. 세 가지 지표의 평균 순위는 한국이 덴마크보다 높다.

① ㄱ, ㄴ

② ㄱ, ㄷ

③ ㄴ, ㄹ

④ ㄱ, ㄷ, ㄹ

⑤ ㄴ, ㄷ, ㄹ

39 다음 〈그림〉과 〈표〉는 A~E 국의 건설시장에 관한 자료이다. 2010년 A~E 국의 건설시장의 주택부문 시장규모를 순서대로 나열할 때 가장 큰 국가인 (가)국과 A~E 국의 건설시장 주택부문 중 3~10층 시장규모를 순서대로 나열할 때 가장 큰 국가인 (나)국을 바르게 연결한 것은?

〈그림 1〉 건설시장의 부문별 시장규모 구성비(2010년)

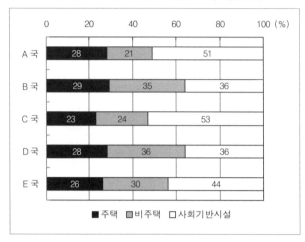

〈그림 2〉 건설시장의 주택부문에서 층수별 시장규모 구성비(2010년)

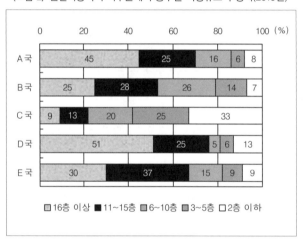

〈표〉 건설시장의 시장규모(2010년)

(단위: 조 원)

국가	A	B	C	D	E
시장규모	50	150	100	200	250

	(가)국	(나)국
①	B	C
②	D	A
③	D	B
④	E	B
⑤	E	C

40 다음 〈표〉는 일제강점기 8개 도시의 기간별 물가와 명목임금 비교지수에 관한 자료이다. 이에 대한 〈보기〉의 설명 중 옳은 것만을 모두 고르면?

〈표 1〉 일제강점기 8개 도시의 물가 비교지수

기간＼도시	경성	대구	목포	부산	신의주	원산	청진	평양
1910~1914년	1.04	0.99	0.99	0.95	0.95	1.05	1.06	0.97
1915~1919년	0.98	1.03	0.99	0.96	0.98	1.03	1.03	1.00
1920~1924년	1.03	1.01	1.01	1.03	0.96	0.99	1.05	0.92
1925~1929년	1.05	0.98	0.99	0.98	0.98	1.04	1.05	0.93
1930~1934년	1.06	0.96	0.93	0.98	1.06	1.00	1.04	0.97
1935~1939년	1.06	0.98	0.94	1.01	1.02	0.99	1.02	0.98

※ 기간별 각 도시의 물가 비교지수는 해당 기간 8개 도시 평균 물가 대비 각 도시 물가의 비율임

〈표 2〉 일제강점기 8개 도시의 명목임금 비교지수

기간＼도시	경성	대구	목포	부산	신의주	원산	청진	평양
1910~1914년	0.92	0.83	0.89	0.96	1.01	1.13	1.20	1.06
1915~1919년	0.97	0.88	0.99	0.98	0.92	1.01	1.32	0.93
1920~1924년	1.13	0.93	0.97	1.05	0.79	0.96	1.32	0.85
1925~1929년	1.05	0.83	0.91	0.98	0.95	1.05	1.36	0.87
1930~1934년	1.06	0.86	0.84	0.96	0.96	1.01	1.30	1.01
1935~1939년	0.99	0.85	0.85	0.95	1.16	1.04	1.10	1.06

※ 기간별 각 도시의 명목임금 비교지수는 해당 기간 8개 도시 평균 명목임금 대비 각 도시 명목임금의 비율임

─────〈보 기〉─────

ㄱ. 경성보다 물가가 낮은 도시는 '1910~1914년' 기간에는 5곳이고 '1935~1939년' 기간에는 7곳이다.
ㄴ. 물가와 명목임금 모두가 기간별 8개 도시 평균보다 매 기간에 걸쳐 높은 도시는 한 곳뿐이다.
ㄷ. '1910~1914년' 기간보다 '1935~1939년' 기간의 명목임금이 경성은 증가하였으나 부산은 감소하였다.
ㄹ. '1920~1924년' 기간의 명목임금은 목포가 신의주의 1.2배 이상이다.

① ㄱ, ㄷ
② ㄱ, ㄹ
③ ㄴ, ㄷ
④ ㄱ, ㄴ, ㄹ
⑤ ㄴ, ㄷ, ㄹ

⏱ 여기까지 60분 내에 풀어야 합니다.

약점 보완 해설집 p.22

변별력을 가르는 고난도 문제!

최근 NCS 수리능력 문제의 난도가 높은 편이므로 고난도 문제에 대한 대비가 필요합니다. 고난도 문제를 집중적으로 풀이하면서 난도가 높은 문제들의 정확한 풀이법을 익힌다면 실전에서도 고득점을 달성할 수 있을 것입니다.

난이도: ★★★☆☆

01 작년 A 회사의 전체 직원 수는 260명 미만이었고, 남녀 직원 수의 비는 2:3이었다. 올해는 남자 직원 수 보다 여자 직원 수를 2배 더 많이 채용하여 전체 직원 수는 320명을 초과하고, 남녀 직원 수의 비는 5:8 이 되었다. 올해 A 회사의 전체 직원 수는 몇 명인가?

① 325명　　　　② 338명　　　　③ 351명　　　　④ 364명　　　　⑤ 377명

난이도: ★★☆☆☆

02 120L 용량의 물통에 A 호스로 6분, B 호스로 7분 동안 물을 채웠더니 전체 용량의 75%가 채워졌고, A 호 스로 3분, B 호스로 12분 동안 물을 채웠더니 A 호스 하나로 12분 동안 채운 물의 양과 같았다. 같은 용량 의 물통에 A, B 두 호스로 1분 동안 물을 채울 때, 물통에 찬 물의 양은 전체 용량의 약 몇 %인가?

① 11.5%　　　　② 11.7%　　　　③ 11.9%　　　　④ 12.1%　　　　⑤ 12.3%

난이도: ★★☆☆☆

03 각각의 농도가 6%, 16%인 150g의 소금물 A와 200g의 소금물 B가 있다. A와 B를 전부 섞은 후 농도를 알 수 없는 500g의 소금물 C와도 섞은 최종 소금물 농도가 소금물 B의 농도와 동일하다고 할 때, 소금물 C의 농도는 얼마인가?

① 15%　　　　② 17%　　　　③ 19%　　　　④ 21%　　　　⑤ 23%

04 야구 선수인 '가'와 '나'는 팀 G에 소속되어 있고, 두 선수가 이번 시즌 경기에 출전할 확률은 각각 $\frac{1}{5}$, $\frac{2}{5}$이다. '가'와 '나'의 경기 출전 여부에 따라 팀 G가 승리할 확률은 다음과 같다. 어느 날 팀 G가 경기에서 승리했을 때, '가'와 '나' 모두 경기에 출전했을 확률은 얼마인가?

구분	출전 시 팀 G가 승리할 확률	미출전 시 팀 G가 승리할 확률
가	$\frac{3}{10}$	$\frac{7}{10}$
나	$\frac{1}{2}$	$\frac{1}{3}$

① $\frac{3}{62}$ ② $\frac{3}{31}$ ③ $\frac{6}{31}$ ④ $\frac{21}{62}$ ⑤ $\frac{14}{31}$

05 어떤 상인이 원가에 60%의 이윤이 남도록 정가를 책정하여 꽃을 30송이 판매한 후, 정가보다 25% 낮은 가격으로 할인가를 책정하여 꽃 50송이를 판매하였다. 80송이의 꽃을 모두 판매하여 70,000원의 이익을 얻었을 때, 꽃의 정가는 얼마인가?

① 2,000원   ② 2,500원   ③ 3,000원   ④ 3,500원   ⑤ 4,000원

06 다음 〈표〉는 A~H 지역의 화물 이동 현황에 관한 자료이다. 이에 대한 〈보기〉의 설명 중 옳은 것만을 모두 고르면?

〈표〉 화물의 지역 내, 지역 간 이동 현황

(단위: 개)

출발 지역 ＼ 도착 지역	A	B	C	D	E	F	G	H	합
A	65	121	54	52	172	198	226	89	977
B	56	152	61	55	172	164	214	70	944
C	29	47	30	22	62	61	85	30	366
D	24	61	30	37	82	80	113	45	472
E	61	112	54	47	187	150	202	72	885
F	50	87	38	41	120	188	150	55	729
G	78	151	83	73	227	208	359	115	1,294
H	27	66	31	28	94	81	116	46	489
계	390	797	381	355	1,116	1,130	1,465	522	6,156

※ 출발 지역과 도착 지역이 동일한 경우는 해당 지역 내에서 화물이 이동한 것임.

〈보 기〉

ㄱ. 도착 화물보다 출발 화물이 많은 지역은 3개이다.
ㄴ. 지역 내 이동 화물이 가장 적은 지역은 도착 화물도 가장 적다.
ㄷ. 지역 내 이동 화물을 제외할 때, 출발 화물과 도착 화물의 합이 가장 작은 지역은 출발 화물과 도착 화물의 차이도 가장 작다.
ㄹ. 도착 화물이 가장 많은 지역은 출발 화물 중 지역 내 이동 화물의 비중도 가장 크다.

① ㄱ, ㄴ
② ㄱ, ㄷ
③ ㄴ, ㄷ
④ ㄴ, ㄹ
⑤ ㄱ, ㄷ, ㄹ

07　다음 〈그림〉은 '갑' 지역의 주민을 대상으로 육교 설치에 대한 찬성 또는 반대 의견을 3차례 조사한 결과이다. 이에 대한 설명으로 옳은 것은?

〈그림〉'갑' 지역 육교 설치에 대한 1~3차 조사 결과

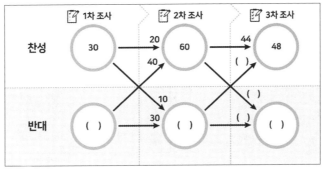

※ 1) 1~3차 조사에 응답한 사람은 모두 같고, 무응답과 복수응답은 없음.

2) 예를 들어, 찬성 ③⓪ →²⁰ ⑥⓪ 은 1차 조사에서 찬성한다고 응답한 30명 중 20명이 2차

　조사에서도 찬성한다고 응답하였고, 2차 조사에서 찬성한다고 응답한 사람은 총 60명임을 의미함.

① 3차 조사에 응답한 사람은 130명 이상이다.

② 2차 조사에서 반대한다고 응답한 사람 중 3차 조사에서도 반대한다고 응답한 사람은 32명이다.

③ 2차 조사에서 찬성한다고 응답한 사람 중 3차 조사에서 반대한다고 응답한 사람은 20명이다.

④ 1차 조사에서 반대한다고 응답한 사람 중 3차 조사에서 찬성한다고 응답한 사람은 45명 이상이다.

⑤ 1~3차 조사에서 한 번도 의견을 바꾸지 않은 사람은 30명 이상이다.

08 다음 〈그림〉과 〈표〉는 2017~2018년 A, B 기업이 '갑' 자동차 회사에 납품한 엔진과 변속기에 관한 자료이다. 이에 대한 설명으로 옳은 것은?

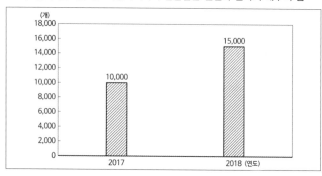

〈그림 1〉 연도별 '갑' 자동차회사가 납품받은 엔진과 변속기 개수의 합

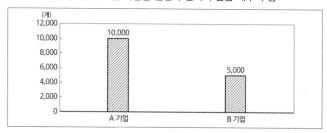

〈그림 2〉 2018년 기업별 엔진과 변속기 납품 개수의 합

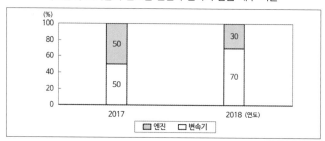

〈그림 3〉 A기업의 연도별 엔진과 변속기 납품 개수 비율

※ 1) '갑' 자동차회사는 엔진과 변속기를 2017년에는 A 기업으로부터만 납품받았으며, 2018년에는 A, B 두 기업에서만 납품받음.
　2) A, B 기업은 '갑' 자동차회사에만 납품함.
　3) 매년 '갑' 자동차회사가 납품받는 엔진 개수는 변속기 개수와 같음.

〈표〉 A, B 기업의 연도별 엔진과 변속기의 납품 단가

(단위: 만 원/개)

연도 ＼ 구분	엔진	변속기
2017	100	80
2018	90	75

① A 기업의 엔진 납품 개수는 2018년이 2017년의 80%이다.

② 2018년 B 기업은 변속기 납품 개수가 엔진 납품 개수의 12.5%이다.

③ '갑' 자동차회사가 납품받은 엔진과 변속기 납품액 합은 2018년이 2017년에 비해 30% 이상 증가하였다.

④ '갑' 자동차회사가 납품받은 변속기 납품 개수는 2018년이 2017년의 2배 이상이다.

⑤ 2018년 A, B 기업의 엔진 납품액 합은 변속기 납품액 합보다 작다.

09 다음은 지역가입자의 건강보험료 산정방법이다. 이를 근거로 할 때, 직장 퇴직 후 월 120만 원의 소득으로 생활하는 A 씨가 납부하여야 할 건강보험료는 약 얼마인가? (단, A 씨의 재산은 전세 보증금이 1억 2천만 원인 임차주택 한 채, 최초 등록일부터 9년 3개월 사용한 2,200cc의 2,800만 원 승용차 한 대이다.)

[지역가입자의 건강보험료 산정방법]

- 연 소득 100만 원 초과 세대의 건강보험료는 연 소득, 재산, 자동차 점수를 합산한 보험료 부과점수×부과점수당 금액으로 산정한다. 단, 부과점수당 금액은 189.7원이며 지역 건강보험료는 하한을 13,550원, 상한을 3,182,760원으로 한다.
- 연 소득 점수 기준의 일부는 다음과 같다.

등급	소득금액(만 원)	점수
20	1,200 초과 ~ 1,300 이하	580
21	1,300 초과 ~ 1,400 이하	609
22	1,400 초과 ~ 1,500 이하	637
23	1,500 초과 ~ 1,600 이하	666
24	1,600 초과 ~ 1,700 이하	695

- 재산 점수는 재산세 과세 대상이 되는 주택, 건물, 토지, 선박, 항공기의 재산세 과세표준금액 100%와 주택이나 건물을 소유하지 않은 경우 임차주택에 대한 보증금액의 30%를 기준으로 한다.

등급	재산금액(만 원)	점수
5	1,800 초과 ~ 2,250 이하	122
6	2,250 초과 ~ 2,700 이하	146
7	2,700 초과 ~ 3,150 이하	171
8	3,150 초과 ~ 3,600 이하	195
9	3,600 초과 ~ 4,050 이하	219
10	4,050 초과 ~ 4,500 이하	244

- 자동차 점수는 자동차의 종류 및 가격, 배기량, 사용 연수에 따라 점수가 부과된다. 단, 자동차 최초 등록일부터 월 단위로 계산하여 사용 연수가 9년 이상인 경우 점수 부과에 제외된다.

구분			사용 연수		
등급	종류 및 가격	배기량	3년 미만	3년 이상 6년 미만	6년 이상
7	4천만 원 미만 승용자동차	2,000cc 초과 ~ 2,500cc 이하	109	87	65
8	4천만 원 이상 승용자동차		155	124	93
9	4천만 원 미만 승용자동차	2,500cc 초과 ~ 3,000cc 이하	130	104	78
10	4천만 원 이상 승용자동차		186	149	111
11	승용자동차	3,000cc 초과	217	173	130

① 147,000원   ② 152,520원   ③ 157,830원   ④ 160,300원   ⑤ 162,380원

10 다음 〈표〉와 〈그림〉은 '갑'국 정당 A~D의 지방의회 의석수에 관한 자료이다. 이에 대한 〈보기〉의 설명 중 옳은 것만을 모두 고르면?

〈표〉 정당별 전국 지방의회 의석수

(단위: 석)

연도＼정당	A	B	C	D	합
2010	224	271	82	39	616
2014	252	318	38	61	669

〈그림〉 정당별 수도권 지방의회 의석수

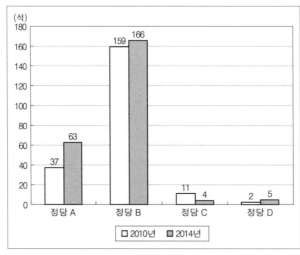

※ 1) '갑'국 지방의회 의원은 정당 A, B, C, D 소속만 있고, 무소속은 없음.
   2) 전국 지방의회 의석수＝수도권 지방의회 의석수＋비수도권 지방의회 의석수
   3) 정당별 지방의회 의석점유율(%)＝$\dfrac{\text{정당별 지방의회 의석수}}{\text{지방의회 의석수}} \times 100$

〈보 기〉

ㄱ. 정당 D의 전국 지방의회 의석점유율은 2014년이 2010년보다 높다.
ㄴ. 2010년에 비해 2014년 모든 정당의 전국 지방의회 의석수는 증가하였다.
ㄷ. 2014년 비수도권 지방의회 의석수는 정당 B가 정당 A보다 많다.
ㄹ. 정당 B의 수도권 지방의회 의석점유율은 2014년이 2010년보다 낮다.

① ㄱ, ㄴ

② ㄱ, ㄹ

③ ㄴ, ㄷ

④ ㄱ, ㄷ, ㄹ

⑤ ㄴ, ㄷ, ㄹ

11 다음 〈표〉는 2006~2010년 A 국의 가구당 월평균 교육비 지출액에 대한 자료이다. 이에 대한 설명으로 옳은 것은?

〈표〉 연도별 가구당 월평균 교육비 지출액

(단위: 원)

유형 \ 연도		2006	2007	2008	2009	2010
정규 교육비	초등교육비	14,730	13,255	16,256	17,483	17,592
	중등교육비	16,399	20,187	22,809	22,880	22,627
	고등교육비	47,841	52,060	52,003	61,430	66,519
	소계	78,970	85,502	91,068	101,793	106,738
학원 교육비	학생 학원교육비	128,371	137,043	160,344	167,517	166,959
	성인 학원교육비	7,798	9,086	9,750	9,669	9,531
	소계	136,169	146,129	170,094	177,186	176,490
기타 교육비		7,203	9,031	9,960	10,839	13,574
전체 교육비		222,342	240,662	271,122	289,818	296,802

① 2007~2010년 '전체 교육비'의 전년 대비 증가율은 매년 상승하였다.

② '전체 교육비'에서 '기타 교육비'가 차지하는 비중이 가장 큰 해는 2009년이다.

③ 2008~2010년 '초등교육비', '중등교육비', '고등교육비'는 각각 매년 증가하였다.

④ '학원교육비'의 전년 대비 증가율은 2009년이 2008년보다 작다.

⑤ '고등교육비'는 매년 '정규교육비'의 60% 이상이다.

12 다음 〈표〉는 제품 A~E의 제조원가에 관한 자료이다. 제품 A~E 중 매출액이 가장 작은 제품은?

〈표〉 제품 A~E의 고정원가, 변동원가율, 제조원가율

(단위: 원, %)

구분 제품	고정원가	변동원가율	제조원가율
A	60,000	40	25
B	36,000	60	30
C	33,000	40	30
D	50,000	20	10
E	10,000	50	10

※ 1) 제조원가＝고정원가＋변동원가

2) 고정원가율(%)＝$\dfrac{고정원가}{제조원가}×100$

3) 변동원가율(%)＝$\dfrac{변동원가}{제조원가}×100$

4) 제조원가율(%)＝$\dfrac{제조원가}{매출액}×100$

① A

② B

③ C

④ D

⑤ E

기출: 22 민경채 난이도: ★★☆☆☆

13 다음 〈표〉는 2019~2021년 '갑'국의 장소별 전기차 급속충전기 수에 관한 자료이다. 이에 대한 〈보기〉의 설명 중 옳은 것만을 모두 고르면?

〈표〉 장소별 전기차 급속충전기 수

(단위: 대)

구분	장소	2019	2020	2021
다중이용시설	쇼핑몰	807	1,701	2,701
	주유소	125	496	( )
	휴게소	( )	( )	2,099
	문화시설	757	1,152	1,646
	체육시설	272	498	604
	숙박시설	79	146	227
	여객시설	64	198	378
	병원	27	98	152
	소계	2,606	5,438	8,858
일반시설	공공시설	1,595	( )	( )
	주차전용시설	565	898	1,275
	자동차정비소	119	303	375
	공동주택	( )	102	221
	기타	476	499	522
	소계	2,784	4,550	6,145
전체		5,390	9,988	15,003

─〈보 기〉─

ㄱ. 전체 급속충전기 수 대비 '다중이용시설' 급속충전기 수의 비율은 매년 증가한다.
ㄴ. '공공시설' 급속충전기 수는 '주차전용시설'과 '쇼핑몰' 급속충전기 수의 합보다 매년 많다.
ㄷ. '기타'를 제외하고, 2019년 대비 2021년 급속충전기 수의 증가율이 가장 큰 장소는 '주유소'이다.
ㄹ. 급속충전기 수는 '휴게소'가 '문화시설'보다 매년 많다.

① ㄱ, ㄴ

② ㄱ, ㄷ

③ ㄱ, ㄹ

④ ㄴ, ㄷ

⑤ ㄴ, ㄹ

14 다음은 통계청이 발표한 2012년 초·중·고등학생의 사교육 조사결과이다. 이에 대한 설명으로 옳은 것만을 모두 고르면?

〈표 1〉 연도별 학생 수 변화

(단위: 천 명)

구분 \ 연도		2008년	2009년	2010년	2011년	2012년
전체		7,618	7,447	7,236	6,987	6,721
	초등학교	3,672	3,474	3,299	3,132	2,952
	중학교	2,039	2,007	1,975	1,911	1,849
	고등학교	1,907	1,966	1,962	1,944	1,920

〈표 2〉 학생 사교육비 총액 규모

(단위: 억 원)

구분 \ 연도		2008년	2009년	2010년	2011년	2012년
전체		209,094	216,259	208,718	201,266	190,395
	초등학교	104,307	102,309	97,080	90,461	77,554
	중학교	58,135	62,656	60,396	60,006	61,162
	고등학교	46,652	51,294	51,242	50,799	51,679

〈표 3〉 학생 1인당 월평균 사교육비 및 사교육 참여율

구분 \ 연도		2008년	2009년	2010년	2011년	2012년
사교육비(만 원)		23.3	24.2	24.0	24.0	23.6
	초등학교	24.2	24.5	24.5	24.1	21.9
	중학교	24.1	26.0	25.5	26.2	27.6
	고등학교	20.6	21.7	21.8	21.8	22.4
참여율(%)		75.1	75.0	73.6	71.7	69.4
	초등학교	87.9	87.4	86.8	84.6	80.9
	중학교	72.5	74.3	72.2	71.0	70.6
	고등학교	53.4	53.8	52.8	51.6	50.7

※ 참여율=사교육 참가 학생 수/전체 학생 수×100

〈보 기〉

2013년 12월 5일 통계청 사회통계국에서는 2012년 사교육비 조사결과를 발표하였다. 발표자료에 의하면 2012년에 2011년보다 사교육비 총액 규모가 줄어든 가장 큰 이유는 (ㄱ) 초등학생의 사교육비가 줄어들었기 때문이다. 그리고 (ㄴ) 2012년은 전년 대비 사교육비 전체 총액 규모 감소율이 전체 학생 수 감소율보다 낮으며 (ㄷ) 초등학생의 경우 매년 학생 수가 전년 대비 5% 이상씩 줄어들고 있고, 특히 2011년에 전년 대비 가장 큰 감소율을 나타내고 있다. 또한, (ㄹ) 2012년 사교육에 참가한 모든 학생의 수는 2009년에 비해 100만 명 이상 줄어들었다고 할 수 있다.

① ㄱ   ② ㄱ, ㄴ   ③ ㄱ, ㄷ

④ ㄱ, ㄹ   ⑤ ㄴ, ㄷ, ㄹ

15 다음 〈표〉는 '갑' 국의 A 지역 어린이집 현황에 대한 자료이다. 이에 대한 〈보기〉의 설명 중 옳은 것만을 모두 고르면?

〈표 1〉 A 지역 어린이집 현재 원아 수 및 정원

(단위: 명)

구분 어린이집	현재 원아 수						정원
	만 1세 이하	만 2세 이하	만 3세 이하	만 4세 이하	만 5세 이하	만 5세 초과	
예그리나	9	29	71	116	176	62	239
이든샘	9	49	91	136	176	39	215
아이온	9	29	57	86	117	33	160
윤빛	9	29	50	101	141	40	186
올고운	6	26	54	104	146	56	210
전체	42	162	323	543	756	230	—

※ 각 어린이집의 원아 수는 정원을 초과할 수 없음

〈표 2〉 원아 연령대별 보육교사 1인당 최대 보육 가능 원아 수

(단위: 명)

구분	연령대 만 1세 이하	만 1세 초과 만 2세 이하	만 2세 초과 만 3세 이하	만 3세 초과 만 4세 이하	만 4세 초과
보육교사 1인당 최대 보육 가능 원아 수	3	5	7	15	20

※ 1) 어린이집은 최소인원의 보육교사를 고용함
  2) 보육교사 1인은 1개의 연령대만을 보육함

〈보 기〉

ㄱ. '만 1세 초과 만 2세 이하'인 원아의 33% 이상은 '이든샘' 어린이집 원아이다.

ㄴ. '올고운' 어린이집의 현재 보육교사 수는 18명이다.

ㄷ. 정원 대비 현재 원아 수의 비율이 가장 낮은 어린이집은 '아이온'이다.

ㄹ. '윤빛' 어린이집은 보육교사를 추가로 고용하지 않고도 '만 3세 초과 만 4세 이하'인 원아를 최대 5명까지 더 충원할 수 있다.

① ㄱ, ㄴ

② ㄱ, ㄷ

③ ㄴ, ㄹ

④ ㄱ, ㄷ, ㄹ

⑤ ㄴ, ㄷ, ㄹ

16 다음 〈그림〉과 〈표〉는 2014년 A 국이 공여한 공적개발원조액 19억 1,430만 달러의 지역별 배분과 관련한 자료이다. 다음 〈보기〉의 설명 중 옳은 것만을 모두 고르면?

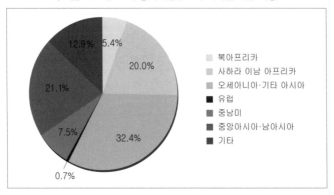

〈그림〉 2014년 A 국 공적개발원조액 지역별 배분 비중

〈표〉 2014년 A 국 공적개발원조 수원액 상위 10개국 현황

(단위: 백만 달러)

순위	국가명	수원액
1	베트남	215
2	아프가니스탄	93
3	탄자니아	68
4	캄보디아	68
5	방글라데시	61
6	모잠비크	57
7	필리핀	55
8	스리랑카	52
9	에티오피아	35
10	인도네시아	34
계		738

〈보 기〉

ㄱ. 수원액 상위 10개국의 수원액 합은 A 국 전체 공적개발원조액의 40% 이하이다.
ㄴ. '사하라 이남 아프리카'에 대한 공적개발원조액은 수원액 상위 10개국의 수원액 합보다 크다.
ㄷ. '오세아니아·기타 아시아'에 대한 공적개발원조액은 '사하라 이남 아프리카', '북아프리카', '중남미'에 대한 공적개발원조액 합보다 크다.
ㄹ. 수원액 상위 10개국을 제외한 국가들의 수원액 합은 베트남 수원액의 5배 이상이다.

① ㄱ, ㄴ

② ㄱ, ㄹ

③ ㄴ, ㄷ

④ ㄷ, ㄹ

⑤ ㄱ, ㄷ, ㄹ

17 다음 〈표〉는 전국 지역별 치매환자 수 및 치매안심센터 현황에 대한 자료이다. 이에 대한 설명으로 옳지 않은 것은?

〈표〉 전국 지역별 치매환자 수 및 치매 안심센터 현황

(단위: 개소, 명)

지역	치매안심센터	치매환자 수	치매안심센터인력	
			기존인력	신규필요인력
합계	252	724,857	1,118	5,125
서울	25	115,835	281	0
부산	16	49,840	47	380
대구	8	32,057	63	125
인천	10	32,916	160	108
광주	5	17,780	11	143
대전	5	17,066	17	142
울산	5	8,652	25	65
세종	1	2,774	10	0
경기	42	136,911	136	1,034
강원	18	30,063	60	415
충북	14	26,910	26	298
충남	16	43,402	54	399
전북	14	39,154	41	244
전남	22	47,328	35	505
경북	25	58,981	77	637
경남	20	54,300	67	519
제주	6	10,888	8	111

※ 치매안심센터인력＝기존인력＋신규필요인력
※ 단, 제시된 지역만을 고려함

① 기존인력 대비 신규필요인력의 비율은 제주가 가장 높다.

② 치매안심센터인력 중 기존인력이 신규필요인력보다 많은 곳은 서울, 인천, 세종뿐이다.

③ 치매안심센터 전체의 1/4 이상이 서울, 경기 지역에 설치되어 있다.

④ 치매안심센터인력 1명당 치매환자 수는 서울이 가장 많다.

⑤ 서울은 울산에 비해 치매안심센터인력 1명당 치매환자 수가 4배 이상이다.

18 다음 〈표〉는 2001~2012년 '갑'국 식품산업 매출액 및 생산액 추이에 대한 자료이다. 이에 대한 〈보기〉의 설명 중 옳은 것만을 모두 고르면?

〈표〉 '갑'국 식품산업 매출액 및 생산액 추이

(단위: 십억 원, %)

연도 \ 구분	식품산업 매출액	식품산업 생산액	제조업 생산액 대비 식품산업 생산액 비중	GDP 대비 식품산업 생산액 비중
2001	30,781	27,685	17.98	4.25
2002	36,388	35,388	21.17	4.91
2003	23,909	21,046	11.96	2.74
2004	33,181	30,045	14.60	3.63
2005	33,335	29,579	13.84	3.42
2006	35,699	32,695	14.80	3.60
2007	37,366	33,148	13.89	3.40
2008	39,299	36,650	14.30	3.57
2009	44,441	40,408	15.16	3.79
2010	38,791	34,548	10.82	2.94
2011	44,448	40,318	11.58	3.26
2012	47,328	43,478	12.22	3.42

〈보 기〉

ㄱ. 2012년 제조업 생산액은 2001년 제조업 생산액의 4배 이상이다.
ㄴ. 2005년 이후 식품산업 매출액의 전년 대비 증가율이 가장 큰 해는 2009년이다.
ㄷ. GDP 대비 제조업 생산액 비중은 2012년이 2007년보다 크다.
ㄹ. 2008년 '갑'국 GDP는 1,000조 원 이상이다.

① ㄱ, ㄴ

② ㄱ, ㄷ

③ ㄱ, ㄹ

④ ㄴ, ㄹ

⑤ ㄷ, ㄹ

19 다음 〈표〉는 '갑'국의 2017~2021년 소년 범죄와 성인 범죄 현황에 관한 자료이다. 이에 대한 〈보기〉의 설명 중 옳은 것만을 모두 고르면?

〈표〉 소년 범죄와 성인 범죄 현황

(단위: 명, %)

구분 연도	소년 범죄			성인 범죄			소년 범죄자 비율
	범죄자 수	범죄율	발생지수	범죄자 수	범죄율	발생지수	
2017	63,145	1,172	100.0	953,064	2,245	100.0	6.2
2018	56,962	1,132	96.6	904,872	2,160	96.2	5.9
2019	61,162	1,246	106.3	920,760	2,112	94.1	( )
2020	58,255	1,249	( )	878,991	2,060	( )	6.2
2021	54,205	1,201	102.5	878,917	2,044	91.0	5.8

※ 1) 범죄는 소년 범죄와 성인 범죄로만 구분함
   2) 소년(성인) 범죄율은 소년(성인) 인구 10만 명당 소년(성인) 범죄자 수를 의미함
   3) 소년(성인) 범죄 발생지수는 2017년 소년(성인) 범죄율을 100.0으로 할 때, 해당 연도 소년(성인) 범죄율의 상대적인 값임
   4) 소년 범죄자 비율(%) = $\dfrac{\text{소년 범죄자 수}}{\text{소년 범죄자 수 + 성인 범죄자 수}} \times 100$

〈보 기〉

ㄱ. 2017년 대비 2021년 소년 인구는 증가하고 소년 범죄자 수는 감소하였다.
ㄴ. 소년 범죄율이 2017년 대비 6.0% 이상 증가한 연도의 소년 범죄자 비율은 6.0% 이상이다.
ㄷ. 소년 범죄 발생지수와 성인 범죄 발생지수 모두 2021년이 2020년보다 작다.
ㄹ. 소년 범죄 발생지수가 전년 대비 증가한 연도에는 소년 범죄자 수도 전년 대비 증가하였다.

① ㄱ, ㄴ
② ㄱ, ㄷ
③ ㄴ, ㄷ
④ ㄴ, ㄹ
⑤ ㄷ, ㄹ

20 다음 〈표〉는 A~D 지역의 면적, 동 수 및 인구 현황에 관한 자료이다. 〈표〉와 〈조건〉을 근거로 A~D에 해당하는 지역을 바르게 나열한 것은?

〈표〉 A~D 지역의 면적, 동 수 및 인구 현황

(단위: km², %, 개, 명)

지역＼구분	면적	구성비				동 수		행정동 평균 인구
		주거	상업	공업	녹지	행정동	법정동	
A	24.5	35.0	20.0	10.0	35.0	16	30	9,175
B	15.0	65.0	35.0	0.0	0.0	19	19	7,550
C	27.0	40.0	2.0	3.0	55.0	14	13	16,302
D	21.5	30.0	3.0	45.0	22.0	11	12	14,230

※ 1) 각 지역은 용도에 따라 주거, 상업, 공업, 녹지로만 구성됨

2) 지역을 동으로 구분하는 방법에는 행정동 기준과 법정동 기준이 있음. 예를 들어, A 지역의 동 수는 행정동 기준으로 16개이지만 법정동 기준으로 30개임

〈조 건〉

○ 인구가 15만 명 미만인 지역은 '행복'과 '건강'이다.
○ 주거 면적당 인구가 가장 많은 지역은 '사랑'이다.
○ 행정동 평균 인구보다 법정동 평균 인구가 많은 지역은 '우정'이다.
○ 법정동 평균 인구는 '우정' 지역이 '행복' 지역의 3배 이상이다.

	A	B	C	D
①	건강	행복	사랑	우정
②	건강	행복	우정	사랑
③	사랑	행복	건강	우정
④	행복	건강	사랑	우정
⑤	행복	건강	우정	사랑

기출: 16 5급공채 난이도: ★★☆☆☆

21 다음 〈표〉는 2007~2013년 동안 '갑'국의 흡연율 및 금연계획률에 관한 자료이다. 이에 대한 설명으로 옳은 것은?

〈표 1〉 성별 흡연율

(단위: %)

성별 \ 연도	2007	2008	2009	2010	2011	2012	2013
남성	45.0	47.7	46.9	48.3	47.3	43.7	42.1
여성	5.3	7.4	7.1	6.3	6.8	7.9	6.1
전체	20.6	23.5	23.7	24.6	25.2	24.9	24.1

〈표 2〉 소득수준별 남성 흡연율

(단위: %)

소득수준 \ 연도	2007	2008	2009	2010	2011	2012	2013
최상	38.9	39.9	38.7	43.5	44.1	40.8	36.6
상	44.9	46.4	46.4	45.8	44.9	38.6	41.3
중	45.2	49.6	50.9	48.3	46.6	45.4	43.1
하	50.9	55.3	51.2	54.2	53.9	48.2	47.5

〈표 3〉 금연계획률

(단위: %)

구분 \ 연도	2007	2008	2009	2010	2011	2012	2013
금연계획률	59.8	56.9	( )	( )	56.3	55.2	56.5
단기 금연계획률	19.4	( )	18.2	20.8	20.2	19.6	19.3
장기 금연계획률	40.4	39.2	39.2	32.7	( )	35.6	37.2

※ 1) 흡연율(%)= $\dfrac{\text{흡연자 수}}{\text{인구수}} \times 100$

2) 금연계획률(%)= $\dfrac{\text{금연계획자 수}}{\text{흡연자 수}} \times 100$

= 단기 금연계획률 + 장기 금연계획률

① 매년 남성 흡연율은 여성 흡연율의 6배 이상이다.

② 매년 소득수준이 높을수록 남성 흡연율은 낮다.

③ 2007~2010년 동안 매년 소득수준이 높을수록 여성 흡연자 수는 적다.

④ 2008~2010년 동안 매년 금연계획률은 전년 대비 감소한다.

⑤ 2011년의 장기 금연계획률은 2008년의 단기 금연계획률의 두 배 이상이다.

22 다음 〈표〉는 2011~2015년 군 장병 1인당 1일 급식비와 조리원 충원인원에 관한 자료이다. 이에 대한 설명으로 옳지 않은 것은?

〈표〉 군 장병 1인당 1일 급식비와 조리원 충원인원

구분＼연도	2011	2012	2013	2014	2015
1인당 1일 급식비(원)	5,820	6,155	6,432	6,848	6,984
조리원 충원인원(명)	1,767	1,924	2,024	2,123	2,195
전년 대비 물가상승률(%)	5	5	5	5	5

※ 2011~2015년 동안 군 장병 수는 동일함

① 2012년 이후 군 장병 1인당 1일 급식비의 전년 대비 증가율이 가장 큰 해는 2014년이다.

② 2012년의 조리원 충원인원이 목표 충원인원의 88%라고 할 때, 2012년의 조리원 목표 충원인원은 2,100명보다 많다.

③ 2012년 이후 조리원 충원인원의 전년 대비 증가율은 매년 감소한다.

④ 2011년 대비 2015년의 군 장병 1인당 1일 급식비의 증가율은 2011년 대비 2015년의 물가상승률보다 낮다.

⑤ 군 장병 1인당 1일 급식비의 5년(2011~2015년) 평균은 2013년 군 장병 1인당 1일 급식비보다 작다.

23 다음 〈표〉는 '갑'국 국민 4,000명을 대상으로 공동인증서 비밀번호 변경 주기를 조사한 자료이다. 이에 대한 〈보기〉의 설명 중 옳은 것만을 모두 고르면?

〈표〉 공동인증서 비밀번호 변경 주기 조사 결과

(단위: 명, %)

구분		대상자 수	변경하였음					변경하지 않았음
				1년 초과	6개월 초과 1년 이하	3개월 초과 6개월 이하	3개월 이하	
전체		4,000	70.0	30.9	21.7	10.5	6.9	29.7
성별	남성	2,059	70.5	28.0	23.2	11.7	7.6	29.1
	여성	1,941	69.5	34.0	20.1	9.2	6.2	30.3
연령대	15~19세	367	55.0	22.9	12.5	12.0	7.6	45.0
	20대	702	67.7	32.5	17.0	9.5	8.7	32.3
	30대	788	74.7	33.8	20.4	11.9	8.6	24.5
	40대	922	71.0	29.5	25.1	10.1	6.4	28.5
	50대 이상	1,221	72.0	31.6	25.5	10.0	4.9	27.8
직업	전문직	691	70.3	28.7	23.7	11.4	6.5	29.2
	사무직	1,321	72.7	30.8	23.1	11.6	7.3	26.7
	판매직	374	74.3	32.4	22.2	11.5	8.3	25.4
	기능직	242	73.1	29.8	25.6	9.1	8.7	26.9
	농림어업직	22	81.8	13.6	31.8	18.2	18.2	18.2
	학생	611	58.9	27.5	12.8	11.0	7.7	41.1
	전업주부	506	73.5	36.4	24.5	7.5	5.1	26.5
	기타	233	63.5	35.6	19.3	6.0	2.6	36.1

※항목별로 중복응답은 없으며, 전체 대상자 중 무응답자는 12명임

─〈보 기〉─

ㄱ. 변경 주기가 1년 이하인 응답자 수는 남성이 여성보다 많다.

ㄴ. 전체 무응답자 중 '사무직' 남성은 2명 이상이다.

ㄷ. 20대 응답자 중 변경 주기가 6개월 이하인 비율은 40대 응답자 중 변경 주기가 6개월 이하인 비율보다 높다.

ㄹ. 비밀번호를 변경한 응답자 중 변경 주기가 1년 초과인 응답자 수는 '학생'이 '전업주부'보다 많다.

① ㄱ, ㄷ

② ㄱ, ㄹ

③ ㄴ, ㄹ

④ ㄱ, ㄴ, ㄷ

⑤ ㄴ, ㄷ, ㄹ

24 다음 〈표〉는 2013~2020년 '갑'국 재정지출에 대한 자료이다. 이에 대한 설명으로 옳지 않은 것은?

〈표 1〉 전체 재정지출

(단위: 백만 달러, %)

연도 \ 구분	금액	GDP 대비 비율
2013	487,215	34.9
2014	466,487	31.0
2015	504,426	32.4
2016	527,335	32.7
2017	522,381	31.8
2018	545,088	32.0
2019	589,175	32.3
2020	614,130	32.3

〈표 2〉 전체 재정지출 중 5대 분야 재정지출 비중

(단위: %)

분야 \ 연도	2013	2014	2015	2016	2017	2018	2019	2020
교육	15.5	15.8	15.4	15.9	16.3	16.3	16.2	16.1
보건	10.3	11.9	11.4	11.4	12.2	12.5	12.8	13.2
국방	7.5	7.7	7.6	7.5	7.8	7.8	7.7	7.6
안전	3.6	3.7	3.6	3.8	4.0	4.0	4.1	4.2
환경	3.1	2.5	2.4	2.4	2.4	2.5	2.4	2.4

① 2015~2020년 환경 분야 재정지출 금액은 매년 증가하였다.

② 2020년 교육 분야 재정지출 금액은 2013년 안전 분야 재정지출 금액의 4배 이상이다.

③ 2020년 GDP는 2013년 대비 30% 이상 증가하였다.

④ 2016년 이후 GDP 대비 보건 분야 재정지출 비율은 매년 증가하였다.

⑤ 5대 분야 재정지출 금액의 합은 매년 전체 재정지출 금액의 35% 이상이다.

25 다음 〈표〉는 작가 A의 SNS 팔로워 25,000명에 대한 자료이다. 이에 대한 설명으로 옳은 것은?

〈표 1〉 팔로워의 성별 및 연령대 비율

(단위: %)

성별＼연령대	24세 이하	25~34세	35~44세	45~54세	55~64세	65세 이상	합
여성	12.4	11.6	8.1	4.4	1.6	1.1	39.2
남성	19.6	17.4	9.9	7.6	5.4	0.9	60.8
계	32.0	29.0	18.0	12.0	7.0	2.0	100.0

〈표 2〉 팔로워의 거주지역별 수

(단위: 명)

거주 지역	서울	부산	대구	인천	광주	대전	울산	기타	전체
팔로워	13,226	2,147	1,989	1,839	1,171	1,341	( )	( )	25,000

① 34세 이하 팔로워는 45세 이상 팔로워의 3배 이상이다.

② 서울에 거주하는 34세 이하 팔로워는 3,000명 이상이다.

③ 서울에 거주하는 팔로워는 다른 모든 지역에 거주하는 팔로워의 합보다 적다.

④ 팔로워 중 10% 이상이 기타 지역에 거주하면, 울산에 거주하는 팔로워는 750명 이하이다.

⑤ 기타 지역에 거주하는 팔로워 수는 변동이 없고 다른 지역에 거주하는 팔로워만 각각 100명씩 증가하면, 광주에 거주하는 팔로워는 전체 팔로워의 5% 이상이 된다.

26 다음 〈표〉는 12대 주요 산업별 총산업인력과 기술인력 현황에 관한 자료이다. 이에 대한 〈보기〉의 설명 중 옳은 것만을 고르면?

〈표〉 12대 주요 산업별 총산업인력과 기술인력 현황

(단위: 명, %)

| 부문 | 산업 | 총산업 인력 | 기술인력 | | | |
			현원	비중	부족인원	부족률
제조	기계	287,860	153,681	53.4	4,097	( )
	디스플레이	61,855	50,100	( )	256	( )
	반도체	178,734	92,873	( )	1,528	1.6
	바이오	94,364	31,572	33.5	1,061	( )
	섬유	131,485	36,197	( )	927	2.5
	자동차	325,461	118,524	( )	2,388	2.0
	전자	416,111	203,988	( )	5,362	2.6
	조선	107,347	60,301	56.2	651	( )
	철강	122,066	65,289	( )	1,250	1.9
	화학	341,750	126,006	36.9	4,349	3.3
서비스	소프트웨어	234,940	139,454	( )	6,205	( )
	IT 비즈니스	111,049	23,120	20.8	405	( )

※ 1) 기술인력 비중(%)= $\dfrac{\text{기술인력 현원}}{\text{총산업인력}} \times 100$

2) 기술인력 부족률(%)= $\dfrac{\text{기술인력 부족인원}}{\text{기술인력 현원} + \text{기술인력 부족인원}} \times 100$

〈보 기〉

ㄱ. 디스플레이 산업의 기술인력 비중은 80% 미만이다.
ㄴ. 기술인력 비중이 50% 이상인 산업은 6개다.
ㄷ. 소프트웨어 산업의 기술인력 부족률은 5% 미만이다.
ㄹ. 기술인력 부족률이 두 번째로 낮은 산업은 반도체 산업이다.

① ㄱ, ㄴ

② ㄱ, ㄷ

③ ㄴ, ㄷ

④ ㄴ, ㄹ

⑤ ㄷ, ㄹ

27 다음 〈표〉는 2012~2016년 조세심판원의 연도별 사건처리 건수에 관한 자료이다. 이에 대한 〈보기〉의 설명 중 옳은 것만을 모두 고르면?

〈표〉 조세심판원의 연도별 사건처리 건수

(단위: 건)

구분	연도	2012	2013	2014	2015	2016
처리대상 건수	전년이월 건수	1,854	( )	2,403	2,127	2,223
	당년접수 건수	6,424	7,883	8,474	8,273	6,003
	소계	8,278	( )	10,877	10,400	8,226
처리 건수	취하 건수	90	136	163	222	163
	각하 건수	346	301	482	459	506
	기각 건수	4,214	5,074	6,200	5,579	4,322
	재조사 건수	27	0	465	611	299
	인용 건수	1,767	1,803	1,440	1,306	1,338
	소계	6,444	7,314	8,750	8,177	6,628

※ 1) 당해 연도 전년이월 건수 = 전년도 처리대상 건수 − 전년도 처리 건수

2) 처리율(%) = $\dfrac{\text{처리 건수}}{\text{처리대상 건수}} \times 100$

3) 인용률(%) = $\dfrac{\text{인용 건수}}{\text{각하 건수 + 기각 건수 + 인용 건수}} \times 100$

〈보 기〉

ㄱ. 처리대상 건수가 가장 적은 연도의 처리율은 75% 이상이다.

ㄴ. 2013~2016년 동안 취하 건수와 기각 건수의 전년 대비 증감방향은 동일하다.

ㄷ. 2013년 처리율은 80% 이상이다.

ㄹ. 인용률은 2012년이 2014년보다 높다.

① ㄱ, ㄴ

② ㄱ, ㄹ

③ ㄴ, ㄷ

④ ㄱ, ㄷ, ㄹ

⑤ ㄴ, ㄷ, ㄹ

28 다음 〈표〉는 1910년 하와이 거주민의 부모 출신지에 대한 자료이다. 이에 대한 설명으로 옳은 것은?

〈표〉 1910년 하와이 거주민의 부모 출신지

(단위: 명)

어머니＼아버지	하와이	미국 본토	일본	중국	한국	필리핀	인도	브라질	기타
하와이	6,825	311	85	553	2	2	429	14	372
미국 본토	30	820	0	9	0	0	18	0	109
일본	1	0	15,849	2	0	0	1	0	10
중국	50	6	0	4,054	0	1	0	0	0
한국	0	0	0	0	883	0	0	0	1
필리핀	0	4	0	0	0	466	0	0	0
인도	36	23	4	17	0	0	4,156	2	115
브라질	1	0	4	5	0	0	2	992	14
기타	12	53	0	0	0	0	2	3	1,688

① 아버지의 출신지가 기타인 경우는 1,758명이다.

② 중국 출신 어머니와 하와이 출신 아버지 사이에서 태어난 경우는 하와이 출신 어머니와 중국 출신 아버지 사이에서 태어난 경우보다 10배 이상 많다.

③ 아버지 또는 어머니가 일본 출신인 사람들의 수는 31,805명이다.

④ 어머니가 미국 본토 출신인 경우가 아버지의 출신지가 미국 본토인 경우보다 더 많다.

⑤ 어머니가 인도 출신이지만 아버지는 인도 출신이 아닌 사람들 중 아버지의 출신지가 미국 본토인 경우는 약 11.7%이다.

29 다음 〈표〉와 〈그림〉은 2017년 등록외국인의 성별·연령별 현황을 나타낸 자료이다. 이에 대한 〈보기〉의 설명 중 옳은 것만을 모두 고르면?

〈표〉 등록외국인의 성별 현황(2017년)

(단위: 명)

구분	여자	남자	전체
등록외국인 수	500,336	671,426	1,171,762
전년 대비 증가율	5%	2%	( )

〈그림〉 등록외국인의 연령별 현황(2017년)

(단위: 명)

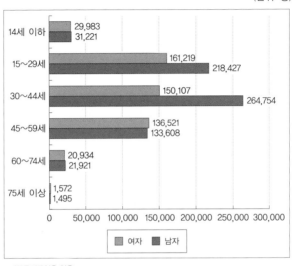

※ 미등록외국인은 없음

―〈보 기〉―

ㄱ. 29세 이하 등록외국인 수는 전체 등록외국인 수의 50% 이상이다.

ㄴ. 45~59세 남자와 여자의 등록외국인 수 차이는 14세 이하 남자와 여자의 등록외국인 수 차이와 60~74세 남자와 여자의 등록외국인 수 차이의 합보다 크다.

ㄷ. 2017년 전체 등록외국인 수의 전년 대비 증가율은 3% 이상이다.

ㄹ. 등록외국인 수가 전년 대비 가장 증가한 연령대는 30~44세이다.

① ㄱ, ㄴ

② ㄱ, ㄹ

③ ㄴ, ㄷ

④ ㄴ, ㄹ

⑤ ㄷ, ㄹ

30 다음 〈표〉는 A 지역의 저수지 현황에 대한 자료이다. 이에 대한 〈보기〉의 설명 중 옳은 것만을 모두 고르면?

〈표 1〉 관리기관별 저수지 현황

(단위: 개소, 천 m³, ha)

관리기관 \ 구분	저수지 수	총 저수용량	총 수혜면적
농어촌공사	996	598,954	69,912
자치단체	2,230	108,658	29,371
전체	3,226	707,612	99,283

〈표 2〉 저수용량별 저수지 수

(단위: 개소)

저수용량(m³)	10만 미만	10만 이상 50만 미만	50만 이상 100만 미만	100만 이상 500만 미만	500만 이상 1,000만 미만	1,000만 이상	합
저수지 수	2,668	360	100	88	3	7	3,226

〈표 3〉 제방높이별 저수지 수

(단위: 개소)

제방높이(m)	10 미만	10 이상 20 미만	20 이상 30 미만	30 이상 40 미만	40 이상	합
저수지 수	2,566	533	99	20	8	3,226

〈보 기〉

ㄱ. 관리기관이 자치단체이고 제방높이가 '10 미만'인 저수지 수는 1,600개소 이상이다.
ㄴ. 저수용량이 '10만 미만'인 저수지 수는 전체 저수지 수의 80% 이상이다.
ㄷ. 관리기관이 농어촌공사인 저수지의 개소당 수혜면적은 관리기관이 자치단체인 저수지의 개소당 수혜면적의 5배 이상이다.
ㄹ. 저수용량이 '50만 이상 100만 미만'인 저수지의 저수용량 합은 전체 저수지 총 저수용량의 5% 이상이다.

① ㄴ, ㄷ

② ㄷ, ㄹ

③ ㄱ, ㄴ, ㄷ

④ ㄱ, ㄴ, ㄹ

⑤ ㄴ, ㄷ, ㄹ

31 다음 〈표〉는 2015년 '갑'국 공항의 운항 현황을 나타낸 자료이다. 이에 대한 설명 중 옳은 것은?

〈표 1〉 운항 횟수 상위 5개 공항

(단위: 회)

국내선			국제선		
순위	공항	운항 횟수	순위	공항	운항 횟수
1	AJ	65,838	1	IC	273,866
2	KP	56,309	2	KH	39,235
3	KH	20,062	3	KP	18,643
4	KJ	5,638	4	AJ	13,311
5	TG	5,321	5	CJ	3,567
'갑'국 전체		167,040	'갑'국 전체		353,272

※ 일부 공항은 국내선만 운항함.

〈표 2〉 전년 대비 운항 횟수 증가율 상위 5개 공항

(단위: %)

국내선			국제선		
순위	공항	운항 횟수	순위	공항	운항 횟수
1	MA	229.0	1	TG	55.8
2	CJ	23.0	2	AJ	25.3
3	KP	17.3	3	KH	15.1
4	TG	16.1	4	KP	5.6
5	AJ	11.2	5	IC	5.5

① 2015년 국제선 운항 공항 수는 7개 이상이다.

② 2015년 KP 공항의 운항 횟수는 국제선이 국내선의 $\frac{1}{3}$ 이상이다.

③ 전년 대비 국내선 운항 횟수가 가장 많이 증가한 공항은 MA 공항이다.

④ 국내선 운항 횟수 상위 5개 공항의 국내선 운항 횟수 합은 전체 국내선 운항 횟수의 90% 미만이다.

⑤ 국내선 운항 횟수와 전년 대비 국내선 운항 횟수 증가율 모두 상위 5개 안에 포함된 공항은 AJ 공항이 유일하다.

32 다음 〈표〉는 우리나라의 스마트폰 사용 실태 조사 결과에 관한 자료이다. 이에 대한 〈보기〉의 설명 중 옳은 것만을 모두 고르면?

〈표 1〉 1일 평균 스마트폰 사용횟수(연령대별)

(단위: %, 회)

구분		10회 미만	10~29회	30~49회	50회 이상	평균
10대 이하	소계	78.2	15.7	4.9	1.2	7.0
	과의존위험군	18.5	49.2	25.8	6.5	21.7
	일반사용자군	92.3	7.7	0.0	0.0	3.5
20대	소계	21.5	47.0	20.8	10.7	24.0
	과의존위험군	28.5	45.7	15.1	10.7	22.2
	일반사용자군	18.5	47.6	23.2	10.7	24.8
30대	소계	23.8	40.4	21.8	14.0	26.8
	과의존위험군	21.4	32.0	28.6	18.0	32.7
	일반사용자군	24.3	42.3	20.3	13.1	25.5
40대 이상	소계	22.2	46.1	23.1	8.6	23.0
	과의존위험군	17.1	44.2	26.6	12.1	26.8
	일반사용자군	22.9	46.5	22.6	8.0	22.4

※ 과의존은 과도한 스마트폰 사용으로 스마트폰에 대한 현저성(개인의 삶에서 가장 중요한 활동이 되는 것)이 증가하고 자제력이 감소하여 문제적 결과를 경험하는 상태임

〈표 2〉 1회 스마트폰 사용시간(연령대별)

(단위: %, 분)

구분		3분 미만	3분 이상 5분 미만	5분 이상 10분 미만	10분 이상 20분 미만	20분 이상	평균
10대 이하	소계	3.1	4.1	37.9	43.4	11.5	10.9
	과의존위험군	16.2	21.5	26.7	31.9	3.7	7.2
	일반사용자군	0.0	0.0	40.5	46.2	13.3	11.8
20대	소계	16.5	20.3	24.6	33.5	5.1	7.4
	과의존위험군	12.0	10.1	25.8	44.4	7.7	9.0
	일반사용자군	18.5	24.8	24.1	28.6	4.0	6.7
30대	소계	26.6	19.9	18.7	29.8	5.0	6.8
	과의존위험군	17.1	18.2	25.6	30.0	9.1	8.2
	일반사용자군	28.6	20.2	17.3	29.8	4.1	6.5
40대 이상	소계	18.9	25.5	24.4	28.0	3.2	6.8
	과의존위험군	11.1	8.3	44.7	32.5	3.4	7.7
	일반사용자군	20.0	28.0	21.3	27.5	3.2	6.6

(단위: 명, %)

구분	계	10대 이하	20대	30대	40대 이상
표본 수	29,712	2,651	5,144	19,712	2,205
과의존위험군 비율	18.6	19.2	30.3	17.3	12.9

〈보 기〉

ㄱ. 1일 평균 스마트폰 사용시간이 가장 긴 연령층은 20대이다.

ㄴ. 1회 사용시간이 3분 미만인 40대 이상 응답자 중 과의존위험군의 비율은 40대 이상 응답자 전체의 약 1.4~1.6%
로 추정된다.

ㄷ. 30대의 경우 20대보다 1일 평균 사용횟수도 많고 1회 평균 사용시간도 길다.

① ㄱ

② ㄴ

③ ㄱ, ㄴ

④ ㄴ, ㄷ

⑤ ㄱ, ㄴ, ㄷ

33 다음 〈표〉는 2017년 기준 농림어업 생산액 상위 20개국의 GDP 및 농림어업 생산액에 관한 자료이다. 이에 대한 설명으로 옳지 않은 것은?

〈표〉 2017년 기준 농림어업 생산액 상위 20개국의 GDP 및 농림어업 생산액 현황

(단위: 십억 달러, %)

연도 구분 국가	2017			2012		
	GDP	농림어업 생산액	GDP 대비 비율	GDP	농림어업 생산액	GDP 대비 비율
중국	12,237	( )	7.9	8,560	806	9.4
인도	2,600	( )	15.5	1,827	307	16.8
미국	( )	198	1.0	16,155	194	1.2
인도네시아	1,015	133	13.1	917	122	13.3
브라질	2,055	93	( )	2,465	102	( )
나이지리아	375	78	20.8	459	100	21.8
파키스탄	304	69	( )	224	53	( )
러시아	1,577	63	4.0	2,210	70	3.2
일본	4,872	52	1.1	6,230	70	1.1
터키	851	51	6.0	873	67	7.7
이란	454	43	9.5	598	45	7.5
태국	455	39	8.6	397	45	11.3
멕시코	1,150	39	3.4	1,201	38	3.2
프랑스	2,582	38	1.5	2,683	43	1.6
이탈리아	1,934	37	1.9	2,072	40	1.9
호주	1,323	36	2.7	1,543	34	2.2
수단	117	35	29.9	68	22	32.4
아르헨티나	637	35	5.5	545	31	5.7
베트남	223	34	15.2	155	29	18.7
스페인	1,311	33	2.5	1,336	30	2.2
전세계	80,737	3,351	4.2	74,993	3,061	4.1

① 2017년 농림어업 생산액 상위 5개국 중, 농림어업 생산액의 GDP 대비 비율이 전세계보다 낮은 국가는 미국뿐이다.

② 2017년 농림어업 생산액 상위 3개국의 GDP 합은 전세계 GDP의 50% 이상이다.

③ 2017년 농림어업 생산액 상위 20개국 중, 2012년 대비 2017년 농림어업 생산액의 GDP 대비 비율이 증가한 국가는 모두 2012년 대비 2017년 GDP가 감소하였다.

④ 2017년 농림어업 생산액은 중국이 인도의 2배 이상이다.

⑤ 파키스탄은 농림어업 생산액의 GDP 대비 비율이 2012년 대비 2017년에 감소하였다.

34 다음 〈그림〉은 A 자선단체의 수입액과 지출액에 관한 자료이다. 이에 대한 설명 중 옳은 것은?

〈그림 1〉 수입액 구성비

(단위: %)

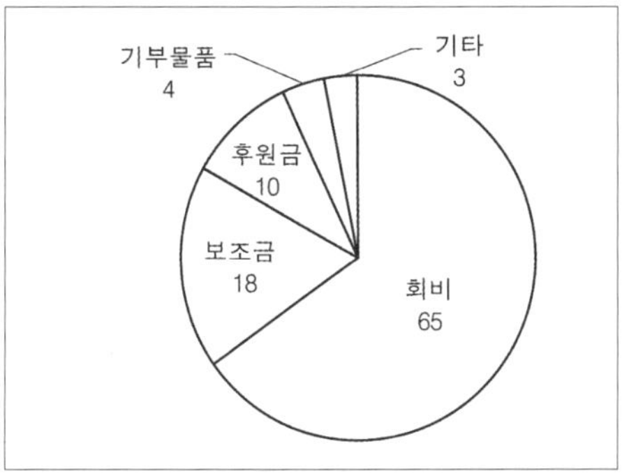

〈그림 2〉 지출액 구성비

(단위: %)

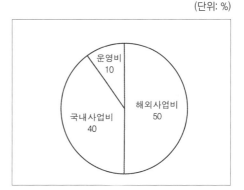

※ A 자선단체의 수입액과 지출액은 항상 같음

〈그림 3〉 국내사업비 지출액 세부 구성비

(단위: %)

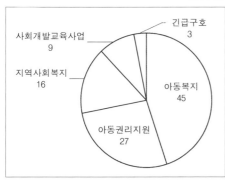

〈그림 4〉 해외사업비 지출액 세부 구성비

(단위: %)

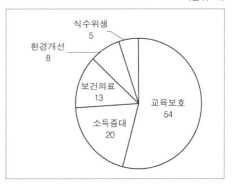

① 전체 수입액 중 후원금 수입액은 국내사업비 지출액 중 아동복지 지출액보다 많다.

② 국내사업비 지출액 중 아동권리지원 지출액은 해외사업비 지출액 중 소득증대 지출액보다 적다.

③ 국내사업비 지출액 중 아동복지 지출액과 해외사업비 지출액 중 교육보호 지출액의 합은 A 자선단체 전체 지출액의 45%이다.

④ 해외사업비 지출액 중 식수위생 지출액은 A 자선단체 전체 지출액의 2% 미만이다.

⑤ A 자선단체 전체 수입액이 6% 증가하고 지역사회복지 지출액을 제외한 다른 모든 지출액이 동일하게 유지 된다면, 지역사회복지 지출액은 2배 이상이 된다.

35 다음 〈표〉는 조선 후기 이후 인구 현황에 대한 자료이다. 이에 대한 〈보기〉의 설명 중 옳은 것만을 모두 고르면?

〈표 1〉 지역별 인구분포(1648년)

(단위: 천 명, %)

구분	전체	한성	경기	충청	전라	경상	강원	황해	평안	함경
인구	1,532	96	81	174	432	425	54	55	146	69
비중	100.0	6.3	5.3	11.4	28.2	27.7	3.5	3.6	9.5	4.5

〈표 2〉 지역별 인구지수

연도 \ 지역	한성	경기	충청	전라	경상	강원	황해	평안	함경
1648	100	100	100	100	100	100	100	100	100
1753	181	793	535	276	391	724	982	868	722
1789	197	793	499	283	374	615	1,033	888	1,009
1837	213	812	486	253	353	589	995	584	1,000
1864	211	832	505	251	358	615	1,033	598	1,009
1904	200	831	445	216	261	559	695	557	1,087

※ 1) 인구지수 = $\dfrac{\text{해당연도 해당지역 인구}}{\text{1648년 해당지역 인구}} \times 100$

　 2) 조선 후기 이후 전체 인구는 9개 지역 인구의 합임

〈보 기〉

ㄱ. 1753년 강원 지역 인구는 1648년 전라 지역 인구보다 많다.
ㄴ. 1789년 대비 1837년 인구 감소율이 가장 큰 지역은 평안이다.
ㄷ. 1864년 인구가 가장 많은 지역은 경상이다.
ㄹ. 1904년 전체 인구 대비 경기 지역 인구의 비중은 함경 지역 인구의 비중보다 크다.

① ㄱ, ㄴ

② ㄱ, ㄹ

③ ㄴ, ㄷ

④ ㄱ, ㄷ, ㄹ

⑤ ㄴ, ㄷ, ㄹ

36 다음 〈모형〉은 작물의 재배범위를 결정하기 위한 것이다. 〈모형〉과 〈표〉를 참고하여 시장과의 거리(5km 미만)에 따른 작물의 재배범위를 바르게 설명한 것은?

〈모 형〉

○ 작물재배이윤 = 시장가격 - 생산비 - 운송비
○ 운송비 = 단위거리당 운송비 × 시장과의 거리
○ 해당 지점에서 작물재배이윤이 가장 높은 작물을 생산함.
　단, 작물재배이윤이 같은 경우에는 시장가격이 높은 작물을 생산함.

〈표〉 작물별 시장가격과 비용

작물 \ 구분	시장가격(원)	생산비(원)	단위거리당 운송비(원/km)
A	1,200	200	400
B	1,000	200	200
C	900	400	100

※ 작물재배이윤, 시장가격, 생산비, 단위거리당 운송비는 1kg을 기준으로 함

① 시장에서 1km 이하 지점까지는 A, 1km 초과 5km 미만 지점까지는 B를 생산한다.

② 시장에서 1km 이하 지점까지는 A, 1km 초과 3km 이하 지점까지는 B, 3km 초과 5km 미만 지점까지는 C를 생산한다.

③ 시장에서 1km 이하 지점까지는 A, 1km 초과 4km 이하 지점까지는 B, 4km 초과 5km 미만 지점까지는 C를 생산한다.

④ 시장에서 2km 이하 지점까지는 A, 2km 초과 3km 이하 지점까지는 B, 3km 초과 5km 미만 지점까지는 C를 생산한다.

⑤ 시장에서 2km 이하 지점까지는 A, 2km 초과 5km 미만 지점까지는 C를 생산한다.

37 다음 〈표〉는 2015~2018년 지역별 교육체험과 전시 프로그램에 관한 자료이다. 이에 대한 〈보기〉의 설명 중 옳은 것만을 모두 고르면?

〈표 1〉 2015~2018년 교육체험 프로그램 참여인원 및 개최횟수

(단위: 명, 회)

구분		2015년	2016년	2017년	2018년
광주	참여인원	1,494	2,596	3,421	2,924
	개최횟수	63	108	124	149
부산	참여인원	358	500	1,354	1,730
	개최횟수	20	36	62	86
대구	참여인원	1,887	2,360	2,476	2,064
	개최횟수	124	161	159	138
대전	참여인원	–	258	2,384	2,850
	개최횟수	–	17	108	151

〈표 2〉 2015~2018년 전시 프로그램 참여인원

(단위: 명)

구분	2015년	2016년	2017년	2018년
부산	2,416	4,282	9,134	10,734
대구	4,402	2,708	351	171
대전	–	755	877	1,504

〈보 기〉

ㄱ. 〈표 1〉에서 제시된 지역 중 2018년 교육체험 프로그램 회당 참여인원이 가장 많은 지역은 부산이다.

ㄴ. 광주의 2015년 대비 2018년의 교육체험 프로그램 개최횟수의 증가율은 광주의 2015년 대비 2018년의 교육체험 프로그램 참여인원의 증가율에 비해 작다.

ㄷ. 2017년과 2018년 각각 대구와 대전의 전시 프로그램 참여인원의 합은 부산의 전시 프로그램 참여인원의 15%보다 많다.

ㄹ. 부산의 2016년 대비 2018년 전시 프로그램 참여인원의 증가율은 대전의 2016년 대비 2018년 전시 프로그램 참여인원의 증가율보다 크다.

① ㄱ, ㄴ

② ㄱ, ㄷ

③ ㄱ, ㄹ

④ ㄴ, ㄷ

⑤ ㄷ, ㄹ

38 다음 〈표〉는 2010년 1월 1일자 '갑' 기업의 팀(A~F) 간 전출·입으로 인한 직원 이동에 관한 자료이다. 이에 대한 〈보기〉의 설명 중 옳은 것을 모두 고르면?

〈표〉 '갑' 기업의 팀별 전출·입 직원 수

(단위: 명)

전출부서 \ 전입부서		식품 사업부				외식 사업부				전출 합계
		A 팀	B 팀	C 팀	소계	D 팀	E 팀	F 팀	소계	
식품 사업부	A 팀	–	4	2	6	0	4	3	7	13
	B 팀	8	–	0	8	2	1	1	4	12
	C 팀	0	3	–	3	3	0	4	7	10
	소계	8	7	2	17	5	5	8	18	35
외식 사업부	D 팀	0	2	4	6	–	0	3	3	9
	E 팀	6	1	7	14	2	–	4	6	20
	F 팀	2	3	0	5	1	5	–	6	11
	소계	8	6	11	25	3	5	7	15	40
전입합계		16	13	13	42	8	10	15	33	75

※ 1) '갑' 기업은 식품 사업부와 외식 사업부로만 구성됨

2) 표 읽기 예시: A 팀에서 전출하여 B 팀으로 전입한 직원 수는 4명임

〈보 기〉

ㄱ. 전출한 직원보다 전입한 직원이 많은 팀들의 전입 직원 수의 합은 기업 내 전체 전출·입 직원 수의 70%를 초과한다.

ㄴ. 직원이 가장 많이 전출한 팀에서 전출한 직원의 40%는 직원이 가장 많이 전입한 팀에 배치되었다.

ㄷ. 식품 사업부에서 외식 사업부로 전출한 직원 수는 외식 사업부에서 식품 사업부로 전출한 직원 수보다 많다.

ㄹ. 동일한 사업부 내에서 전출·입한 직원 수는 기업 내 전체 전출·입 직원 수의 50% 미만이다.

① ㄱ, ㄴ

② ㄱ, ㄷ

③ ㄱ, ㄹ

④ ㄴ, ㄷ

⑤ ㄷ, ㄹ

39 다음 〈그림〉은 '갑' 도시의 구별 미성년인구 및 노인인구 비율 분포에 대한 자료이다. 이에 대한 〈보기〉의 설명 중 옳은 것을 모두 고르면?

〈그림〉 구별 미성년인구 분포(좌측)와 노인인구 분포(우측)

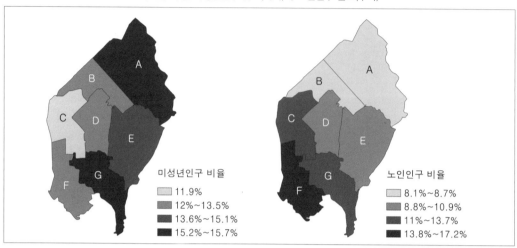

미성년인구 비율
☐ 11.9%
☐ 12%~13.5%
☐ 13.6%~15.1%
☐ 15.2%~15.7%

노인인구 비율
☐ 8.1%~8.7%
☐ 8.8%~10.9%
☐ 11%~13.7%
☐ 13.8%~17.2%

※ 1) i 구 미성년인구 비율(%)$=\dfrac{i\ 구\ 미성년인구}{i\ 구\ 전체인구}\times100(i=A{\sim}G)$

2) i 구 노인인구 비율(%)$=\dfrac{i\ 구\ 노인인구}{i\ 구\ 전체인구}\times100(i=A{\sim}G)$

〈보 기〉

ㄱ. D 구의 미성년인구 비율은 노인인구 비율보다 높다.

ㄴ. 미성년인구가 노인인구보다 많은 구는 다섯 곳 이상이다.

ㄷ. A 구와 G 구에서는 미성년인구가 노인인구에 비해 1.5배 이상 많다.

ㄹ. A 구와 D 구의 전체 인구가 각각 900명, 600명일 때 A 구의 노인인구 수는 D 구의 노인인구 수보다 많다.

ㅁ. A, B, G 구의 인구수가 각각 300명, 400명, 500명일 때 A 구와 B 구의 노인인구를 모두 더한 숫자는 G 구의 미성년인구 수보다 많다.

① ㄱ, ㄴ, ㄷ

② ㄱ, ㄴ, ㄹ

③ ㄱ, ㄷ, ㅁ

④ ㄱ, ㄹ, ㅁ

⑤ ㄴ, ㄹ, ㅁ

40 다음 〈표〉는 지점 A~E의 지점 간 주행 가능한 도로 현황 및 자동차 '갑'과 '을'의 지점 간 이동정보이다. 〈표〉와 〈조건〉에 근거한 설명으로 옳은 것은?

〈표 1〉 지점 간 주행 가능한 도로 현황

(단위: km)

도착지점 출발지점	B	C	D	E
A	200	*	*	*
B	–	400	200	*
C	*	–	*	200
D	*	*	–	400

※ 1) *는 출발지점에서 도착지점까지 주행 가능한 도로가 없음을 의미함

2) 지점 간 주행 가능한 도로는 1개씩만 존재함

〈표 2〉 자동차 '갑'과 '을'의 지점 간 이동정보

자동차	출발		도착	
	지점	시각	지점	시각
갑	A	10:00	B	( )
	B	( )	C	16:00
을	B	12:00	C	16:00
	C	16:00	E	18:00

※ 최초 출발지점에서 최종 도착지점까지 24시간 이내에 이동함을 가정함

〈조 건〉

○ '갑'은 A→B→C, '을'은 B→C→E로 이동하였다.
○ A→B는 A 지점에서 출발하여 다른 지점을 경유하지 않고 B 지점에 도착하는 이동을 의미한다.
○ 이동 시 왔던 길은 되돌아갈 수 없다.
○ 평균속력은 출발지점부터 도착지점까지의 이동거리를 소요시간으로 나눈 값이다.
○ 자동차의 최고속력은 200km/h이다.

① '갑'은 B 지점에서 13:00 이전에 출발하였다.

② '갑'이 B 지점에서 1시간 이상 머물렀다면 A→B 또는 B→C 구간에서 속력이 120km/h 이상인 적이 있다.

③ '을'의 경우, B→C 구간의 평균속력보다 C→E 구간의 평균속력이 빠르다.

④ B→C 구간의 평균속력은 '갑'이 '을'보다 빠르다.

⑤ B→C→E 구간보다 B→D→E 구간의 거리가 더 짧다.

41 다음 〈표〉는 A 국의 농·축·수산물 안전성 조사결과에 관한 자료이다. 이에 대한 〈보기〉의 설명 중 옳은 것만을 모두 고르면?

〈표 1〉 2014년 A 국의 단계별 농·축·수산물 안전성 조사결과

(단위: 건)

구분 단계	농산물		축산물		수산물	
	조사건수	부적합건수	조사건수	부적합건수	조사건수	부적합건수
생산단계	91,211	1,209	418,647	1,803	12,922	235
유통단계	55,094	516	22,927	106	8,988	49
총계	146,305	1,725	441,574	1,909	21,910	284

〈표 2〉 A 국의 연도별 농·축·수산물 생산단계 안전성 조사결과

(단위: 건)

구분 연도	농산물		축산물		수산물	
	조사실적지수	부적합건수	조사실적지수	부적합건수	조사실적지수	부적합건수
2011	84	( )	86	( )	84	( )
2012	87	( )	92	( )	91	( )
2013	99	( )	101	( )	92	( )
2014	100	1,209	100	1,803	100	235

※ 1) 해당년도 조사실적지수 = $\dfrac{\text{해당년도 조사건수}}{\text{2014년 조사건수}} \times 100$

단, 조사실적지수는 소수점 첫째 자리에서 반올림한 값임

2) 부적합건수비율(%) = $\dfrac{\text{부적합건수}}{\text{조사건수}} \times 100$

〈보 기〉

ㄱ. 2014년 생산단계에서의 부적합건수비율은 농산물이 수산물보다 낮다.
ㄴ. 2011년 대비 2012년 생산단계 조사건수 증가량은 수산물이 농산물보다 많다.
ㄷ. 2013년 생산단계 안전성 조사결과에서, 농산물 부적합건수비율이 축산물 부적합건수비율의 10배라면 부적합건수는 농산물이 축산물의 2배 이상이다.
ㄹ. 2012~2014년 동안 농·축·수산물 각각의 생산단계 조사건수는 전년대비 매년 증가한다.

① ㄱ, ㄴ

② ㄱ, ㄷ

③ ㄱ, ㄹ

④ ㄴ, ㄹ

⑤ ㄷ, ㄹ

42 다음 〈표〉는 A 회사의 버스 종류별 1대당 1일 총운송비용과 승객 수를 나타낸 자료이다. 이에 대한 〈보기〉의 설명 중 옳은 것을 모두 고르면?

〈표 1〉 버스 종류별 1대당 1일 총운송비용 내역

(단위: 원)

부문	항목	일반버스	굴절버스	저상버스
가동비	운전직 인건비	331,400	331,400	331,400
	연료비	104,649	160,709	133,133
	타이어비	3,313	8,282	4,306
	소계	439,362	500,391	468,839
보유비	관리직 인건비	42,638	42,638	42,638
	차량보험료	16,066	21,641	16,066
	차량감가상각비	23,944	104,106	24,057
	차고지비	3,029	4,544	3,029
	기타관리비	40,941	40,941	40,941
	정비비	9,097	45,484	13,645
	소계	135,715	259,354	140,376
총운송비용		575,077	759,745	609,215

〈표 2〉 버스 종류별 1대당 1일 승객 수

(단위: 명)

버스 종류	일반버스	굴절버스	저상버스
승객 수	800	1,000	900

※ 1) 버스 1대당 1일 순이익＝버스 1대당 1일 승객 요금합－버스 1대당 1일 총운송비용
　 2) 버스 1대당 1일 승객 요금합＝버스 1대당 1일 승객 수×승객당 버스요금
　 3) 승객당 버스요금은 900원임
　 4) A 회사는 일반버스, 굴절버스, 저상버스 각 1대씩만 보유·운행함

〈보 기〉

ㄱ. 일반버스와 굴절버스 간의 운송비용 항목 중 비용 차이가 가장 큰 항목은 차량감가상각비이다.
ㄴ. 버스 종류별로 1대당 1일 순이익이 30만 원이 안 될 경우, 그 차액을 정부가 보전해 주는 정책을 시행한다면 A 회사에서 가장 많은 보조금을 받는 버스 종류는 굴절버스이다.
ㄷ. 굴절버스는 다른 버스 종류에 비해 총운송비용에서 가동비가 차지하는 비중이 낮다.
ㄹ. 모든 버스 종류별로 정비비가 각각 10%씩 절감된다면, 총운송비용의 감소 비율이 가장 큰 버스 종류는 저상버스이다.

① ㄱ, ㄴ
② ㄴ, ㄹ
③ ㄱ, ㄴ, ㄷ
④ ㄱ, ㄷ, ㄹ
⑤ ㄴ, ㄷ, ㄹ

43 다음 〈표〉는 '갑' 사의 공장별 제품 생산 및 판매 실적에 대한 자료이다. 이에 대한 설명으로 옳지 않은 것은?

〈표〉 '갑' 사의 공장별 제품 생산 및 판매실적

(단위: 대)

공장	2016년 12월	2016년 전체	
	생산 대수	생산 대수	판매 대수
A	25	586	475
B	21	780	738
C	32	1,046	996
D	19	1,105	1,081
E	38	1,022	956
F	39	1,350	1,238
G	15	969	947
H	18	1,014	962
I	26	794	702

※ 1) 2017년 1월 1일 기준 재고 수 = 2016년 전체 생산 대수 − 2016년 전체 판매 대수

　2) 판매율(%) = $\frac{판매\ 대수}{생산\ 대수} \times 100$

　3) 2016년 1월 1일부터 제품을 생산·판매하였음

① 2017년 1월 1일 기준 재고 수가 가장 많은 공장은 F 공장이다.

② 2016년 전체 기준으로 판매율이 90%에 미달하는 공장은 2개이다.

③ 2017년 1월 1일 기준 재고 수가 가장 적은 공장의 2016년 전체 기준 판매율은 95% 이상이다.

④ 2016년 전체 기준으로 판매율이 가장 높은 공장과 2016년 전체 기준으로 판매 대수가 가장 많은 공장은 동일하다.

⑤ 2016년 12월의 생산 대수가 가장 적은 공장은 2017년 1월 1일 기준 재고 수가 가장 적다.

44 다음 〈표〉는 2019년 연령대별 남녀 인구에 관한 자료이다. 이에 대한 〈보기〉의 설명 중 옳은 것만을 모두 고르면?

〈표〉 2019년 연령대별 남녀 인구

(단위: 명)

연령대	총 인구	남자 인구	여자 인구	성비
합계	51,422,506	25,768,055	25,654,451	100.4
0~4세	2,102,959	1,077,714	1,025,245	105.1
5~9세	2,303,030	1,185,280	1,117,750	106.0
10~14세	2,276,763	1,178,964	1,097,799	107.4
15~19세	2,922,140	( )	1,398,399	109.0
20~24세	( )	( )	1,645,038	113.8
25~29세	3,407,757	1,815,686	1,592,071	114.0
30~34세	3,447,773	1,804,860	1,642,913	109.9
35~39세	4,070,681	2,100,211	1,970,470	106.6
40~44세	4,037,048	2,060,634	( )	104.3
45~49세	( )	2,295,736	( )	102.6
50~54세	4,122,551	2,082,358	( )	102.1
55~59세	4,258,232	2,120,781	( )	99.2
60~64세	3,251,699	1,596,954	1,654,745	96.5
65~69세	2,315,195	1,113,374	1,201,821	92.6
70~74세	1,756,166	802,127	954,039	84.1
75~79세	1,543,849	643,508	900,341	71.5
80~84세	943,418	335,345	608,073	55.1
85세 이상	612,599	( )	( )	34.8

※ 성비: 여자 100명당 남자 수

〈보 기〉

ㄱ. 40세부터 59세까지 여자 인구는 각 연령대 구간별로 200만 명 이상이다.
ㄴ. 20~24세 남자 인구는 15~19세 남자 인구보다 많다.
ㄷ. 85세 이상의 경우 여자 인구가 남자 인구의 3배보다 많다.
ㄹ. 총인구 기준으로 인구가 가장 많은 연령대는 45~49세이다.

① ㄱ, ㄴ

② ㄱ, ㄹ

③ ㄴ, ㄷ

④ ㄴ, ㄹ

⑤ ㄷ, ㄹ

45 다음 〈표〉, 〈정보〉, 〈그림〉은 A 사의 공장에서 물류센터까지의 수송량과 수송비용에 관한 자료이다. 이에 대한 설명으로 옳지 않은 것은?

〈표〉 공장에서 물류센터까지의 수송량

(단위: 개)

공장＼물류센터	서울	부산	대구	광주
구미	0	200	( )	( )
청주	300	( )	0	0
덕평	300	0	0	0

〈정 보〉

○ 해당 공장에서 각 물류센터까지의 수송량의 합은 해당 공장의 '최대공급량'보다 작거나 같다.
○ 각 공장에서 해당 물류센터까지의 수송량의 합은 해당 물류센터의 '최소요구량'보다 크거나 같다.
○ 공장별 '최대공급량'은 구미 600개, 청주 500개, 덕평 300개이다.
○ 물류센터별 '최소요구량'은 서울 600개, 부산 400개, 대구 200개, 광주 150개이다.
○ 수송비용＝(수송량)×(개당 수송비용)
○ 총 수송비용은 각 공장에서 각 물류센터까지의 수송비용의 합이다.

〈그림〉 공장에서 물류센터까지의 개당 수송비용

(단위: 천 원/개)

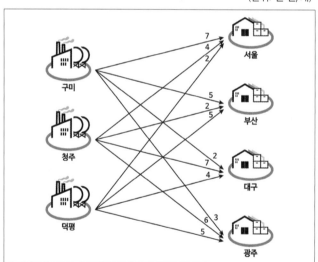

※ 예시: '청주 $\frac{2}{}$ 부산'은 청주 공장에서 부산 물류센터까지의 개당 수송비용이 2천 원임을 의미함.

① 청주 공장에서 부산 물류센터까지의 수송량은 200개이다.
② 총 수송비용을 최소화할 때, 구미 공장에서 광주 물류센터까지의 수송량은 150개이다.
③ 총 수송비용의 최소 금액은 405만 원이다.
④ 구미 공장에서 서울 물류센터까지의 개당 수송비용이 7천 원에서 8천 원으로 증가해도 총 수송비용의 최소 금액은 증가하지 않는다.
⑤ 구미 공장의 '최대공급량'이 600개에서 550개로 줄어들면, 총 수송비용의 최소 금액은 감소한다.

약점 보완 해설집 p.34

PART 8

PSAT 기반 NCS 수리능력 실전모의고사

실전모의고사 1회

실전모의고사 2회

실전모의고사 3회

01 집에서부터 도서관까지 3km/h 속력으로 걸어 이동하고, 도서관에서 5시간을 공부한 후에는 도서관에서 부터 집까지 15km/h 속력으로 자전거를 타고 귀가하였다. 집에서 출발하여 다시 집으로 돌아오는 데 총 7시간이 걸렸을 때, 왕복으로 이동한 총 거리는 얼마인가?

① 5km   ② 8km   ③ 10km   ④ 16km   ⑤ 20km

02 A, B, C는 각각 사과와 복숭아를 합쳐서 총 20개씩 가지고 있다. A가 가지고 있는 사과의 개수는 B가 가지고 있는 복숭아 개수의 2배이고, C가 가지고 있는 복숭아의 개수는 B가 가지고 있는 복숭아 개수의 2.5배이다. A가 가지고 있는 사과와 복숭아 개수의 비가 1:1.5일 때, A, B, C가 가지고 있는 사과는 총 몇 개인가?

① 22개   ② 26개   ③ 30개   ④ 34개   ⑤ 38개

03 2022년 서울의 총인구는 1,100만 명이었다. 2023년에는 성인의 인구가 6% 줄어들고 미성년자의 인구가 8% 늘어나면서 총인구가 1,090만 명이 되었다고 할 때, 2023년 총인구에서 성인의 인구가 차지하는 비율은 얼마인가? (단, 계산한 값은 소수점 첫째 자리에서 반올림한다.)

① 60%   ② 61%   ③ 62%   ④ 63%   ⑤ 64%

04 공원 입구에서 분수대까지 6km/h의 속력으로 10분 동안 이동하였고, 분수대부터 농구대까지 4km/h의 속력으로 60분 동안 이동하였다. 공원 입구에서 농구대까지의 거리는 얼마인가? (단, 공원 입구, 분수대, 농구대는 일직선상에 차례로 위치해 있다.)

① 3km   ② 3.5km   ③ 4km   ④ 5km   ⑤ 6.5km

05 일정한 규칙으로 나열된 수에서 빈칸에 들어갈 알맞은 숫자는 무엇인가?

2	1	2	−1	−4	−9	−54	( )	

① −61   ② − 54   ③ −46   ④ 54   ⑤ 61

06 원가가 1,000원인 물건에 20%의 이익이 남도록 정가를 책정해 40개를 판매하여 수익을 올리려고 했으나 그 중 불량품이 생겨 8개를 폐기 처분하였다. 나머지를 모두 판매하여 처음 계획했던 것과 같은 수익을 올리려고 할 때, 책정해야 하는 이익률은 얼마인가?

① 35%   ② 38%   ③ 40%   ④ 45%   ⑤ 50%

07 진수와 서율이는 농구 자유투를 연습하려고 한다. 진수가 골을 넣을 확률은 $\frac{3}{5}$이고, 서율이가 골을 넣을 확률은 $\frac{2}{3}$인데, 각각 2번씩 던졌을 때, 진수와 서율이 중에 한 명이라도 한 번 이상 골을 넣을 확률은 얼마인가?

① $\frac{9}{15}$ ② $\frac{156}{225}$ ③ $\frac{11}{15}$ ④ $\frac{14}{15}$ ⑤ $\frac{221}{225}$

08 다음은 북아메리카주계 국적자의 비자별, 연령별 등록외국인 현황을 나타낸 자료이다. 이에 대한 설명으로 옳지 않은 것은?

〈표 1〉 북아메리카주계 국적자의 비자별 등록외국인 현황

(단위: 명)

구분	D	E	F	G	H	기타	계
미국	2,395	9,404	7,295	20	65	5,423	24,602
캐나다	264	2,196	1,879	1	26	77	4,443

〈표 2〉 북아메리카주계 국적자의 연령별 등록외국인 현황

(단위: 명)

구분	성별	0~9세	10~19세	20~29세	30~39세	40~49세	50~59세	60세 이상	계
미국	남자	710	635	2,469	4,344	2,225	1,621	1,617	13,621
	여자	600	580	4,665	2,413	1,157	876	690	10,981
캐나다	남자	77	66	458	868	887	362	173	2,891
	여자	57	55	704	405	193	88	50	1,552

※ 출처: KOSIS(법무부, 출입국자및체류외국인통계)

① 캐나다 국적자의 E 비자 등록자 중 남성은 최소 644명 이상이다.

② 미국 국적자 중 기타 이외의 비자 등록자의 비율은 75% 이상이다.

③ 미국 국적자 중 E 또는 F 비자 등록자인 여성의 비율은 15% 이상이다.

④ 캐나다 국적자 중 20세 이상은 95% 이하이다.

⑤ 기타 비자를 제외한 등록외국인이 많은 비자 순위는 두 국적이 동일하다.

기출: 18 민경채

09 다음 〈표〉는 A~E 면접관이 '갑'~'정' 응시자에게 부여한 면접 점수이다. 이에 대한 〈보기〉의 설명 중 옳은 것만을 모두 고르면?

〈표〉 '갑'~'정' 응시자의 면접 점수

(단위: 점)

면접관＼응시자	갑	을	병	정	범위
A	7	8	8	6	2
B	4	6	8	10	( )
C	5	9	8	8	( )
D	6	10	9	7	4
E	9	7	6	5	4
중앙값	( )	( )	8	( )	–
교정점수	( )	8	( )	7	–

※ 1) 범위: 해당 면접관이 각 응시자에게 부여한 면접 점수 중 최댓값에서 최솟값을 뺀 값
　2) 중앙값: 해당 응시자가 A~E 면접관에게 받은 모든 면접 점수를 크기순으로 나열할 때 한가운데 값
　3) 교정점수: 해당 응시자가 A~E 면접관에게 받은 모든 면접 점수 중 최댓값과 최솟값을 제외한 면접 점수의 산술 평균값

〈보 기〉

ㄱ. 면접관 중 범위가 가장 큰 면접관은 B이다.
ㄴ. 응시자 중 중앙값이 가장 작은 응시자는 '정'이다.
ㄷ. 교정점수는 '병'이 '갑'보다 크다.

① ㄱ
② ㄴ
③ ㄱ, ㄷ
④ ㄴ, ㄷ
⑤ ㄱ, ㄴ, ㄷ

10 다음은 2017~2019년 엔지니어링 분야별 사업체 수 중 상위 17개 항목을 나타낸 자료이다. 이에 대한 설명으로 옳지 않은 것은?

〈표〉 2017~2019년 엔지니어링 분야별 사업체 수 현황

(단위: 개사)

순위	2017		2018		2019	
1	토지지질	1,700	토지지질	1,816	토지지질	1,903
2	구조	1,479	구조	1,579	구조	1,680
3	도로공항	1,362	도로공항	1,478	도로공항	1,532
4	상하수도	1,049	상하수도	1,131	상하수도	1,159
5	도시계획	1,016	도시계획	1,075	정보통신	(A)
6	조경	974	정보통신	1,047	도시계획	1,122
7	정보통신	940	조경	1,041	조경	1,091
8	수자원개발	888	수자원개발	935	수자원개발	958
9	교통	678	교통	726	교통	751
10	수질관리	608	수질관리	647	수질관리	673
11	전기설비	542	전기설비	597	전기설비	662
12	농림	501	농림	554	농림	607
13	설비	432	설비	478	설비	520
14	농어업토목	395	일반산업기계	432	일반산업기계	452
15	일반산업기계	394	농어업토목	407	농어업토목	407
16	항만해안	309	항만해안	331	항만해안	341
17	전기전자응용	232	전기전자응용	238	측량지적	249
	합계	15,571	합계	16,716	합계	17,557

※ 출처: KOSIS(산업통상자원부, 엔지니어링사업자현황)

① 주어진 시기의 상위 10개 항목은 동일하다.

② 2019년에 전기전자응용 분야가 차지하는 비율은 2% 미만이다.

③ 매년 토지지질 이외의 항목이 차지하는 비율은 90% 이하이다.

④ 주어진 시기 중 정보통신이 차지하는 비율이 가장 큰 해는 2017년이다.

⑤ 주어진 시기의 순위가 매년 동일하지 않은 항목은 7개이다.

11 다음 〈표〉는 정보통신 기술분야 예산 신청금액 및 확정금액에 대한 조사 자료이다. 이에 대한 〈보기〉의 설명 중 옳지 않은 것을 모두 고르면?

〈표〉 정보통신 기술분야 예산 신청금액 및 확정금액

(단위: 억 원)

연도 기술분야 구분	2008		2009		2010	
	신청	확정	신청	확정	신청	확정
네트워크	1,179	1,112	1,098	1,082	1,524	950
이동통신	1,769	1,679	1,627	1,227	1,493	805
메모리반도체	652	478	723	409	746	371
방송장비	892	720	1,052	740	967	983
디스플레이	443	294	548	324	691	282
LED	602	217	602	356	584	256
차세대컴퓨팅	207	199	206	195	295	188
시스템반도체	233	146	319	185	463	183
RFID	226	125	276	145	348	133
3D 장비	115	54	113	62	136	149
전체	6,318	5,024	6,564	4,725	7,247	4,300

〈보 기〉

ㄱ. 2009년과 2010년에 신청금액이 전년 대비 매년 증가한 기술분야는 메모리반도체, 디스플레이, 시스템반도체, RFID이다.

ㄴ. 2010년에 신청금액이 전년 대비 30% 이상 증가한 기술분야는 총 4개이다.

ㄷ. 2009년 확정금액 상위 3개 기술분야의 확정금액 합은 2009년 전체 확정금액의 70% 이상을 차지한다.

ㄹ. 2009년에 신청금액이 전년 대비 감소한 기술분야는 확정금액도 전년 대비 감소하였다.

① ㄱ, ㄴ

② ㄱ, ㄷ

③ ㄴ, ㄹ

④ ㄷ, ㄹ

⑤ ㄴ, ㄷ, ㄹ

12 다음 〈표〉는 A~D 스마트폰에 대한 특성별 평가 자료이다. 구매 매력도 지수가 높을수록 해당 스마트폰의 구매 우선순위가 높아진다고 할 때, 4종류의 스마트폰을 구매 우선순위가 높은 순서대로 바르게 나열한 것은?

〈표〉 스마트폰에 대한 특성별 평가 결과

구분	A	B	C	D
배터리 성능	6.7	7.6	6.7	6.0
음질	7.2	9.1	6.5	7.2
디자인	5.4	8.0	7.3	9.2
강도	8.5	6.2	7.1	7.4
화질	7.7	5.6	9.0	6.0

※ 각 항목은 10점 만점을 기준으로 함.
※ 구매 매력도 지수＝배터리 성능×0.25＋음질×0.2＋디자인×0.15＋강도×0.1＋화질×0.3

① A ― B ― C ― D

② A ― B ― D ― C

③ B ― A ― D ― C

④ C ― A ― B ― D

⑤ C ― B ― A ― D

13 다음 〈표〉는 학생 '갑'~'정'의 시험 성적에 관한 자료이다. 〈표〉와 〈순위산정방식〉을 이용하여 순위를 산정할 때, 〈보기〉의 설명 중 옳은 것만을 모두 고르면?

〈표〉 '갑'~'정'의 시험 성적

(단위: 점)

학생＼과목	국어	영어	수학	과학
갑	75	85	90	97
을	82	83	79	81
병	95	75	75	85
정	89	70	91	90

〈순위산정방식〉

○ A 방식: 4개 과목의 총점이 높은 학생부터 순서대로 1, 2, 3, 4위로 하되, 4개 과목의 총점이 동일한 학생의 경우 국어 성적이 높은 학생을 높은 순위로 함.

○ B 방식: 과목별 등수의 합이 작은 학생부터 순서대로 1, 2, 3, 4위로 하되, 과목별 등수의 합이 동일한 학생의 경우 A 방식에 따라 산정한 순위가 높은 학생을 높은 순위로 함.

○ C 방식: 80점 이상인 과목의 수가 많은 학생부터 순서대로 1, 2, 3, 4위로 하되, 80점 이상인 과목의 수가 동일한 학생의 경우 A 방식에 따라 산정한 순위가 높은 학생을 높은 순위로 함.

〈보 기〉

ㄱ. A 방식과 B 방식으로 산정한 '병'의 순위는 동일하다.
ㄴ. C 방식으로 산정한 '정'의 순위는 2위이다.
ㄷ. '정'의 과학점수만 95점으로 변경된다면, B 방식으로 산정한 '갑'의 순위는 2위가 된다.

① ㄱ
② ㄴ
③ ㄷ
④ ㄱ, ㄴ
⑤ ㄱ, ㄴ, ㄷ

14 다음 〈그림〉과 〈표〉는 2014~2018년 A~C 국의 GDP 및 조세부담률을 나타낸 자료이다. 이에 대한 설명으로 옳지 않은 것은?

〈그림〉 연도별 A~C 국 GDP

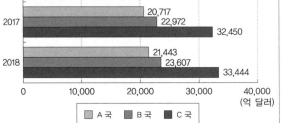

〈표〉 연도별 A~C 국 조세부담률

(단위: %)

연도	구분	A	B	C
2014	국세	24.1	16.4	11.4
	지방세	1.6	5.9	11.3
2015	국세	24.4	15.1	11.3
	지방세	1.6	6.0	11.6
2016	국세	24.8	15.1	11.2
	지방세	1.6	6.1	12.1
2017	국세	25.0	15.9	11.1
	지방세	1.6	6.2	12.0
2018	국세	25.0	15.6	11.4
	지방세	1.6	6.2	12.5

※ 1) 조세부담률 = 국세부담률 + 지방세부담률

2) 국세(지방세)부담률(%) = $\dfrac{\text{국세(지방세) 납부액}}{\text{GDP}} \times 100$

① 2016년에는 전년 대비 GDP 성장률이 가장 높은 국가가 조세부담률도 가장 높다.

② B 국은 GDP가 증가한 해에 조세부담률도 증가한다.

③ 2017년 지방세 납부액은 B 국이 A 국의 4배 이상이다.

④ 2018년 A 국의 국세 납부액은 C 국의 지방세 납부액보다 많다.

⑤ C 국의 국세 납부액은 매년 증가한다.

15 다음 〈표〉는 감염자와 비감염자로 구성된 유증상자 1,000명을 대상으로 인공지능 시스템 A~E의 정확도를 측정한 결과이다. 〈표〉에 근거한 〈보기〉의 설명 중 옳은 것만을 모두 고르면?

〈표〉 인공지능 시스템 A~E의 정확도

(단위: 명, %)

시스템 판정 / 실제 감염 여부 / 시스템	양성		음성		음성 정답률	양성 검출률	정확도
	감염자	비감염자	감염자	비감염자			
A	0	1	8	991	( )	0.0	99.1
B	8	0	0	992	( )	100.0	100.0
C	6	4	2	988	99.8	75.0	99.4
D	8	2	0	990	100.0	( )	99.8
E	0	0	8	992	99.2	( )	99.2

※ 1) 정확도(%) = ('양성' 판정된 감염자 + '음성' 판정된 비감염자) / 유증상자 × 100

　 2) '양성(음성)' 정답률(%) = ('양성(음성)' 판정된 감염(비감염)자) / ('양성(음성)' 판정된 유증상자) × 100

　 2) '양성(음성)' 검출률(%) = ('양성(음성)' 판정된 감염(비감염)자) / (감염(비감염)자) × 100

〈보 기〉

ㄱ. 모든 유증상자를 '음성'으로 판정한 시스템의 정확도는 A보다 높다.
ㄴ. B, D는 '음성' 정답률과 '양성' 검출률 모두 100%이다.
ㄷ. B의 '양성' 정답률과 '음성' 정답률은 같다.
ㄹ. '양성' 검출률이 0%인 시스템의 '음성' 정답률은 100%이다.

① ㄱ, ㄴ
② ㄱ, ㄷ
③ ㄱ, ㄹ
④ ㄴ, ㄹ
⑤ ㄱ, ㄴ, ㄷ

16 다음 〈표〉는 지역별 아파트 평균 매매가격에 관한 자료이다. 이에 대한 설명으로 옳지 않은 것은?

〈표〉 지역별 아파트 평균 매매가격

(단위: 만 원/m²)

연도	전국	수도권	지방	서울					
					도심권	동북권	동남권	서북권	서남권
2006	305.6	362.8	133.0	493.5	577.7	329.5	822.7	396.2	433.4
2007	235.1	330.7	135.4	470.3	597.1	375.5	776.4	425.5	441.8
2008	187.4	355.0	135.1	557.8	572.0	470.3	772.8	461.3	485.6
2009	235.4	391.5	157.6	591.4	701.3	485.2	849.4	530.5	513.7
2010	251.5	389.8	173.9	603.6	682.3	453.0	878.8	495.8	533.5
2011	268.5	383.0	199.1	593.4	649.7	459.9	899.2	506.4	502.7
2012	277.7	379.8	207.6	571.8	656.1	426.6	843.9	480.8	492.3
2013	298.0	380.1	225.4	547.2	630.7	447.4	810.7	499.9	488.9
2014	315.2	403.0	238.9	581.1	671.9	466.8	862.8	531.7	504.8
2015	357.3	452.9	253.6	645.2	734.6	509.9	967.1	580.3	562.3
2016	389.7	491.0	272.0	689.4	785.8	558.4	991.6	659.8	611.5
2017	405.9	538.3	264.7	807.4	885.9	615.9	1,173.6	750.6	703.1
2018	364.2	468.5	271.5	820.8	946.0	701.8	1,256.1	786.1	733.3
2019	500.2	684.1	297.8	1,062.8	1,234.5	827.5	1,547.8	1,009.1	927.0

※ 전국 매매건수 = 수도권 매매건수 + 지방 매매건수

① 2019년 전국 아파트 매매건수 중 수도권 아파트 매매건수는 50% 미만이다.

② 2006년 전국 아파트 매매건수 중 수도권 아파트 매매건수는 75% 이상이다.

③ 2011년 대비 2019년 서울의 권역별 아파트 평균 매매가격 인상률은 서북권이 가장 높다.

④ 2011년 대비 2019년 아파트의 평균 매매가격 인상률은 수도권이 지방보다 높다.

⑤ 2013년부터 2019년까지 서울의 모든 권역별 아파트 평균 매매가격은 매년 지속적으로 상승하였다.

17 다음 〈표〉는 2018~2020년 프랜차이즈 기업 A~E의 가맹점 현황에 관한 자료이다. 이에 대한 〈보기〉의 설명 중 옳은 것만을 모두 고르면?

〈표 1〉 2018~2020년 기업 A~E의 가맹점 신규개점 현황

(단위: 개, %)

구분 기업 \ 연도	신규개점 수			신규개점률	
	2018	2019	2020	2019	2020
A	249	390	357	31.1	22.3
B	101	89	75	9.5	7.8
C	157	110	50	12.6	5.7
D	93	233	204	35.7	24.5
E	131	149	129	27.3	19.3

※ 해당 연도 신규개점률(%) = $\dfrac{\text{해당 연도 신규개점 수}}{\text{전년도 가맹점 수 + 해당 연도 신규개점 수}} \times 100$

〈표 2〉 2018~2020년 기업 A~E의 가맹점 폐점 수 현황

(단위: 개)

기업 \ 연도	2018	2019	2020
A	11	12	21
B	27	53	140
C	24	39	70
D	55	25	64
E	4	8	33

※ 해당 연도 가맹점 수 = 전년도 가맹점 수 + 해당 연도 신규개점 수 − 해당 연도 폐점 수

─〈보 기〉─

ㄱ. 2018년 C의 가맹점 수는 800개 이상이다.
ㄴ. 2019년에 비해 2020년 가맹점 수가 감소한 기업은 B와 C이다.
ㄷ. 2020년 가맹점 수는 E가 가장 적고, A가 가장 많다.
ㄹ. 2018년 폐점 수 대비 신규개점 수의 비율은 D가 가장 낮고, A가 가장 높다.

① ㄱ, ㄴ

② ㄱ, ㄷ

③ ㄴ, ㄷ

④ ㄴ, ㄹ

⑤ ㄷ, ㄹ

18 다음 〈그림〉은 2010년과 2011년의 갑 회사 5개 품목(A~E)별 매출액, 시장점유율 및 이익률을 나타내는 그래프이다. 이에 대한 〈보기〉의 설명 중 옳은 것을 모두 고르면?

〈그림 1〉 2010년 A~E의 매출액, 시장점유율, 이익률

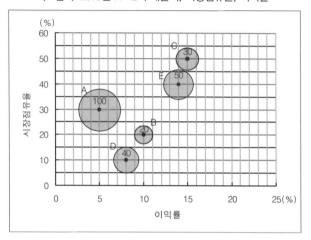

〈그림 2〉 2011년 A~E의 매출액, 시장점유율, 이익률

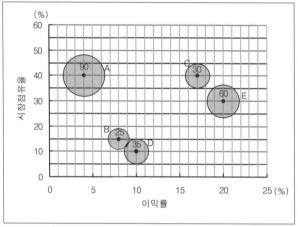

※ 1) 원의 중심좌표는 각각 이익률과 시장점유율을 나타내고, 원 내부값은 매출액(억 원)을 의미하며, 원의 면적은 매출액에 비례함.

2) 이익률(%) = $\dfrac{\text{이익}}{\text{매출액}} \times 100$

3) 시장점유율(%) = $\dfrac{\text{매출액}}{\text{시장규모}} \times 100$

〈보 기〉

ㄱ. 2010년보다 2011년 매출액, 이익률, 시장점유율 3개 항목이 모두 큰 품목은 없다.

ㄴ. 2010년보다 2011년 이익이 큰 품목은 3개이다.

ㄷ. 2011년 A 품목의 시장규모는 2010년보다 크다.

ㄹ. 2011년 시장규모가 가장 큰 품목은 전년보다 이익이 작다.

① ㄱ, ㄴ   ② ㄱ, ㄷ

③ ㄴ, ㄹ   ④ ㄷ, ㄹ

⑤ ㄱ, ㄴ, ㄷ

19 다음 〈표〉는 동일한 산업에 속한 기업 중 A~E의 소유구조에 관한 자료이다. 이에 대한 〈보기〉의 설명 중 옳은 것만을 모두 고르면?

〈표〉 소유구조

(단위: %, 명, 천 주, 억 원)

구분\기업	대주주		소액주주		기타주주		총발행주식 수	시가총액
	지분율	주주 수	지분율	주주 수	지분율	주주 수		
A	40	3	40	2,000	20	20	3,000	900
B	20	1	50	2,500	30	30	2,000	500
C	50	2	20	4,000	30	10	10,000	500
D	30	2	30	3,000	40	10	1,000	600
E	15	5	40	8,000	45	90	5,000	600

※ 1) 해당 주주의 지분율(%)= $\dfrac{\text{해당 주주의 보유주식 수}}{\text{총발행주식 수}} \times 100$

2) 시가총액=1주당 가격×총발행주식 수
3) 해당 주주의 주식시가평가액=1주당 가격×해당 주주의 보유주식 수
4) 전체 주주는 대주주, 소액주주, 기타주주로 구성함

〈보 기〉

ㄱ. 소액주주 수가 가장 적은 기업에서 기타주주의 1인당 보유주식 수는 30,000주이다.

ㄴ. 전체 주주 수는 E가 C보다 적다.

ㄷ. B의 대주주의 보유주식 수는 400,000주이다.

ㄹ. 기타주주 주식시가평가액의 합은 A가 D보다 크다.

① ㄱ, ㄴ

② ㄱ, ㄷ

③ ㄱ, ㄹ

④ ㄴ, ㄹ

⑤ ㄷ, ㄹ

20 다음 〈표〉는 가구의 거처 점유형태 변화에 관한 자료이다. 다음 중 주어진 〈표〉를 이용하여 작성한 그래프로 옳지 않은 것은?

〈표 1〉 가구의 거처 점유형태 추이(1995~2015년)

(단위: 천 가구, %)

구분	1995년		2000년		2005년		2010년		2015년		1995~ 2015년 증감
	가구 수	비율	가구 수	비율	가구 수	비율	가구 수	비율	가구 수	비율	
자가	6,910	53.3	7,753	54.2	8,828	55.5	9,390	54.1	10,850	56.8	3,940
전세	3,845	29.7	4,040	28.2	3,557	22.4	3,766	21.7	2,961	15.5	−884
월세	1,875	14.5	2,113	14.8	3,012	19.0	3,720	21.5	4,529	23.7	2,654
무상	328	2.5	406	2.8	490	3.1	464	2.7	773	4.0	445
전체	12,958	100	14,312	100	15,887	100	17,340	100	19,113	100	6,155

〈표 2〉 시도별 가구의 자가점유율 현황(2015년)

(단위: %)

구분	전국	서울	부산	대구	인천	광주	대전	울산	세종
자가 점유율	56.8	42.1	61.3	58.7	58.7	61.6	53.8	62.7	53.5
구분	경기	강원	충북	충남	전북	전남	경북	경남	제주
자가 점유율	52.3	61.9	65.1	65.4	68.6	73.4	69.6	66.5	58.3

〈표 3〉 시도별 무주택가구 비율(2005년·2015년)

(단위: %)

구분	전국	서울	부산	대구	인천	광주	대전	울산	세종
2005년	39.7	49.6	39.8	42.3	35.1	43.2	42.6	37.0	−
2015년	37.8	49.8	35.1	37.4	36.4	35.5	40.3	32.7	36.3
구분	경기	강원	충북	충남	전북	전남	경북	경남	제주
2005년	41.0	37.3	35.9	32.6	31.4	26.9	30.0	33.4	41.7
2015년	41.3	33.1	30.8	29.7	28.3	23.2	26.9	29.5	37.2

① 2015년 가구의 거처 점유형태 현황

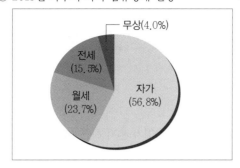

② 1995~2015년 가구의 거처 점유형태 추이

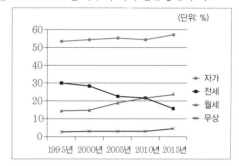

③ 2015년 시도별 가구의 자가점유율

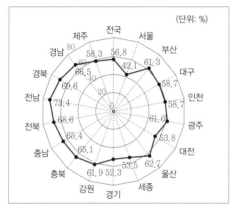

④ 2015년 도지역의 무주택가구 비율 및 자가점유율 현황

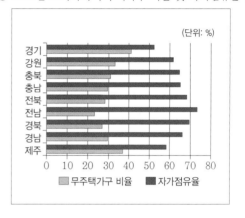

⑤ 2005년 대비 2015년 주요 대도시의 무주택가구 비율

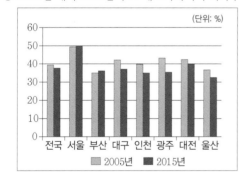

약점 보완 해설집 p.51

무료 바로 채점 및 성적 분석 서비스 바로 가기
QR코드를 이용해 모바일로 간편하게 채점하고 나의 실력이
어느 정도인지, 취약 부분이 어디인지 바로 파악해 보세요!

01 이삿짐을 정리하는 데 창민이가 혼자 하면 10시간이 걸리고, 진운이가 혼자 하면 15시간이 걸린다고 한다. 창민이가 혼자서 이삿짐을 정리하다가 진운이와 함께 정리한 지 3시간 만에 정리를 마쳤을 때, 창민이가 혼자 일한 시간은 얼마인가?

① 2시간　　　　　② 3시간　　　　　③ 4시간　　　　　④ 5시간　　　　　⑤ 6시간

02 빨간색 티켓, 파란색 티켓, 초록색 티켓이 있다. 빨간색 티켓으로는 3명, 파란색 티켓으로는 4명, 초록색 티켓으로는 8명이 식사를 할 수 있을 때, 빨간색 티켓 3장과 파란색 티켓 2장, 초록색 티켓 2장으로 식사를 할 수 있는 사람은 몇 명인가?

① 25명　　　　　② 31명　　　　　③ 33명　　　　　④ 36명　　　　　⑤ 40명

03 검은색 공 5개, 흰색 공 3개가 주머니에 담겨있다. 주머니에서 공을 한 번에 하나씩 꺼내어 모두 꺼낼 때, 처음 또는 마지막에 흰색 공이 나올 확률은 얼마인가?

① $\frac{5}{14}$　　　　② $\frac{4}{7}$　　　　③ $\frac{9}{14}$　　　　④ $\frac{3}{4}$　　　　⑤ $\frac{7}{8}$

04 어느 회사에서 A 면접실과 B 면접실 두 곳을 사용하여 면접을 진행하려고 한다. 면접은 개인 발표와 질의 응답으로 진행되며, A 면접실에서는 지원자 한 사람당 면접 시간을 개인 발표 13분, 질의응답 3분으로 진행하고, B 면접실에서는 지원자 한 사람당 면접 시간을 개인 발표 12분, 질의응답 2분으로 진행한다. 오전 10시부터 면접을 시작하여 A, B 두 면접실에서 동시에 면접이 끝나는 시각에 점심시간을 가진다고 할 때, 점심시간의 시작 시각은 언제인가? (단, A, B 면접실 각각의 지원자 한 사람당 면접 시간은 모두 같다.)

① 11시 44분　　② 11시 48분　　③ 11시 52분　　④ 11시 56분　　⑤ 12시 00분

05 다음은 A 사의 주택용 전력 요금제도에 관한 자료이다. B 주택의 7월 전력 사용량이 460kWh일 때, 7월의 전기요금은 얼마인가?

기본요금(원/호)		전력량요금(원/kWh)	
1~200kWh 사용	910	처음 200kWh까지	93
201~400kWh 사용	1,600	다음 200kWh까지	188
400kWh~ 사용	7,300	400kWh 초과	280

※ 1) 전기요금은 기본요금＋전력량요금임
　2) 슈퍼유저요금: 동·하계(7~8월, 1월~2월) 400kWh 초과 전력량 요금은 410원/kWh를 적용함

① 80,100원　　② 80,300원　　③ 80,800원　　④ 87,900원　　⑤ 88,100원

06 A 시에서 개최하는 배드민턴 경기에 총 12팀이 참가한다. 예선에서는 6팀씩 2개의 조로 나누어 각 조에 속한 모든 팀이 서로 한 번씩 경기를 진행하고, 각 조에서 1, 2위를 차지한 4팀이 본선에 진출한다. 본선에서는 4팀을 다시 2팀씩 2개의 조로 나누어 각 조에 속한 팀끼리 경기를 진행하며, 그 결과 각 조에서 이긴 팀끼리 경기하여 1, 2위를 정하고 진 팀끼리 경기하여 3, 4위를 정한다. 이때 대회에서 진행되는 배드민턴 경기는 총 몇 경기인가? (단, 비기는 경우는 없다.)

① 28경기　　② 30경기　　③ 32경기　　④ 34경기　　⑤ 36경기

07 철수와 영희가 가위바위보를 하여 이긴 사람은 계단을 5칸 올라가고 진 사람은 3칸 내려가는 놀이를 하고 있다. 가위바위보를 10번 한 결과 철수가 영희보다 16칸 더 위에 있었다고 할 때, 영희가 가위바위보에서 이긴 횟수는 몇 번인가? (단, 비긴 경우는 없다.)

① 2번　　② 3번　　③ 4번　　④ 5번　　⑤ 6번

다음은 서울시 일부 지역의 폐기물 발생량 및 재활용량을 나타낸 자료이다. 이에 대한 설명으로 옳지 않은 것은?

〈표 1〉 2012~2017년 지역구별 전체 폐기물 발생량 및 재활용량

(단위: 톤/일)

구분	2012		2013		2014		2015		2016		2017	
	발생	재활용	발생	재활용	발생	재활용	발생	재활용	발생	재활용	발생	재활용
종로구	311.2	157.6	1,162.4	1,012.2	1,885.3	1,713.2	772.4	579.0	973.9	746.8	870.4	699.6
중구	431.6	180.7	1,202.8	988.3	1,582.3	1,367.8	1,341.9	1,091.9	1,518.8	1,276.4	1,220.6	953.3
용산구	136.1	23.1	906.7	794.3	1,217.6	1,097.5	913.4	805.0	921.2	807.4	1,569.0	1,441.3
성동구	643.2	103.8	2,478.1	1,989.2	2,716.5	1,905.2	3,435.2	2,597.0	2,267.3	1,672.8	2,153.4	1,539.6
광진구	305.9	209.2	1,025.5	926.9	1,105.2	999.0	1,728.0	1,624.9	1,464.2	1,365.8	1,097.1	1,004.2

〈표 2〉 2012~2017년 지역구별 생활 폐기물 발생량 및 재활용량

(단위: 톤/일)

구분	2012		2013		2014		2015		2016		2017	
	발생	재활용	발생	재활용	발생	재활용	발생	재활용	발생	재활용	발생	재활용
종로구	304.6	154.7	354.7	222.5	365.4	227.4	324.4	200.5	406.0	227.2	375.1	227.7
중구	420.2	175.5	507.9	327.9	504.5	317.1	500.3	315.1	499.2	312.2	446.0	225.4
용산구	129.5	20.4	193.2	97.3	273.0	177.3	255.1	165.5	262.1	166.9	262.7	166.2
성동구	196.0	87.5	261.8	173.5	254.1	165.4	259.4	179.0	257.8	176.6	255.7	167.6
광진구	260.4	165.7	379.3	285.8	348.9	254.6	339.4	250.4	326.3	240.8	319.2	239.3

※ 재활용률(%) = 재활용량 / 발생량 × 100
※ 출처: KOSIS(행정안전부, 한국도시통계)

① 종로구와 동일한 전체 폐기물 발생량의 증감 추이를 보이는 곳은 1곳이다.

② 2016년 생활 폐기물의 재활용률과 전체 폐기물의 재활용률이 가장 높은 구는 동일하다.

③ 2014년 성동구의 재활용률은 생활 폐기물이 전체 폐기물보다 낮다.

④ 2015년의 전년 대비 전체 폐기물 발생량 증감률의 절댓값은 광진구가 종로구보다 크다.

⑤ 2014년 이후 광진구에서 재활용되는 폐기물 중 생활 폐기물이 차지하는 비중이 25%를 넘는 시기가 있다.

09 다음 〈표〉는 어떤 지역의 청소년 500명을 대상으로 실시한 설문조사 응답자의 일반적 특성 자료이다. 이에 대한 〈보기〉의 설명 중 옳은 것을 모두 고르면?

〈표〉 청소년 조사 대상자 일반적 특성

(단위: 명, %)

구분			응답자 수		비중	
성별	남자		(A)		52.8	
	여자		(B)		47.2	
학교급	중	1	68	(C)	13.6	(E)
		2	81		16.2	
		3	64		12.8	
	고	1	95	(D)	19.0	(F)
		2	111		22.2	
		3	81		16.2	

〈보 기〉

ㄱ. (A)는 270명을 상회한다.
ㄴ. 응답자 중 남자 중학생 수가 남자 고등학생 수보다 많다.
ㄷ. (B)는 (C)보다 값이 크다.
ㄹ. (E)는 (F)보다 값이 작다.

① ㄱ

② ㄴ, ㄷ

③ ㄷ, ㄹ

④ ㄴ, ㄷ, ㄹ

⑤ ㄱ, ㄴ, ㄷ, ㄹ

10 다음 〈표〉는 우리나라 7개 도시의 공원 현황을 나타낸 자료이다. 〈표〉와 〈조건〉을 바탕으로 '가'~'라' 도시를 바르게 나열한 것은?

〈표〉 우리나라 7개 도시의 공원 현황

구분	개소	결정면적 (백만 m²)	조성면적 (백만 m²)	활용률 (%)	1인당 결정면적 (m²)
전국	20,389	1,020.10	412.0	40.4	22.0
서울	2,106	143.4	86.4	60.3	14.1
(가)	960	69.7	29.0	41.6	25.1
(나)	586	19.6	8.7	44.2	13.4
부산	904	54.0	17.3	29.3	16.7
(다)	619	22.2	12.3	49.6	15.5
대구	755	24.6	11.2	45.2	9.8
(라)	546	35.9	11.9	33.2	31.4

〈조 건〉

○ 결정면적이 전국 결정면적의 3% 미만인 도시는 광주, 대전, 대구이다.
○ 활용률이 전국 활용률보다 낮은 도시는 부산과 울산이다.
○ 1인당 조성면적이 1인당 결정면적의 50% 이하인 도시는 부산, 대구, 광주, 인천, 울산이다.

	(가)	(나)	(다)	(라)
①	울산	광주	대전	인천
②	울산	대전	광주	인천
③	인천	광주	대전	울산
④	인천	대전	광주	울산
⑤	인천	울산	광주	대전

11 다음 〈표〉는 2012년 5월 공항별 운항 및 수송현황에 관한 자료이다. 〈표〉와 〈보기〉를 근거로 하여 A~E 에 해당하는 공항을 바르게 나열한 것은?

〈표〉 공항별 운항 및 수송현황

공항 \ 구분	운항편수(편)	여객 수(천 명)	화물량(톤)
인천	20,818	3,076	249,076
A	11,924	1,836	21,512
B	6,406	( )	10,279
C	11,204	1,820	21,137
D	( )	108	1,582
광주	944	129	1,290
E	771	121	1,413
전체	52,822	7,924	306,289

※ 전체 공항은 광주, 김포, 김해, 대구, 인천, 제주, 청주공항으로 구성됨.

〈보 기〉

○ 김포공항과 제주공항 여객 수의 합은 인천공항 여객 수보다 많다.
○ 화물량이 많은 공항부터 순서대로 나열하면 제주공항이 세 번째이다.
○ 김해공항 여객 수는 광주공항 여객 수의 6배 이상이다.
○ 운항편수가 적은 공항부터 순서대로 나열하면 대구공항이 두 번째이다.
○ 광주공항과 청주공항 운항편수의 합은 전체 운항편수의 5% 미만이다.

	A	B	C	D	E
①	김포	김해	제주	대구	청주
②	김포	김해	제주	청주	대구
③	김포	청주	제주	대구	김해
④	제주	청주	김포	김해	대구
⑤	제주	김해	김포	청주	대구

12 다음 〈표〉는 음주 빈도에 관한 설문조사 결과이다. 이에 대한 설명으로 옳은 것은?

〈표〉 연도별·성별에 따른 음주 빈도

(단위: %)

연도 항목	2010	2012	2014	2016		
				전체	남성	여성
안 마신다	31.7	30.8	35.6	33.1	20.9	47.7
월 평균 1회 이하	18.9	20.0	17.3	16.6	12.9	21.0
월 평균 2~3회	21.4	20.4	18.7	19.7	22.1	16.9
주 평균 1~2회	18.2	17.7	18.2	19.2	( )	10.9
주 평균 3~4회	6.9	7.3	7.0	8.0	12.2	2.8
거의 매일	2.9	3.8	3.2	3.5	5.8	( )

※ 각 응답자는 위에 제시된 6개의 항목 중 하나에 대답하였음.
※ 응답 비율이란 당해 연도 전체 응답자 가운데 해당 항목을 선택한 응답자의 비율을 의미함.

① 2016년 음주 빈도가 '월 평균 1회 이하'라고 대답한 응답자 수는 '거의 매일'이라고 대답한 응답자 수의 6배
보다 크다.

② '거의 매일' 술을 마신다고 대답한 응답자의 비율은 2010년 대비 2014년에 1.2배보다 크게 증가하였다.

③ 2016년에 설문조사에 참여한 여성 응답자 수는 남성 응답자 수보다 많다.

④ 2016년 남성 응답자와 여성 응답자의 응답 비율 차이가 두 번째로 큰 항목은 '주 평균 1~2회'이다.

⑤ 2010년 대비 2012년에 응답 비율이 증가한 항목은 2개이다.

13 다음 〈표〉는 국내 건축물 내진율 현황에 관한 자료이다. 〈표〉를 이용하여 작성한 〈보기〉의 그래프 중 옳은 것만을 모두 고르면?

〈표〉 국내 건축물 내진율 현황

(단위: 개, %)

구분			건축물			내진율
			전체	내진대상	내진확보	확정
계			6,986,913	1,439,547	475,335	33.0
지역	서울		628,947	290,864	79,100	27.2
	부산		377,147	101,795	26,282	25.8
	대구		253,662	81,311	22,123	27.2
	인천		215,996	81,156	23,129	28.5
	광주		141,711	36,763	14,757	40.1
	대전		133,118	44,118	15,183	34.4
	울산		132,950	38,225	15,690	41.0
	세종		32,294	4,648	2,361	50.8
	경기		1,099,179	321,227	116,805	36.4
	강원		390,412	45,700	13,412	29.3
	충북		372,318	50,598	18,414	36.4
	충남		507,242	57,920	22,863	39.5
	전북		436,382	47,870	18,506	38.7
	전남		624,155	43,540	14,061	32.3
	경북		786,058	84,391	29,124	34.5
	경남		696,400	89,522	36,565	40.8
	제주		158,942	19,899	6,960	35.0
용도	주택	소계	4,568,851	806,225	314,376	39.0
		단독주택	4,168,793	445,236	143,204	32.2
		공동주택	400,058	360,989	171,172	47.4
	주택 이외	소계	2,418,062	633,322	160,959	25.4
		학교	46,324	31,638	7,336	23.2
		의료시설	6,260	5,079	2,575	50.7
		공공업무시설	42,077	15,003	2,663	17.7
		기타	2,323,401	581,602	148,385	25.5

$$\text{※ 내진율(\%)} = \frac{\text{내진확보 건축물}}{\text{내진대상 건축물}} \times 100$$

ㄱ. 지역별 내진율

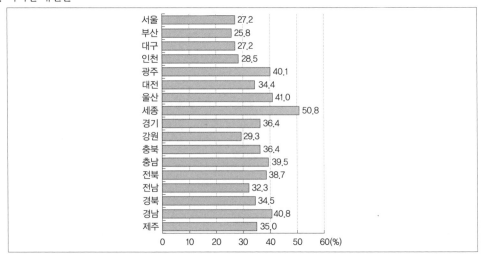

ㄴ. 용도별 내진대상 건축물 구성비

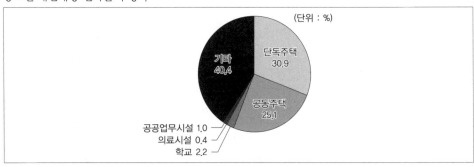

ㄷ. 주택 및 주택이외 건축물의 용도별 내진확보 건축물 구성비

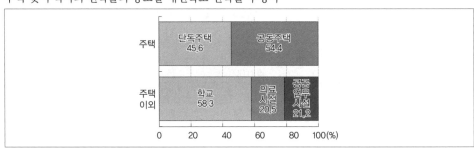

ㄹ. 주택이외 건축물 용도별 내진율

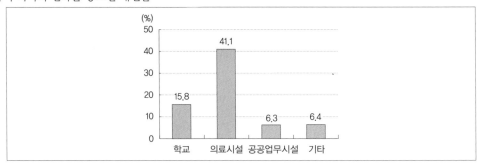

① ㄱ, ㄴ

② ㄱ, ㄷ

③ ㄴ, ㄷ

④ ㄴ, ㄹ

⑤ ㄱ, ㄴ, ㄷ

14 다음 〈표〉는 2019년 화학제품 매출액 상위 9개 기업의 매출액에 대한 자료이다. 〈표〉와 〈조건〉에 근거하여 A~D에 해당하는 기업을 바르게 나열한 것은?

〈표〉 2019년 화학제품 매출액 상위 9개 기업의 매출액

(단위: 십억 달러, %)

기업 \ 구분	화학제품 매출액	전년 대비 증가율	총매출액	화학제품 매출액 비율
비스프	72.9	17.8	90	81.0
A	62.4	29.7	( )	100.0
B	54.2	28.7	( )	63.2
자빅	37.6	5.3	39.9	94.2
C	34.6	26.7	( )	67.0
포르오사	32.1	14.2	55.9	57.4
D	29.7	10.0	( )	54.9
리오넬바셀	28.3	15.0	34.5	82.0
이비오스	23.2	24.7	48.2	48.1

※ 화학제품 매출액 비율(%) = $\dfrac{\text{화학제품 매출액}}{\text{총매출액}} \times 100$

〈보 기〉

○ '드폰'과 'KR 화학'의 2018년 화학제품 매출액은 각각 해당 기업의 2019년 화학제품 매출액의 80% 미만이다.
○ '벡슨모빌'과 '시노텍'의 2019년 화학제품 매출액은 각각 총매출액에서 화학제품을 제외한 매출액의 2배 미만이다.
○ 2019년 총매출액은 '포르오사'가 'KR 화학'보다 작다.
○ 2018년 화학제품 매출액은 '자빅'이 '시노텍'보다 크다.

	A	B	C	D
①	드폰	벡슨모빌	KR 화학	시노텍
②	드폰	시노텍	KR 화학	벡슨모빌
③	벡슨모빌	KR 화학	시노텍	드폰
④	KR 화학	시노텍	드폰	벡슨모빌
⑤	KR 화학	벡슨모빌	드폰	시노텍

15 다음 〈표〉는 2019년 부문별 미세먼지 배출량에 관한 자료이다. 이에 대한 〈보기〉의 설명 중 옳은 것만을 모두 고르면?

〈표〉 2019년 부문별 미세먼지 배출량

(단위: 톤)

부문		전국	수도권
발전		46,570 (13.4%)	5,391 (9.0%)
	에너지산업 연소	46,570	5,391
산업		137,045 (39.5%)	6,767 (11.3%)
	제조업 연소	80,591	2,786
	생산공정	52,969	3,023
	폐기물처리	3,485	958
수송		100,876 (29.0%)	28,649 (47.9%)
	도로이동오염원	46,756	17,594
	비도로이동오염원	54,120	11,055
생활		62,785 (18.1%)	19,034 (31.8%)
	비산먼지	17,286	5,480
	생물성 연소	14,971	2,165
	비산업 연소	16,109	6,022
	기타 면오염원	303	118
	에너지 수송 및 저장	724	197
	유기용제 사용	13,392	5,052

※ 1) 미세먼지 배출량 부문은 발전부문, 산업부문, 수송부문, 생활부문으로만 구성됨
2) ( )는 전국 · 수도권 총 미세먼지 배출량 대비 각 부문의 미세먼지 배출량 비중을 의미함

〈보 기〉

ㄱ. 전국 총 미세먼지 배출량 대비 수도권 총 미세먼지 배출량은 15% 이상이다.
ㄴ. 전국 생활부문 미세먼지 배출량에서 '생물성 연소' 미세먼지 배출량이 차지하는 비중은 수도권 총 미세먼지 배출량에서 발전 부문 미세먼지 배출량과 산업 부문 미세먼지 배출량이 차지하는 비중의 합보다 크다.
ㄷ. 전국 '비산업 연소' 미세먼지 배출량 대비 수도권 '비산업 연소' 미세먼지 배출량의 비율은 전국 '기타 면오염원' 미세먼지 배출량 대비 수도권 '기타 면오염원' 미세먼지 배출량의 비율보다 작다.
ㄹ. 전국 생활부문 미세먼지 배출량이 15% 감소하는 경우가 수도권의 '도로이동오염원' 미세먼지 배출량이 50% 감소하는 경우보다 미세먼지 배출량 감소량이 더 적다.

① ㄱ, ㄴ, ㄷ
② ㄱ, ㄴ, ㄹ
③ ㄱ, ㄷ, ㄹ
④ ㄴ, ㄷ, ㄹ
⑤ ㄱ, ㄴ, ㄷ, ㄹ

16 다음 〈표〉와 〈그림〉은 우리나라 지주회사 현황에 관한 자료이다. 이에 대한 〈보고서〉의 설명 중 옳은 것만을 모두 고르면?

〈표 1〉 지주회사 수 변동 추이

(단위: 개)

연도 구분	2011	2012	2013	2014	2015	2016	2017	2018	2019	2020
일반지주회사	103	114	117	130	152	183	164	163	157	154
대기업집단 소속	28	30	30	29	19	39	34	37	41	44
금융지주회사	12	13	15	10	10	10	9	10	10	10
대기업집단 소속	2	2	1	1	1	2	3	2	2	2

※ 표 안의 값은 각 연도별 12월 말 기준 수치임

〈표 2〉 2020년도 자산총액별 지주회사 수

(단위: 천억 원, 개)

자산총액 구분	5 미만	5 이상 10 미만	10 이상 30 미만	30 이상 50 미만	50 이상 70 미만	70 이상 100 미만	100 이상
일반지주회사	76	36	27	7	2	2	4
대기업집단 소속	2	9	18	7	2	2	4
금융지주회사	0	0	2	1	1	1	5
대기업집단 소속	0	0	0	0	0	1	1

〈그림〉 2020년도 부채비율별 지주회사 수

(단위: 개)

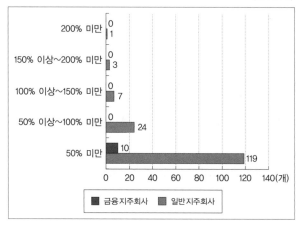

---〈보고서〉---

지주회사랑 주식의 소유를 통하여 국내 회사의 사업내용을 지배하는 것을 주된 사업으로 하는 회사를 의미하며, 「독점규제 및 공정거래에 관한 법률」에 따른 일반지주회사와 「금융지주회사법」에 따른 금융지주회사로 구분된다.

2020년 12월 말 기준 지주회사의 수는 164개로 전년보다 감소하였다. 구체적으로 지주회사는 3개가 신설되고 6개가 제외되었는데, 제외된 사유는 주로 자산총액 5천억 원 미만 지주회사들의 자산총액 감소 및 제외 신청 등이었다. ㉠ 한편, 대기업집단 소속 지주회사의 수는 2017~2020년 동안 매년 증가하였다.

2020년 전체 지주회사 평균 자산총액은 2조 1,598억 원으로 전년 대비 1,631억 원 증가했다. 자산총액 5천억 원 미만인 지주회사의 수는 2019년에는 전체 167개 중 82개였으나, 2020년에는 76개로 전년보다 그 수와 비중 모두 감소하였다. ㉡ 2020년 자산 총액 1조 원 이상 지주회사의 수는 전체 지주회사 수의 30% 이상을 차지하고 있으며, 이 중 35개는 대기업집단 소속 지주회사이다. ㉢ 한편, 2020년 자산총액 1조 원 미만인 지주회사의 수에서 대기업집단 소속 지주회사의 수가 차지하는 비중은 10% 미만이다.

전체 지주회사의 평균 부채비율은 35.3%(일반지주회사 35.6%, 금융지주회사 30.1%)로 법률상 기준 (200% 이하)보다 크게 낮은 수준이다. ㉣ 2020년 부채비율이 100% 미만인 지주회사의 수는 전체 지주회사의 수에서 95% 이상을 차지하고 있으며, 부채비율 100% 이상 지주회사의 수는 11개이다.

① ㄱ, ㄴ

② ㄱ, ㄷ

③ ㄴ, ㄹ

④ ㄱ, ㄴ, ㄷ

⑤ ㄱ, ㄴ, ㄹ

17 다음 〈표〉는 시도별 화재 발생 현황에 관한 자료이다. 이에 대한 〈보기〉의 설명 중 옳은 것만을 모두 고르면?

〈표〉 시도별 화재 발생 현황

(단위: 건, 명)

행정구역	2016년			2018년		
	발생건수	사망자	부상자	발생건수	사망자	부상자
전국	43,413	306	1,718	42,338	369	2,225
서울	6,443	40	236	6,368	53	307
부산	2,199	17	128	2,471	14	129
대구	1,739	11	83	1,440	18	66
인천	1,790	10	94	1,620	21	98
광주	956	7	23	860	7	22
대전	974	7	40	1,094	12	73
울산	928	16	53	887	5	27
경기	10,147	70	510	9,632	62	537
강원	2,315	20	99	2,228	14	132
충북	1,379	12	38	1,414	19	93
전북	1,983	17	39	2,044	21	112
전남	2,454	21	89	2,635	17	81
경북	2,651	14	113	2,686	22	158
경남	3,756	29	101	3,482	56	265
제주	574	1	14	636	4	23
세종	300	2	12	236	3	50

※ 사상자 수＝사망자 수＋부상자 수

─〈보 기〉─

ㄱ. 서울에서 발생한 화재로 인한 사상자가 전국 사상자에서 차지하는 비중은 2016년에 비해 2018년에 감소하였다.
ㄴ. 2016년에 비해 2018년에 서울, 인천, 경기 각각의 사상자 대비 부상자의 비중은 증가하였다.
ㄷ. 2016년에 비해 2018년에 화재 발생건수가 증가한 시도는 7곳이다.
ㄹ. 2016년에 비해 2018년에 화재 발생건수가 감소한 시도 중 감소 건수가 두 번째로 많은 지역은 대구이다.

① ㄱ, ㄴ

② ㄱ, ㄷ

③ ㄴ, ㄷ

④ ㄴ, ㄹ

⑤ ㄷ, ㄹ

18 다음 〈표〉는 '갑'국 국회의원의 SNS(소셜네트워크서비스) 이용자 수 현황에 대한 자료이다. 이를 이용하여 작성한 그래프로 옳지 않은 것은?

〈표〉 '갑'국 국회의원의 SNS 이용자 수 현황

(단위: 명)

구분	정당	당선 횟수별				당선 유형별		성별	
		초선	2선	3선	4선 이상	지역구	비례 대표	남자	여자
여당	A	82	29	22	12	126	19	123	22
야당	B	29	25	13	6	59	14	59	14
	C	7	3	1	1	7	5	10	2
합계		118	57	36	19	192	38	192	38

① 국회의원의 여야별 SNS 이용자 수

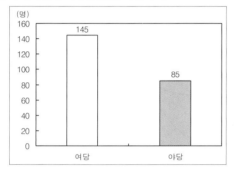

② 남녀 국회의원의 여야별 SNS 이용자 구성비

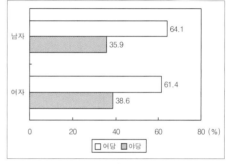

※ 소수점 아래 둘째 자리에서 반올림함

③ 여당 국회의원의 당선 유형별 SNS 이용자 구성비

※ 소수점 아래 둘째 자리에서 반올림함

④ 야당 국회의원의 당선 횟수별 SNS 이용자 구성비

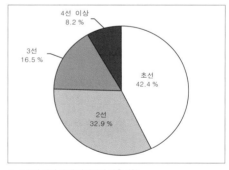

※ 소수점 아래 둘째 자리에서 반올림함

⑤ 2선 이상 국회의원의 정당별 SNS 이용자 수

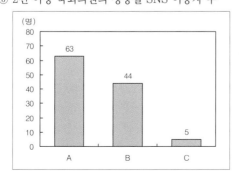

19 교수 A~C는 주어진 〈조건〉에서 학생들의 보고서를 보고 공대생 여부를 판단하는 실험을 했다. 아래 〈그림〉은 각 교수가 공대생으로 판단한 학생의 집합을 나타낸 벤다이어그램이며, 〈표〉는 실험 결과에 따라 교수 A~C의 정확도와 재현도를 계산한 것이다. 이에 대한 〈보기〉의 설명 중 옳은 것만을 모두 고르면?

〈조 건〉

○ 학생은 총 150명이며, 이 중 100명만 공대생이다.
○ 학생들은 모두 1인당 1개의 보고서를 제출했다.
○ 실험에 참가하는 교수 A~C는 150명 중 공대생의 비율을 알지 못한다.

〈그림〉 교수 A~C가 공대생으로 판단한 학생들의 집합

(단위: 명)

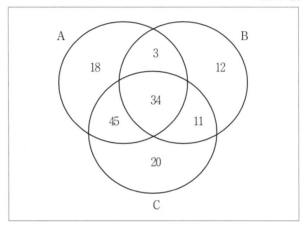

〈표〉 교수 A~C의 정확도와 재현도

교수	정확도	재현도
A	( )	( )
B	1	( )
C	$\frac{8}{11}$	$\frac{4}{5}$

※ 1) 정확도 = $\frac{공대생으로 판단한 학생 중에서 공대생 수}{공대생으로 판단한 학생 수}$

2) 재현도 = $\frac{공대생으로 판단한 학생 중에서 공대생 수}{전체 공대생 수}$

〈보 기〉

ㄱ. A, B, C 세 교수 모두가 공대생이 아니라고 공통적으로 판단한 학생은 7명이다.
ㄴ. A, C 두 교수 모두가 공대생이라고 공통적으로 판단한 학생들 중에서 공대생의 비율은 60% 이상이다.
ㄷ. A 교수의 재현도는 $\frac{1}{2}$ 이상이다.

① ㄱ ② ㄴ
③ ㄱ, ㄴ ④ ㄴ, ㄷ
⑤ ㄱ, ㄴ, ㄷ

20 다음 〈표〉는 정부 총지출의 2021~2025년 12대 분야별 재원배분 계획에 관한 자료이다. 이에 대한 〈보기〉의 설명 중 옳은 것만을 모두 고르면?

〈표〉 2021~2025년 정부 총지출의 분야별 재원배분 계획

(단위: 조 원)

구분	2021년	2022년	2023년	2024년	2025년
정부 총지출	560.7	612.1	644.3	673.5	701.1
보건 · 복지 · 고용	199.7	216.7	232.2	246.1	259.3
교육	71.2	83.2	84.8	87.4	90
문화 · 체육 · 관광	8.5	8.8	9.1	9.4	9.8
환경	10.6	11.9	12.9	13.7	14.5
R&D	27.4	29.8	32.3	34	35.4
산업 · 중소기업 · 에너지	28.6	30.4	32.6	35	36.4
SOC	26.5	27.5	28.7	29.5	30.2
농림 · 수산 · 식품	22.7	23.4	24	24.4	24.9
국방	52.8	55.2	57.7	60.3	63.1
외교 · 통일	5.7	6	6.2	6.4	6.6
공공질서 · 안전	22.3	22.4	23.4	24.3	25.1
일반 · 지방행정	84.7	96.8	100.4	103	105.8

※ 정부 총지출은 주어진 12대 분야로만 구성됨

─〈보 기〉─

ㄱ. 2022~2025년 동안 정부 총지출의 전년 대비 증가율은 지속적으로 감소한다.
ㄴ. 2023년에 정부 총지출에서 SOC 분야가 차지하는 비중은 전년 대비 감소한다.
ㄷ. 2021~2025년 동안 각 연도의 분야별 재원배분 규모의 순위는 변화하지 않는다.
ㄹ. 2021년 대비 2025년 재원배분 규모의 증가율이 가장 큰 분야는 환경 분야이고, 가장 작은 분야는 공공질서·안전 분야이다.

① ㄱ, ㄴ
② ㄱ, ㄷ
③ ㄴ, ㄷ
④ ㄱ, ㄴ, ㄹ
⑤ ㄴ, ㄷ, ㄹ

약점 보완 해설집 p.58

무료 바로 채점 및 성적 분석 서비스 바로 가기
QR코드를 이용해 모바일로 간편하게 채점하고 나의 실력이 어느 정도인지, 취약 부분이 어디인지 바로 파악해 보세요!

01 A와 B가 각자 단독으로 하면 총 40분, 56분이 소요되는 일이 있다. A가 단독으로 일을 하다가 어느 시점부터는 A와 B가 같이 일을 하여 작업을 완료하였다. A와 B가 같이 일을 한 시간은 총 소요 시간의 20%라고 할 때 작업을 완료하기까지 소요된 시간은 총 몇 분인가?

① 28분 　　　　② 30분 　　　　③ 33분 　　　　④ 35분 　　　　⑤ 37분

02 다음 표에서 일정한 규칙을 찾아 빈칸에 들어갈 알맞은 숫자를 고른 것은?

4	36	12
16	64	32
36	576	( )

① 64 　　　　② 72 　　　　③ 128 　　　　④ 144 　　　　⑤ 256

03 어느 회사에서 직원 평가를 실시하였다. 직원 평가의 항목은 32개로 항목마다 등급을 '상', '중', '하'로 나누고 각각의 등급에 따라 3점, 1점, -1점을 부여하였다. 사원 A가 받은 총 평가 점수는 52점이고, 등급 '상'의 개수는 '중' 개수의 2배와 '하' 개수의 합보다 6개 많았다면 사원 A가 받은 등급 '상'의 개수는 몇 개인가?

① 18개 　　　　② 19개 　　　　③ 20개 　　　　④ 21개 　　　　⑤ 22개

04 A 회사에서 작년에 채용된 여자 신입사원 수는 남자 신입사원 수의 $\frac{4}{5}$였다. 올해 채용된 신입사원 중 여자 신입사원 수는 전년 대비 5% 증가하였고, 남자 신입사원 수는 전년 대비 2% 감소하여 총 273명이 채용되었다고 할 때, 올해 채용된 남자 신입사원과 여자 신입사원의 인원수 차이는 몇 명인가?

① 21명　　　　② 23명　　　　③ 25명　　　　④ 28명　　　　⑤ 30명

05 지난해에 형과 동생은 미국에서 4,000달러를 모아서 모은 돈 전부를 한국으로 송금하였다. 올해에 형은 작년보다 3% 더 많은 돈을 모았고, 동생은 9% 적은 돈을 모았다. 올해에 모은 돈을 전부 한국으로 송금하여 지난해와 같은 금액을 송금했다면, 형이 올해 한국으로 송금한 금액은 얼마인가?

① 1,030달러　　　② 1,545달러　　　③ 2,575달러　　　④ 2,730달러　　　⑤ 3,090달러

06 두 개의 주사위 A, B를 동시에 던질 때, 나온 눈의 수의 합이 홀수가 되는 경우의 수는 몇 가지인가?

① 16가지　　　　② 17가지　　　　③ 18가지　　　　④ 19가지　　　　⑤ 20가지

07 어떤 질병이 유행하고 있는 상황에서 특정 인원을 대상으로 증상 유무와 감염 여부를 검사하였다. 전체 대상자 중 증상은 나타나지만 감염자는 아닌 사람은 9%이며, 감염자가 아닌 사람 중 증상이 나타나지 않은 사람은 75%이다. 감염자 중 증상이 나타나지 않은 사람이 25%라고 할 때, 전체 대상자 중 1명을 무작위로 골랐을 때, 감염자이며 증상이 나타난 사람일 확률은 몇 %인가?

① 16%　　　　② 27%　　　　③ 36%　　　　④ 48%　　　　⑤ 64%

08 다음 〈표〉는 화학 경시대회 응시생 A~J의 성적 관련 자료이다. 이에 대한 설명 중 옳은 것만을 모두 고르면?

〈표〉 화학 경시대회 성적 자료

응시생 \ 구분	정답 문항 수	오답 문항 수	풀지 않은 문항 수	점수(점)
A	19	1	0	93
B	18	2	0	86
C	17	1	2	83
D	( )	2	1	( )
E	( )	3	0	( )
F	16	1	3	78
G	16	( )	( )	76
H	( )	( )	( )	75
I	15	( )	( )	71
J	( )	( )	( )	64

※ 1) 총 20문항으로 100점 만점임
2) 정답인 문항에 대해서는 각 5점의 득점, 오답인 문항에 대해서는 각 2점의 감점이 있고, 풀지 않은 문항에 대해서는 득점과 감점이 없음

─〈보 기〉─

ㄱ. 응시생 I의 '풀지 않은 문항 수'는 3이다.
ㄴ. '풀지 않은 문항 수'의 합은 20이다.
ㄷ. 80점 이상인 응시생은 5명이다.
ㄹ. 응시생 J의 '오답 문항 수'와 '풀지 않은 문항 수'는 동일하다.

① ㄱ, ㄴ

② ㄱ, ㄷ

③ ㄱ, ㄹ

④ ㄴ, ㄷ

⑤ ㄴ, ㄹ

09 다음 〈표〉는 2016~2018년 월별 산지쌀값 현황에 관한 자료이다. 이에 대한 설명으로 옳은 것은?

〈표〉 2016~2018년 월별 산지쌀값 현황

(단위: 원/100kg)

구분	2016년	2017년	2018년
1월	146,560	129,328	157,692
2월	145,864	129,372	161,792
3월	144,972	128,944	167,480
4월	144,316	127,952	171,376
5월	144,052	127,280	172,264
6월	143,576	126,840	174,096
7월	142,900	126,732	175,784
8월	141,869	129,232	177,252
9월	137,152	132,096	178,272
10월	134,076	150,892	194,772
11월	129,348	152,224	193,696
12월	128,328	154,968	193,656

① 2017~2018년 동안 전년 동월 대비 산지쌀값이 매년 상승한 달은 총 4개이다.

② 2017년 중 산지쌀값이 가장 비싼 달과 가장 싼 달의 산지쌀값 차이는 2016년 중 산지쌀값이 가장 비싼 달과 가장 싼 달의 산지쌀값 차이의 2배보다 크다.

③ 2016~2018년 동안 매년 상반기(1~6월)의 산지쌀값 평균이 그 해 하반기(7~12월)의 산지쌀값 평균보다 작다.

④ 2018년 4월의 전년 동월 대비 산지쌀값의 증가율은 2018년 11월의 전년 동월 대비 산지쌀값의 증가율보다 크다.

⑤ 2017년 9월 산지쌀값을 기준으로 쌀 300kg을 구매하는 데 드는 비용은 2018년 12월 산지쌀값을 기준으로 쌀 200kg을 구매하는 데 드는 비용보다 적다.

PART 8 실전모의고사

해커스공기업 PSAT 기출로 끝내는 NCS 수리·자료해석 집중 공략

10 다음 〈표〉는 인스턴트 건면 종합평가에 관한 자료이다. 이에 대한 설명으로 옳은 것은?

〈표〉 인스턴트 건면 종합평가

구분	제품명	판매사	영양성분(제품 1개당 함량)							내용량(g)		가격(원)
			열량(kcal)	탄수화물(g)	단백질(g)	지방(g)	나트륨(mg)			표시	측정	
							전체	국물	면/건더기			
비유탕라면	가	A	358	70	10	4	1,767	1,450	317	97	99	796
	나	B	381	76	8	5	1,603	1,082	521	103	105	1,363
칼국수	다	A	348	74	9	2	1,658	1,367	291	98	100	720
	라	A	383	79	10	3	1,493	959	534	103	104	1,345
	마	B	361	79	9	1	1,544	1,163	381	100	102	700
	바	B	458	99	12	2	1,894	1,256	638	130	129	1,500
	사	A	354	75	10	2	2,143	1,574	569	101	106	1,450
	아	A	389	82	13	1	2,006	1,412	594	110	113	980
	자	B	436	80	11	8	1,558	988	570	120	122	1,363
	차	A	367	77	8	3	1,364	911	453	100	104	1,363

※ 〈표〉에 제시된 제품 이외의 인스턴트 건면은 없음

① 모든 제품에서 나트륨 전체 함량의 70% 이상이 국물에 포함되어 있다.

② 표시된 내용량 1g당 가격이 가장 비싼 제품은 측정된 내용량 1g당 가격도 가장 비싸다.

③ 칼국수 제품의 탄수화물·단백질·지방 각각의 평균 함량은 비유탕라면 제품의 해당 평균 함량보다 많다.

④ 비유탕라면 제품의 평균 열량보다 더 높은 열량을 지닌 칼국수 제품은 총 5개이다.

⑤ B 사 제품의 평균 열량과 평균 나트륨 함량은 각각 A 사 제품의 평균 열량과 평균 나트륨 함량보다 많다.

기출: 16 민경채

11 다음 〈그림〉은 국가 A~J의 1인당 GDP와 1인당 의료비지출액을 나타낸 것이다. 이에 대한 〈보기〉의 설명 중 옳은 것만을 모두 고르면?

〈그림〉 1인당 GDP와 1인당 의료비지출액

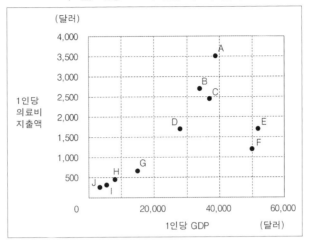

〈보 기〉

ㄱ. 1인당 GDP가 2만 달러 이상인 국가의 1인당 의료비지출액은 1천 달러 이상이다.

ㄴ. 1인당 의료비지출액이 가장 많은 국가와 가장 적은 국가의 1인당 의료비지출액 차이는 3천 달러 이상이다.

ㄷ. 1인당 GDP가 가장 높은 국가와 가장 낮은 국가의 1인당 의료비지출액 차이는 2천 달러 이상이다.

ㄹ. 1인당 GDP 상위 5개 국가의 1인당 의료비지출액 합은 1인당 GDP 하위 5개 국가의 1인당 의료비지출액 합의 5배 이상이다.

① ㄱ, ㄴ

② ㄱ, ㄷ

③ ㄷ, ㄹ

④ ㄱ, ㄴ, ㄹ

⑤ ㄴ, ㄷ, ㄹ

12 다음 〈그림〉과 〈표〉에 대한 〈보기〉의 설명 중 옳은 것만을 모두 고르면?

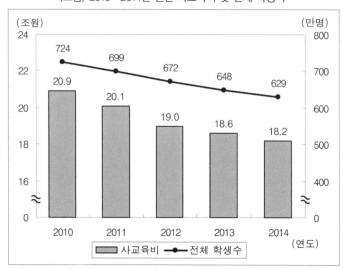

〈그림〉 2010~2014년 연간 사교육비 및 전체 학생 수

〈표 1〉 2010~2014년 학교급별 연간 사교육비

(단위: 억 원)

학교급＼연도	2010	2011	2012	2013	2014
초등학교	97,080	90,461	77,554	77,375	75,949
중학교	60,396	60,006	61,162	57,831	55,678
고등학교	51,242	50,799	51,679	50,754	50,671
전체	208,718	201,266	190,395	185,960	182,298

〈표 2〉 2010~2014년 학교급별 학생 1인당 월평균 사교육비

(단위: 만 원/인)

학교급＼연도	2010	2011	2012	2013	2014
초등학교	24.5	24.1	21.9	23.2	23.2
중학교	25.5	26.2	27.6	26.7	27.0
고등학교	21.8	21.8	22.4	22.3	23.0

※ 학생 1인당 월평균 사교육비(만 원/인)＝$\dfrac{(학교급별)연간 사교육비}{(학교급별)전체 학생 수}$÷12(개월)

<表 3> 2010~2014년 학교급별 사교육 참여율

(단위: %)

학교급 \ 연도	2010	2011	2012	2013	2014
초등학교	86.8	84.6	80.9	81.8	81.1
중학교	72.2	71.0	70.6	69.5	69.1
고등학교	52.8	51.6	50.7	49.2	49.5

※ 사교육 참여율(%) = $\frac{(학교급별)사교육\ 참여\ 학생\ 수}{(학교급별)전체\ 학생\ 수} \times 100$

─〈보 기〉─

ㄱ. 2011~2014년 동안 학생 1인당 연간 사교육비는 전년 대비 매년 증가한다.
ㄴ. 2011~2014년 동안 초등학교 연간 사교육비의 전년 대비 증감률은 고등학교 연간 사교육비의 전년 대비 증감률보다 매년 크다.
ㄷ. 2011~2014년 동안 초등학교 학생 1인당 월평균 사교육비의 전년 대비 증감률이 가장 큰 해에는 중학교 학생 1인당 월평균 사교육비의 전년 대비 증감률도 가장 크다.
ㄹ. 2011~2014년 동안 사교육 참여율이 전년 대비 매년 감소한 학교급은 중학교뿐이다.

① ㄱ, ㄴ

② ㄱ, ㄷ

③ ㄴ, ㄷ

④ ㄴ, ㄹ

⑤ ㄷ, ㄹ

13 〈그림〉과 〈표〉는 '갑'국을 포함한 주요 10개국의 학업성취도 평가 자료이다. 이에 대한 설명으로 옳은 것은?

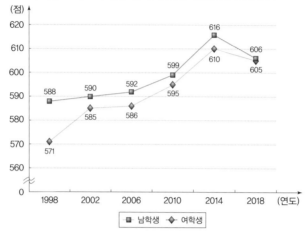

〈그림〉 1998~2018년 '갑'국의 성별 학업성취도 평균점수

※ 학업성취도 평균점수는 소수점 아래 첫째 자리에서 반올림한 값임

〈표〉 2018년 주요 10개국의 학업성취도 평균점수 및 점수대별 누적 학생 비율

(단위: 점, %)

국가 \ 구분	평균점수	학업성취도 점수대별 누적 학생 비율			
		625점 이상	550점 이상	475점 이상	400점 이상
A	621	54	81	94	99
갑	606	43	75	93	99
B	599	42	72	88	97
C	594	37	75	92	98
D	586	34	67	89	98
E	538	14	46	78	95
F	528	12	41	71	91
G	527	7	39	78	96
H	523	7	38	76	94
I	518	10	36	69	93

※ 학업성취수준은 수월수준(625점 이상), 우수수준 (550점 이상 625점 미만), 보통수준(475점 이상 550점 미만), 기초수준(400점 이상 475점 미만), 기초수준
　미달(400점 미만)로 구분됨

① 주어진 그림에서 1998년부터 2014년까지 '갑'국의 전체학생 학업성취도 평균점수는 매년 증가하였다.

② 우수수준의 학생비율이 동일한 국가들의 학업성취도 평균점수의 평균은 557점이다.

③ 수월수준과 우수수준의 학생비율은 전부 F 국이 G 국보다 높다.

④ 수월수준 학생 대비 기초수준 미달 학생의 비율은 I 국이 E 국의 2배 이상이다.

⑤ 2002년 대비 2018년 학업성취도 평균점수의 증가율은 남학생이 여학생보다 크다.

14 다음 〈표〉는 갑국 A, B, C 도시의 연도별 쌀(20kg) 평균가격에 관한 자료이다. 도시별 쌀 평균가격 및 쌀 물가지수에 대한 〈보기〉의 설명 중 옳은 것만을 모두 고르면?

〈표〉 연도별 도시별 쌀 평균가격 및 가중치

(단위: 원)

구분	A 도시	B 도시	C 도시
2017(기준)	33,000	31,000	35,500
2018	45,000	44,500	47,000
2019	48,000	45,000	51,000
2020	50,000	48,000	49,000
가중치	530	290	180

※ 기준연도 쌀 평균가격: 100＝비교연도 쌀 평균가격:비교연도 쌀 물가지수

※ '갑'국의 쌀 물가지수＝$\dfrac{\text{A 도시지수×A 도시가중치＋B 도시지수×B 도시가중치＋C 도시지수×C 도시가중치}}{\text{가중치 합}}$

※ 도시지수는 해당 도시의 쌀 물가지수를 의미하며, 도시지수와 '갑'국의 쌀 물가지수는 소수점 아래 셋째 자리에서 반올림한 값을 사용함

〈보 기〉

ㄱ. A 도시의 2019년 쌀 물가지수는 145.45이다.

ㄴ. 2017년부터 2020년까지 매년 B 도시는 A 도시보다 쌀 평균가격이 지속적으로 낮고, C 도시는 A 도시보다 쌀 평균가격이 지속적으로 높다.

ㄷ. B 도시의 2018년 쌀 물가지수는 143.55이다.

ㄹ. 2019년 갑국의 쌀 물가지수는 145 이상이다.

ㅁ. A 도시의 가중치를 530에서 500으로, B 도시의 가중치를 290에서 320으로 변경한다면 2020년 갑국의 쌀 물가지수는 변경 전에 비해 증가할 것이다.

① ㄱ, ㅁ

② ㄷ, ㄹ

③ ㄱ, ㄴ, ㄷ

④ ㄱ, ㄷ, ㅁ

⑤ ㄱ, ㄷ, ㄹ, ㅁ

15 다음 〈표〉는 2019년 상위 10개국 물류수행지표 현황에 관한 자료이다. 이에 대한 〈보기〉의 설명 중 옳지 않은 것만을 모두 고르면?

〈표〉 2019년 상위 10개국 물류수행지표 현황

구분	전체		인프라		국제표준		물류품질		화물추적		정시성	
	순위	점수	순위	점수	순위	점수	순위	점수	순위	점수	순위	점수
독일	1	4.27	1	4.44	8	3.86	1	4.28	3	4.28	2	4.51
룩셈부르크	2	4.26	3	4.25	4	3.97	2	4.25	1	4.38	3	4.44
스웨덴	3	4.24	4	4.23	1	4.22	10	3.99	8	4.12	1	4.62
네덜란드	4	4.21	2	4.29	6	3.94	3	4.22	6	4.17	5	4.41
싱가포르	5	4.17	14	4.05	3	4.05	6	4.09	4	4.22	4	4.43
벨기에	6	4.14	6	4.20	5	3.96	5	4.13	10	4.05	6	4.38
오스트리아	7	4.12	12	4.06	9	3.79	4	4.14	2	4.29	7	4.34
영국	8	4.10	5	4.21	11	3.77	7	4.05	7	4.13	8	4.33
홍콩	9	4.09	10	4.10	2	4.12	16	3.92	14	4.03	9	4.29
미국	10	4.05	8	4.15	19	3.65	8	4.01	5	4.20	14	4.25

※ 상위 10개국은 전체 점수를 기준으로 함
※ 각 지표별 만점은 5점이며, 전체 점수는 각 지표별 점수의 평균을 소수점 셋째자리에서 반올림한 것임

〈보 기〉

ㄱ. 제시된 10개 국가 중 5개 지표별 순위의 합이 세 번째로 작은 국가는 스웨덴이다.
ㄴ. 각 지표별로 상위 1~5위 국가의 지표별 점수의 평균이 큰 순서대로 나열하면 정시성-인프라-물류 품질-화물추적-국제표준 순이다.
ㄷ. 제시된 10개 국가의 물류수행지표에 매출액 지표를 추가할 때, 각 국가의 매출액 점수가 인프라 점수와 동일하다면 미국의 전체 점수 순위가 홍콩의 전체 점수 순위보다 높아진다.

① ㄱ

② ㄴ

③ ㄷ

④ ㄱ, ㄴ

⑤ ㄱ, ㄴ, ㄷ

16 다음 〈표〉는 A 시의 2016~2020년 버스 유형별 노선 수와 차량대수에 관한 자료이다. 이에 대한 〈보고서〉의 내용 중 옳은 것만을 고르면?

〈표〉 2016~2020년 버스 유형별 노선 수와 차량대수

(단위: 개, 대)

연도 \ 유형 구분	간선버스		지선버스		광역버스		순환버스		심야버스	
	노선 수	차량대수	노선 수	차량대수	노선 수	차량대수	노선 수	차량대수	노선 수	차량대수
2016	122	3,703	215	3,462	11	250	4	25	9	45
2017	121	3,690	214	3,473	11	250	4	25	8	47
2018	122	3,698	211	3,474	11	249	3	14	8	47
2019	122	3,687	207	3,403	10	247	3	14	9	70
2020	124	3,662	206	3,406	10	245	3	14	11	78

※ 버스 유형은 간선버스, 지선버스, 광역버스, 순환버스, 심야버스로만 구성됨

〈보고서〉

　　㉠ 2017~2020년 A 시 버스 총노선 수와 총차량대수는 각각 매년 감소하고 있으며, ㉡ 전년 대비 감소폭은 총노선 수와 총차량대수 모두 2019년이 가장 크다. 이는 A 시 버스 이용객의 감소와 버스 노후화로 인한 감차가 이루어져 나타난 결과로 볼 수 있다. ㉢ 2019년 심야버스는 버스 유형 중 유일하게 전년에 비해 차량대수가 증가하였고 전년 대비 차량대수 증가율은 45%를 상회하였다. 이는 심야시간 버스 이용객의 증가로 인해 나타난 것으로 볼 수 있다. ㉣ 2016~2020년 동안 노선 수 대비 차량대수 비는 간선버스가 매년 가장 크다. 이는 간선버스가 차량운행거리가 길고 배차시간이 짧다는 특성이 반영된 것으로 볼 수 있다. 마지막으로 ㉤ 2016~2020년 동안 노선 수 대비 차량대수 비는 심야버스가 순환버스보다 매년 크다.

① ㄱ, ㄴ, ㄷ
② ㄱ, ㄹ, ㅁ
③ ㄴ, ㄷ, ㄹ
④ ㄴ, ㄷ, ㅁ
⑤ ㄷ, ㄹ, ㅁ

17 다음 〈그림〉은 2008~2011년 외국기업의 국내 투자 현황에 대한 자료이다. 이에 대한 설명 중 옳은 것은?

〈그림 1〉 외국기업 국내 투자건수의 산업별 비율

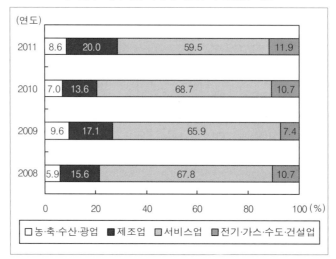

※ 비율은 소수점 아래 둘째 자리에서 반올림한 값임

〈그림 2〉 외국기업의 국내 서비스업 투자건수 및 총투자금액

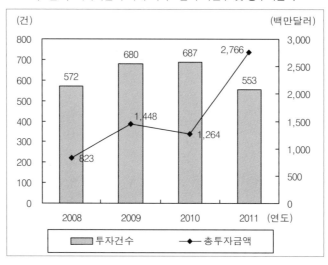

① 외국기업 국내 투자건수는 2010년이 2009년보다 적다.

② 2008년 외국기업의 국내 농·축·수산·광업에 대한 투자건수는 60건 이상이다.

③ 외국기업 국내 투자건수 중 제조업이 차지하는 비율은 매년 증가하였다.

④ 외국기업 국내 투자건수 중 각 산업이 차지하는 비율의 순위는 매년 동일하다.

⑤ 외국기업의 국내 서비스업 투자건당 투자금액은 매년 증가하였다.

18 다음 〈표〉와 〈조건〉은 A 시 버스회사 보조금 지급에 관한 자료이다. 이에 대한 〈보기〉의 설명 중 옳은 것을 모두 고르면?

〈표〉 대당 운송수입금별 버스회사 수

(단위: 개)

대당 운송수입금	버스회사 수
600천 원 이상	24
575천 원 이상 600천 원 미만	6
550천 원 이상 575천 원 미만	12
525천 원 이상 550천 원 미만	9
500천 원 이상 525천 원 미만	6
475천 원 이상 500천 원 미만	7
450천 원 이상 475천 원 미만	10
425천 원 이상 450천 원 미만	5
400천 원 이상 425천 원 미만	11
375천 원 이상 400천 원 미만	4
350천 원 이상 375천 원 미만	13
325천 원 이상 350천 원 미만	15
300천 원 이상 325천 원 미만	9
275천 원 이상 300천 원 미만	4
250천 원 이상 275천 원 미만	4
250천 원 미만	11
계	150

─〈조 건〉─

○ 버스의 표준운송원가는 대당 500천 원이다.
○ 대당 운송수입금이 표준운송원가의 80% 미만인 버스회사를 보조금 지급 대상으로 한다.
○ 대당 운송수입금이 표준운송원가의 50% 이상 80% 미만인 버스회사에는 표준운송원가와 대당 운송수입금의 차액의 50%를 대당 보조금으로 지급한다.
○ 대당 운송수입금이 표준운송원가의 50% 미만인 버스회사에는 표준운송원가의 25%를 대당 보조금으로 지급한다.

─〈보 기〉─

ㄱ. 보조금 지급 대상 버스회사 수는 60개이다.
ㄴ. 표준운송원가를 625천 원으로 인상한다면, 보조금 지급 대상 버스회사 수는 93개가 된다.
ㄷ. 버스를 30대 보유한 버스회사의 대당 운송수입금이 200천 원이면, 해당 버스회사가 받게 되는 총 보조금은 3,750천 원이다.
ㄹ. 대당 운송수입금이 각각 230천 원인 버스회사와 380천 원인 버스회사가 받게 되는 대당 보조금의 차이는 75천 원이다.

① ㄱ, ㄴ   ② ㄴ, ㄷ
③ ㄷ, ㄹ   ④ ㄱ, ㄴ, ㄷ
⑤ ㄱ, ㄷ, ㄹ

19 다음은 1995년과 2007년 도시근로자가구당 월평균 소비지출액 및 교통비지출액 현황에 대한 〈보고서〉이다. 〈보고서〉의 내용과 부합하지 않는 자료는?

〈보고서〉

○ 도시근로자가구당 월평균 소비지출액은 1995년 1,231천 원에서 2007년 2,349천 원으로 증가하였다.
○ 도시근로자가구당 월평균 교통비지출액은 1995년 120.3천 원에서 2007년 282.4천 원으로 증가하였다.
○ 도시근로자가구당 월평균 교통비지출액 비중이 큰 세부 항목부터 순서대로 나열하면, 1995년에는 자동차구입(29.9%), 연료비(21.9%), 버스(18.3%), 보험료(7.9%), 택시(7.1%)의 순이었으나, 2007년에는 연료비(39.0%), 자동차구입(23.3%), 버스(12.0%), 보험료(6.2%), 정비 및 수리비(3.7%)의 순으로 변동되었다.
○ 사무직 도시근로자가구당 월평균 교통비지출액은 1995년 151.8천 원에서 2007년 341.4천 원으로 증가하였으며, 생산직 도시근로자가구당 월평균 교통비지출액은 1995년 96.3천 원에서 2007년 233.1천 원으로 증가하였다.
○ 1995년과 2007년 도시근로자가구당 월평균 교통비지출액 비중의 차이는 소득 10분위가 소득 1분위보다 작았다.

---

① 소득분위별 도시근로자가구당 월평균 교통비지출액 현황

(단위: 천 원, %)

소득분위	소비지출액(A)		교통비지출액(B)		교통비지출액 비중($\frac{B}{A} \times 100$)	
	1995년	2007년	1995년	2007년	1995년	2007년
1분위	655.5	1,124.8	46.1	97.6	7.0	8.7
2분위	827.3	1,450.6	64.8	149.2	7.8	10.3
3분위	931.1	1,703.2	81.4	195.8	8.7	11.5
4분위	1,028.0	1,878.7	91.8	210.0	8.9	11.2
5분위	1,107.7	2,203.2	108.4	285.0	9.8	12.9
6분위	1,191.8	2,357.9	114.3	279.3	9.6	11.8
7분위	1,275.0	2,567.6	121.6	289.1	9.5	11.3
8분위	1,441.4	2,768.8	166.1	328.8	11.5	11.9
9분위	1,640.0	3,167.2	181.4	366.4	11.1	11.6
10분위	2,207.0	4,263.7	226.7	622.5	10.3	14.6

② 도시근로자가구당 월평균 교통비지출액 현황

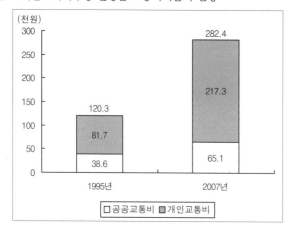

③ 세부 항목별 도시근로자가구당 월평균 교통비지출액 현황

(단위: 원, %)

세부 항목	1995년		2007년	
	지출액	비중	지출액	비중
버스	22,031	18.3	33,945	12.0
지하철 및 전철	3,101	2.6	9,859	3.5
택시	8,562	7.1	9,419	3.3
기차	2,195	1.8	2,989	1.1
자동차임차료	212	0.2	346	0.1
화물운송료	1,013	0.8	3,951	1.4
항공	1,410	1.2	4,212	1.5
기타공공교통	97	0.1	419	0.1
자동차구입	35,923	29.9	65,895	23.3
오토바이구입	581	0.5	569	0.2
자전거구입	431	0.4	697	0.3
부품 및 관련용품구입	1,033	0.9	4,417	1.6
연료비	26,338	21.9	110,150	39.0
정비 및 수리비	5,745	4.8	10,478	3.7
보험료	9,560	7.9	17,357	6.2
주차료	863	0.7	1,764	0.6
통행료	868	0.7	4,025	1.4
기타개인교통	310	0.2	1,902	0.7

④ 직업 형태별 도시근로자가구당 월평균 교통비지출액 현황

(단위: 천 원)

직업 형태	교통비	1995년	2000년	2005년	2006년	2007년
사무직	공공	39.8	54.1	62.5	64.4	67.0
	개인	112.0	190.5	240.9	254.1	274.4
	소계	151.8	244.6	303.4	318.5	341.4
생산직	공공	37.7	52.3	61.5	61.7	63.6
	개인	58.6	98.6	124.1	147.2	169.5
	소계	96.3	150.9	185.6	208.9	233.1

⑤ 연도별 도시근로자가구당 월평균 소비지출액 현황

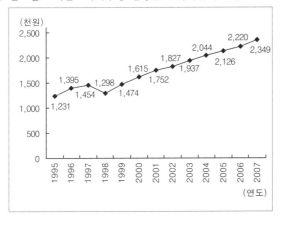

20 다음 〈표〉는 물품 A~E의 가격에 대한 자료이다. 〈조건〉에 부합하는 (가), (나), (다)로 가능한 것은?

〈표〉 물품 A~E의 가격

(단위: 원/개)

물품	가격
A	24,000
B	(가)
C	(나)
D	(다)
E	16,000

〈조 건〉

○ '갑', '을', '병'의 배낭에 담긴 물품은 각각 다음과 같다.
  − 갑: B, C, D
  − 을: A, C
  − 병: B, D, E
○ 배낭에는 해당 물품이 한 개씩만 담겨있다.
○ 배낭에 담긴 물품 가격의 합이 높은 사람부터 순서대로 나열하면 '갑', '을', '병' 순이다.
○ '병'의 배낭에 담긴 물품 가격의 합은 44,000원이다.

	(가)	(나)	(다)
①	11,000	23,000	14,000
②	12,000	14,000	16,000
③	12,000	19,000	16,000
④	13,000	19,000	15,000
⑤	13,000	23,000	15,000

약점 보완 해설집 p.65

무료 바로 채점 및 성적 분석 서비스 바로 가기
QR코드를 이용해 모바일로 간편하게 채점하고 나의 실력이
어느 정도인지, 취약 부분이 어디인지 바로 파악해 보세요!

해커스공기업

PSAT

기출로 끝내는

NCS

수리·자료해석
집중 공략

개정 3판 3쇄 발행 2024년 11월 4일
개정 3판 1쇄 발행 2023년 3월 9일

지은이	김소원, 해커스 PSAT연구소 공저
펴낸곳	㈜챔프스터디
펴낸이	챔프스터디 출판팀

주소	서울특별시 서초구 강남대로61길 23 ㈜챔프스터디
고객센터	02-537-5000
교재 관련 문의	publishing@hackers.com
	해커스잡 사이트(ejob.Hackers.com) 교재 Q&A 게시판
학원 강의 및 동영상강의	ejob.Hackers.com

ISBN	978-89-6965-351-2 (13320)
Serial Number	03-03-01

취업강의 1위,
해커스잡 ejob.Hackers.com

해커스잡

· 인적성&NCS 수리능력 입문 강의(교재 내 할인쿠폰 수록)
· 김소원 선생님의 NCS 수리능력 3초 풀이법 동영상강의(교재 내 수강권 수록)
· 문제풀이가 빨라지는 Speed up 연산문제
· NCS PSAT 온라인 모의고사(교재 내 응시권 수록)
· 내 점수와 석차를 확인하는 무료 바로 채점 및 성적 분석 서비스
· 해커스 스타강사인 저자 김소원 선생님의 본 교재 인강(교재 내 할인쿠폰 수록)

토익 교재 시리즈

유형+문제

~450점 왕기초	450~550점 입문	550~650점 기본	650~750점 중급	750~900점 이상 정규

현재 점수에 맞는 교재를 선택하세요! ⇢ : 교재별 학습 가능 점수대

해커스 토익 왕기초 리딩 / 해커스 토익 왕기초 리스닝

해커스 첫토익 LC+RC+VOCA

해커스 토익 스타트 리딩 / 해커스 토익 스타트 리스닝

해커스 토익 700+ [LC+RC+VOCA]

해커스 토익 750+ RC / 해커스 토익 750+ LC

해커스 토익 리딩 / 해커스 토익 리스닝

해커스 토익 Part 7 집중공략 777

실전모의고사

해커스 토익 실전 LC+RC 1 / 해커스 토익 실전 LC+RC 2 / 해커스 토익 실전 1200제 리딩 / 해커스 토익 실전 1200제 리스닝 / 해커스 토익 실전 1000제 1 리딩/리스닝 (문제집 + 해설집) / 해커스 토익 실전 1000제 2 리딩/리스닝 (문제집 + 해설집) / 해커스 토익 실전 1000제 3 리딩/리스닝 (문제집 + 해설집)

보카

해커스 토익 기출 보카

문법 · 독해

그래머 게이트웨이 베이직 / 그래머 게이트웨이 베이직 Light Version / 그래머 게이트웨이 인터미디엇 / 해커스 그래머 스타트 / 해커스 구문독해 100

토익스피킹 교재 시리즈

해커스 토익스피킹 스타트 / 만능 템플릿과 위기탈출 표현으로 해커스 토익스피킹 5일 완성 / 해커스 토익스피킹 / 해커스 토익스피킹 실전모의고사 15회

오픽 교재 시리즈

해커스 오픽 스타트 [Intermediate 공략] / 서베이부터 실전까지 해커스 오픽 매뉴얼 / 해커스 오픽 [Advanced 공략]

해커스공기업
PSAT
기출로 끝내는
NCS

수리·자료해석
집중 공략

최신개정판

약점 보완 해설집

해커스잡

해커스공기업

PSAT

기출로 끝내는

NCS

수리·자료해석
집중 공략

약점 보완 해설집

해커스

01 | 자료 분석 집중공략문제

p.176

01	02	03	04	05	06	07	08	09	10
⑤	④	②	⑤	⑤	③	②	④	⑤	⑤
11	12	13	14	15	16	17	18	19	20
②	①	⑤	②	②	②	③	③	①	④
21	22	23	24	25	26	27	28	29	30
⑤	①	①	②	⑤	⑤	①	③	②	③

01 자료 분석 및 증가율 계산   정답 ⑤

정답 체크

- ㄷ. 케이블PP의 광고매출액은 2016년이 18,537억 원, 2017년이 17,130억 원, 2018년이 16,646억 원, 2019년이 31,041 − 12,310 − 1,816 − 35 − 1,369 − 503 = 15,008억 원으로 매년 감소하므로 옳은 설명이다.
- ㄹ. 2016년 대비 2019년 광고매출액 증감률은 모바일이 $\{(54,781 − 28,659)/28,659\} \times 100 ≒ 91.1\%$로 세부 매체 중 가장 크므로 옳은 설명이다.

오답 체크

- ㄱ. 모바일 광고매출액의 전년 대비 증가율은 2017년이 $\{(36,618 − 28,659)/28,659\} \times 100 ≒ 27.8\%$, 2018년이 $\{(45,678 − 36,618)/36,618\} \times 100 ≒ 24.7\%$, 2019년이 $\{(54,781 − 45,678)/45,678\} \times 100 ≒ 19.9\%$로 매년 30% 미만이므로 옳지 않은 설명이다.
- ㄴ. 2017년의 경우, 방송 매체 중 지상파TV 광고매출액이 차지하는 비중은 $(14,219/35,385) \times 100 ≒ 40.2\%$, 온라인 매체 중 인터넷(PC) 광고매출액이 차지하는 비중은 $(20,554/57,172) \times 100 ≒ 36.0\%$이므로 옳지 않은 설명이다.

🕐 빠른 문제 풀이 Tip

2019년 광고매출액이 2016년에 비해 50% 이상 변화가 있는 세부 매체는 모바일뿐이므로 수치 계산을 하지 않아도 바로 모바일이 가장 높다는 것을 알 수 있다.

02 자료 분석 및 단순 연산   정답 ④

정답 체크

미국에 대한 기술도입금액이 50% 절감되면 무역수지가 $11,797 − 16,477 + 7,420/2 = −970$백만 달러로 여전히 적자이므로 옳지 않은 설명이다.

오답 체크

① 기술수출과 기술도입의 규모가 상위 10위권에 동시에 들어가 있는 국가는 미국, 중국, 싱가포르, 영국, 일본, 인도, 독일로 7개이므로 옳은 설명이다.

② 슬로바키아와의 기술수출금액은 252백만 달러, 기술도입금액은 10위인 스웨덴보다는 적을 것이므로 최대 407백만 달러 이하일 것이다.
따라서 무역수지는 최소 252 − 407 = −155백만 달러 이상이므로 옳은 설명이다.

③ 상위 10개국 국가의 기술무역금액이 차지하는 비율은 수출 $10,468/11,797 \times 100 ≒ 88.8\%$, 도입 $14,327/16,477 \times 100 ≒ 87.0\%$로 수출 부분이 더 크므로 옳은 설명이다.

⑤ 기술무역규모 상위 10개 국가 중 무역수지인 기술수출금액 − 기술도입금액이 가장 큰 곳은 최소 2,463 − 407 = 2,056백만 달러 이상인 베트남이므로 옳은 설명이다.

⏱ 빠른 문제 풀이 Tip

④ 주석을 빠르게 확인했을 때 무역수지가 흑자라는 의미는 '기술수출금액>기술도입금액'임을 알 수 있다.

11,797 ( ) 16,477−7,420/2 → 11,797 ( ) 16,477−3,710

이때 우변은 정확히 계산할 필요 없이 12,000 이상으로 좌변보다 크므로 적자임을 알 수 있다.

⑤ 한정된 범위의 값에서 두 값의 뺄셈으로 가장 큰 결괏값을 도출하기 위한 식은 '가장 큰 값−가장 작은 값'임을 기억하며 문제를 풀도록 한다.

03 자료 분석 및 비교   정답 ②

정답 체크

'업무 만족도'는 동북청이 동남청보다 높지만, '인적 만족도'는 동북청과 동남청이 동일하므로 옳지 않은 설명이다.

오답 체크

① 모든 연령대에서 '업무 만족도'보다 '인적 만족도'가 높으므로 옳은 설명이다.

③ 응답자의 연령대가 높을수록 '업무 만족도'와 '인적 만족도'가 모두 높으므로 옳은 설명이다.

④ '업무 만족도', '인적 만족도', '시설 만족도'의 합은 경인청이 4.35+4.48+4.30=13.13점, 동북청이 4.20+4.39+4.28=12.87점, 호남청이 4.00+4.03+4.04=12.07점, 동남청이 4.19+4.39+4.30=12.88점, 충청청이 3.73+4.16+4.00=11.89점으로 경인청이 가장 크므로 옳은 설명이다.

⑤ 응답자 수는 총 101명이므로 남자 응답자 수가 x라면 여자 응답자 수는 $101-x$이다. 주어진 점수는 응답자의 조사항목별 만족도의 평균이므로 $\{4.07x+4.15(101-x)\}/101=4.12$이고, $x≒380$이다. 따라서 남자 응답자 수는 38명이고 여자 응답자 수는 $101-38≒63$명이므로 옳은 설명이다.

04 자료 분석 및 비교   정답 ⑤

정답 체크

1933년 미곡과 맥류 재배면적의 합은 1,118+963=2,081천 정보로 1933년 곡물 재배면적 전체의 70%인 2,714×0.7=1899.8천 정보를 초과하므로 옳은 설명이다.

오답 체크

① 1932년 미곡의 재배면적은 1,100천 정보에서 998천 정보로 전년대비 감소하였으나 두류의 재배면적은 283천 정보에서 301천 정보로 전년대비 증가하였으므로 옳지 않은 설명이다.

② 1932년부터 1934년까지는 서류의 생산량이 두류의 생산량보다 많으므로 옳지 않은 설명이다.

③ 1930년부터 1933년까지는 잡곡의 재배면적이 서류의 재배면적의 2배 이상이지만 1934년에는 잡곡의 재배면적이 208천 정보, 서류의 재배면적이 138천 정보로 잡곡의 재배면적이 서류의 재배면적의 2배 미만이므로 옳지 않은 설명이다.

④ 1934년 재배면적당 생산량은 서류가 2,612/138≒18.9천석으로 가장 크므로 옳지 않은 설명이다.

⏱ 빠른 문제 풀이 Tip

④ 모든 곡물에 대한 계산을 하지 않고 선택지에서 언급한 미곡의 값을 대략적으로 유추하여 그보다 큰 곡물이 있는지만 확인한다. 1934년에 미곡과 서류는 생산량이 재배면적의 10배 이상인 반면 맥류, 두류, 잡곡은 10배 이하이다. 따라서 미곡과 서류의 재배면적당 생산량만 계산하여 비교한다.

05 자료 분석 및 비교   정답 ⑤

정답 체크

에너지사용량 대비 GDP는 GDP/에너지사용량이고, 이는 제시된 그래프에서 기울기를 의미하는 $\frac{Y축}{X축}$의 역수와 같다. B 국의 기울기가 A 국의 기울기보다 가파르므로 기울기의 역수는 A 국이 B 국보다 더 큼을 알 수 있다. 따라서 에너지사용량 대비 GDP는 A 국이 B 국보다 높으므로 옳지 않은 설명이다.

오답 체크

① Y축을 기준으로 에너지사용량이 가장 많은 국가는 A 국이고, 가장 적은 국가는 D 국이므로 옳은 설명이다.

② 인구수를 나타내는 원의 면적은 C 국과 D 국이 비슷하지만 에너지사용량은 C 국이 D 국보다 높다. 따라서 1인당 에너지사용량은 C 국이 D 국보다 많으므로 옳은 설명이다.

③ X축을 기준으로 GDP가 가장 낮은 국가는 D 국이고, 가장 높은 국가는 A 국이므로 옳은 설명이다.

④ 인구수를 나타내는 원의 면적은 H 국이 B 국보다 작지만 GDP는 H 국이 B 국보다 높다. 따라서 1인당 GDP는 H 국이 B 국보다 높으므로 옳은 설명이다.

⏱ **빠른 문제 풀이 Tip**

⑤ 분모 값에 해당하는 에너지사용량은 A 국과 B 국이 큰 차이가 없으나 분자 값에 해당하는 GDP는 A 국이 10,000이 넘고, B 국이 약 1,600으로 차이가 크므로 계산하지 않아도 에너지사용량 대비 GDP는 A 국이 B 국보다 높음을 알 수 있다.

06 자료 분석 및 단순 연산 　　　정답 ③

정답 체크

ㄴ. 1765년 상민가구 수는 7,210×0.57＝4,109.7호이고, 1804년 양반가구 수는 8,670×0.53＝4,595.1호이므로 옳은 설명이다.

ㄹ. 1729년 대비 1765년에 상민가구 구성비는 59.0%에서 57.0%로 감소하였고, 상민가구 수는 1,480×0.59＝873.2 호에서 7,210×0.57＝4,109.7호로 증가하였으므로 옳은 설명이다.

오답 체크

ㄱ. 가구당 인구수는 1804년이 68,930/8,670 ≒ 8명, 1867년이 144,140/27,360≒5명으로 1804년 대비 1867년의 가구당 인구수는 감소하였으므로 옳지 않은 설명이다.

ㄷ. 노비가구 수는 1765년이 7,210×0.02＝144.2호, 1804 년이 8,670×0.01＝86.7호, 1867년이 27,360×0.005＝136.8호이다. 따라서 1804년 노비가구 수는 1765년과 1867년 노비가구 수보다 적으므로 옳지 않은 설명이다.

⏱ **빠른 문제 풀이 Tip**

ㄷ. 노비가구 수의 정확한 계산이 아닌 대소 비교이므로 해당 연도의 노비가구 구성비 2%, 1%, 0.5%를 정수비 4:2:1로 간단하게 정리하여 계산한다. 따라서 1765년은 7,210×4, 1804년은 8,670×2, 1867년은 27,360×1로 확인할 수 있다.

ㄹ. 1729년과 1765년 상민가구 구성비는 59%, 57%로 차이가 적으나 전체 가구 수는 1,480, 7,210으로 차이가 크므로 상민가구 수를 정확히 계산하지 않아도 1765년 상민가구 수가 1729년보다 많음을 쉽게 판단할 수 있다.

07 자료 분석 및 비율 계산 　　　정답 ②

정답 체크

ㄱ. 온라인 도박 경험이 있다고 응답한 사람은 59＋16＋8＝83 명이므로 옳은 설명이다.

ㄷ. 온라인 도박 경험이 있다고 응답한 83명 중 오프라인 도박 경험이 있다고 응답한 8명의 비중은 (8/83)×100≒9.6% 이고, 전체 응답자 500명 중 오프라인 도박 경험이 있다고 응답한 사람 2＋6＋8＝16명의 비중은 (16/500)×100 ＝3.2%이므로 옳은 설명이다.

오답 체크

ㄴ. 오프라인 도박에 대해, '경험은 없으나 충동을 느낀 적이 있음'으로 응답한 사람은 21＋25＋16＝62명으로 전체 응답자 500명의 10% 이상이므로 옳지 않은 설명이다.

ㄹ. 온라인 도박에 대해 '경험이 없고 충동을 느낀 적도 없음'으로 응답한 사람은 250＋21＋2＝273명으로 전체 응답자 500 명의 50% 초과이므로 옳지 않은 설명이다.

08 자료 분석 및 매칭 　　　정답 ④

정답 체크

<보고서>의 1문단에서 '갑'국의 아동은 남자가 여자보다 고위험군과 잠재위험군 비율이 모두 높았으나, 청소년은 반대로 여자가 남자보다 모든 위험군에서 비율이 높았다는 내용에 의해 E는 '갑'국이 아님을 알 수 있다. E 국 아동의 고위험군 비율은 남자가 2.2%, 여자가 2.4%로 여자가 더 높다.

<보고서>의 2문단에서 아동의 경우 남자와 여자 각각 과의존위험군 비율이 20%에서 25% 사이라는 내용에 의해 C는 '갑'국이 아님을 알 수 있다. C 국 아동의 여자 과의존위험군 비율은 1.8＋17.5＝19.3%이다.

<보고서>의 3문단에서 아동과 청소년 간 과의존위험군 비율 차이는 남자보다 여자가 컸지만, 여자의 해당 비율 차이는 10%p 이하였다는 내용에 의해 A는 '갑'국이 아님을 알 수 있다. A 국 아동의 여자 과의존위험군 비율은 2.0＋18.1＝20.1%, 청소년의 여자 과의존위험군 비율은 4.1＋28.2＝32.3%로 비율 차이는 32.3－20.1＝12.2%p이다.

<보고서>의 3문단에서 잠재위험군 비율에서 아동과 청소년 간 차이는 남자가 5%p 이하였다는 내용에 의해 B는 '갑'국이 아님을 알 수 있다. B 국 아동의 남자 잠재위험군 비율은 20.0%, 청소년의 남자 잠재위험군 비율은 25.3%로 비율 차이는 25.3－20.0＝5.3%p이다.

따라서 A~E 중 '갑'국에 해당하는 국가는 D이다.

09 자료 분석 및 단순 연산   정답 ⑤

정답 체크

<표>에서 각 제품별 불량률은 A가 $\frac{200}{2,000} \times 100 = 10\%$, B가 $\frac{300}{3,000} \times 100 = 10\%$, C가 $\frac{100}{5,000} \times 100 = 8\%$이다. 제품별 생산량이 1,000개씩 증가하고 불량률은 기존과 동일하게 유지된다면 제품별 불량품 수는 A가 $200 + 1,000 \times 0.1 = 300$개, B가 $300 + 1,000 \times 0.1 = 400$개, C가 $400 + 1,000 \times 0.08 = 480$개이다. 이에 따라 전체 수율은 $\frac{13,000 - 1,180}{13,000} \times 100 = 90.9\%$로 기존 수율인 91%와 동일하지 않으므로 옳지 않은 설명이다.

오답 체크

① 각 제품별 불량률은 A가 10%, B가 10%, C가 8%로 C가 가장 낮으므로 옳은 설명이다.

② 불량품 수가 제품별로 100%씩 증가하는 것은 수량이 2배가 되는 것이므로 전체 불량품 수는 1,800개가 된다. 따라서 전체 수율은 $\frac{10,000 - 1,800}{10,000} \times 100 = 82\%$이므로 옳은 설명이다.

③ 생산량이 제품별로 100%씩 증가, 즉 2배가 되면서 불량률에 변동이 없으려면 불량품 수도 동일하게 2배가 되어야 한다. 따라서 전체 수율은 $\frac{20,000 - 1,800}{20,000} \times 100 = 91\%$로 동일하게 유지되므로 옳은 설명이다.

④ 불량품 수가 제품별로 100개씩 증가한다면 전체 불량품 수는 1,200개가 되고, 전체 수율은 $\frac{10,000 - 1,200}{10,000} \times 100 = 88\%$이므로 옳은 설명이다.

10 자료 분석 및 단순 연산   정답 ⑤

정답 체크

ㄴ. '직위불안'에서 '낮음'으로 응답한 근로자는 생산직이 $133 \times 0.2406 = 32$명, 사무직이 $87 \times 0.2759 = 24$명으로 생산직이 사무직보다 많으므로 옳은 설명이다.

ㄹ. '보상부적절' 항목에서 높음으로 응답한 사무직 근로자는 $87 \times 0.6437 = 56$명이고, 생산직 근로자는 $133 \times 0.6015 = 80$명으로 사무직이 생산직보다 적으므로 옳은 설명이다.

오답 체크

ㄱ. <표 1>과 <표 2>의 스트레스 수준 상위 응답 구성비 합으로 알 수 있다. '업무과다'와 '보상부적절'은 사무직의 스트레스 수준 상위 비율이 높지만, '직위불안'과 '관계갈등'은 생산직의 스트레스 수준 상위 비율이 더 높으므로 옳지 않은 설명이다.

ㄷ. 생산직 근로자 133명 중 '관계갈등' 항목에서 '매우 높음'으로 응답한 근로자의 비율은 10.53%, '매우 낮음'으로 응답한 근로자의 비율은 1.50%이므로 비율의 차이를 먼저 구하면 9.03%이다. 따라서 인원수의 차이는 $133 \times 0.0903 = 12$명이므로 옳은 설명이다.

11 자료 분석 및 추이 파악   정답 ②

정답 체크

ㄱ. 인용률(%) $= \frac{\text{인용 건수}}{\text{심리·의결 건수}} \times 100$임을 적용하여 구한다. 인용률은 2010년이 $(4,990/30,472) \times 100 = 16.4\%$, 2011년이 $(4,640/28,923) \times 100 = 16.0\%$, 2012년이 $(3,983/24,987) \times 100 = 15.9\%$, 2013년이 $(4,713/24,405) \times 100 = 19.3\%$, 2014년이 $(4,131/25,270) \times 100 = 16.3\%$로 2013년에 가장 높으므로 옳은 설명이다.

ㄷ. 2011년 각하 건수는 $28,923 - 23,284 - 4,640 = 999$건이고, 2014년 각하 건수는 $25,270 - 19,164 - 4,131 = 1,975$건이다. 따라서 각하 건수가 가장 적은 해는 2011년이므로 옳은 설명이다.

오답 체크

ㄴ. 취하·이송 건수는 2011년에 1,001건에서 1,063건으로, 2013년에 1,015건에서 1,850건으로 증가했으므로 옳지 않은 설명이다.

ㄹ. 접수 건수의 연도별 증감방향은 '감소, 감소, 증가, 감소'이고, 심리·의결 건수의 연도별 증감방향은 '감소, 감소, 감소, 증가'이므로 옳지 않은 설명이다.

⏱ 빠른 문제 풀이 Tip

ㄱ. 정확한 계산을 하지 않아도 2013년에 분모 값인 심리·의결 건수가 가장 적고, 분자 값인 인용 건수는 2010년 다음으로 크므로 인용률이 가장 높을 것임을 예상할 수 있다. 2010년은 분자 값인 인용 건수가 가장 크지만, 분모 값인 심리·의결 건수도 가장 크기 때문에 2013년보다 인용률이 낮다.

12 자료 분석 및 매칭　　　　　정답 ①

· 2004년에 비해 2005년의 등록건수가 감소한 B가 실용신안임을 알 수 있다.
· 2004년부터 2006년까지 출원 및 등록건수가 각각 전년대비 매년 증가한 D가 상표임을 알 수 있다.
· 2004년부터 2006년까지 출원건수가 전년대비 매년 증가한 C 또는 D가 디자인임을 알 수 있다. 이때 D가 상표이므로 C가 디자인이고, 이에 따라 나머지 A가 특허임을 알 수 있다.
따라서 A는 특허, B는 실용신안, C는 디자인, D는 상표이다.

⏱ 빠른 문제 풀이 Tip
선택지 소거법으로 문제를 빠르게 풀 수 있다. 세 번째 <조건>에 따라 B가 실용신안임을 알 수 있으므로 ②, ④가 소거된다. 이때 네 번째 <조건>에 따라 D가 상표임을 알 수 있으므로 ③이 소거된다. 두 번째 <조건>에 따라 C가 디자인임을 알 수 있으므로 ⑤가 소거되어 ①이 정답임을 빠르게 파악할 수 있다.

13 자료 변환 및 단순 연산　　　정답 ⑤

2017년 대비 2018년 1인 1일당 식물성 단백질 섭취량의 증감률은 A 지역이 $\{(25-25)/25\} \times 100 = 0\%$, B 지역이 $\{(30-10)/10\} \times 100 = 200\%$, C 지역이 $\{(20-20)/20\} \times 100 = 0\%$, D 지역이 $\{(5-10)/10\} \times 100 = -50\%$이므로 <표>를 이용하여 작성한 그래프로 옳지 않다.

① 지역별 1인 1일당 동물성 단백질 섭취량은 단백질 섭취량에서 식물성 단백질 섭취량을 뺀 값이다. B 지역의 1인 1일당 동물성 단백질 섭취량은 2017년이 $100-10=90g$, 2018년이 $100-30=70g$, 2019년이 $110-50=60g$이므로 <표>를 이용하여 작성한 그래프이다.
② 지역별 1일 단백질 총섭취량은 1인 1일당 단백질 섭취량에 전체 인구를 곱한 값이다. 2019년 1일 단백질 총섭취량은 A 지역이 $75 \times 1,100 = 82,500g$, B 지역이 $110 \times 1,000 = 110,000g$, C 지역이 $80 \times 600 = 48,000g$, D 지역이 $50 \times 100 = 5,000g$이므로 <표>를 이용하여 작성한 그래프이다.
③ 2017년 1인 1일당 식물성 단백질 섭취량은 A 지역이 25g, B 지역이 10g, C 지역이 20g, D 지역이 10g이고, 1인 1일당 동물성 단백질 섭취량은 A 지역이 $50-25=25g$, B 지역이 $100-10=90g$, C 지역이 $100-20=80g$, D 지역이 $50-10=40g$이다. 따라서 2017년 지역별 1인 1일

당 단백질 섭취량 구성비는 A 지역이 25:25 = 50:50, B 지역이 10:90 = 10:90, C 지역이 20:80 = 20:80, D 지역이 10:40 = 20:80이므로 <표>를 이용하여 작성한 그래프이다.
④ A 지역의 1인 1일당 동물성 단백질 섭취량과 식물성 단백질 섭취량의 차이는 2017년이 $25-25=0g$, 2018년이 $35-25=10g$, 2019년이 $50-25=25g$이고, C 지역의 1인 1일당 동물성 단백질 섭취량과 식물성 단백질 섭취량의 차이는 2017년이 $80-20=60g$, 2018년이 $70-20=50g$, 2019년이 $60-20=40g$이므로 <표>를 이용하여 작성한 그래프이다.

14 자료 분석 및 단순 연산　　　정답 ②

<표 1>에 따라 전 세계에서 아시아 지역이 차지하는 항공기 보유 비중은 2016년이 $(6,830 / 23,480) \times 100 ≒ 29.1\%$, 2036년이 $(17,520 / 46,950) \times 100 ≒ 37.3\%$이고, 전 세계에서 북미 지역이 차지하는 항공기 보유 비중은 2016년이 $(7,060/23,480) \times 100 ≒ 30.1\%$, 2036년이 $(10,130/46,950) \times 100 ≒ 21.6\%$이다. 따라서 2016년 대비 2036년에 전 세계에서 북미 지역이 차지하는 항공기 보유 비중은 감소할 것으로 전망되므로 옳지 않은 설명이다.

① <표 1>에서 전 세계 항공기 보유 대수 46,950대는 2016년 23,480대 대비 $46,950/23,480 ≒ 2.0$배 증가할 것으로 전망되므로 옳은 설명이다.
③ <표 2>에 따라 2016년 세계 항공정비 시장에서 엔진 정비의 비중이 40%, 부품 정비, 운항 정비, 기체 정비가 각각 22%, 17%, 14%를 차지하고 있으므로 옳은 설명이다.
④ 2026년 세계 항공정비 시장의 규모가 2016년에 비해 20% 증가한다면 <표 2>의 구성비 합계를 통해 2016년 세계 항공정비 시장의 규모를 100, 2026년 세계 항공정비 시장의 규모를 120으로 가정할 수 있다. 이때 2016년 대비 2026년에 모든 분야가 20%씩 증가하게 되므로 2026년 기체 정비 시장의 규모는 12에서 $12 \times (1+0.2) = 14.4$가 되고, 이는 2016년 기체 정비 시장의 규모인 14보다 규모가 증가한 것이므로 옳은 설명이다.
⑤ <표 1>에서 2016~2036년 항공기 보유 대수의 연평균 성장률은 중동 5.1%, 아시아 4.8%, 남미 4.4% 순으로 높을 것으로 예상되므로 옳은 설명이다.

② 비중을 계산하지 않고 분모와 분자의 증가율을 통해 비중의 증감 추이를 파악한다. 분모 값에 해당하는 2016년 대비 2036년 전 세계 항공기 보유 대수는 23,480에서 46,950으로 약 2배 증가하였으나 분자 값에 해당하는 북미 항공기 보유 대수는 7,060에서 10,130으로 2배 미만 증가하였다. 따라서 전체 항공기 보유 대수 증가율에 비해 북미 항공기 보유 대수의 증가율이 낮으므로 전체에서 차지하는 비중은 감소함을 알 수 있다.

---

15 자료 분석 및 비교   정답 ②

정답 체크

ㄱ. <표 1>에서 회원기금원금은 2007년과 2008년에 전년대비 감소하였으므로 옳지 않은 설명이다.

ㄷ. 회원급여저축총액=회원급여저축원금+누적이자총액임을 적용하여 구한다. <표 1>과 <표 3>에 따라 2010년 누적이자총액은 37,952−26,081=11,871억 원이고, 2010년에 회원급여저축총액에서 누적이자총액이 차지하는 비중은 (11,871/37,952)×100≒31.3%이므로 옳지 않은 설명이다.

오답 체크

ㄴ. <표 2>에서 공제회의 회원 수가 가장 적은 해는 2008년이고, <표 1>에서 2008년에 목돈수탁원금도 가장 적으므로 옳은 설명이다.

ㄹ. <표 2>에서 1인당 평균 계좌 수가 가장 많은 해는 2010년이고, <표 1>에서 2010년에 회원기금원금도 가장 많으므로 옳은 설명이다.

---

16 자료 분석 및 매칭   정답 ②

정답 체크

· 남자 방문자 수가 여자 방문자 수보다 많은 지역은 A, B, C이므로 이 중 서울, 부산, 인천이 정해진다. 따라서 D는 광주이며, ⑤번은 제외된다.

· 각 도시별 방문자 수에서 20대 방문자 수가 차지하는 비중은 A: $\frac{4,385}{16,412}×100≒26.7\%$, B: $\frac{4,796}{17,317}×100≒27.7\%$, C: $\frac{2,644}{11,981}×100≒22.1\%$이므로 20대 방문자 수의 비중이 가장 높은 B가 부산이다. 따라서 ③,④번은 제외된다.

· 각 도시별 방문자 수에서 '대학교 이상' 학력의 방문자 수가 차지하는 비중은 A: $\frac{10,844}{16,412}×100≒66.1\%$, C: $\frac{7,588}{11,981}×100≒63.3\%$이다. 따라서 A는 서울, C는 인천이다.

---

17 자료 분석 및 매칭   정답 ③

정답 체크

· 장애인 고용률은 A가 1.06%로 가장 낮으므로 A가 서부청임을 알 수 있다.

· 장애인 고용인원이 남동청의 58명보다 많고, 장애인 고용률이 남동청의 1.45%보다 낮은 B가 동부청임을 알 수 있다.

· 장애인 고용의무인원이 동부청의 670명보다 많은 C가 남부청임을 알 수 있고, 이에 따라 D가 북부청임을 알 수 있다.

따라서 A는 서부청, B는 동부청, C는 남부청, D는 북부청이다.

'가장', '최대', '최소' 등의 의미가 있는 두 번째 <조건>을 먼저 확인하여 선택지 소거법을 통해 문제 풀이 시간을 단축한다.

---

18 자료 분석 및 비교   정답 ③

정답 체크

엥겔계수(%)=$\frac{식료품비}{가계지출액}×100$과

엔젤계수(%)=$\frac{18세\ 미만\ 자녀에\ 대한\ 보육·교육비}{가계지출액}×100$임을

적용하여 구한다. 엥겔계수와 엔젤계수 모두 분모가 가계 지출액으로 동일하므로 엥겔계수와 엔젤계수만으로 식료품비와 18세 미만 자녀에 대한 보육·교육비의 대소를 비교할 수 있다. 2006년 이후 매년 엔젤계수가 엥겔계수보다 커 18세 미만 자녀에 대한 보육·교육비가 식료품비를 초과함을 알 수 있으므로 옳은 설명이다.

오답 체크

① 2008~2013년 동안 엔젤계수의 연간 상승폭은 2010년이 전년대비 17.7−16.1=1.6%p, 2011년이 전년대비 18.3−17.7=0.6%p, 2012년이 전년대비 20.1−18.3=1.8%p, 2013년이 전년대비 20.5−20.1=0.4%p로 2011년과 2013년에 전년대비 감소하므로 옳지 않은 설명이다.

② 2004년 대비 2014년, 엥겔계수 하락폭은 16.6−12.2＝4.4%p, 엔젤계수 상승폭은 20.1−14.4＝5.7%p로 엥겔계수 하락폭이 엔젤계수 상승폭보다 작으므로 옳지 않은 설명이다.

④ 엥겔계수와 엔젤계수 모두 분모가 가계 지출액으로 동일하므로 18세 미만 자녀에 대한 보육·교육비 대비 식료품비의 비율은 엔젤계수 대비 엥겔계수의 비율과 동일하다. 엔젤계수 대비 엥겔계수의 비율은 2008년이 14.1/15.2≒0.92, 2009년이 13.7/16.1≒0.85, 2010년이 13.2/17.7≒0.74, 2011년이 12.1/18.3≒0.66, 2012년이 12.5/20.1≒0.62로 매년 감소하므로 옳지 않은 설명이다.

⑤ 엔젤계수는 2013년에 20.5%로 가장 높고, 2004년에 14.4%로 가장 낮다. 따라서 2013년이 2004년에 비해 20.5−14.4＝6.1%p 크므로 옳지 않은 설명이다.

⏱ 빠른 문제 풀이 Tip

① 엥겔계수의 연간 상승폭은 그래프의 기울기로 빠르게 확인할 수 있다. 2010년에서 2011년으로의 기울기는 2009년에서 2010년으로의 기울기보다 낮고, 2012년에서 2013년으로의 기울기는 2011년에서 2012년으로의 기울기보다 낮으므로 연간 상승폭은 감소함을 알 수 있다.
③ 각주에 제시된 공식을 정확히 이해하여 문제를 빠르게 풀이한다. 분모가 동일하므로 계산 과정을 거치지 않고 자료에 제시된 수치만으로 문제를 풀이할 수 있다.
④ 2008~2012년 동안 분모 값에 해당하는 엔젤계수는 매년 증가하고, 분자 값에 해당하는 엥겔계수는 2012년을 제외하고 매년 감소하므로 엔젤계수 대비 엥겔계수의 비율은 계산하지 않아도 2008~2011년에 확실히 감소함을 알 수 있다.

---

19 자료 분석 및 비율 계산 정답 ①

정답 체크

ㄱ. <표 1>에서 전체 신고상담 건수는 2,558건으로 전체 신고접수 건수의 3배인 729×3＝2,187건 이상이므로 옳은 설명이다.

ㄴ. <표 2>에서 전체 신고접수 건수 대비 분야별 신고접수 건수의 비율은 기타를 제외하고 보건복지 분야가 (239/729)×100≒32.8%로 가장 높으므로 옳은 설명이다.

오답 체크

ㄷ. <표 2>에서 분야별 전체 신고접수 건수 중 '이첩' 건수의 비중은 교육 분야가 (3/6)×100＝50%, 산업 분야가 (1/2)×100＝50%로 가장 크므로 옳지 않은 설명이다.

ㄹ. <표 2>에서 '내부처리' 건수는 357건으로 전체 신고상담 건수의 15%인 2,558×0.15＝383.7건 미만이므로 옳지 않은 설명이다.

⏱ 빠른 문제 풀이 Tip

ㄴ. 전체 신고접수 건수 대비 분야별 신고접수 건수의 비율에서 전체 신고접수 건수가 729로 모두 동일하므로 분야별 신고접수 건수만으로 대소 비교가 가능하다.
ㄹ. 전체 신고상담 건수의 10%는 약 256이고, 5%는 약 128이다. 따라서 15%는 256+128≒384이므로 '내부처리' 건수 357은 전체 신고상담 건수의 15% 미만이다.

---

20 자료 분석 및 증가율 계산 정답 ④

정답 체크

ㄱ. <그림 1>에서 도서관 수는 2006년이 40개, 2007년이 46개로 2007년에 전년보다 증가하였지만, 도서관당 좌석 수는 2006년이 14,500 / 40＝362.5석, 2007년이 16,200 / 46≒352.2석으로 2007년에 전년보다 감소하였으므로 옳은 설명이다.

ㄴ. <그림 2>에서 연간이용자 수가 가장 적은 해는 연간이용자 수가 7,614천 명인 2007년이고, 2007년 도서관당 연간이용자 수는 7,614 / 46≒165.5천 명으로 가장 적으므로 옳은 설명이다.

ㄹ. <그림 2>에서 2009년 연간이용자 수는 전년대비 감소하였고, 2009년 각 항목별 전년대비 증가율은 장서 수가 {(4,299−3,891)/3,891}×100≒10.5%, 도서관 수가 {(49−48)/48}×100≒2.1%, 좌석 수가 {(19.6−18.5)/18.5}×100≒5.9%로 2009년 전년대비 증가율이 가장 큰 항목은 장서 수이므로 옳은 설명이다.

오답 체크

ㄷ. <그림 1>에서 2008년 도서관 수의 전년대비 증가율은 {(48−46)/46}×100≒4.3%로 2008년 장서 수의 전년대비 증가율인 {(3,891−3,625)/3,625}×100≒7.3%보다 낮으므로 옳지 않은 설명이다.

⏱ 빠른 문제 풀이 Tip

ㄴ. 연간이용자 수를 십의 자리에서 반올림하여 두 자리 유효숫자를 설정한 후 도서관당 연간이용자 수를 나타내면 2005년이 100/42, 2006년이 107/40, 2007년이 76/46, 2008년이 98/48, 2009년이 91/49이다. 2005, 2006, 2008년은 분자가 분모의 2배 이상이므로 2007년과 2009년만을 비교한다. 91/49은 분자가 분모의 약 2배에 가까워 76/46보다 크므로 2007년에 도서관당 연간이용자 수가 가장 적음을 알 수 있다.

ㄷ, ㄹ. 정확한 증가율을 계산하지 않고 분자 값이 분모 값의 5%, 10% 등 기준 값보다 큰지 확인하여 대소를 비교한다. ㄹ에서 (4,299−3,891)/3,891=408/3,891은 408이 3,891의 10%인 389보다 크므로 증가율이 10% 이상인 반면, (49−48)/48=1/48과 (19.6−18.5)/18.5=1.1/18.5은 각각 분자가 분모의 10%보다 작으므로 증가율이 10% 이하임을 알 수 있다.

21 자료 분석 및 추이 파악   정답 ⑤

정답 체크

<그림>에 따라 2010년 동남권의 단위 재배면적당 마늘 생산량은 60,000/4,000=15톤이고, 2011년 동남권의 단위 재배면적당 마늘 생산량이 2010년과 동일하다면 <표>에 따라 2011년 동남권의 마늘 생산량은 5,000×15=75,000톤이므로 옳은 설명이다.

오답 체크

① <그림>에서 동남권의 마늘 생산량은 2009년까지 매년 증가하였으나 2010년에 전년대비 감소하였으므로 옳지 않은 설명이다.

② <그림>에 따라 2006~2010년 동안 동남권의 단위 재배면적당 양파 생산량은 2006년에 169,434/2,747≒61.7톤, 2007년에 208,626/2,961≒70.5톤, 2008년에 199,684/2,864≒69.7톤, 2009년에 274,336/3,289≒83.4톤, 2010년에 309,538/4,500≒68.8톤으로 2008년과 2010년에 전년대비 감소하였으므로 옳지 않은 설명이다.

③ <그림>과 <표>에 따라 2010년 동남권의 양파 재배면적은 4,500ha이므로 2010년 울산의 양파 재배면적은 4,500−56−4,100=344ha이고, 2011년 울산의 양파 재배면적은 5,100−40−4,900=160ha이다. 따라서 2011년 울산의 양파 재배면적은 전년에 비해 감소하였으므로 옳지 않은 설명이다.

④ <그림>에서 2009년까지는 마늘 재배면적이 더 크지만 2010년에는 양파 재배면적이 더 크다. 또한 <표>에서 2011년 양파 재배면적은 5,100ha이고, 마늘 재배면적은 5,000ha로 양파 재배면적이 더 크므로 옳지 않은 설명이다.

⏱ 빠른 문제 풀이 Tip

② 분모 값과 분자 값의 증가율로 판단할 수 있다. 분모 값에 해당하는 2009년 대비 2010년 양파 재배면적은 3,289에서 4,500으로 약 50% 정도 증가한 반면 분자 값에 해당하는 양파 생산량은 274,336에서 309,538로 약 10% 정도 증가하였다. 분모 값의 증가율이 분자 값의 증가율보다 훨씬 크므로 분수 값은 감소함을 알 수 있다.

22 자료 분석 및 평균 계산   정답 ①

정답 체크

ㄱ. <표>에서 2015~2017년 3년 평균 온실가스 배출량이 2,917천 tCO2eq.이고, 3년 전체 온실가스 배출량의 합이 2,917×3=8,751천 tCO2eq.이므로 2017년 전체 온실가스 배출량은 8,751−(3,138+2,864)=2,749천 tCO2eq.이다. <그림>에 따라 2015~2017년 동안 매년 온실가스 배출량 기준 상위 2개 업체인 A와 B의 온실가스 배출량 합이 매년 전체 온실가스 배출량에서 차지하는 비중은 2015년이 {(1,021+590)/3,138}×100 ≒ 51.3%, 2016년이 {(990+535)/2,864}×100 ≒ 53.2%, 2017년이 {(929+531)/2,749}×100 ≒ 53.1%이므로 옳은 설명이다.

ㄴ. <표>에서 2015~2017년 동안 철강산업의 전체 온실가스 배출량은 2015년이 3,138천 tCO2eq., 2016년이 2,864천 tCO2eq., 2017년이 2,749천 tCO2eq.로 매년 감소하였으므로 옳은 설명이다.

오답 체크

ㄷ. 온실가스 배출 효용성= $\dfrac{\text{3년 평균 철강 생산량}}{\text{3년 평균 온실가스 배출량}}$ 임을 적용하여 구한다. <그림>에서 업체 A~J 중 2015~2017년의 온실가스 배출 효율성이 가장 낮은 업체는 온실가스 배출 효율성이 100/900 ≒ 0.1인 A이고, 가장 높은 업체는 온실가스 배출 효율성이 500/50≒10.0인 J이므로 옳지 않은 설명이다.

ㄹ. <표>에서 D 업체의 2015~2017년 3년 평균 온실가스 배출량이 284천 tCO2eq.이고, 3년 전체 온실가스 배출량의 합이 284×3=852천 tCO2eq.이므로 2016년 D 업체의 온실가스 배출량은 852−(356+260)=236천 tCO2eq.이다. D 업체의 온실가스 배출량은 2016년 236천 tCO2eq.에서 2017년 260천 tCO2eq.로 전년대비 증가하였으므로 옳지 않은 설명이다.

⏱ 빠른 문제 풀이 Tip

ㄷ. 온실가스 배출 효용성=3년 평균 철강 생산량/3년 평균 온실가스 배출량이고, 이는 <그림>에서 $\dfrac{\text{X축}}{\text{Y축}}$ 에 해당하므로 좌표 기울기의 역수와 같다. 따라서 온실가스 배출 효용성은 좌표가 Y축에 가까울수록 낮고, X축에 가까울수록 크므로 A가 가장 낮은 업체이고, J가 가장 높은 업체임을 알 수 있다.

ㄹ. 평균이 제시된 경우 편차를 활용하여 나머지 숫자를 빠르게 확인한다. D 업체의 온실가스 배출량은 2015년이 356, 2017년이 260이고, 2015~2017년 3년 평균은 284이므로 2016년을 제외한 편차는 2015년이 356−284=72, 2017년이 260−284=−24이다. 편차의 합은 0이므로 2016년 온실가스 배출량은 편차가 −48 이어야 한다. 따라서 D 업체의 2016년 온실가스 배출량은 284−48=236임을 알 수 있다.

23 자료 분석 및 단순 연산 정답 ①

정답 체크

ㄱ. 2020년 상위 10개 스포츠 구단 중 전년보다 순위가 상승한 구단은 C, D, E, I로 총 4개이고, 순위가 하락한 구단은 F, H, J로 총 3개이므로 옳은 설명이다.

ㄴ. 2020년 상위 10개 스포츠 구단 중 미식축구 구단 가치액 합은 58+40+37=135억 달러, 농구 구단 가치액 합은 45+44+42=131억 달러이므로 옳은 설명이다.

오답 체크

ㄷ. 2020년 상위 10개 스포츠 구단 중 전년 대비 가치액 상승률이 가장 큰 구단은 {(42−33)/33}×100≒27.3%인 E이고, E 구단의 종목은 농구이므로 옳지 않은 설명이다.

ㄹ. 연도별 상위 10개 스포츠 구단의 가치액 합은 2020년이 58+50+45+44+42+41+40+39+37+36=432억 달러, 2019년이 58+50+39+36+33+42+37+41+31+38=405억 달러로 2020년이 2019년보다 크므로 옳지 않은 설명이다.

⏱ 빠른 문제 풀이 Tip

ㄷ. 2019년 대비 2020년에 구단 가치액이 상승한 C, D, E, G, I 중 E가 2019년 가치액이 가장 작으나 2019년 대비 2020년 가치액 상승액은 42−33=9억 달러로 가장 크다. 따라서 2019년 대비 2020년 가치액 상승률이 가장 큰 구단은 E이고, 이에 해당하는 종목은 농구임을 알 수 있다.

ㄹ. 2019년 대비 2020년 구단 가치액의 증감액은 0+0+6+8+9+(−1)+3+(−2)+6+(−2)=27억 달러로 2019년 대비 2020년에 구단 가치액이 증가했음을 알 수 있다.

24 자료 분석 및 단순 연산 정답 ②

정답 체크

ㄱ. 전국고용인원은 2004년이 10,897+2,909+6,108+2,632=22,546천 명, 2014년이 12,836+3,437+6,479+2,834=25,586천 명으로 2004년 대비 2014년 전국고용인원은 25,586−22,546=3,040천 명 증가하였으므로 옳은 설명이다.

ㄷ. 제조업의 전국고용인원은 2004년이 2,170+399+1,329+279=4,177천 명, 2014년이 2,029+538+1,441+322=4,330천 명으로 2004년 대비 2014년 제조업의 전국고용인원은 증가하였으므로 옳은 설명이다.

오답 체크

ㄴ. 2004년 대비 2014년 고용증가인원은 수도권이 12,836−10,897=1,939천 명, 중부권이 3,437−2,909=528천 명, 영남권이 6,479−6,108=371천 명, 호남권이 2,834−2,632=202천 명이고, 중부권, 영남권, 호남권 고용증가인원의 합은 528+371+202=1,101천 명이다. 따라서 2004년 대비 2014년 고용증가인원은 수도권이 더 크므로 옳지 않은 설명이다.

ㄹ. 도소매·숙박·음식점업의 전국고용인원은 2004년이 2,932+729+1,566+634=5,861천 명, 2014년이 3,142+714+1,445+588=5,889천 명으로 2004년 대비 2014년 도소매·숙박·음식점업의 전국고용인원은 증가하였으므로 옳지 않은 설명이다.

⏱ 빠른 문제 풀이 Tip

제시된 <보기>의 내용이 전반적으로 단순 연산을 요구하고 있다. 또한, 정확한 값을 요구하는 ㄱ을 제외하면 나머지 <보기>에서는 대소 관계만 판단하면 되므로 어림 계산을 통해 풀이 시간을 단축할 수 있다.

ㄱ. 2004년 대비 2014년에 증가한 전국고용인원은 2004년 대비 2014년에 각 지역별로 증가한 고용인원의 합계이다. 2004년 대비 2014년에 증가한 고용인원은 수도권이 12,836−10,897=1,939, 중부권이 3,437−2,909=528, 영남권이 6,479−6,108=371, 호남권이 2,834−2,632=202이다. 따라서 2004년 대비 2014년 증가한 전국고용인원은 1,939+528+371+202=3,040임을 알 수 있다.

ㄷ. 2004년 대비 2014년 제조업의 고용인원은 수도권이 약 140 정도 감소한 반면, 나머지 지역은 모두 증가하였고, 특히 중부권과 영남권이 모두 약 100 이상 증가하였으므로 2004년 대비 2014년 제조업의 전국고용인원은 증가했음을 알 수 있다.

ㄹ. 2004년 대비 2014년 도소매·숙박·음식점업의 고용인원은 수도권이 약 200 정도 증가하였고, 중부권이 약 15, 영남권이 약 120, 호남권이 약 50 정도 감소하여 감소인원보다 증가인원이 많으므로 도소매·숙박·음식점업의 전국고용인원은 증가했음을 알 수 있다.

25 자료 분석 및 비교

정답 ⑤

정답 체크

<그림>에서 2018년 총연봉의 전년대비 증가율을 통해 2017년 총연봉을 구할 수 있다. A 팀과 E 팀 모두 2018년 총연봉이 전년대비 50% 증가하였으므로 2017년 총연봉은 A 팀이 15/(1+0.5)=10억 원, E 팀이 24/(1+0.5)=16억 원이다. 따라서 2017년 총연봉은 E 팀이 A 팀보다 많으므로 옳지 않은 설명이다.

오답 체크

① <표>에 따라 2018년 '팀 선수 평균 연봉'은 A 팀이 15/5=3.0억 원, B 팀이 25/10=2.5억 원, C 팀이 24/8=3.0억 원, D 팀이 30/6=5.0억 원, E 팀이 24/6=4.0억 원으로 D 팀이 가장 많으므로 옳은 설명이다.

② <그림>에서 2018년 선수 인원수의 전년대비 증가율을 통해 2018년 전년대비 증가한 선수 인원수를 구할 수 있다. C 팀은 2018년에 전년대비 33.3%가 증가하여 2018년 선수 인원수가 8명이므로 2017년 선수 인원수는 8/(1+0.33)≒6이다. D 팀은 2018년에 전년대비 50%가 증가하여 2018년 선수 인원수가 6명이므로 2017년 선수 인원수는 6/(1+0.5)=4명이다. 따라서 2018년 전년대비 증가한 선수 인원수는 C 팀과 D 팀이 2명으로 동일하므로 옳은 설명이다.

③ 2018년 A 팀의 선수 인원수는 전년대비 25% 증가하여 5명이므로 2017년 선수 인원수는 5/(1+0.25)=4명이다. 2018년 A 팀의 총연봉은 전년대비 50% 증가하여 15억 원이므로 2017년 총연봉은 15/(1+0.5)=10억 원이다. 따라서 2017년 A 팀의 '팀 선수 평균 연봉'은 10/4=2.5억 원이고, 2018년 A 팀의 '팀 선수 평균 연봉'은 15/5=3억 원으로 전년대비 증가하였으므로 옳은 설명이다.

④ <그림>의 전년대비 증가율을 반영하여 전년대비 증가한 선수 인원수와 전년대비 증가한 총 연봉을 구한다. 2018년 선수 인원수가 전년대비 가장 많이 증가한 팀은 2017년 선수 인원수 10/(1+1.0)=5명에서 2018년 선수 인원수 10명으로 증가한 B 팀이다. B 팀의 총연봉 또한 2017년 25/(1+1.5)=10억 원에서 2018년 25억 원으로 가장 많이 증가하였으므로 옳은 설명이다.

26 자료 분석 및 계산

정답 ⑤

정답 체크

슈바베계수(%)=$\dfrac{\text{주거·수도·광열 소비지출}}{\text{총소비지출}}\times 100$과

엥겔계수(%)=$\dfrac{\text{식료품·비주류음료 소비지출}}{\text{총소비지출}}\times 100$임을 적용하여 구한다. 2011년 식료품·비주류음료 소비지출인 E를 구하기 위해서는 2011년 총소비지출인 D를 먼저 구해야 한다. 2011년 슈바베계수는 10.15%이므로 D는 (20,300/10.15)×100=200,000억 원이고, 2011년 엥겔계수는 14.18%이므로 E는 (14.18×200,000)/100=28,360억 원이다.

오답 체크

① 2008년 엥겔계수는 14.11%이고,
　 A는 (14.11×100,000)/100=14,110억 원이다.

② 2009년 슈바베계수는 9.81%이고,
　 B는 (9.81×120,000)/100=11,772억 원이다.

③ 2010년 엥겔계수는 13.86%이고, 슈바베계수는 10.07%로
　 C는 13.86-10.07=3.79%p이다.

④ 2011년 슈바베계수는 10.15%이고,
　 D는 (20,300/10.15)×100=200,000억 원이다.

⏱ **빠른 문제 풀이 Tip**

각주의 공식과 자료의 수치를 이용하여 계산값을 구하는 문제이다. 모든 선택지가 계산이 필요하므로 시간 조절을 위해 다른 문제를 먼저 풀고 나중에 푸는 방법도 있다.
④, ⑤ 동일한 연도에 함께 있는 D와 E를 먼저 확인한다. 선택지에 제시된 수치인 200,000과 27,720을 활용해 2011년 엥겔계수가 14.18이 맞는지 확인하여 D와 E 중에 틀린 값이 있는지 파악한다.

27 자료 분석 및 추이 파악

정답 ①

정답 체크

ㄱ. 임업소득률(%)=$\dfrac{\text{임업소득}}{\text{임업총수입}}\times 100$과 임업소득=임업총수입-임업경영비임을 적용하여 구한다. <그림>에서 임업소득률은 2008년이 {8,203/(8,203+7,498)}×100≒52.2%, 2009년이 {7,655/(7,655+8,170)}×100≒48.4%, 2010년이 {7,699/(7,699+8,442)}×100≒47.7%, 2011년이 {8,055/(8,055+8,573)}×100≒48.4%, 2012년이 {8,487/(8,487+9,123)}×100≒48.2%이다. 따라서 임업소득률이 50% 이상인 연도는 2008년뿐이므로 옳은 설명이다.

ㄴ. 임업의존도(%) = $\frac{\text{임업소득}}{\text{임가소득}} \times 100$임을 적용하여 구한다.
<표>에서 임업의존도는 2011년이 (8,055/28,471) × 100 ≒ 28.3%, 2012년이 (8,487/29,609) × 100 ≒ 28.7%로 2008년부터 2010년까지 매년 감소하다가 이후 매년 증가하였으므로 옳은 설명이다.

오답 체크

ㄷ. <그림>에서 임업총수입은 2011년이 8,573 + 8,055 = 16,628천 원, 2012년이 9,123 + 8,487 = 17,610천 원이다. 2012년 임업총수입의 전년 대비 증가율은 {(17,610 − 16,628)/16,628} × 100 ≒ 5.9%로 5% 초과하므로 옳지 않은 설명이다.

ㄹ. 경상소득 = 임업소득 + 임업외소득 + 이전소득임을 적용하여 구한다. <표>에서 경상소득은 2009년이 7,655 + 11,876 + 4,348 = 23,879천 원, 2010년이 7,699 + 12,424 + 4,903 = 25,026천 원으로 2009년 경상소득은 2008년 대비 감소하였으므로 옳지 않은 설명이다.

⏱ 빠른 문제 풀이 Tip

ㄱ. <그림>에서 막대 그래프의 전체값은 임업총수입이고, 임업소득률이 50% 이상이라는 것은 임업소득이 임업총수입의 절반 이상임을 의미한다. 2008년은 임업경영비보다 임업소득이 많으므로 임업소득률이 50% 이상임을 알 수 있으나 나머지 연도는 임업경영비가 더 많으므로 임업소득률이 50% 미만임을 알 수 있다.

ㄷ. 2012년 임업총수입의 전년대비 증가율은 세부 항목인 임업소득과 임업경영비의 전년대비 증가율을 통해 확인할 수 있다. 임업소득은 2011년 8,055에서 2012년 8,487로 약 400정도 증가하여 8,055의 약 5% 정도 증가하였고, 임업경영비는 2011년 8,573에서 2012년 9,123으로 약 500 이상 증가하여 8,573의 5% 이상 증가하였다. 따라서 2012년 임업총수입의 전년대비 증가율은 약 5% 초과하였음을 알 수 있다.

ㄹ. 경상소득을 정확히 계산하지 않고 전년대비 각 항목별 증감량을 통해 추이를 파악할 수 있다. 2009년 임업소득은 전년대비 약 500 이상 감소, 임업외소득은 전년 대비 약 100 정도 증가, 이전소득은 전년대비 약 100 정도 감소하였다. 따라서 2009년 경상소득은 전년대비 증가량보다 감소량이 더 크므로 전년대비 감소하였음을 알 수 있다.

28 자료 분석 및 증가율 계산

정답 ③

정답 체크

ㄴ. 전체 제조업계의 브랜드 가치평가액 상위 10위 중 자동차업계 브랜드는 2017년에 TO가 9위로 1개였으나 2018년에는 TO가 7위, BE가 10위로 2개이다. 그 비율은 다음과 같다.
2017년: (1/10) × 100 = 10%
2018년: (2/10) × 100 = 20%
따라서 전체 제조업계의 브랜드 가치평가액 상위 10위 중 자동차업계 브랜드가 차지하는 비율은 2017년 대비 2018년에 증가하였다.

ㄷ. 2017년 대비 2018년 브랜드 가치평가액의 증감률은 다음과 같다.
TO 브랜드: {(279 − 248)/248} × 100 = 12.5%
BM 브랜드: {(196 − 171)/171} × 100 ≒ 14.6%
따라서 브랜드 가치평가액의 증감률은 BM 브랜드가 TO 브랜드보다 크다.

오답 체크

ㄱ. 2017년 대비 2018년에 브랜드 가치평가액이 상승한 브랜드는 TO, BE, BM, HO, WO, AU, HY, XO이며 이들의 2017년 대비 2018년 전체 제조업계 내 순위는 다음과 같다.
상승: TO(9 → 7위), BE(11 → 10위), BM(16 → 15위), AU(78 → 74위), HY(84 → 75위)
동등: HO(19 → 19위), WO(56 → 56위)
하락: XO(76 → 80위)
따라서 2017년 대비 2018년에 브랜드 가치평가액이 상승한 브랜드 중 전체 제조업계 내 순위가 2017년 대비 2018년에 동등하거나 하락한 브랜드가 있기 때문에 보기의 설명은 옳지 않다.

ㄹ. 2017년 자동차업계 내 브랜드 가치평가액 순위 중 상위 7개 브랜드는 TO, BE, BM, HO, FO, WO, XO이다. 이들의 2017년 가치평가액의 합은 248 + 200 + 171 + 158 + 132 + 56 + 38 = 1,003억 달러로 1,050억 달러 미만이므로 보기의 설명은 옳지 않다.

29 자료 계산 및 추론 정답 ②

정답 체크

ㄱ. 자연출산 반달가슴곰의 생존율은 $(41/46) \times 100 ≒ 89.1\%$,
증식장출산 반달가슴곰의 생존율은 $(7/8) \times 100 = 87.5\%$
이므로 자연출산 반달가슴곰의 생존율이 더 높다.

ㄷ. 자연출산 반달가슴곰 중 폐사된 개체는 총 5개체이고, 모든
자연사한 반달가슴곰이 자연출산 반달가슴곰이라고 하더라
도, 적어도 1개체의 폐사 원인은 올무임을 알 수 있다.

오답 체크

ㄴ. 자연출산 반달가슴곰의 생존율은 ㄱ에서 구한 바와 같이
89.1%이고, 도입처가 서울대공원인 반달가슴곰의 생존율은
$(6/7) \times 100 ≒ 85.7\%$이므로 자연출산 반달가슴곰의 생존
율이 도입처가 서울대공원인 반달가슴곰의 생존율보다 높다.

ㄹ. 전체 도입처의 자연적응률$= (12/26) \times 100 ≒ 46.2\%$이고,
도입처별 자연적응률은 러시아: $(5/13) \times 100 ≒ 38.5\%$, 북
한: $(2/3) \times 100 ≒ 66.7\%$, 중국: $(0/3) \times 100 = 0\%$, 서울
대공원: $(5/6) \times 100 ≒ 83.3\%$, 청주동물원: $(0/1) \times 100 =$
0%이다. 따라서 전체 도입처의 자연적응률보다 높은 자연적
응률을 보이는 도입처는 북한, 서울대공원 2곳이다.

30 자료 분석 및 비율 계산 정답 ③

정답 체크

설문 인원 1,000명 중 남성을 x, 여성을 y라고 하면 다음과 같
은 연립방정식을 세울 수 있다.

$$\begin{cases} x+y=1,000 \\ 0.875x+0.75y=1,000 \times 0.825 \end{cases}$$

$\rightarrow x=600, y=400$

이 중 해외여행 이력이 있다고 응답한 남성은 $600 \times 0.875 =$
525명, 여성은 $400 \times 0.75 = 300$명이다.

따라서 유럽주계를 여행한 이력이 있다고 응답한 남성은
$525 \times 0.4 = 210$명, 여성은 $300 \times 0.7 = 210$명으로 동일하므
로 옳은 설명이다.

오답 체크

① 아시아주계를 여행한 이력이 있다고 응답한 사람은 남성이
$525 \times 0.8 = 420$명, 여성이 $300 \times 0.8 = 240$명으로 동일하
지 않으므로 옳지 않은 설명이다.

② 북아메리카주계를 여행한 이력이 있다고 응답한 사람은 남성
이 $525 \times 0.6 = 315$명, 여성이 $300 \times 0.95 = 285$명으로 남
성이 더 많으므로 옳지 않은 설명이다.

④ 오세아니아주계를 여행한 이력이 있다고 응답한 사람은
$525 \times 0.4 + 300 \times 0.6 = 390$명으로 설문 인원 1,000명 중
50% 미만이므로 옳지 않은 설명이다.

⑤ 설문 인원 중 해외여행을 가본 적이 없는 사람은 $1,000 \times$
$(1-0.825) = 175$명, 남아메리카주계를 여행한 이력이 있는
사람은 $525 \times 0.2 + 300 \times 0.3 = 195$명으로 남아메리카주
계를 여행한 이력이 있는 사람이 더 많으므로 옳지 않은 설
명이다.

p.208

01	02	03	04	05	06	07	08	09	10
③	④	④	③	③	④	③	③	④	③
11	12	13	14	15	16	17	18	19	20
④	②	③	⑤	③	②	②	④	④	④
21	22	23	24	25	26	27	28	29	30
④	④	②	②	⑤	⑤	⑤	③	③	①
31	32	33	34	35	36	37	38	39	40
③	③	④	④	②	②	③	⑤	①	⑤
41	42	43	44	45					
④	⑤	⑤	②	④					

01 방정식 정답 ③

[정답 체크]

큰 톱니바퀴의 톱니 수를 x라고 하면 작은 톱니바퀴가 회전할 때 움직인 톱니 수는 큰 톱니바퀴가 움직인 톱니 수와 같으므로
$28 \times 15 = x \times 2 \rightarrow x = 210$
따라서 큰 톱니바퀴의 톱니는 210개이다.

02 입체도형의 부피 정답 ④

[정답 체크]

원의 둘레 $l = 2\pi r$, 원뿔의 부피 $v = \frac{1}{3} \times S \times h$와 원기둥의 부피 $v = S \times h$임을 적용하여 구한다. 원의 둘레가 16πcm이므로 원의 반지름 r은 $16\pi = 2\pi r \rightarrow r = 8$
따라서 원뿔의 부피는 $\frac{1}{3} \times 8 \times 8 \times \pi \times 6 = 128\pi$cm³이고, 원기둥의 부피는 $8 \times 8 \times \pi \times 10 = 640\pi$cm³이므로 이어 붙인 두 도형의 전체 부피는 $128\pi + 640\pi = 768\pi$cm³이다.

03 작업량 정답 ④

[정답 체크]

시간당 작업량 $= \frac{작업량}{시간}$임을 적용하여 구한다. 창수가 2시간에 만들 수 있는 종이봉투의 개수는 $171 - 41 = 130$개이고, 갑수

가 4시간에 만들 수 있는 종이봉투의 개수는 $130 + 82 = 212$개이므로 민수의 시간당 작업량은 $\frac{171}{3} = 57$개, 창수의 시간당 작업량은 $\frac{130}{2} = 65$개, 갑수의 시간당 작업량은 $\frac{212}{4} = 53$개이다. 따라서 세 사람이 1시간에 만들 수 있는 종이봉투는 $57 + 65 + 53 = 175$개이다.

04 정가 정답 ③

[정답 체크]

정가 $=$ 원가 $\times (1 + \frac{이익률}{100})$임을 적용하여 구한다. 장난감의 1개당 생산 원가를 x원이라고 하면 A 지역에서 판매한 장난감의 1개당 정가는 $x \times (1 + \frac{140}{100}) = 2.4x$원이고, B 지역에서 판매한 장난감의 1개당 정가는 $x \times (1 + \frac{80}{100}) = 1.8x$원이다. 한수가 장난감을 모두 판매한 금액이 480,000원이므로
$250 \times 2.4x + 200 \times 1.8x = 480,000 \rightarrow x = \frac{480,000}{960} = 500$
따라서 장난감의 1개당 생산 원가가 500원이므로 A, B 지역에서 판매한 장난감의 1개당 정가는 각각 $2.4 \times 500 = 1,200$원, $1.8 \times 500 = 900$원이다.

05 연비

정답 ③

정답 체크

연비$=\dfrac{\text{주행 거리}}{\text{소비 연료}}$임을 적용하여 구한다. 소비 연료는 가연이의 자동차가 $\dfrac{305}{12.2}=25$L이고, 나연이의 자동차가 $\dfrac{511}{14.6}$ $=35$L이다. 가연이는 35,000원만큼 휘발유를 주입했고, 나연이는 42,000원만큼 경유를 주입했으므로 휘발유의 리터당 가격은 $\dfrac{35,000}{25}=1,400$원/L이고, 경유의 리터당 가격은 $\dfrac{42,000}{35}=1,200$원/L이다.

06 농도

정답 ④

정답 체크

1L$=$1,000ml이므로 물 1.2L는 $1.2\times1,000=1,200$ml이고, 500ml의 매실원액 중 5%의 매실원액은 $500\times0.05=25$ml이다.

따라서 매실차의 부피는 $1,200+25=1,225$ml이다.

07 경우의 수

정답 ③

정답 체크

1. 백의 자리에 올 수 있는 숫자: 2, 3, 4, 5, 6, 7, 8, 9 → 8가지
2. 십의 자리에 올 수 있는 숫자: 2, 3, 5, 7 → 4가지
3. 일의 자리에 올 수 있는 숫자: 1, 3, 5, 7, 9 → 5가지
따라서 조건을 만족하는 자연수는 $8\times4\times5=160$개이다.

08 가중평균

정답 ③

정답 체크

'갑' 회사에서 A, B 그룹의 리더십 교육 참가 비율이 관찰값이므로 A, B 그룹의 사원 수는 가중치이고, '갑' 회사의 전체 리더십 교육 참가 비율은 가중평균이다. 이에 따라 가중평균에서 가중치의 비는 $W_1:W_2=(X_2-\overline{WX}):(\overline{WX}-X_1)$ ($\overline{WX}=$가중평균, $X_i=$관찰값, $W_i=$가중치, 단, $X_1<\overline{WX}<X_2$)임을 적용하여 구한다. A, B 그룹 사원 수의 비는 2,250:3,000$=$3:4이므로 A, B 그룹의 전체 리더십 교육 참가 비율을 x라고 하면 $(x-34.8):(41.1-x)=4:3$이다. 이를 계산하면 $x=38.4$이므로 '갑' 회사의 전체 사원 중 리더십 교육을 참가한 사원의 비율은 38.4%이다.

09 여사건의 확률

정답 ④

정답 체크

서로 다른 n개에서 순서를 고려하지 않고 r개를 택하는 경우의 수는 $_nC_r=\dfrac{n!}{r!(n-r)!}$ (단, $0<r\le n$)이고, 어떤 사건 A가 일어날 확률을 p라고 할 때, 사건 A가 일어나지 않을 확률은 $1-p$임을 적용하여 구한다. 1~10까지의 숫자가 적혀있는 공 중 2개의 공을 동시에 뽑는 경우의 수는 $_{10}C_2=\dfrac{10!}{2!8!}=45$가지이고, 2개의 공을 동시에 뽑아 2개의 공의 숫자 합이 8 미만인 경우의 수는 (1, 2), (1, 3), (1, 4), (1, 5), (1, 6), (2, 3), (2, 4), (2, 5), (3, 4)로 9가지이다. 따라서 라연이가 경품을 받지 않을 확률은 $\dfrac{9}{45}$이므로 라연이가 경품을 받았을 확률은 $1-\dfrac{9}{45}=\dfrac{4}{5}$이다.

10 수추리

정답 ③

정답 체크

제시된 각 숫자 간의 값이 $\times3$, $+2$, $\times3$, $+4$, $\times3$, $+6$, …로 변화하므로 빈칸에 들어갈 알맞은 숫자는 '162'이다.

11 방정식

정답 ④

정답 체크

세 자연수는 차례로 5배씩 커지므로 $b=5a$, $c=25a$

$40<\dfrac{31a}{3}<63$ → $120<31a<189$ → $3.87\cdots<a<6.09\cdots$

→ $a=4, 5, 6$

a는 소수이므로 $a=5$, $b=25$, $c=125$

따라서 세 자연수의 합은 $5+25+125=155$이다.

12 농도

정답 ②

정답 체크

용액의 농도는 $\dfrac{\text{용질의 양}}{\text{용액의 양}}\times100$으로 구하고, 용질의 양은 용액의 양 $\times\dfrac{\text{용질의 농도}}{100}$으로 구하므로 새로 혼합한 용액의 농도를 알려면 $\dfrac{\dfrac{\text{기존 용액의 양}\times\text{기존 용질의 농도}}{100}}{\text{혼합 후 용액의 양}}\times1000$이 되므로 $\dfrac{\text{기존 용액의 양}}{\text{혼합 후 용액의 양}}\times$기존 용액의 농도가 됨을 적용하여 구한다.

처음 10%와 15%의 소금물을 혼합했을 때의 용액은 총 500g이며 이때의 소금물 농도는 $(15 \times \frac{300}{500}) + (10 \times \frac{200}{500}) = 13\%$이다. 이 용액의 20%를 버리면 농도는 13%로 동일하며 $500g \times 0.8 = 400g$이므로 13% 농도의 소금물 용액 400g이 된다. 이를 다시 4% 소금물 100g과 혼합하면 $(13 \times \frac{400}{500})$ $+ (4 \times \frac{100}{500}) = 11.2\%$의 소금물 500g이 된다. 이 용액에 소금이 섞여 있지 않은 물 xg을 혼합하여 소금물 농도가 4%가 되기 위해서는 $\{11.2 \times \frac{500}{(x+500)}\} = 4\%$이므로 $(x+500) = \frac{5,600}{4}$이고, $x = 900g$이 된다.

13 속력

정답 ③

정답 체크

A 열차의 속력을 V_A, B 열차의 속력을 V_B라고 할 때, A 열차의 진행 방향으로 교량의 1.56km 지점에서 열차 A와 B가 만나므로 $(1.56/V_A) = (1.04/V_B)$이고, $2V_A = 3V_B$가 된다. 또한 열차 A와 B가 만난 직후 18초 후에 교차하는 부분이 없어진다고 했으므로, $18 = (400+225)/(V_A+V_B)$라는 식이 세워진다. 이를 풀면 $18V_A + 18V_B = 625m$이며, $18V_B = 12V_A$이므로 $30V_A = 625m$가 된다. 따라서 $V_A = \frac{625}{30}$ m/s이다. 따라서 열차 A가 교량을 통과하는 데 걸리는 시간은 $\frac{2,600+400}{\frac{625}{30}} = \frac{90,000}{625}$ $= 144$초이다.

14 확률

정답 ⑤

정답 체크

전체 지원자 1,000명의 남녀 비율은 동일하다고 했으므로 남성 지원자 500명, 여성 지원자 500명이 있으며, 최종합격자 중 남성의 비율과 최종합격 비율은 각각 60%로 동일하다고 했으므로 최종합격자는 1,000명 중 60%인 600명이 되고, 이 중 남성의 비율이 60%이므로 $600 \times 0.6 = 360$명이 된다. 총 합격자 수 600명 중 남성 합격자 수가 360명이므로 여성 합격자 수는 $600 - 360 = 240$명이 된다. 전체 여성 지원자 수 500명 240명이 차지하는 비율은 $240/500 = 0.48$이며, 불합격자 수의 비율은 '100 - 합격자 수 비율'이므로 $100 - 48 = 52$ 즉, 52%가 된다.

15 작업량

정답 ③

정답 체크

A와 B가 같이 일을 한 일수를 x, B와 C가 같이 일을 한 일수를 y라고 둔다면 식은 $(\frac{1}{20} + \frac{1}{12}) \times x + (\frac{1}{12} + \frac{1}{15}) \times y = 1$이 되고, 또한 일을 완료하기까지 소요된 총시간이 7일이므로 $x+y = 7$이 된다. 이 첫 번째 식을 정리하면 $\frac{8}{60}x + \frac{9}{60}y = 1$이 되고, $x+y = 7$과 연립하여 풀이해보면 $8x + 9y = 60$, $9x + 9y = 63$의 과정을 통해 $x = 3$, $y = 4$가 된다. 따라서 B와 C가 함께 일한 기간은 4일이 된다.

16 확률

정답 ②

정답 체크

Q1~5까지의 채점 결과 A는 4점, B는 5점이므로 Q6~8에서 (A가 3점일 때, B가 0점 또는 1점을 받는 경우), (A가 2점일 때, B가 0점을 받는 경우)에만 A의 최종 점수가 B보다 높아진다. A: 3점, B: 0점일 확률 $= (\frac{1}{2})^6 \times 1 = \frac{1}{64}$, A: 3점, B: 1점일 확률 $= (\frac{1}{2})^6 \times 3 = \frac{3}{64}$, A: 2점, B: 0점일 확률: $(\frac{1}{2})^6 \times 3 = \frac{3}{64}$이므로, A가 B보다 전체 점수가 높을 확률은 3가지 확률을 모두 합한 $\frac{1}{64} + \frac{3}{64} + \frac{3}{64} = \frac{7}{64}$이 된다.

17 속력

정답 ②

정답 체크

처음에는 8시에 회사에 나와서 9시에 6km 떨어진 약속장소에 도착하기 위해서 6km/h의 속력으로 이동 중이었으며 회사에서 1.5km 떨어진 지점까지 이동하는 데 소요된 시간은 1.5/6 = 0.25h가 소요되었다. 나머지 0.75시간 동안 다시 회사로 돌아가는 거리 + 약속장소로 이동하는 거리인 1.5+6 = 7.5km를 이동해야 하므로 최소 속력은 7.5/0.75 = 10km/h가 된다.

18 농도

정답 ④

정답 체크

농도 4%짜리 소금물이 100g이므로, 소금의 질량은 $100 \times 0.04 = 4g$이 되고, 농도 15%의 소금물이 200g이므로, 소금의 질량은 $200 \times 0.15 = 30g$이 된다. 농도 4%의 소금물과 혼합한 소금물 A의 질량을 y, 이때 들어간 소금의 질량을 x라고 두

면 농도 15%의 소금물과 혼합한 소금물 A의 질량은 $2y$, 소금의 질량은 $2x$가 된다. 이를 토대로 연립방정식을 세우면 각각 $(\frac{4+x}{100+y}) \times 100 = 8.5$, $(\frac{30+2x}{200+2y}) \times 100 = 14$가 된다. 이 식을 정리하여 풀면 $x=13$, $y=100$이 되므로 소금물 A의 농도를 구하면 $\frac{3x}{3y} \times 100 = \frac{3 \times 13}{3 \times 100} \times 100 = 13\%$이다.

19 확률

정답 ④

정답 체크

당첨 카드를 뽑을 확률=1−(당첨 카드를 하나도 뽑지 못할 확률)임을 적용하여 구한다. 서로 다른 n개에서 순서를 고려하지 않고 r개를 택하는 경우의 수 $_nC_r = \frac{n!}{r!(n-r)!}$이므로 첫 번째 고객이 당첨 카드를 하나도 뽑지 못할 확률은 $\frac{_{27}C_2}{_{30}C_2} = \frac{27 \times 26}{30 \times 29} = \frac{117}{145}$이다.

따라서 당첨 카드를 뽑을 확률은 $1 - \frac{117}{145} = \frac{28}{145}$이다.

20 작업량

정답 ④

정답 체크

A가 혼자 일한 기간을 x라 하고, A와 B가 같이 일을 하게 되면 능률이 증가하여 $(\frac{1}{50} + \frac{1}{30}) \times 1.2$가 되므로 $(\frac{1}{50} + \frac{1}{30}) \times 1.2 \times 5 + \frac{x}{50} = 1$이 된다. 이 식을 풀어 보면 $\frac{48}{150} + \frac{3x}{150} = 1$이 되고, $48 + 3x = 150$이므로, $x = 34$가 된다. A와 B가 함께 5일간 일을 했으므로, 일을 완료하기까지 걸린 기간은 $5 + 34 = 39$일이 된다.

21 속력

정답 ④

정답 체크

속력이 느린 열차의 길이를 S라고 두면 속력이 빠른 열차의 길이는 1.5S가 된다. 이때 두 열차가 만나기 시작하여 완전히 스쳐 지나가기까지 7초가 걸렸으므로 그 속력을 식으로 표현하면 다음과 같다.

$$\frac{S+1.5S}{7초} = \frac{2.5S}{7} = (106+74)km/h = \frac{(106+74)km}{3,600초} = \frac{180}{3,600}$$

따라서 속도가 느린 열차의 길이 $S = \frac{180 \times 7}{2.5 \times 3,600} = 0.14km = 140m$이므로 속도가 빠른 열차의 길이는 1.5배인 210m이다.

22 속력

정답 ④

정답 체크

B가 한 바퀴를 돌 때 걸리는 시간은 3분 36초, 즉 216초이며 10바퀴를 전부 돌 때는 2,160초가 소요된다. A가 B와 같은 시간에 들어오기 위해서는 (2,160초−32분 15초) 내에 나머지 2바퀴 반을 돌아야 한다. 이를 식으로 나타내면 아래와 같다.

A의 속력 $= \frac{2.5 \times 600m}{2,160초 - 32분 15초} = \frac{1,500m}{2,160초 - 1,935초} =$ $\frac{1,500m}{225초} = \frac{1.5km}{0.0625시간} = \frac{1.5km \times 16}{0.0625시간 \times 16} = 24km/h$

따라서 A의 속력이 24km/h가 되어야만 B와 동시에 경주를 마칠 수 있다.

23 속력

정답 ②

정답 체크

둘레가 2.4km인 호수를 A와 B가 서로 반대 방향으로 돌 때 14분 24초 후에 만나는 것을 식으로 나타내면 반대로 돌아 만나는 것은 두 속력을 합하여 한 바퀴를 도는 것이므로 아래와 같다.

$$V_a + V_b = \frac{2.4km}{14분 24초} = \frac{2.4km}{0.24시간} = 10km/h \quad \cdots ⓐ$$

또한 같은 방향으로 돌아 만나는 것은 두 속력의 차로 한 바퀴만큼의 거리가 벌어지는 것이므로 서로 같은 방향으로 돌 때 B의 속력이 더 빠른 것을 고려해 식을 세우면 아래와 같다.

$$V_b - V_a = \frac{2.4km}{40분} = \frac{2.4km}{\frac{40}{60}시간} = 3.6km/h \quad \cdots ⓑ$$

ⓐ, ⓑ 두 식을 연립하여 풀면 $V_a = 3.2km/h$, $V_b = 6.8km/h$이다. 따라서 A의 속력은 3.2km/h이다.

24 부등식

정답 ②

정답 체크

1일 저녁 외식비를 x라고 하면 생활비에서 핸드폰 요금 76,800원과 저녁 외식비를 제외하고 용돈이 200,000원 이상 남아야 하므로

$435,000 - 76,800 - (x \times 25) \geq 200,000 \rightarrow 158,200 \geq 25x$ $\rightarrow x \leq 6,328$

따라서 저녁을 한 번 사 먹을 때 사용할 수 있는 최대 금액은 6,328원이다.

25 방정식 정답 ⑤

정답 체크

이차함수 $Y=ax^2+bx+c$에서 $a<0$일 때, Y가 최댓값을 갖는 $x=-\dfrac{b}{2a}$임을 적용하여 구한다. 달걀 한 판의 인상 전 가격을 y, 가격 인상 전 달걀 한 판의 판매량을 z라고 하면 기존 판매 가격의 x%만큼 인상한 달걀 한 판 가격은 $(1+\dfrac{x}{100})y$원, 이때의 판매량은 $(1-\dfrac{x}{400})z$판이므로 달걀 총 판매액은 $(1+\dfrac{x}{100})y\times$ $(1-\dfrac{x}{400})z=(x+100)(-x+400)\dfrac{yz}{40,000}=(-x^2+300x$ $+40,000)\dfrac{yz}{40,000}$이다.

따라서 달걀 판매액을 최대로 만들기 위한 가격 인상률은 $x=$ $-\dfrac{300}{2(-1)}=150$%이다.

26 농도 정답 ⑤

정답 체크

A에 들어있는 소금의 양은 $3/100\times250=7.5$g이고, B에 들어있는 소금의 양은 $5/100\times200=10$g이므로, A와 B를 섞으면 소금 7.5g$+10$g$=17.5$g인 소금물 450g이 된다. 이를 100g까지 가열하면 소금 17.5g인 소금물 100g이 된다. 이를 C와 섞게 되면 C에 들어있는 소금의 양은 $10/100\times400=40$g이므로, 소금 40g$+17.5$g$=57.5$g인 소금물 500g이 된다. 이 소금물의 농도를 계산하면 $57.5/500\times100=11.5$%이다.

27 속력 정답 ⑤

정답 체크

A와 B가 같이 의자를 조립할 때의 시간당 작업량은 $(\dfrac{1}{24}+\dfrac{1}{36})$ $=\dfrac{5}{72}$가 되므로 의자 1개를 완전히 조립하기까지는 $\dfrac{72}{5}=14.4$ 시간이 소요된다.

C와 D가 같이 의자를 조립할 때의 시간당 작업량은 $(\dfrac{1}{30}+\dfrac{1}{42})$ $=\dfrac{2}{35}$가 되므로 의자 1개를 완전히 조립하기까지는 $\dfrac{35}{2}=17.5$ 시간이 소요된다.

따라서 1팀과 2팀의 의자 조립 시간의 차이는 $17.5-14.4=3.1$ 시간이며 이는 3시간 6분이다.

28 작업량 정답 ③

정답 체크

A와 B가 같이 일을 하면 하루에 $\dfrac{1}{24}+\dfrac{1}{36}=\dfrac{5}{72}$만큼의 일에 추가 20%를 더 할 수 있으므로 $\dfrac{5}{72}\times1.2=\dfrac{1}{12}$만큼 일을 한다. A와 B가 같이 일을 한 일수는 5일이므로 5일 동안 $\dfrac{1}{12}\times5=\dfrac{5}{12}$ 만큼 일을 하였으며 나머지인 $1-\dfrac{5}{12}=\dfrac{7}{12}$의 일을 A와 C가 같이 하게 된다.

A와 C가 같이 일을 하면 하루에 $\dfrac{1}{24}+\dfrac{1}{30}=\dfrac{3}{40}$만큼 일을 한다. A와 C가 남은 일을 마치는 데 x일이 걸린다고 한다면 $\dfrac{3}{40}\times x$일 $=\dfrac{7}{12}$이라는 식이 세워진다. 이를 풀면 필요한 일수 $x=$약 7.8 일이며 최소 8일이 필요하다. 따라서 A와 B가 같이한 5일$+$A와 C가 같이한 8일$=$최소 총 13일이 필요하다.

29 방정식 정답 ③

정답 체크

학교 정문부터 길을 따라 15m씩 간격을 두고 나무를 심을 때, 한쪽 길에 심을 수 있는 나무는 최대 $\dfrac{600}{15}+1=41$그루이다. 따라서 길의 양옆으로 심을 수 있는 나무는 최대 $41\times2=82$ 그루이다.

30 방정식 정답 ①

정답 체크

온전한 유리컵 1개당 순수익은 3,000이며 중간에 불량이 발견된 유리컵의 순수익은 50%인 1,500원이다. 100개를 판매할 때의 순수익이 277,500원이므로 온전한 유리컵의 개수를 x, 중간에 불량이 발견된 유리컵의 개수를 y라고 하면 아래와 같은 식이 세워진다.

$x+y=100$ …ⓐ

$3,000x+1,500y=277,500$ …ⓑ

ⓐ, ⓑ 두 식을 연립하여 풀면 $x=85$, $y=15$가 나온다.

따라서 불량률은 $\dfrac{y}{100}\times100=15$%이다.

31 경우의 수
정답 ③

정답 체크

서로 다른 n개에서 순서를 고려하지 않고 r개를 택하는 경우의 수 $_nC_r = \dfrac{n!}{r!(n-r)!}$ 임을 적용하여 구한다. 8종류의 반찬 중 4개를 택하는 경우의 수는 $_8C_4 = \dfrac{8!}{4!4!} = 70$가지이고, 서로 다른 n개를 원형으로 배열하는 경우의 수 $=(n-1)!$이므로 4개의 반찬을 테이블 위에 원형으로 놓는 경우의 수는 $(4-1)! = 6$가지이다.

따라서 8종류의 반찬 중 4개를 꺼내어 테이블 위에 원형으로 놓는 경우의 수는 $70 \times 6 = 420$가지이다.

32 확률
정답 ④

정답 체크

여사건을 활용하여 풀어보면 최종 점수가 800점 미만일 확률은 다음과 같다.

1. 100원 동전의 앞면이 3번, 500원 동전의 앞면이 0번
   : $\dfrac{1}{2} \times \dfrac{1}{2} \times \dfrac{1}{2} \times \dfrac{1}{2} \times \dfrac{1}{2} \times \dfrac{1}{2} = \dfrac{1}{64}$

2. 100원 동전의 앞면이 2번, 500원 동전의 앞면이 0번
   : $\dfrac{1}{2} \times \dfrac{1}{2} \times \dfrac{1}{2} \times 3 \times \dfrac{1}{2} \times \dfrac{1}{2} = \dfrac{3}{64}$

3. 100원 동전의 앞면이 1번, 500원 동전의 앞면이 0번
   : $\dfrac{1}{2} \times \dfrac{1}{2} \times \dfrac{1}{2} \times 3 \times \dfrac{1}{2} \times \dfrac{1}{2} = \dfrac{3}{64}$

4. 100원 동전의 앞면이 0번, 500원 동전의 앞면이 0번
   : $\dfrac{1}{2} \times \dfrac{1}{2} \times \dfrac{1}{2} \times \dfrac{1}{2} \times \dfrac{1}{2} \times \dfrac{1}{2} = \dfrac{1}{64}$

5. 100원 동전의 앞면이 2번, 500원 동전의 앞면이 1번
   : $\dfrac{1}{2} \times \dfrac{1}{2} \times \dfrac{1}{2} \times 3 \times \dfrac{1}{2} \times \dfrac{1}{2} \times 3 = \dfrac{9}{64}$

6. 100원 동전의 앞면이 1번, 500원 동전의 앞면이 1번
   : $\dfrac{1}{2} \times \dfrac{1}{2} \times \dfrac{1}{2} \times 3 \times \dfrac{1}{2} \times \dfrac{1}{2} \times 3 = \dfrac{9}{64}$

7. 100원 동전의 앞면이 0번, 500원 동전의 앞면이 1번
   : $\dfrac{1}{2} \times \dfrac{1}{2} \times \dfrac{1}{2} \times \dfrac{1}{2} \times \dfrac{1}{2} \times 3 = \dfrac{3}{64}$

위 확률을 전부 더하면 $\dfrac{29}{64}$이다. 이 확률은 800점 미만일 확률이므로, 800점 이상일 확률은 $1 - \dfrac{29}{64} = \dfrac{35}{64}$이다.

33 속력
정답 ④

정답 체크

배의 속력을 V_a, 강물의 속력을 V_b라고 둔다. 이때 중간지점에서 A 지점까지 거슬러 올라가는 속력은 $V_a - V_b$이며 이때의 거리는 250m, 시간은 7분 30초, 즉 7.5분이 소요되었다. 이를 식으로 표현하면 $V_a - V_b = \dfrac{250m}{7.5분} = \dfrac{0.25km}{7.5분} \times 60분 = 2km/h$가 된다.

또한 A 지점에서 B 지점까지 내려가는 속력은 $V_a + V_b$이며 이때의 거리는 $250+250=500m=0.5km$이며 시간은 3분 45초, 즉 3.75분이다. 이를 식으로 표현하면 $V_a + V_b = \dfrac{0.5km}{3.75분} \times 60$분 $=8km/h$가 된다. 이 두 식을 연립하여 풀면 $V_a = 5km/h$, $V_b = 3km/h$가 되므로 배의 속력은 5km/h이다.

34 속력
정답 ④

정답 체크

기차의 길이를 x, 터널을 지나갈 때의 속력을 y라고 하면 다리를 지나갈 때의 속력은 $0.7y$라고 할 수 있다. 따라서 터널을 지나갈 때와 다리를 지나갈 때의 자료를 식으로 표현하면 다음과 같다.

$$y = \dfrac{x+2.09}{23} \rightarrow 23y = x+2.09 \rightarrow x = 23y - 2.09 \quad \cdots ⓐ$$

$$0.7y = \dfrac{x+0.7}{13} \rightarrow 9.1y = x + 0.7 \quad\quad\quad\quad \cdots ⓑ$$

ⓐ를 ⓑ에 대입하면 $9.1y = 23y - 2.09 + 0.7 \rightarrow y = 0.1$이 된다. 이를 ⓐ에 대입하여 풀면 $x = 0.21km = 210m$이다.

35 방정식
정답 ②

정답 체크

팝콘 1개와 콜라 1개를 세트로 구매하면 $(4,700+3,300) \times 0.9 = 7,200$원이며 이를 만약 6개 구매한다면 $7,200 \times 6 = 43,200$원이다. 이는 구매 금액인 41,400보다 크기 때문에 실제로 구매한 콜라의 개수가 팝콘보다 많다. 구매한 세트의 개수를 x라고 하고 세트로 구매하지 않은 추가 콜라의 개수를 y라고 하면 그 관계는 아래와 같다.

$2x + y = 12$ $\quad\quad\quad\quad\quad \cdots ⓐ$

$7,200x + 3,300y = 41,400$ $\quad \cdots ⓑ$

ⓐ, ⓑ 두 식을 연립하여 풀면 $x=3$, $y=6$이 되므로 팝콘의 개수는 세트로 구매한 개수와 동일한 3개이다.

36 방정식　　　　　　　　　　　　정답 ②

정답 체크

유치원생의 수를 x라고 두고, 사탕의 개수를 y라고 둔다면 아래와 같은 식이 나온다.

$y=13x+8$ ⋯ⓐ

$y=14(x-1)+(14-11)$ ⋯ⓑ

ⓐ, ⓑ 두 식을 연립하여 풀면 $x=19$, $y=255$이므로 준비한 사탕의 개수는 y인 255개이다.

37 확률　　　　　　　　　　　　정답 ③

정답 체크

먼저 15문제까지의 채점 결과 점수가 330점이므로 맞힌 문제의 수를 x, 틀린 문제의 수를 y라고 하면, $x+y=15$, $50x-10y=330$이 되며, 이 둘을 풀면 $x=8$문제, $y=7$문제가 된다. 따라서 남은 5문제까지 다 풀었을 때 총 맞힌 문제의 개수가 틀린 문제의 개수보다 높을 경우의 수는 남은 5개 중 3개 이상을 맞혔을 경우에 해당한다.

'남은 5문제 중 맞춘 문제:틀린 문제'가 5:0일 확률

$=\dfrac{1}{2}\times\dfrac{1}{2}\times\dfrac{1}{2}\times\dfrac{1}{2}\times\dfrac{1}{2}=\dfrac{1}{32}$

'남은 5문제 중 맞춘 문제:틀린 문제'가 4:1일 확률

$=\dfrac{1}{2}\times\dfrac{1}{2}\times\dfrac{1}{2}\times\dfrac{1}{2}\times\dfrac{1}{2}\times5=\dfrac{5}{32}$

'남은 5문제 중 맞춘 문제:틀린 문제'가 3:2일 확률

$=\dfrac{1}{2}\times\dfrac{1}{2}\times\dfrac{1}{2}\times\dfrac{1}{2}\times\dfrac{1}{2}\times10=\dfrac{10}{32}\times10$

위 확률을 전부 더하면 $\dfrac{1+5+10}{32}=\dfrac{1}{2}$이 된다.

38 농도　　　　　　　　　　　　정답 ⑤

정답 체크

소금물 A에 들어있는 소금의 양은 $7/100\times200=14$g, 소금물 B에 들어있는 소금의 양은 $11/100\times300=33$g이다. 따라서 A와 B를 섞은 소금물의 농도는 $(14+33)/(200+300)\times100=9.4\%$이다. 이때 A와 B를 섞은 용액의 무게가 기존의 30%가 될 때까지 가열하였으므로 $500\text{g}\times0.3=150$g의 소금물이 된다. 소금물 C에 들어있는 소금의 양은 $14/100\times250=35$g이고, 가열 후의 소금물과 소금물 C를 섞은 소금물의 양은 $150+250=400$g이고, 이 소금물에 들어있는 소금의 양은 $14+33+35=82$g이므로 $82/400\times100=20.5\%$가 된다.

39 일률　　　　　　　　　　　　정답 ①

정답 체크

A와 B가 함께 설비를 조립하면 시간당 $\dfrac{1}{36}+\dfrac{1}{40}=\dfrac{19}{360}$만큼 일을 한다. 하루에 8시간이며, 30일이 주어졌기 때문에 해당 기간 동안은 $\dfrac{19}{360}\times8\times30\fallingdotseq12.7$이므로 완성품은 12개이다.

40 속력　　　　　　　　　　　　정답 ⑤

정답 체크

에스컬레이터의 속력을 V_e, A의 속력을 V_a, 에스컬레이터의 길이를 S라고 둔다. 이때 에스컬레이터 방향으로 걸어 올라갈 때는 $V_a+V_e=S/12$, 에스컬레이터의 반대 방향으로 걸어 내려갈 때는 $V_a-V_e=S/24$가 된다. 이 식을 풀면 $V_a=S/16$, $V_e=S/48$이 되며 구하고자 하는 A가 에스컬레이터에 가만히 서서 올라갈 때의 시간은 S/V_e이므로 48초가 된다.

41 경우의 수　　　　　　　　　　정답 ④

정답 체크

사탕 15개를 세 묶음으로 나눌 때, 각 묶음에 들어있는 사탕의 수를 x, y, z라고 하고, 각 경우의 순서쌍을 (x, y, z)라고 하면 이때 한 종류의 포장지를 사용하므로 순서쌍에 올 수 있는 숫자들의 순서는 고려하지 않는다.

1. $x=1$인 경우: (1, 1, 13), (1, 2, 12), (1, 3, 11), (1, 4, 10), (1, 5, 9), (1, 6, 8), (1, 7, 7) → 7가지

2. $x=2$인 경우: (2, 2, 11), (2, 3, 10), (2, 4, 9), (2, 5, 8), (2, 6, 7) → 5가지

3. $x=3$인 경우: (3, 3, 9), (3, 4, 8), (3, 5, 7), (3, 6, 6) → 4가지

4. $x=4$인 경우: (4, 4, 7), (4, 5, 6) → 2가지

5. $x=5$인 경우: (5, 5, 5) → 1가지

따라서 포장 가능한 경우의 수는 $7+5+4+2+1=19$가지이다.

42 확률　　　　　　　　　　　　정답 ⑤

정답 체크

A 주머니와 B 주머니에서 공을 각각 1개씩 꺼낼 때 흰 공이 하나라도 나올 확률은 (1 - 공이 모두 검은 공일 확률)이다. 공이 모두 검은 공일 확률은 $\dfrac{4}{7}\times\dfrac{2}{7}=\dfrac{8}{49}$이므로 A 주머니와 B 주머

니에서 공을 각각 1개씩 꺼낼 때 흰 공이 하나라도 나올 확률은 $1-\dfrac{8}{49}=\dfrac{41}{49}$이다.

43 방정식

정답 ⑤

정답 체크

보험 가입신청자 중 남자의 수를 x라고 하면

$2:3=x:39 \rightarrow 3x=78 \rightarrow x=26$

남자 가입신청자가 26명이므로 전체 가입신청자는 $26+39$ $=65$명이고, 가입승인 확률이 80%이므로 가입승인이 된 사람은 $65\times0.8=52$명이다.

따라서 가입승인이 된 남자는 $52\times\dfrac{1}{2}=26$명이다.

44 방정식

정답 ②

정답 체크

전체 귤의 개수를 x개라고 두면 각자 가져간 귤의 개수는 아래와 같다.

A: $\dfrac{1}{3}x+5$, → A가 가져가고 남은 귤의 개수: $\dfrac{2}{3}x-5$

B: $(\dfrac{2}{3}x-5)\times\dfrac{1}{3}+10$

→ B가 가져가고 남은 귤의 개수: $(\dfrac{2}{3}x-5)\times\dfrac{2}{3}-10$

C: $\left\{(\dfrac{2}{3}x-5)\times\dfrac{2}{3}-10\right\}\times\dfrac{1}{2}+5$

→ C가 가져가고 남은 귤의 개수: D가 가져간 귤의 개수

$=\left\{(\dfrac{2}{3}x-5)\times\dfrac{2}{3}-10\right\}\times\dfrac{1}{2}-5$

A가 가져간 귤의 개수는 D가 가져간 귤의 개수의 3배이므로

$\left[\left\{(\dfrac{2}{3}x-5)\times\dfrac{2}{3}-10\right\}\times\dfrac{1}{2}-5\right]\times3=\dfrac{1}{3}x+5 \rightarrow x=120$

따라서 4명이 나누어 가진 귤의 총개수는 120개이다.

45 산술평균

정답 ④

정답 체크

산술평균은 변량의 총합을 변량의 개수로 나눈 값 $\dfrac{a_1+a_2+\cdots+a_n}{n}$ 임을 적용하여 구한다. 수원 본사에서 각 출장지까지 이동하는 거리의 산술평균은 $\dfrac{70+130+100+35}{4}$ $=83.75$km이다.

p.220

01	02	03	04	05	06	07	08	09	10
④	③	③	②	②	④	③	④	⑤	①
11	**12**	**13**	**14**	**15**	**16**	**17**	**18**	**19**	**20**
④	②	②	③	④	②	①	③	②	②
21	**22**	**23**	**24**	**25**	**26**	**27**	**28**	**29**	**30**
④	①	⑤	①	③	①	④	⑤	②	①
31	**32**	**33**	**34**	**35**	**36**	**37**	**38**	**39**	**40**
②	⑤	③	④	③	⑤	⑤	②	④	④

01 평균 · 정답 ④

정답 체크

평균값을 구하려면 모든 변수를 더한 값을 모든 변수의 개수인 5로 나눈 $\frac{29.7+31.4+28.7+28.8+36.4}{5}=31$이 되고,

5개년 생산량 중 중간값은 5개년의 생산량 중 세 번째의 크기를 나타내는 생산량이기 때문에 29.7이 된다. 따라서 그 차이는 $31-29.7=1.3$이 된다.

02 속력 · 정답 ③

정답 체크

시간 $=\frac{거리}{속력}$ 임을 적용하여 구한다. A 지점에서 B 지점까지의 총 거리를 x라고 하면

$\frac{x}{70}+\frac{4}{60}=\frac{x}{60}-\frac{2}{60} \rightarrow x=42$

총 거리는 42km이므로 갑이 예상한 이동 시간은

$\frac{42}{70}+\frac{4}{60}=\frac{2}{3}$ 시간이다.

따라서 갑이 예상한 이동 시간에 맞춰 이동하려면 자동차는 $\frac{42}{\frac{2}{3}}=63$km/h의 속력으로 이동해야 한다.

03 평균 · 정답 ③

정답 체크

산술평균 $=\frac{관찰값의\ 합}{관찰값의\ 개수}$ 임을 적용하여 구한다. A 팀 전체 12명 중 9명의 점수 총합이 630점이고, 나머지 3명 중 2명의 평균 점수가 84점이므로 2명의 점수 총합은 $84\times2=168$점이다. 이때 A 팀 전체의 평균 점수를 x라고 하면 나머지 1명의 점수는 A 팀 전체의 평균 점수보다 16점이 더 높아 $x+16$이므로

$\frac{630+168+x+16}{12}=x \rightarrow x=74$

따라서 A 팀 전체의 평균 점수는 74점이다.

04 조건부 확률 · 정답 ②

정답 체크

어떤 사건 A가 일어났을 때 사건 B가 일어날 확률은 $P(B|A)=\frac{P(A \cap B)}{P(A)}$ 임을 적용하여 구한다. 갑 회사의 전체 직원을 x라고 하면 출퇴근 시 자가용을 이용하는 직원은 $\frac{2}{5}x$이고, 자가용을 이용하지 않는 직원은 $\frac{3}{5}x$이다. 또한 출퇴근 시 자가용을 이용하는 직원 중 $\frac{3}{4}$이 남자 직원이므로 갑 회사의 전체 직원 중 출퇴근 시 자가용을 이용하는 남자 직원은 $\frac{2}{5}x \times \frac{3}{4}=\frac{3}{10}x$이고, 출퇴근 시 자가용을 이용하지 않는 직원 중 $\frac{1}{4}$이 남자 직원이므로 갑 회사의 전체 직원 중 출퇴근 시 자가용을 이용하지 않는 남자 직원은 $\frac{3}{5}x \times \frac{1}{4}=\frac{3}{20}x$이다.

따라서 갑 회사의 남자 직원은 $\frac{3}{10}x+\frac{3}{20}x=\frac{9}{20}x$이므로 갑 회사의 남자 직원이 출퇴근 시 자가용을 이용할 확률은 $P(B|A)=\dfrac{\frac{3}{10}x}{\frac{9}{20}x}=\frac{2}{3}$이다.

05 과부족 부등식   정답 ②

정답 체크

마스크의 개수를 x라고 할 때, $12 \times 71 < x < 13 \times 66$이다. 이를 정리하면, $852 < x < 858$ 이 되므로, 가능한 개수는 853, 854, 855, 856, 857이다. 이 중에서 $x=6n+4$, n은 자연수라는 조건을 만족하는 x는 856개이다.

06 작업량   정답 ④

정답 체크

작업량＝시간당 작업량×시간임을 적용하여 구한다. 세호가 1시간 동안 만들 수 있는 초콜릿의 개수는 $20 \times 4 = 80$개이고, 현민이가 1시간 동안 만들 수 있는 초콜릿의 개수를 x라고 하면 $(80+x) \times 8 = 1,360 \rightarrow x=90$

따라서 현민이가 혼자 작업하여 1시간 동안 만들 수 있는 초콜릿은 90개이다.

07 수추리   정답 ③

정답 체크

제시된 각 숫자 간의 값이 +12, +24, +36, …과 같이 +12씩 변화하므로 빈칸에 들어갈 알맞은 숫자는 '486'이다.

08 연비   정답 ④

정답 체크

연비＝$\dfrac{\text{주행 거리}}{\text{소비 연료}}$임을 적용하여 구한다. 소비 연료는 연료 비용/리터당 가격이므로 각 자동차별 소비 연료는 A가 26,000/1,300=20L, B가 24,700/1,300=19L, C가 32,200/1,400=23L이고, 각 자동차별 연비는 A가 $\dfrac{296.0}{20}=14.8$

km/L, B가 $\dfrac{290.7}{19}=15.3$km/L, C가 $\dfrac{345.0}{23}=15.0$km/L이다. 따라서 구매할 자동차는 B이고, B의 연비는 15.3km/L이다.

09 약수배수   정답 ⑤

정답 체크

최대공약수를 구하는 문제이다. 가로 132cm를 소인수분해하면 $132=2^2 \times 3 \times 11$이 되고, 세로 312cm를 소인수분해하면 $312=2^3 \times 3 \times 13$이 되므로, 두 수의 최대공약수는 $2^2 \times 3 = 12$가 된다. 즉, 가로 132cm, 세로 312cm인 공간의 바닥에 깔 정사각형 타일은 한 변의 길이가 12cm인 정사각형 타일이 된다. 이런 타일이 가로에는 11개, 세로에는 26개가 들어가므로 $11 \times 26 = 286$개의 타일이 쓰인다. 따라서 A=12, B=286이므로 A+B=298이다.

10 자료 분석 및 단순 연산   정답 ①

정답 체크

ㄱ. 가공비용＝가공단가×가공량임을 적용하여 구한다. A 지역의 3등급 쌀 가공비용은 $100 \times 25 = 2,500$천 원이고, B 지역의 2등급 현미 가공비용은 $97 \times 25 = 2,425$천 원이므로 옳은 설명이다.

오답 체크

ㄴ. 1등급 현미 전체의 가공비용은 $105 \times 106 = 11,130$천 원, 2등급 현미 전체 가공비용은 $97 \times 82 = 7,954$천 원이고, 1등급 현미 전체의 가공비용은 2등급 현미 전체 가공비용의 $11,130/7,954 = 1.4$배이므로 옳지 않은 설명이다.

ㄷ. 가공단가의 감소폭을 적용해 가공비용 총액의 감소폭을 계산하여 비교한다. 3등급 쌀과 3등급 보리의 가공단가가 각각 10천 원/톤, 5천 원/톤만큼 감소하므로 지역별 가공비용 총액의 감소폭을 구하면 A가 $10 \times 25 + 5 \times 7 = 285$천 원, B가 $10 \times 55 + 5 \times 5 = 575$천 원, C가 $10 \times 20 + 5 \times 2 = 210$천 원이다. 따라서 가공비용 총액 감소폭은 C 지역이 가장 작으므로 옳지 않은 설명이다.

ㄴ. '사업적 가치'에 할당된 가중치의 합은 $0.2+0.1=0.3$, '공적 가치'에 할당된 가중치의 합은 $0.3+0.2=0.5$, '참여 여건'에 할당된 가중치의 합은 $0.1+0.1=0.2$이다. 따라서 '공적 가치'에 할당된 가중치의 합이 가장 크므로 옳지 않은 설명이다.

ㄹ. '정부정책 지원 기여도' 가중치와 '수익창출 기여도' 가중치를 서로 바꾼다면 최종 점수는 A 사업이 $80×0.2+80×0.3+90×0.1+90×0.2+70×0.1+70×0.1=81$점, B 사업이 $90×0.2+90×0.3+80×0.1+80×0.2+70×0.1+70×0.1=83$점이다. 따라서 B 사업을 신규 사업으로 최종 선정하므로 옳지 않은 설명이다.

⏱ 빠른 문제 풀이 Tip

ㄱ. 원점수의 합을 계산하기보다 각 사업의 평가 항목 점수를 비교한다. 원점수의 경우 A 사업과 B 사업 모두 90점이 2개, 80점이 2개, 70점이 2개이므로 계산하지 않아도 원점수의 합이 같음을 알 수 있다.

⏱ 빠른 문제 풀이 Tip

ㄱ. A 지역의 3등급 쌀 가공량과 B 지역의 2등급 현미 가공량은 각각 25톤으로 동일하고, 가공단가는 쌀이 현미보다 높으므로 가공비용을 계산하지 않더라도 A 지역의 3등급 쌀 가공비용이 B 지역의 2등급 현미 가공비용보다 큼을 빠르게 확인할 수 있다.

ㄷ. 3등급 쌀과 3등급 보리의 가공단가 외에 나머지 원료곡종 등급별 가공단가는 변경되지 않았으므로 3등급 쌀과 3등급 보리의 가공량이 적을수록 가공비용 총액 감소폭도 작아진다. 따라서 A~C 지역 중 3등급 쌀과 보리의 가공량이 가장 적은 C의 가공비용 총액 감소폭이 가장 작음을 알 수 있다.

11 자료 분석 및 비율 계산   정답 ④

정답 체크

작업 횟수가 5회 이상 10회 미만인 응답자 대비 10회 이상 15회 미만인 응답자의 비율은 남성이 $9.2/22.5×100≒41$%, 여성이 $6.2/19.9×100≒31$%로 남성이 더 높으므로 옳은 설명이다.

오답 체크

① 설문조사에 응답한 남성과 여성의 모수를 몰라 절댓값 비교가 불가능하므로 옳지 않은 설명이다.

② 설문조사에 응답한 15~19세와 남성의 모수를 몰라 절댓값 비교가 불가능하므로 옳지 않은 설명이다.

③ 최소 1회라도 10kg의 물건을 드는 작업을 하는 사람은 $100-$없음에 응답한 비율로 20~29세, 30~39세, 40~49세 연령대에서 75% 이하이므로 옳지 않은 설명이다.

⑤ 설문조사에 응답한 연령별 사람의 모수를 몰라 절댓값 비교가 불가능하므로 옳지 않은 설명이다.

12 자료 분석 및 단순 연산   정답 ②

정답 체크

ㄱ. 각 사업의 6개 평가 항목 원점수의 합은 A 사업이 $80+80+90+90+70+70=480$점, B 사업이 $90+90+80+80+70+70=480$점으로 같으므로 옳은 설명이다.

ㄷ. 첫 번째 <조건>에 따라 각 사업의 최종 점수는 A 사업이 $80×0.2+80×0.1+90×0.3+90×0.2+70×0.1+70×0.1=83$점, B 사업이 $90×0.2+90×0.1+80×0.3+80×0.2+70×0.1+70×0.1=81$점이다. 따라서 두 번째 <조건>에 따라 최종 점수가 더 높은 A 사업을 신규 사업으로 최종 선정하므로 옳은 설명이다.

13 자료 변환 및 단순 연산   정답 ②

정답 체크

ㄱ. 산불 발생건당 피해면적은 J 지역이 약 5.4만 m^2/건으로 가장 크므로 옳은 설명이다.

ㄷ. 산불 발생건당 피해액은 D 지역이 약 $29,000/277≒104.7$백만 원/건으로 가장 크고, B 지역이 약 $3,800/570≒6.7$백만 원/건으로 가장 작으므로 옳은 설명이다.

오답 체크

ㄴ. 산불 발생건당 피해재적은 B 지역이 약 $92/570≒0.16$천 m^3/건, J 지역이 약 $101/165≒0.61$천 m^3/건으로 J 지역이 가장 크고, E 지역이 약 $10/197≒0.05$천 m^3/건, G 지역이 약 $7/492≒0.01$천 m^3/건으로 G 지역이 가장 작으므로 옳지 않은 설명이다.

ㄹ. 산불 피해면적=산불 발생건당 피해면적×산불 발생건수임을 적용하여 구한다. 산불 피해면적은 H 지역이 약 $0.7×623≒436.1$만 m^2, A 지역이 약 $4×516≒2,064$만 m^2로 A 지역이 가장 크고, E 지역이 약 $0.3×197≒59.1$만 m^2로 가장 작으므로 옳지 않은 설명이다.

빠른 문제 풀이 Tip

<그림 1>과 <그림 2>는 그래프의 세로축이 각각 산불 피해액, 산불 피해재적이고, <그림 3>은 그래프의 세로축이 산불 발생건당 피해면적임을 주의하여 풀이한다. '산불 발생건수 대비 산불 피해액'과 '산불 발생건당 산불 피해재적'이 크려면 가로축의 수치는 작고 세로축의 수치는 커야 하므로 그래프 왼쪽 상단에 위치한 항목의 수치를 확인한다.

14 비율 및 비중의 계산   정답 ③

정답 체크

ㄴ. 표면 얼룩의 오류율은 $1-67/101 ≒ 0.34$로 표면 흠집의 오류율 $1-54/93 ≒ 0.42$보다 작으므로 옳은 설명이다.

ㄷ. 실제 결함 원인 상위 3개 항목은 표면 흠집, 깨짐, 표면 얼룩으로 추정 결함 원인 상위 3개 항목과 동일하므로 옳은 설명이다.

오답 체크

ㄱ. 전체 인식률은 $(54+49+67+32+48)/450 ≒ 0.56$으로 0.6 미만이므로 옳지 않은 설명이다.

ㄹ. 표면 흠집의 인식률은 $54/93 ≒ 0.58$로 두께 불균일의 인식률 $48/92 ≒ 0.52$보다 크므로 옳지 않은 설명이다.

15 자료 분석 및 단순 연산   정답 ④

정답 체크

2019년 종목별 업체 수의 전년 대비 증가율은 중식 $(4,847-4,480)/4,480 × 100 ≒ 8.2\%$, 한식 $(4,040-3,659)/3,659 × 100 ≒ 10.4\%$로 한식이 더 높으므로 옳지 않은 설명이다.

오답 체크

① 주어진 시기에 음식점 종목을 변경한 업체=(1-변경하지 않은 업체의 비율)×100이다.

따라서 $\{1-(2,987+3,897+2,741+1,854+458)/15,530\} × 100 ≒ 23.1\%$로 전체의 30% 이하이므로 옳은 설명이다.

② 한식에서 다른 종목으로 변경한 업체는 $3,659-2,987=672$개, 기타 외국식에서 다른 종목으로 변경한 업체는 $1,213-458=755$개로 한식에서 다른 종목으로 변경한 업체가 더 적으므로 옳은 설명이다.

③ 중식에서 일식으로 변경한 업체는 178개로, 양식에서 중식으로 변경한 업체 114개보다 많으므로 옳은 설명이다.

⑤ 2018, 2019년 모두 업체 수의 순위는 중식>한식>양식>일식>기타 외국식 순으로 동일하므로 옳은 설명이다.

16 자료 변환 및 비중 계산   정답 ②

정답 체크

ㄱ. 제시된 <표>는 1,000명의 블로그 이용자와 2,000명의 트위터 이용자를 대상으로 나타낸 응답자 비율이다. 이에 따라 블로그 이용자 중 남성은 $1,000 × 0.534 = 534$명, 여성은 $1,000 × 0.466 = 466$명이고, 트위터 이용자 중 남성은 $2,000 × 0.532 = 1,064$명, 여성은 $2,000 × 0.468 = 936$명으로 [트위터와 블로그의 성별 이용자 수]가 옳게 작성되었으므로 <표>를 정리한 것으로 옳다.

ㄷ. '소득수준' 항목에 따라 [블로그 이용자와 트위터 이용자의 소득수준별 구성비]가 옳게 작성되었으므로 <표>를 정리한 것으로 옳다.

오답 체크

ㄴ. '교육수준' 항목에 따라 교육수준별 트위터 이용자 수 대비 블로그 이용자 수는 중졸 이하가 $(1,000 × 0.02)/(2,000 × 0.016) ≒ 0.63$, 고졸이 $(1,000 × 0.234)/(2,000 × 0.147) ≒ 0.80$, 대졸이 $(1,000 × 0.661)/(2,000 × 0.744) ≒ 0.44$, 대학원 이상이 $(1,000 × 0.085)/(2,000 × 0.093) ≒ 0.46$이므로 <표>를 정리한 것으로 옳지 않다.

ㄹ. '연령' 항목에 따라 블로그 이용자와 트위터 이용자의 연령별 구성비는 15~19세가 $[\{(1,000 × 0.116)+(2,000 × 0.131)\}/3,000] × 100 ≒ 12.6\%$, 20~29세가 $[\{(1,000 × 0.233)+(2,000 × 0.479)\}/3,000] × 100 = 39.7\%$, 30~39세가 $[\{(1,000 × 0.274)+(2,000 × 0.295)\}/3,000] × 100 = 28.8\%$, 40~49세가 $[\{(1,000 × 0.250)+(2,000 × 0.084)\}/3,000] × 100 ≒ 13.9\%$, 50~59세가 $[\{(1,000 × 0.127)+(2,000 × 0.011)\}/3,000] × 100 ≒ 5.0\%$이므로 <표>를 정리한 것으로 옳지 않다.

빠른 문제 풀이 Tip

<보기>에 제시된 그래프의 제목을 먼저 보고, 계산이 필요하지 않은 것부터 확인하여 오답을 소거한다. ㄷ은 <표>에 제시된 항목과 동일한 항목으로 계산 없이 수치만 비교하면 되므로 가장 먼저 확인하고, ㄴ은 이용자 수와 비율을 모두 계산해야 하므로 나중에 확인한다. 또한 <표>에 제시된 수치는 응답자 비율이므로 그 자체만으로는 이용자 수 등 절대적 수치를 나타내지 않는다. 따라서 ㄴ, ㄹ의 그래프는 <표>의 수치만으로는 알 수 없음에 유의한다.

17 자료 분석 및 비율 계산   정답 ①

전체 전투 대비 일본측 공격 비율은 임진왜란 전기가 {(27+2)/(70+17)}×100≒33.3%이고, 임진왜란 후기가 {(8+0)/(10+8)}×100≒44.4%이다. 따라서 전체 전투 대비 일본측 공격 비율은 임진왜란 전기가 임진왜란 후기보다 낮으므로 옳지 않은 설명이다.

② 조선측 공격이 일본측 공격보다 많았던 해는 1592년, 1593년, 1598년이고, 해당 연도에 항상 조선측 승리가 일본측 승리보다 많았으므로 옳은 설명이다.

③ 전체 전투 대비 관군 단독전 비율은 1598년이 (6/8)×100=75.0%로 1592년의 2배인 {(19/70)×100}×2≒54.3% 초과이므로 옳은 설명이다.

④ 1592년 조선측 승리는 40회이고, 조선이 관군 단독전 19회와 의병 단독전 9회 모두 승리했다면 관군·의병 연합전으로 거둔 승리는 최소 40−19−9=12회이다. 따라서 1592년 조선이 관군·의병 연합전으로 거둔 승리는 조선측 승리의 (12/40)×100=30.0% 이상이므로 옳은 설명이다.

⑤ 1598년 조선측 승리는 6회이고, 조선이 관군·의병 연합전 2회에서 모두 승리했다면 관군 단독전 중 조선측 승리는 최소 6−2=4회 이상이므로 옳은 설명이다.

⏱ 빠른 문제 풀이 Tip

비율을 직접 계산하지 않고 분수 형태로 대소를 비교한다.
① 전체 전투 대비 일본측 공격 비율은 임진왜란 전기가 (27+2)/(70+17)=29/87≒1/3=3/9이고, 임진왜란 후기가 8/18=4/9이므로 임진왜란 후기가 더 크다.
③ 전체 전투 대비 관군 단독전 비율은 1598년이 6/8=3/4=27/36으로 1592년의 2배인 (19/70)×2=19/35보다 크다.

18 자료 분석 및 추이 파악   정답 ③

<그림 1>에서 전월 대비 학교폭력 신고 건수 증가율은
2월이 {(1,100−600)/600}×100≒83.3%,
3월이 {(2,400−1,100)/1,100}×100≒118.2%,
4월이 {(3,600−2,400)/2,400}×100=50.0%로 3월이 가장 높으므로 옳은 설명이다.

① 신고자별 학교폭력 신고 건수는 월별 학교폭력 신고 건수와 월별 학교폭력 신고자 비율을 곱한 값이다. 1월에 학부모의 학교폭력 신고 건수는 600×0.55=330건으로 학생 본인의 신고 건수의 2배인 600×0.28×2=336건 미만이므로 옳지 않은 설명이다.

② 학부모의 학교폭력 신고 건수는
2월이 1,100×0.464=510.4건,
3월이 2,400×0.413=991.2건으로 3월에 전월 대비 증가했으므로 옳지 않은 설명이다.

④ 1월 학생 본인의 학교폭력 신고 건수는 600×0.28=168.0건으로 4월 학생 본인의 학교폭력 신고 건수의 10%인 3,600×0.59×0.1=212.4건 미만이므로 옳지 않은 설명이다.

⑤ 학교폭력 신고 건수와 주요 신고자 유형별 비율만 제시되어 있을 뿐 학교폭력 발생 건수에 대해서는 알 수 없다.

⏱ 빠른 문제 풀이 Tip

② 월별 학교폭력 신고 건수는 매월 증가하였고, 월별 학부모 신고 비율은 매월 감소하였다. 그러나 신고 건수의 증가율이 학부모 신고 비율의 감소율보다 훨씬 크므로 직접 계산하지 않아도 월별 학부모의 학교폭력 신고 건수는 매월 증가했음을 알 수 있다.
③ 전월 대비 학교폭력 신고 건수는 3월에 1,100에서 2,400으로 2배 이상 증가하였으나 2월과 4월에는 2배 이하로 증가하였으므로 증가율은 3월이 가장 높음을 알 수 있다.
④ 1월과 4월의 전체 신고 건수는 6배 증가하였고, 학생 본인의 신고 비율은 2배 이상 증가하여 실제 학생 본인의 신고 건수는 12배 이상 증가했음을 알 수 있다.

19 자료 분석 및 비교   정답 ②

ㄱ. 설계업체 수가 시공업체 수보다 많은 지역의 수는 서울, 세종, 광주, 대구 4곳이고, 건설업체가 없는 지역의 수는 대전, 울산 2곳이므로 옳은 설명이다.

ㄷ. 수도권 시공업체 중 서울 시공업체가 차지하는 비중은 {25/(25+5+37)}×100≒37.3%이고, 전국 설계업체 중 수도권 설계업체가 차지하는 비중은 {(49+0+8)/162}×100≒35.2%로 수도권 시공업체 중 서울 시공업체가 차지하는 비중이 더 크므로 옳은 설명이다.

ㄴ. 전국의 설계업체 수는 162개이고, 시공업체 수는 268개이므로 옳지 않은 설명이다.

ㄹ. 설계업체 수 상위 2개 지역은 서울, 경북으로 2개 지역의 설계업체 수의 합은 49+35=84개이다. 이는 전국 설계업체 수의 50%인 162×0.5=81개를 초과하므로 옳지 않은 설명이다.

20 자료 분석 및 단순 연산   정답 ②

정답 체크

고속열차와 일반버스 간 소요시간 차이가 가장 작은 구간은 264-179=85분인 C 구간이고, 비용 차이 역시 가장 작은 구간은 36,900-22,000=14,900원인 C 구간으로 동일하므로 옳은 설명이다.

오답 체크

① C 구간에서 비용이 35,000원 이하인 교통수단은 일반열차, 고속버스, 일반버스이다. 소요시간당 비용은 일반열차가 $\frac{32,800}{247}$ ≒133원, 고속버스가 $\frac{25,000}{210}$ ≒119원, 일반버스가 $\frac{22,000}{264}$ ≒83원으로 소요시간당 비용이 가장 큰 교통수단은 일반열차이므로 옳지 않은 설명이다.

③ 고속열차 소요시간당 비용은 D 구간이 $\frac{41,600}{199}$ ≒209원이고, E 구간이 $\frac{42,800}{213}$ ≒201원으로 D 구간이 더 크므로 옳지 않은 설명이다.

④ 고속버스는 5개 모든 구간에서 일반열차보다 소요시간과 비용이 모두 작으므로 옳지 않은 설명이다.

⑤ A 구간에서 일반열차와 고속버스의 소요시간 차이는 290-270=20분이고, 비용 차이는 40,700-32,800=7,900원이다. 고속버스와 일반버스의 소요시간 차이는 316-270=46분이고, 비용 차이는 32,800-27,300=5,500원이다. 따라서 소요시간 차이가 크지만 비용 차이가 작은 교통수단이 있으므로 옳지 않은 설명이다.

⏱ 빠른 문제 풀이 Tip

분수의 대소 비교를 통해 계산 없이 판단할 수 있어야 한다.
① C 구간에서 일반버스는 분자는 가장 작고, 분모는 가장 크므로 계산 결과는 가장 작을 것으로 예상할 수 있다. 따라서 일반열차와 고속버스의 대소 비교만 해보면 $\frac{328}{247}$과 $\frac{250}{210}$에서 분자는 250에서 328까지 78이 증가하여 250의 30% 이상 증가하였고, 분모는 210에서 247까지 37이 증가하여 210의 20% 이하 증가하였다. 따라서 분자의 증가율이 더 높으므로 $\frac{328}{247}$이 더 크다는 것을 알 수 있다.

③ $\frac{416}{199}$과 $\frac{428}{213}$에서 분자는 416에서 428로 12가 증가하여 416의 3% 이하 증가하였고, 분모는 199에서 213으로 14가 증가하여 199의 약 7%가 증가하였다. 따라서 분모의 증가율이 더 크므로 $\frac{416}{199}$이 더 크다는 것을 알 수 있다.

21 자료 분석 및 단순 연산   정답 ④

정답 체크

ㄱ. 자녀장려금 수급자 전체 1,000명 중 1회 수급횟수 비중이 35.9%이므로 359회, 2회 수급횟수 비중이 29.3%이므로 293×2=586회, 3회 수급횟수 비중이 21.6%이므로 216×3=648회, 4회 이상 수급횟수 비중이 13.2%이므로 132×4=528회 이상이다. 따라서 전체 수급횟수는 359+586+648+528=2,121회 이상이므로 옳은 설명이다.

ㄴ. 자녀장려금을 1회 수령한 수급자 수는 30대가 583×0.372≒217명, 40대가 347×0.349≒121명으로 30대가 40대의 $\frac{217}{121}$ ≒1.8배이므로 옳은 설명이다.

ㄹ. 자녀장려금을 2회 이상 수령한 수급자 수는 무주택 수급자가 732×(0.295+0.22+0.135)≒476명, 유주택 수급자가 268×(0.287+0.205+0.123)≒165명으로 무주택 수급자가 유주택 수급자의 $\frac{476}{165}$ ≒2.9배이므로 옳은 설명이다.

오답 체크

ㄷ. 수급횟수가 4회 이상인 비율의 실제 수급횟수를 확인할 수 없으므로 전체 수급횟수는 알 수 없다.

⏱ 빠른 문제 풀이 Tip

표에서 '4회 이상' 비율의 실제 정확한 횟수는 알 수 없으므로 전체 수급횟수를 구하거나 비교하는 보기(ㄷ)를 먼저 찾아서 제거한다.

22 자료 변환 및 비교   정답 ①

정답 체크

<표>에 따르면 서울에서 출발하여 경기에 도착한 화물 유동량은 0.6백만 톤이고, [수도권 출발 지역별 경기 도착 화물 유동량]에는 서울에서 출발하여 경기에 도착한 화물 유동량이 78.4백만 톤이므로 <표>를 이용하여 작성한 그림으로 옳지 않다.

23 자료 분석 및 비율 계산   정답 ⑤

정답 체크

ㄴ. 특수학급 설치율(%)$=\dfrac{\text{특수학급 설치학교 수}}{\text{장애학생 배치학교 수}}\times 100$임을 적용하여 구한다. 국공립학교의 특수학급 설치율은 초등학교가 $(3,668/4,596)\times 100 ≒ 79.8\%$, 중학교가 $(1,360/1,903)\times 100 ≒ 71.5\%$, 고등학교가 $(691/1,013)\times 100 ≒ 68.2\%$로 모든 학교급에서 50% 이상이므로 옳은 설명이다.

ㄷ. 특수학급 설치율은 전체 국공립학교가 $(5,719/7,512)\times 100 ≒ 76.1\%$이고, 전체 사립학교가 $(112/819)\times 100 ≒ 13.7\%$이다. 따라서 전체 사립학교와 전체 국공립학교의 특수학급 설치율 차이는 $76.1-13.7 ≒ 62.4\%$p로 50%p 이상이므로 옳은 설명이다.

ㄹ. 학교 수에서 장애학생 배치학교 수가 차지하는 비율은 사립초등학교가 $(16/76)\times 100 ≒ 21.1\%$, 사립고등학교가 $(494/948)\times 100 ≒ 52.1\%$로 사립초등학교가 사립고등학교보다 낮으므로 옳은 설명이다.

오답 체크

ㄱ. 특수학급 설치율은 국공립초등학교가 $(3,668/4,596)\times 100 ≒ 79.8\%$, 사립초등학교가 $(4/16)\times 100 = 25.0\%$로 국공립초등학교가 사립초등학교의 4배 미만이므로 옳지 않은 설명이다.

⏱ 빠른 문제 풀이 Tip

ㄱ. 사립초등학교 특수학급 설치율은 25%이므로 국공립초등학교의 특수학급 설치율이 사립초등학교보다 4배 이상 높으려면 국공립초등학교의 특수학급 설치율이 $25\times 4 = 100\%$ 이상이어야 한다. 이에 따르면 국공립초등학교의 특수학급 설치학교 수가 장애학생 배치학교 수 이상이어야 하지만 그렇지 않으므로 옳지 않음을 알 수 있다.

ㄴ. 각 학교급에서 특수학급 설치학교 수가 장애학생 배치학교 수의 절반 이상인지 확인하여 빠르게 풀이한다.

24 자료 분석 및 추이 파악   정답 ①

정답 체크

ㄱ. 총 사용량의 전년대비 증가율은 2009년이 $\{(289,740-243,262)/243,262\}\times 100 ≒ 19.1\%$, 2010년이 $\{(325,020-289,740)/289,740\}\times 100 ≒ 12.2\%$로 2010년에 전년 대비 15% 미만 증가하였으므로 옳지 않은 설명이다.

ㄴ. 1명당 생활용수 사용량(m³/명)$=\dfrac{\text{생활용수 총 사용량}}{\text{사용인구}}$임을 적용하여 구한다. 1명당 생활용수 사용량은 2008년이 $136,762/379,300 ≒ 0.36$m³/명, 2009년이 $162,790/430,400 ≒ 0.38$m³/명, 2010년이 $182,490/531,250 ≒ 0.34$m³/명으로 2010년에 전년 대비 감소하였으므로 옳지 않은 설명이다.

오답 체크

ㄷ. 2008~2010년 농업용수 사용량은 각각 45,000m³, 49,050m³, 52,230m³로 매년 증가하였으므로 옳은 설명이다.

ㄹ. 가정용수와 영업용수 사용량의 합은 2008년이 $65,100+11,000 = 76,100$m³, 2009년이 $72,400+19,930 = 92,330$m³, 2010년이 $84,400+23,100 = 107,500$m³이고, 업무용수와 욕탕용수 사용량의 합은 2008년이 $39,662+21,000 = 60,662$m³, 2009년이 $45,220+25,240 = 70,460$m³, 2010년이 $47,250+27,740 = 74,990$m³로 가정용수와 영업용수 사용량의 합이 매년 더 크므로 옳은 설명이다.

⏱ 빠른 문제 풀이 Tip

계산이 필요하지 않거나 계산이 간단한 <보기>부터 확인한다. ㄷ은 계산하지 않고도 <표>에서 바로 확인할 수 있으므로 가장 먼저 확인하고, ㄱ, ㄴ, ㄹ 중 계산이 간단한 ㄹ을 다음으로 확인하면 빠르게 오답이 소거된다.

ㄹ. 가정용수와 영업용수 사용량의 합은 매년 생활용수 사용량의 50% 이상이므로 업무용수와 욕탕용수 사용량의 합보다 큼을 알 수 있다.

25 자료 분석 및 비율 계산   정답 ③

정답 체크

ㄱ. 먼저 <표>에 제시되지 않은 2021학년도 경쟁률부터 구해보면 지리가 $\dfrac{1,047}{150} = 6.98$, 생물이 $\dfrac{1,535}{159} ≒ 9.65$, 기술이 $\dfrac{424}{144} ≒ 2.94$, 음악이 $\dfrac{2,574}{193} ≒ 13.34$이다. 2020학년도 경쟁률이 주어지지 않은 도덕윤리를 제외하고 계산해보면 2021학년도 경쟁률이 전년대비 하락한 과목은 국어, 영어, 일반사회, 역사, 수학, 화학, 생물, 지구과학, 가정, 미술로 10개이고, 상승한 과목은 나머지 7과목으로 하락한 과목 수가 더 많으므로 옳은 설명이다.

ㄹ. 2021학년도 영어 과목의 모집정원은 $\frac{4,235}{15.92}≒266$명이고, 수학 과목의 모집정원은 $\frac{4,425}{12.54}≒355$명으로 수학이 영어보다 많으므로 옳은 설명이다.

오답 체크

ㄴ. 물리의 접수인원은 $133×7.46≒992$명, 정보컴퓨터 접수인원은 $145×6.26≒908$명이다. 2021학년도 경쟁률 상위 3과목은 중국어, 국어, 영어이고, 접수인원 상위 3과목은 국어, 수학, 영어로 일치하지 않으므로 옳지 않은 설명이다.

ㄷ. 2021학년도 경쟁률이 5.0 미만인 과목은 도덕윤리, 기술이고, 이 중 기술 과목의 모집정원은 144명으로 150명 미만이므로 옳지 않은 설명이다.

🕐 빠른 문제 풀이 Tip

계산을 다 하지 않고 어림산으로 확인이 가능한 <보기>들은 간단히 해결해야 한다.

ㄴ. 물리, 정보컴퓨터의 접수인원이 어림산으로 대략 1,000 이하 정도가 예상되므로 상위 3과목에 포함되지 않음을 알 수 있다.

ㄹ. 영어와 수학의 모집정원을 구할 때에도 접수인원은 수학이 더 많은 반면, 경쟁률은 수학이 더 낮으므로 모집정원은 수학이 더 많다는 것을 알 수 있다.

26 자료 분석 및 추이 파악 정답 ①

정답 체크

ㄱ. <그림>에 따르면 2018년 총급여액이 1,000만 원이고 자녀가 1명인 가구의 2019년 근로장려금은 140만 원이므로 옳은 설명이다.

ㄷ. <그림>에 따르면 2018년 총급여액이 2,200만 원이고 자녀가 3명 이상인 가구의 2019년 근로장려금은 70만 원 미만이고, 2018년 총급여액이 600만 원이고 자녀가 1명인 가구의 2019년 근로장려금은 70만 원 이상이므로 옳은 설명이다.

오답 체크

ㄴ. <그림>에 따르면 2018년 총급여액이 600~800만 원인 무자녀 가구는 2019년 근로장려금이 70만 원으로 모두 동일하므로 옳지 않은 설명이다.

ㄹ. <그림>에 따르면 2018년 총급여액이 2,000만 원인 가구는 무자녀와 자녀 1명인 가구가 동일하게 2019년 근로장려금을 받을 수 없으므로 옳지 않은 설명이다.

27 자료 분석 및 단순 연산 정답 ④

정답 체크

<표 1>에서 각 팀 인원수를 미지수 a, b, c명으로 설명하면 A 팀의 총 점수는 40a, B 팀의 총 점수는 60b, C 팀의 총 점수는 90c이다. <표 2>에서 A+B의 인원수는 80명이고, 평균점수는 52.5점이므로 A+B의 총 점수는 $80×52.5=4,200$점이다. 따라서 $a+b=80$명, $40a+60b=4,200$점이므로 $a=30$명, $b=50$명이다. 이때 B+C의 인원수는 120명이고, B 팀의 인원수는 50명이므로 C 팀의 인원수는 70명이다.

따라서 (가)는 $30+70=100$이고, (나)는 $\{(30×40)+(70×90)\}/100=75.0$이다.

28 자료 분석 및 단순 연산 정답 ⑤

정답 체크

정지시거＝반응거리＋제동거리임을 적용하여 구한다. 이때 반응거리＝운행속력×반응시간, 제동거리＝$\frac{(운행속력)^2}{2×마찰계수×g}$이고 운전자 A~E는 운행속력이 20m/초로 모두 같으며, g는 10m/초^{2}로 가정했으므로 제동거리＝$\frac{20^2}{2×마찰계수×10}$＝$\frac{20^2}{마찰계수}$임을 알 수 있다. 이에 따라 운전자별 반응거리와 맑은 날과 비 오는 날의 정지시거를 구하면 다음과 같다.

구분 운전자	반응거리(m)	맑은 날 정지시거(m)	비 오는 날 정지시거(m)
A	40	$40+\frac{20}{0.4}=90$	$40+\frac{20}{0.1}=240$
B	$20×2.0=40$	$40+\frac{20}{0.4}=90$	$40+\frac{20}{0.2}=140$
C	$20×1.6=32$	$32+\frac{20}{0.8}=57$	$32+\frac{20}{0.4}=82$
D	$20×2.4=48$	$48+\frac{20}{0.4}=98$	$48+\frac{20}{0.2}=148$
E	$20×1.4=28$	$28+\frac{20}{0.4}=78$	$28+\frac{20}{0.2}=128$

따라서 맑은 날과 비 오는 날의 운전자별 정지시거를 바르게 연결한 것은 운전자가 E, 맑은 날 정지시거가 78, 비 오는 날 정지시거가 128이다.

29 자료 분석 및 비율 계산　　　　정답 ②

정답 체크

ㄱ. 국가채무는 2014년에 1,323×0.297≒393조 원, 2020년
　에 1,741×0.36≒627조 원이다. 따라서 2020년 국가채무
　는 2014년 국가채무의 1.5배인 393×1.5≒590조 원 이상
　이므로 옳은 설명이다.

ㄷ. 적자성채무는 2018년에 1,563×0.183≒286조 원, 2019
　년에 1,658×0.2≒332조 원으로 2019년부터 300조 원 이
　상이므로 옳은 설명이다.

오답 체크

ㄴ. 국가채무＝적자성채무＋금융성채무이므로 GDP 대비 국
　가채무 비율과 GDP 대비 적자성채무 비율의 차이가 GDP
　대비 금융성채무 비율이다. GDP 대비 금융성채무 비율은
　2018년에 34.1−18.3＝15.8%, 2019년에 35.7−20.0＝
　15.7%이므로 옳지 않은 설명이다.

ㄹ. 2017년 금융성채무는 32.6−16.9＝15.7%로 국가채무의
　50%인 32.6×0.5＝16.3% 미만이므로 옳지 않은 설명이다.

30 자료 분석 및 단순 연산　　　　정답 ①

정답 체크

ㄱ. 주택규모가 이사 후 '대형'인 가구는 5＋10＋15＝30가구
　이고, 이사 후 '중형'인 가구는 100−30−30＝40가구이
　다. 따라서 주택규모가 이사 전 '소형'에서 이사 후 '중형'으로
　달라진 가구는 40−30−10＝0가구이므로 옳은 설명이다.

ㄴ. 전체 100가구 중 이사 전후 주택규모가 달라진 가구는 100−
　15−30−15＝40가구로 전체 가구 수의 50% 이하이므로
　옳은 설명이다.

오답 체크

ㄷ. 주택규모가 이사 전 '대형'에서 이사 후 '소형'으로 달라진
　가구는 30−15−10＝5가구이다. 주택규모가 '대형'인 가
　구 수는 이사 전후 모두 5＋10＋15＝30가구로 동일하므
　로 옳지 않은 설명이다.

ㄹ. 이사 후 주택규모가 커진 가구 수는 0＋5＋10＝15가구이
　고, 이사 후 주택규모가 작아진 가구 수는 10＋5＋10＝25
　가구이므로 옳지 않은 설명이다.

31 자료 분석 및 단순 연산　　　　정답 ②

정답 체크

수도권의 마약류 단속 건수 비중은 22.1＋35.8＝57.9%로 마
약류 단속 전체 건수의 50% 이상이므로 옳은 설명이다.

오답 체크

① 대마 단속 전체 건수는 167건으로 마약 단속 전체 건수의 3배
　인 65×3＝195건 미만이므로 옳지 않은 설명이다.

③ 마약 단속 건수가 없는 지역은 강원, 충북, 제주 3곳이므로 옳
　지 않은 설명이다.

④ 향정신성의약품 단속 건수는 대구·경북 지역이 138건으로
　광주·전남 지역의 4배인 38×4＝152건 미만이므로 옳지
　않은 설명이다.

⑤ 강원 지역의 향정신성의약품 단속 건수는 35건으로 대마 단
　속 건수의 3배인 13×3＝39건 미만이므로 옳지 않은 설명
　이다.

⏱ **빠른 문제 풀이 Tip**

<표>에 제시된 '마약' 항목은 각주에 제시된 '마약류'의 하위 항목
인 것에 유의하여 자료의 정보를 꼼꼼히 확인하고 문제를 풀이한다.

32 자료 변환 및 비율 계산　　　　정답 ⑤

정답 체크

<표>의 'e−러닝' 항목에 따르면 지사별 e−러닝 참여 직원 수
는 한국이 81×0.889≒72명, 홍콩이 232×0.909≒211명, 일
본이 117×0.932≒109명, 중국이 42×0.619≒26명이므로
<표>의 내용을 나타낸 것으로 옳지 않다.

오답 체크

① <표>의 '교육훈련 유형−계' 항목에 따라 [지사 전체의 교육
　훈련 유형별 직원참여율]이 옳게 작성되었으므로 <표>의 내
　용을 나타낸 것으로 옳다.

② <표>의 '현장실습' 항목에 따라 지사 전체의 현장실습 참
　여 직원 수는 472×0.18≒85명이고, 지사별 현장실습
　참여 직원 수는 한국이 81×0.222≒18명, 홍콩이 232×
　0.216≒50명, 일본이 117×0.103≒12명, 중국이 42×
　0.119≒5명이다. 따라서 현장실습 참여 직원의 지사별 구
　성비는 한국이 (18/85)×100≒21.2%, 홍콩이 (50/85)
　×100≒58.8%, 일본이 (12/85)×100≒14.1%, 중국이
　(5/85)×100≒5.9%로 [현장실습 참여 직원의 지사별 구
　성비]가 옳게 작성되었으므로 <표>의 내용을 나타낸 것으
　로 옳다.

③ <표>의 '교육훈련 유형-일본, 계' 항목에 따라 [지사 전체와 일본 지사의 교육훈련 유형별 직원참여율]이 옳게 작성되었으므로 <표>의 내용을 나타낸 것으로 옳다.

④ <표>의 '교육훈련 유형-한국, 홍콩' 항목에 따라 [한국과 홍콩 지사의 교육훈련 유형별 직원참여율]이 옳게 작성되었으므로 <표>의 내용을 나타낸 것으로 옳다.

⏱ **빠른 문제 풀이 Tip**

계산 과정이 없거나 풀이 시간이 적은 선택지부터 풀이한다. <표>의 수치가 그대로 제시된 ①, ③, ④를 먼저 확인한 후, ①, ③, ④에서 정답을 찾을 수 없다면 계산이 필요한 ②, ⑤ 중 비교적 계산이 간단한 ⑤를 먼저 풀이한다.

---

33 자료 분석 및 비교 　　　　정답 ③

정답 체크

시행기업당 참여직원 수는 2012년이 3,197/2,079≒1.5명, 2013년이 5,517/2,802≒2.0명, 2014년이 10,869/5,764≒1.9명, 2015년이 21,530/7,686≒2.8명으로 2015년에 가장 많으므로 옳은 설명이다.

오답 체크

① 2013년 이후 전년보다 참여직원 수가 가장 많이 증가한 해는 21,530-10,869=10,661명 증가한 2015년이고, 시행기업 수가 가장 많이 증가한 해는 5,764-2,802=2,962개 증가한 2014년이므로 옳지 않은 설명이다.

② 2015년 남성육아휴직제 참여직원 수는 21,530명으로 2012년 남성육아휴직제 참여직원 수의 7배인 3,197×7=22,379명보다 적으므로 옳지 않은 설명이다.

④ 2013년 대비 2015년 시행기업 수의 증가율은 {(7,686-2,802)/2,802}×100≒174.3%이고, 참여직원 수의 증가율은 {(21,530-5,517)/5,517}×100≒290.2%이므로 옳지 않은 설명이다.

⑤ 전년대비 참여직원 수의 증가인원은 2013년에 5,517-3,197=2,320명, 2014년에 10,869-5,517=5,352명, 2015년에 21,530-10,869=10,661명이고, 3년간 증가인원의 평균은 (2,320+5,352+10,661)/3=6,111명이므로 옳지 않은 설명이다.

⏱ **빠른 문제 풀이 Tip**

① 직접 계산하지 않아도 그래프상의 기울기를 통해 증가량의 대소를 파악할 수 있다. <그림>에서 참여직원 수의 기울기는 2014년에서 2015년이 가장 크고, 시행기업 수의 기울기는 2013년에서 2014년이 가장 크므로 각각 증가량도 가장 크다.

④ 증가한 양이 초기값의 몇 배수인지 파악하여 증가율을 빠르게 확인할 수 있다. 2013년 대비 2015년 시행기업 수는 7,686/2,802≒3배 증가했으므로 증가율은 약 200%, 참여직원 수는 21,530/5,517≒4배 증가했으므로 증가율은 약 300%이다.

⑤ 2015년 참여직원 수에서 2012년 참여직원 수를 뺀 21,530-3,197=18,333이 2012~2015년 참여직원 수의 증가인원이므로 3년간 증가인원의 평균은 18,333/3=6,111로 간단히 구할 수 있다.

---

34 자료 분석 및 계산 　　　　정답 ④

정답 체크

제시된 <표>에서 가족상담건수 총합은 180건이므로 제시된 <정보>를 통해 알 수 있는 내용을 정리하면 다음과 같다.

구분	2013년 상반기	2013년 하반기	총 상담건수
일반상담가	120×0.4=48건	120×0.6=72건	120건
전문상담가	-	-	60건
총 상담건수	180×0.3=54건	180×0.7=126건	180건

이를 통해 나머지 빈칸도 채우면 다음과 같다.

구분	2013년 상반기	2013년 하반기	총 상담건수
일반상담가	120×0.4=48건	120×0.6=72건	120건
전문상담가	54-48=6건	126-72=54건	60건
총 상담건수	180×0.3=54건	180×0.7=126건	180건

따라서 2013년 하반기 전문상담가에 의한 가족상담건수는 54건이다.

---

35 자료 분석 및 단순 연산 　　　　정답 ③

정답 체크

극한기후 발생지수=$4 \times \left(\dfrac{A-B}{C-B}\right)+1$임을 적용하여 구한다. 호우의 발생지수는 $4 \times \{(3-0)/(16-0)\}+1=1.75$이고, 강풍의 발생지수는 $4 \times \{(1-0)/(16-0)\}+1=1.25$이다. 대설과 강풍의 발생지수의 합 1.00+1.25=2.25는 호우의 발생지수보다 크므로 옳은 설명이다.

① 한파의 발생지수는 $4 \times \{(5-0)/(16-0)\}+1=2.25$이고, 폭염의 발생지수가 5.00으로 가장 크므로 옳지 않은 설명이다.

② 호우의 발생지수는 1.75로 2.00 미만이므로 옳지 않은 설명이다.

④ 극한기후 유형별 발생지수의 평균은 $(5.00+2.25+1.75+1.00+1.25)/5=2.25$이므로 옳지 않은 설명이다.

⑤ 폭염의 발생지수는 강풍의 발생지수의 $5.00/1.25=4$배이므로 옳지 않은 설명이다.

🕐 빠른 문제 풀이 Tip

<산정식>에 의해 B=0, C=16이므로 극한기후 발생지수 식의 분자 값은 A에 비례하고, 분모 값은 16으로 고정된다는 것을 빠르게 파악할 수 있도록 한다.

---

36 자료 분석 및 비율 계산　　　정답 ⑤

ㄴ. 2009년 이산화탄소 배출량은 중국이 6,877.2백만 TC로 가장 많고, 2009년 중국의 이산화탄소 배출량은 전 세계 이산화탄소 배출량의 $(6,877.2/28,999.4) \times 100 ≒ 23.7\%$로 20% 이상이므로 옳은 설명이다.

ㄷ. 러시아의 2003년과 2009년 이산화탄소 배출량 차이는 $2,178.8-1,532.6=646.2$백만 TC이고, 이란의 2003년과 2009년 이산화탄소 배출량 차이는 $533.2-179.6=353.6$ 백만 TC이므로 옳은 설명이다.

ㄹ. 2003년 대비 2009년 한국 이산화탄소 배출량의 증가율은 $\{(515.5-229.3)/229.3\} \times 100 ≒ 124.8\%$로 100% 이상이므로 옳은 설명이다.

ㄱ. 전 세계 이산화탄소 배출량은 2009년에 전년대비 감소하였으므로 옳지 않은 설명이다.

🕐 빠른 문제 풀이 Tip

ㄴ. 제시된 자료의 수치가 크므로 유효숫자를 두세 자리로 설정하여 계산한다. 2009년 중국의 이산화탄소 배출량을 유효숫자 두 자리로 설정하면 약 69이고, 전 세계 이산화탄소 배출량을 유효숫자 세 자리로 설정하면 약 290이다. 전 세계 이산화탄소 배출량의 20%는 약 $290 \times 0.2=58$이므로 옳은 설명임을 알 수 있다.

ㄹ. 2003년 대비 2009년 이산화탄소 배출량의 증가율이 100% 이상이라는 것은 2009년 이산화탄소 배출량이 2003년의 두 배 이상이라는 의미이다. 2009년 한국 이산화탄소 배출량은 515.50이고, 2003년 한국 이산화탄소 배출량의 두 배는 $229.3 \times 2=458.6$이므로 2009년이 2003년의 두 배 이상임을 알 수 있다.

---

37 자료 분석 및 추이 파악　　　정답 ⑤

<표>에서 기준 연도인 2002년 가격지수 100 대비 2015년 3월 가격지수의 상승률은 유지류가 151.7로 가장 낮으므로 옳지 않은 설명이다.

① <그림>에서 2015년 3월의 식량 가격지수는 2014년 3월에 비해 $\{(213.8-173.8)/213.8\} \times 100 ≒ 18.7\%$ 하락했으므로 옳은 설명이다.

② <그림>에서 식량 가격지수는 2014년 4월 211.5에서 2014년 9월 192.7까지 매월 하락했으므로 옳은 설명이다.

③ <표>에서 2014년 3월 대비 2015년 3월 가격지수 하락폭은 육류가 $185.5-177.0=8.5$, 낙농품이 $268.5-184.9=83.6$, 곡물이 $208.9-169.8=39.1$, 유지류가 $204.8-151.7=53.1$, 설탕이 $254.0-187.9=66.1$로 낙농품이 가장 큰 폭으로 하락했으므로 옳은 설명이다.

④ <표>에서 육류 가격지수는 2014년 3월 185.5에서 2014년 8월 212.0까지 매월 상승하다가 그 이후에는 매월 하락하고 있으므로 옳은 설명이다.

---

38 자료 분석 및 순위 파악　　　정답 ②

ㄱ. 초고속인터넷의 속도 1Mbps당 월평균 요금이 10달러 이하인 국가는 미국을 제외한 14개국이므로 옳은 설명이다.

ㄷ. 네덜란드는 인터넷 지표에서 3위, 초고속인터넷 지표에서 2위, 초고속인터넷 요금 지표에서 13위이고, 캐나다는 인터넷 지표에서 12위, 초고속인터넷 지표에서 10위, 초고속인터넷 요금 지표에서 순위권 내에 존재하지 않으므로 옳은 설명이다.

ㄴ. 인구 100명당 초고속인터넷 가입자 수 상위 5개국은 덴마크,
네덜란드, 노르웨이, 스위스, 아이슬란드이고, 이 중 인구 100
명당 인터넷 이용자 수가 가장 적은 국가는 순위권 내에 존재
하지 않는 아이슬란드이므로 옳지 않은 설명이다.

ㄹ. 세 가지 지표의 평균 순위는 한국이 (10+6+1)/3≒5.7위,
덴마크가 (4+1+10)/3=5위로 덴마크가 한국보다 높으므
로 옳지 않은 설명이다.

39 자료 분석 및 계산   정답 ④

- <그림 1>과 <표>에 따라 2010년 건설시장의 주택부문
시장규모는 A 국이 50×0.28=14.0조 원, B 국이 150×
0.29=43.5조 원, C 국이 100×0.23=23.0조 원, D 국이
200×0.28=56.0조 원, E 국이 250×0.26=65.0조 원이
므로 2010년 건설시장의 주택부문 시장규모가 가장 큰 국가
는 E 국임을 알 수 있다.

- <그림 2>에 따라 2010년 건설시장 주택부문 중 3~10층
시장규모는 3~5층과 6~10층 시장규모의 합이므로 A 국
이 14.0×(0.16+0.06)≒3.1조 원, B 국이 43.5×(0.26
+0.14)=17.4조 원, C 국이 23.0×(0.20+0.25)≒10.4
조 원, D 국이 56.0×(0.05+0.06)≒6.2조 원, E 국이 65.0
×(0.15+0.09)=15.6조 원이다. 따라서 2010년 건설시장
주택부문 중 3~10층 시장규모가 가장 큰 국가는 B 국임을
알 수 있다.

따라서 (가)국은 E, (나)국은 B이다.

⏱ 빠른 문제 풀이 Tip

선택지를 먼저 확인하여 계산 과정을 줄인다. 선택지에서 (가)국은
B, D, E이고, <그림 1>에서 B, D, E 국의 구성비 수치는 비슷하지
만, 시장규모는 B 국이 D, E 국보다 훨씬 작으므로 D, E 국만 계산
하여 비교한다. 또한 (가)국이 E 국이므로 ④, ⑤에서 (나)국 항목인
2010년 B, C 국의 건설시장 주택부문 중 3~10층 시장규모만 계산
하여 비교한다.

40 자료 분석 및 비교   정답 ④

ㄱ. 도시 간 물가의 대소비교는 주어진 자료의 <표 1>의 물가 비
교지수의 대소비교로 가능하다. 따라서 '1910~1914년' 기
간에 경성보다 물가가 낮은 도시는 경성의 물가 비교지수인
1.04보다 작은 곳인 대구, 목포, 부산, 신의주, 평양으로 5곳
이다. '1935~1939년' 기간에 경성의 물가 비교지수인 1.06
보다 작은 곳은 대구, 목포, 부산, 신의주, 원산, 청진, 평양
으로 7곳이다.

ㄴ. <표 1>과 <표 2>는 모두 8개 도시의 평균값 대비 각 도시
의 비율을 나타내는 지수이므로 지수가 1보다 큰 곳이 물가,
명목임금이 8개 도시 평균보다 큰 곳이다. 이러한 곳은 '청
진' 한 곳뿐이다.

ㄹ. '1920~1924년' 기간의 명목임금 비교지수는 목포가 0.97,
신의주가 0.79이다. 즉 '1920~1924년' 기간의 8개 도시
평균 명목임금이 A원이라고 한다면 목포는 0.97×A원,
신의주는 0.79×A원이다. 따라서 명목임금은 목포가
신의주의 (0.97×A)/(0.79×A)=0.97/0.79=약 1.23배
이므로 1.2배 이상이다.

ㄷ. <표 2>에 나타낸 수치는 기간별 8개 도시 임금 평균 명목임
금 대비 각 도시 명목임금의 비율이므로 기간별 8개 도시 임
금 평균 명목임금의 정확한 값을 모르기 때문에 기간별 대소
비교는 불가능하다.

p.256

01	02	03	04	05	06	07	08	09	10
①	②	③	①	⑤	⑤	⑤	③	③	②
11	12	13	14	15	16	17	18	19	20
④	③	②	①	④	②	①	⑤	③	⑤
21	22	23	24	25	26	27	28	29	30
⑤	⑤	④	①	②	③	②	⑤	③	⑤
31	32	33	34	35	36	37	38	39	40
①	②	②	③	③	②	③	③	②	②
41	42	43	44	45					
②	③	④	④	⑤					

01 부등식　　　　　정답 ①

정답 체크

작년 A 회사의 남자 직원 수를 $2x$, 여자 직원 수를 $3x$, 올해 채용한 남자 직원 수를 y, 여자 직원 수를 $2y$라고 하면

$2x+3x<260 \rightarrow x<52$　　　　　… ⓐ

$(2x+y):(3x+2y)=5:8 \rightarrow 5(3x+2y)=8(2x+y)$
$\rightarrow x=2y$　　　　　… ⓑ

$(2x+y)+(3x+2y)>320 \rightarrow 5x+3y>320$　… ⓒ

ⓑ를 ⓐ, ⓒ에 각각 대입하여 정리하면

$24.6<y<26 \rightarrow y=25$, $x=50$

따라서 올해 A 회사의 전체 직원 수는 $5\times50+3\times25=325$명이다.

02 작업량　　　　　정답 ②

정답 체크

작업량=시간당 작업량×시간임을 적용하여 구한다. A 호스 하나로 1분 동안 채울 수 있는 물의 양을 x, B 호스로 1분 동안 채울 수 있는 물의 양을 y라고 하면

$6x+7y=120\times0.75 \rightarrow 6x+7y=90$　… ⓐ

$3x+12y=12x \rightarrow x=\dfrac{4}{3}y$　　　… ⓑ

ⓑ를 ⓐ에 대입하여 풀면 $x=8$, $y=6$

따라서 120L 용량의 물통에 A, B 두 호스로 1분 동안 물을 채울 때, 물통에 찬 물의 양은 $8+6=14$L로 전체 용량의 $(14/120)\times100≒11.7\%$이다.

03 농도　　　　　정답 ③

정답 체크

A에 들어있는 소금의 양은 $6/100\times150=9$g, B에 들어있는 소금의 양은 $16/100\times200=32$g이고, C에 들어있는 소금의 양을 x라 했을 때, 소금물 A, B, C를 전부 섞었을 때 B와 동일한 16%가 된다. 이를 식으로 나타내면 다음과 같다.

$\dfrac{9g+32g+xg}{150g+200g+500g}\times100=16\%$, 즉 소금물 C에 들어있는 소금인 $x=95$g이 되며 C의 소금물 농도는 $95/500\times100=19\%$가 된다.

04 조건부 확률　　　　　정답 ①

정답 체크

어떤 사건 A가 일어났을 때 사건 B가 일어날 조건부확률은 $P(B|A)=\dfrac{P(A\cap B)}{P(A)}$임을 적용하여 구한다.

'가'와 '나' 모두 경기에 출전하여 팀 G가 경기에서 승리할 확률은 $\dfrac{1}{5}\times\dfrac{3}{10}\times\dfrac{2}{5}\times\dfrac{1}{2}=\dfrac{3}{250}$,

'가'는 경기에 출전하고 '나'는 경기에 미출전하여 팀 G가 경기에서 승리할 확률은 $\dfrac{1}{5}\times\dfrac{3}{10}\times\dfrac{3}{5}\times\dfrac{1}{3}=\dfrac{3}{250}$,

'가'는 경기에 미출전하고 '나'는 경기에 출전하여 팀 G가 경기에서 승리할 확률은 $\dfrac{4}{5}\times\dfrac{7}{10}\times\dfrac{2}{5}\times\dfrac{1}{2}=\dfrac{28}{250}$,

'가'와 '나' 모두 경기에 미출전하여 팀 G가 경기에서 승리할 확

률은 $\frac{4}{5} \times \frac{7}{10} \times \frac{3}{5} \times \frac{1}{3} = \frac{28}{250}$이다.

따라서 팀 G가 경기에서 승리할 확률은

$\frac{3}{250} + \frac{3}{250} + \frac{28}{250} + \frac{28}{250} = \frac{62}{250}$이므로

팀 G가 경기에서 승리했을 때, '가'와 '나' 모두 경기에 출전했을

확률은 $P(B|A) = \dfrac{\frac{3}{250}}{\frac{62}{250}} = \frac{3}{62}$이다.

05 정가

정답 ⑤

정답 체크

이익=판매가-원가임을 적용하여 구한다. 꽃의 원가를 x라
고 하면 정가는 $x \times (1+0.6) = 1.6x$이고, 할인가는 $1.6x \times$
$(1-0.25) = 1.2x$이므로
$(1.6x \times 30) + (1.2x \times 50) - (x \times 80) = 70,000 \to x = 2,500$
따라서 꽃의 정가는 $1.6 \times 2,500 = 4,000$원이다.

06 자료 분석 및 단순 연산

정답 ⑤

정답 체크

ㄱ. 도착 화물보다 출발 화물이 많은 지역은 출발 화물이 977
개이고 도착 화물이 390개인 A, 출발 화물이 944개이고 도
착 화물이 797개인 B, 출발 화물이 472개이고 도착 화물이
355개인 D로 총 3개이므로 옳은 설명이다.

ㄷ. 지역 내 이동 화물을 제외할 때, 출발 화물과 도착 화물의
합이 가장 작은 지역은 $(366-30) + (381-30) = 687$개인
C이고, C 지역의 출발 화물과 도착 화물의 차이는 $381 -$
$366 = 15$로 가장 작으므로 옳은 설명이다.

ㄹ. 도착 화물이 가장 많은 지역은 1,465개인 G이고, G 지역
은 출발 화물 중 지역 내 이동 화물의 비중이 $(359/1,294)$
$\times 100 \fallingdotseq 27.7\%$로 가장 크므로 옳은 설명이다.

오답 체크

ㄴ. 지역 내 이동 화물이 가장 적은 지역은 30개인 C이나, 도
착 화물이 가장 적은 지역은 355개인 D이므로 옳지 않은
설명이다.

07 자료 분석 및 추이 파악

정답 ⑤

정답 체크

<그림>의 각 화살표 끝에 제시된 숫자의 합이 각 조사의 응답자
수이므로 1~3차 조사에서 찬성한 사람의 수에 따라 <그림>의
빈칸을 채우면 다음과 같다.

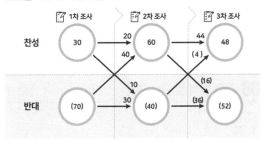

1~3차 조사에서 한 번도 의견을 바꾸지 않은 사람은 1~3차 모
두 찬성한 사람과 1~3차 모두 반대한 사람 두 가지 경우이다.

1차 조사에서 찬성한 30명 중 2차 조사에서도 찬성한 사람은
20명이고, 2차 조사에서 찬성한 전체 60명 중 3차 조사에서 반
대한 사람은 16명이다. 이때 1차, 2차 조사에서 모두 찬성한 20
명 중 16명 모두가 3차 조사에서 반대하였다면 최소 $20-16 =$
4명이 1~3차 조사에서 한 번도 의견을 바꾸지 않았을 것이다.

한편, 1차 조사에서 반대한 70명 중 2차 조사에서도 반대한 사
람은 30명이고, 2차 조사에서 반대한 전체 40명 중 3차 조사에
서 찬성한 사람은 4명이다. 이때 1차, 2차 조사에서 모두 반대한
30명 중 4명 모두가 3차 조사에서 찬성했다면 최소 $30-4 = 26$
명이 1~3차 조사에서 한 번도 의견을 바꾸지 않았을 것이다.

따라서 1~3차 조사에서 한 번도 의견을 바꾸지 않은 사람은 최
소 $4+26 = 30$명이므로 옳은 설명이다.

오답 체크

① 1~3차 조사에 응답한 사람은 각각 100명이므로 옳지 않
은 설명이다.

② 2차 조사에서 반대한 40명 중 3차 조사에서도 반대한 사람
은 36명이므로 옳지 않은 설명이다.

③ 2차 조사에서 찬성한 60명 중 3차 조사에서 반대한 사람은
16명이므로 옳지 않은 설명이다.

④ 1차 조사에서 반대한 사람 중 3차 조사에서 찬성한 경우는
1~3차 조사에서 각각 '반대-찬성-찬성'한 경우와 '반대-반
대-찬성'한 경우 두 가지이다.
1차 조사에서 반대한 70명 중 40명은 2차 조사에서 찬성하
였다. 이에 따라 1차 조사에서 반대한 70명 중 2차 조사에
서 찬성하고 3차 조사에서도 찬성한 사람은 최대 $70-30-$
$0 = 40$명이다.
한편, 1차 조사에서 반대한 70명 중 30명은 2차 조사에서도
반대한 사람이다. 이에 따라 1차, 2차 조사에서 모두 반대한

30명 중 3차 조사에서 찬성한 사람은 최대 70-40-26=4명이다.

따라서 1차 조사에서 반대한 사람 중 3차 조사에서 찬성한 사람은 최대 4+40=44명이므로 옳지 않은 설명이다.

⏱ **빠른 문제 풀이 Tip**

1차 조사와 2차 조사에 찬성한다고 응답한 사람의 수로 각 빈칸을 빠르게 채운 후 선택지를 확인한다.

---

08 자료 분석 및 단순 연산 정답 ③

정답 체크

각주 1)에서 2017년에는 A 기업만 '갑' 자동차회사에 엔진과 변속기를 납품했다고 하였으므로 <그림 1>과 <그림 3>에 따라 2017년 '갑' 자동차회사가 납품받는 엔진 개수와 변속기 개수는 각각 10,000×0.5=5,000개이다. 또한 각주 3)에서 매년 '갑' 자동차회사가 납품받는 엔진 개수는 변속기 개수와 같다고 하였으므로 2018년 '갑' 자동차회사가 납품받는 엔진 개수와 변속기 개수는 각각 15,000/2=7,500개이다. 이에 따라 '갑' 자동차회사가 납품받은 엔진과 변속기 납품액 합은 2017년이 (100+80)×5,000=900,000만 원, 2018년이 (90+75)×7,500=1,237,500만 원으로 2018년이 2017년에 비해 {(1,237,500-900,000)/900,000}×100=37.5% 증가하였으므로 옳은 설명이다.

오답 체크

① <그림 2>와 <그림 3>에 따라 2018년 A 기업이 납품한 엔진과 변속기 개수는 각각 10,000×0.3=3,000개, 10,000×0.7=7,000개이다. A 기업의 엔진 납품 개수는 2018년이 3,000개로 2017년의 80%인 5,000×0.8=4,000개 미만이므로 옳지 않은 설명이다.

② <그림 2>와 <그림 3>에 따라 2018년 B 기업이 납품한 엔진과 변속기 개수는 각각 7,500-3,000=4,500개, 7,500-7,000=500개임을 알 수 있다. 변속기 납품 개수가 엔진 납품 개수의 (500/4,500)×100≒11.1%이므로 옳지 않은 설명이다.

④ '갑' 자동차회사가 납품받은 변속기 납품 개수는 2018년이 2017년의 7,500/5,000=1.5배로 2배 미만이므로 옳지 않은 설명이다.

⑤ 2018년 A, B 기업의 엔진 납품액 합은 90×7,500=675,000만 원이고, 변속기 납품액 합은 75×7,500=562,500만 원이므로 옳지 않은 설명이다.

⏱ **빠른 문제 풀이 Tip**

문제를 풀이할 때는 풀이 과정이 적은 간단한 선택지부터 확인한다.
③은 A, B 기업의 엔진 개수와 변속기 개수를 계산하지 않고 각주 3)과 <표>의 내용만으로 옳고 그름을 파악할 수 있으므로 가장 먼저 확인한다.
⑤ 각주 3)에 따라 납품하는 엔진 개수와 변속기 개수는 서로 동일하므로 <표>의 수치만으로 옳고 그름을 파악할 수 있다. 납품 단가는 엔진이 변속기보다 크므로 계산하지 않아도 납품액의 합도 엔진이 더 클 것임을 알 수 있다.

---

09 건강보험료 계산 정답 ③

정답 체크

지역가입자의 건강보험료는 연 소득, 재산, 자동차 점수를 합산한 보험료 부과점수×부과점수당 금액으로 산정한다고 했으므로 A 씨의 연 소득, 재산, 자동차 점수를 각각 계산한다. A 씨의 월 소득은 120만 원, 연 소득은 120×12=1,440만 원이므로 소득 점수는 22등급인 637점이다. 재산은 전세 보증금이 1억 2천만 원인 임차주택이고, 임차주택에 대해서는 보증금액의 30%를 기준으로 하므로 재산 점수는 12,000×0.3=3,600만 원을 기준으로 8등급인 195점이다. 자동차는 사용 연수가 9년 이상인 경우 점수 부과에 제외되므로 최초 등록일부터 9년 3개월 사용한 A 씨의 자동차에 대해 부과되는 점수는 없다.

따라서 A 씨의 총 보험료 부과점수는 637+195=832점이므로 A 씨가 납부하여야 할 건강보험료는 832×189.7≒157,830원이다.

---

10 자료 분석 및 추이 파악 정답 ②

정답 체크

ㄱ. 정당별 지방의회 의석점유율(%)= $\frac{정당별\ 지방의회\ 의석수}{지방의회\ 의석수}$ ×100임을 적용하여 구한다. <표>에서 정당 D의 전국 지방의회 의석점유율은 2010년이 (39/616)×100≒6.3%, 2014년이 (61/669)×100≒9.1%로 2014년이 2010년보다 높으므로 옳은 설명이다.

ㄹ. <그림>에서 2010년 수도권 지방의회 의석수는 37+159+11+2=209석이고, 2014년 수도권 지방의회 의석수는 63+166+4+5=238석이다. 따라서 정당 B의 수도권 지방의회 의석점유율은 2010년이 (159/209)×100≒76.1%이고, 2014년이 (166/238)×100≒69.7%로 2014년이 2010년보다 낮으므로 옳은 설명이다.

ㄴ. <표>에서 정당 C의 전국 지방의회 의석수는 2010년 82석에서 2014년 38석으로 감소하였으므로 옳지 않은 설명이다.

ㄷ. 전국 지방의회 의석수=수도권 지방의회 의석수+비수도권 지방의회 의석수임을 적용하여 구한다. <표>와 <그림>에 따라 2014년 정당 A의 비수도권 지방의회 의석수는 252−63=189석이고, 정당 B의 비수도권 지방의회 의석수는 318−166=152석으로 정당 B가 정당 A보다 적으므로 옳지 않은 설명이다.

⏱ 빠른 문제 풀이 Tip

ㄱ, ㄹ. 정확한 값을 도출하는 것이 아니라 의석점유율을 대소 비교하는 것이므로 계산하지 않고 분수 형태의 식에서 바로 대소를 비교하여 문제를 빠르게 풀이한다.

11 자료 분석 및 증가율 계산   정답 ④

'학원교육비'의 전년 대비 증가율은 2008년이 {(170,094−146,129)/146,129}×100≒16.4%, 2009년이 {(177,186−170,094)/170,094}×100≒4.2%로 2009년 증가율이 더 작으므로 옳은 설명이다.

① '전체 교육비'의 전년 대비 증가율은 2007년이 {(240,662−222,342)/222,342}×100≒8.2%, 2008년이 {(271,122−240,662)/240,662}×100≒12.7%, 2009년이 {(289,818−271,122)/271,122}×100≒6.9%, 2010년이 {(296,802−289,818)/289,818}×100≒2.4%로 2009년부터 전년 대비 매년 감소하므로 옳지 않은 설명이다.

② '전체 교육비'에서 '기타 교육비'가 차지하는 비중은 2006년이 (7,203/222,342)×100≒3.2%, 2007년이 (9,031/240,662)×100≒3.8%, 2008년이 (9,960/271,122)×100≒3.7%, 2009년이 (10,839/289,818)×100≒3.7%, 2010년이 (13,574/296,802)×100≒4.6%로 2010년이 가장 크므로 옳지 않은 설명이다.

③ 2008~2010년 동안 '중등교육비'는 2010년에 22,880원에서 22,627원으로 전년 대비 감소하고, '고등교육비'는 2008년에 52,060원에서 52,003원으로 전년 대비 감소하였으므로 옳지 않은 설명이다.

⑤ 2008년 '고등교육비'는 '정규교육비'의 (52,003/91,068)×100≒57.1%로 60% 미만이므로 옳지 않은 설명이다.

⏱ 빠른 문제 풀이 Tip

증감률(%)=$\dfrac{\text{기준 연도 대비 비교 연도 A의 변화량}}{\text{기준 연도 A}}$×100임을 적용하여 직접 비율을 계산하지 않고 대소 비교를 할 수 있다.

① '전체 교육비'는 전년대비 변화량이 가장 적고 기준 연도 수치가 가장 큰 2010년에 전년대비 증가율이 가장 작으므로 증가율이 매년 상승하지 않았음을 알 수 있다.

④ '학원교육비'는 2008년이 2009년보다 전년대비 변화량이 더 크고 기준 연도의 수치가 더 작으므로 2008년 증가율이 더 큼을 알 수 있다.

12 자료 분석 및 단순 연산   정답 ③

· 제조원가=고정원가+변동원가임을 이용하여 각주로 제시된 식을 정리하면 변동원가율+고정원가율=100임을 알 수 있다. <표>에 주어진 변동원가율을 이용하여 제품 A~E의 고정원가율을 구하면 A는 60%, B는 40%, C는 60%, D는 80%, E는 50%이다.

· 각주 2)를 변형하면 제조원가=$\dfrac{\text{고정원가}}{\text{고정원가율}}$×100이므로 앞서 구한 고정원가율과 <표>에 주어진 고정원가를 대입하여 제조원가를 계산하고, 각주 4)를 변형하면 매출액=$\dfrac{\text{제조원가}}{\text{제조원가율}}$×100이므로 앞서 구한 제조원가와 <표>에 주어진 제조원가율을 대입하여 매출액을 계산한다. 이를 표로 나타내면 다음과 같다.

구분 제품	고정원가율 (%)	제조원가 (원)	매출액 (원)
A	60	(60,000/60)×100 =100,000	(100,000/25)×100 =400,000
B	40	(36,000/40)×100 =90,000	(90,000/30)×100 =300,000
C	60	(33,000/60)×100 =55,000	(55,000/30)×100 ≒183,333
D	80	(50,000/80)×100 =62,500	(62,500/10)×100 =625,000
E	50	(10,000/50)×100 =20,000	(20,000/10)×100 =200,000

따라서 매출액이 가장 작은 제품은 C이다.

13 자료 분석 및 단순 연산

정답 체크

ㄱ. 전체 급속충전기 수 대비 '다중이용시설' 급속충전기 수의
비율은 2019년이 (2,606/5,390)×100≒48.3%, 2020
년이 (5,438/9,988)×100≒54.4%, 2021년이 (8,858/
15,003)×100≒59.0%로 매년 증가했으므로 옳은 설명이다.

ㄷ. '주유소'의 2021년 급속충전기 수는 8,858−(2,701+
2,099+1,646+604+227+378+152)=1,051대이
다. '기타'를 제외하고, 2019년 대비 2021년 급속충전기
수의 증가율은 '주유소'가 {(1,051−125)/125}×100=
740.8%로 가장 크므로 옳은 설명이다.

오답 체크

ㄴ. 2019~2021년 '공공시설' 급속충전기 수는 2019년이 1,595
대, 2020년이 4,550−(898+303+102+499)=2,748
대, 2021년이 6,145−(1,275+375+221+522)=
3,752대이다. 2021년 '주차전용시설'과 '쇼핑몰' 급속충전
기 수의 합은 1,275+2,701=3,976대로, 2021년 '공공시
설' 급속충전기 수보다 많으므로 옳지 않은 설명이다.

ㄹ. 2019~2021년 '휴게소'의 급속충전기 수는 2019년이
2,606−(807+125+757+272+79+64+27)=475
대, 2020년이 5,438−(1,701+496+1,152+498+
146+198+98)=1,149대, 2021년이 2,099대로, '문화
시설'의 급속충전기 수보다 매년 많은 것은 아니므로 옳지
않은 설명이다.

⏱ 빠른 문제 풀이 Tip

ㄷ. 증가율이 아닌 배수를 비교하면 빠르게 확인할 수 있다. 2019년
대비 2021년 '주유소'의 급속충전기 수는 8배 이상이지만, 나머
지 장소의 2021년 급속충전기 수가 2019년의 8배 이상인 경우
는 없으므로 '주유소'의 증가율이 가장 크다.

14 자료 분석 및 비율 계산

정답 체크

ㄱ. 2011년 대비 2012년의 사교육비 총액 규모는 중학교와 고
등학교는 소폭 증가하였지만, 초등학교는 90,461억 원 →
77,554억 원으로 대폭 감소하면서 감소하였다.
따라서 초등학생의 사교육비 감소를 전체 사교육비 총액 규
모 감소의 이유로 볼 수 있으므로 옳은 설명이다.

오답 체크

ㄴ. 2012년의 전년 대비 사교육비 전체 총액 규모 감소율은
(190,395−201,266)/201,266×100≒−5.4%로 전체
학생 수 감소율인 (6,721−6,987)/6,987×100≒−3.8%
보다 높으므로 옳지 않은 설명이다.

ㄷ. 초등학생 수의 전년 대비 감소율은 2009년 (3,474−
3,672)/3,672×100≒−5.4%, 2010년 (3,299−3,474)/
3,474×100≒−5.0%, 2011년 (3,132−3,299)/3,299
×100≒−5.1%, 2012년 (2,952−3,132)/3,132×100
≒−5.7%로 매년 5% 이상이지만 가장 큰 해는 2012년이므
로 옳지 않은 설명이다.

ㄹ. 사교육에 참가한 모든 학생의 수는 2012년 6,721×
0.694=4,664,374명으로 2009년 7,447×0.750=
5,585,250명 대비 5,585,250−4,664,374=920,876명
감소하여 100만 명 미만 감소하였으므로 옳지 않은 설명이다.

15 자료 분석 및 단순 연산

정답 체크

ㄱ. 만 1세 초과 만 2세 이하 원아는 총 162−42=120명이고,
그중 이든샘 원아는 49−9=40명이다.
따라서 40/120×100≒33.3%로 33% 이상이므로 옳은 설
명이다.

ㄷ. 어린이집별 정원 대비 현재 원아 수의 비율을 살펴보면 예
그리나 (176+62)/239×100≒99.6%, 이든샘 (176+
39)/215×100=100%, 아이온 (117+33)/160×100≒
93.8%, 윤빛 (141+40)/186×100≒97.3%, 올고운 (146
+56)/210×100≒96.2%이다.
따라서 정원 대비 현재 원아 수의 비율이 가장 낮은 어린이집
은 아이온이므로 옳은 설명이다.

ㄹ. 현재 윤빛의 만 3세 초과 만 4세 이하 원아의 수는 101−
50=51명이다. 만 3세 초과 만 4세 이하의 보육교사 1인당
최대 보육 가능 원아 수는 15명이므로, 현재 윤빛의 만 3세
초과 만 4세 이하의 보육교사는 51/15≒4명이다. 4명이 최
대로 보육할 수 있는 원아는 15×4=60명이므로 윤빛은 보
육교사를 추가로 고용하지 않고도 만 3세 초과 만 4세 이하
인 원아를 9명까지 충원할 수 있다. 하지만 전체 원아 수가
정원을 초과할 수 없어 최대 5명의 원아를 충원할 수 있으므
로 옳은 설명이다.

ㄴ. 올고운의 원아 수와 보육교사 1인당 최대 보육 가능 원아 수를 표로 나타내면 아래와 같다. 보육교사 수는 (원아 수/보육교사 1인당 최대 보육 가능 원아 수)를 통해 구할 수 있으며, 보육교사 1인은 1개의 연령대만을 보육한다고 했으므로 소수점은 모두 올림 하여 보육교사 수를 구할 수 있다.

구분		만 1세 이하	만 1세 초과 만 2세 이하	만 2세 초과 만 3세 이하	만 3세 초과 만 4세 이하	만 4세 초과
A	원아 수	6	20	28	50	98
B	보육교사 1인당 최대 보육 가능 원아 수	3	5	7	15	20
	A/B	2.0	4.0	4.0	3.3	4.9
	보육 교사 수	2	4	4	4	5

따라서 총 보육교사의 수는 2+4+4+4+5=19명이므로 옳지 않은 설명이다.

16 자료 분석 및 비중 파악　　　　정답 ②

정답 체크

ㄱ. <표>에서 2014년 A 국 공적개발원조 수원액 상위 10개국의 수원액 합은 738백만 달러로 전체 공적개발조액의 40%인 1,914.3×0.4≒765.7백만 달러 이하이므로 옳은 설명이다.

ㄹ. <표>에서 수원액 상위 10개국을 제외한 국가들의 수원액의 합은 1,914.3−738=1,176.3백만 달러로 베트남 수원액의 5배인 215×5=1,075백만 달러 이상이므로 옳은 설명이다.

오답 체크

ㄴ. <그림>에 따르면 '사하라 이남 아프리카'에 대한 공적개발원조액은 1,914.3×0.2≒382.9백만 달러로 수원액 상위 10개국의 합인 738백만 달러보다 작으므로 옳지 않은 설명이다.

ㄷ. <그림>에서 '오세아니아·기타 아시아'에 대한 공적개발원조액은 전체 공적개발원조액의 32.4%로 '사하라 이남 아프리카', '북아프리카', '중남미'에 대한 공적개발원조액의 합인 전체 공적개발원조액의 20.0+5.4+7.5=32.9%보다 작으므로 옳지 않은 설명이다.

17 자료 분석 및 단순 연산　　　　정답 ①

정답 체크

기존인력 대비 신규필요인력의 비율은 전남이 505/35≒14.4명으로 가장 높으므로 옳지 않은 설명이다.

오답 체크

② 치매안심센터인력 중 기존인력이 신규필요인력보다 많은 곳은 서울, 인천, 세종뿐이므로 옳은 설명이다.

③ 치매안심센터 전체의 1/4은 252/4=63개소이고, 서울과 경기 지역의 치매안심센터는 25+42=67개소이므로 옳은 설명이다.

④ 치매안심센터인력=기존인력+신규필요인력임을 적용하여 구한다. 치매안심센터인력 1명당 치매환자 수는 서울이 115,835/(281+0)≒412명으로 가장 많으므로 옳은 설명이다.

⑤ 치매안심센터인력 1명당 치매환자 수는 서울이 약 412명이고, 울산이 8,652/(25+65)≒96명이다. 서울의 치매안심센터인력 1명당 치매환자 수는 울산의 4배인 96×4≒384명 이상이므로 옳은 설명이다.

⏱️ 빠른 문제 풀이 Tip

① 모든 지역의 비율을 계산하지 않고 제주의 비율을 먼저 파악한 후, 제주보다 비율이 높은 지역이 있는지 확인하여 문제를 빠르게 풀이한다. 제주의 비율이 대략 13 이상이므로 신규필요인력이 기존인력의 10배 이상인 지역을 중심으로 확인한다.

18 자료 분석 및 단순 연산　　　　정답 ⑤

정답 체크

ㄷ. GDP 대비 제조업 생산액 비중은 (GDP 대비 식품산업 생산액 비중/제조업 생산액 대비 식품산업 생산액 비중)×100이다. GDP 대비 제조업 생산액 비중은 2007년이 (3.40/13.89)×100≒24.5%, 2012년이 (3.42/12.22)×100≒28.0%로 2012년이 더 크므로 옳은 설명이다.

ㄹ. GDP는 (식품산업 생산액/GDP 대비 식품산업 생산액 비중)×100이다. 2008년 '갑'국 GDP는 (36,650/3.57)×100≒1,026,610.6십억 원≒1,026조 원이므로 옳은 설명이다.

ㄱ. 제조업 생산액은 (식품산업 생산액/제조업 생산액 대비 식품산업 생산액 비중)×1000이다. 2001년 제조업 생산액은 (27,685/17.98)×100≒153,976.6십억 원이고, 2012년 제조업 생산액은 (43,478/12.22)×100≒355,793.8십억 원이다. 2012년 제조업 생산액은 2001년 제조업 생산액의 355,793.8/153,976.6≒2.3배로 4배 이하이므로 옳지 않은 설명이다.

ㄴ. 2005년 이후 식품산업 매출액의 전년 대비 증가율은 2011년에 {(44,448−38,791)/38,791}×100≒14.6%로 가장 크므로 옳지 않은 설명이다.

🕐 빠른 문제 풀이 Tip

ㄴ. 2009년과 2011년의 식품산업 매출액이 거의 같은 것을 이용하여 2005년 이후 식품산업 매출액의 전년 대비 증가율을 비교해볼 수 있다. 2009년과 2011년 식품산업 매출액은 비슷한 반면 전년도 매출액은 2008년보다 2010년이 더 적어 2011년 식품산업 매출액의 증가량이 더 크므로 전년 대비 증가율도 2011년이 더 크다.

19 자료 분석 및 비율 계산 정답 ③

정답 체크

ㄴ. 2017년 소년 범죄율은 소년 인구 10만 명당 1,172명이다. 1,172명의 6%는 약 70명이므로 소년 범죄율이 1,172명에서 70명 이상 증가한 연도는 2019년과 2020년이다. 각주에 따라 소년 범죄자 비율은 2019년에 $\frac{61,162}{61,162+920,760}$ ×100≒6.2%이고, 2020년에 6.2%로 모두 6.0% 이상이므로 옳은 설명이다.

ㄷ. 2020년 소년 범죄 발생지수는 $\frac{1,249}{1,172}$×100≒106.6%이고, 성인 범죄 발생지수는 $\frac{2,060}{2,245}$×100≒91.8%이다. 따라서 소년 범죄 발생지수와 성인 범죄 발생지수 모두 2021년이 2020년보다 작으므로 옳은 설명이다.

오답 체크

ㄱ. 소년 인구=$\frac{소년 범죄자 수}{소년 범죄율}$로 구할 수 있다. 자료의 소년 범죄율은 소년 인구 10만 명당 소년 범죄자 수를 의미하므로 소년 인구는 2017년에 $\frac{63,145}{1,172}$×10만 명≒539만 명에서 2021년에 $\frac{54,205}{1,201}$×10만 명≒451만 명으로 감소하였으

며, 소년 범죄자 수도 2017년에 63,145명에서 2021년에 54,205명으로 감소한 것을 알 수 있다. 따라서 2017년 대비 2021년 소년 인구는 감소하였으므로 옳지 않은 설명이다.

ㄹ. 소년 범죄 발생지수가 전년 대비 증가한 연도는 범죄율이 증가한 연도와 동일하므로 2019년과 2020년이다. 그러나 소년 범죄자 수는 2020년에 전년 대비 감소하였으므로 옳지 않은 설명이다.

🕐 빠른 문제 풀이 Tip

ㄱ. 소년 인구는 계산하지 않아도 2017년 $\frac{63,145}{1,172}$와 2021년 $\frac{54,205}{1,201}$의 분수에서 2017년이 분자는 더 크고 분모는 더 작으므로 2017년이 2021년보다 큰 것을 알 수 있다.

20 자료 분석 및 매칭 정답 ⑤

정답 체크

· 각 지역별 인구수＝행정동 평균 인구×행정동 수로 구할 수 있다. 각 지역별 인구수는 A 지역 9,175×16＝146,800명, B 지역 7,550×19＝143,450명, C 지역 16,302×14＝228,228명, D 지역 14,230×11＝156,530명으로 첫 번째 <조건>에 의해 '행복'과 '건강'은 A 또는 B 지역이다.

· 두 번째 <조건>에서 주거 면적당 인구가 가장 많은 지역인 '사랑'은 C 또는 D 지역이다. 주거 면적당 인구는 C 지역이 $\frac{228,228}{27×0.4}$≒21,132명/km²이고, D 지역이 $\frac{156,530}{21.5×0.3}$ ≒24,268명/km²이므로 '사랑'은 D 지역이고, 이에 따라 '우정'은 C 지역이 된다.

· 네 번째 <조건>에서 법정동 평균 인구는 $\frac{각 지역별 인구수}{법정동 수}$로 구할 수 있다. 법정동 평균 인구는 '우정' 즉, C 지역이 $\frac{228,228}{13}$＝17,556명이고, A 지역 $\frac{146,800}{30}$≒4,893명, B 지역 $\frac{143,450}{19}$＝7,550명이므로 '행복'은 A 지역이고, 이에 따라 '건강'은 B 지역이 된다.

🕐 빠른 문제 풀이 Tip

마지막 <조건> 풀이 시 A와 B 지역의 전체 인구수는 비슷하지만 법정동 수가 A 지역이 더 많으므로 A 지역의 법정동 평균 인구가 더 적은 것을 예상할 수 있다. 따라서 계산을 하지 않아도 <조건>의 해석에 의해 더 적은 수인 A 지역이 '행복'이라는 것을 유추할 수 있다.

21 자료 분석 및 비교　　　　정답 ⑤

정답 체크

금연계획률(%)=단기 금연계획률+장기 금연계획률임을 적용하여 구한다. <표 3>에서 2011년의 장기 금연계획률은 56.3-20.2=36.1%로 2008년의 단기 금연계획률의 두 배인 (56.9-39.2)×2=35.4% 이상이므로 옳은 설명이다.

오답 체크

① <표 1>에서 2012년 남성 흡연율은 여성 흡연율의 43.7/7.9≒5.5배로 6배 미만이므로 옳지 않은 설명이다.

② <표 2>에서 2012년 남성 흡연율은 소득수준 '최상'이 '상'보다 높으므로 옳지 않은 설명이다.

③ 소득수준별 여성 흡연율이 제시되지 않았으므로 매년 소득수준이 높을수록 여성 흡연자 수가 적은지는 알 수 없다.

④ <표 3>에서 금연계획률은 2009년이 18.2+39.2=57.4%이고, 2010년이 20.8+32.7=53.5%이다. 2008~2010년 동안 금연계획률은 2009년에 56.9%에서 57.4%로 전년 대비 증가하므로 옳지 않은 설명이다.

⏱ 빠른 문제 풀이 Tip

각주에 제시된 식을 이용하여 간단한 계산으로 <표 3>의 빈칸을 채울 수 있으므로 빈칸을 먼저 채운 후 문제를 풀이한다.

22 자료 분석 및 증가율 계산　　　　정답 ⑤

정답 체크

2011~2015년 군 장병 1인당 1일 급식비의 평균은 (5,820+6,155+6,432+6,848+6,984)/5=6,447.8원으로 2013년 군 장병 1인당 1일 급식비인 6,432원보다 크므로 옳지 않은 설명이다.

오답 체크

① 2012년 이후 군 장병 1인당 1일 급식비의 전년 대비 증가율은 2012년이 {(6,155-5,820)/5,820}×100≒5.8%, 2013년이 {(6,432-6,155)/6,155}×100≒4.5%, 2014년이 {(6,848-6,432)/6,432}×100≒6.5%, 2015년이 {(6,984-6,848)/6,848}×100≒2.0%로 2014년에 가장 크므로 옳은 설명이다.

② 2012년의 조리원 충원인원 1,924명이 목표 충원인원의 88%라고 할 때, 2012년의 조리원 목표 충원인원은 1,924/0.88≒2,186명으로 2,100명보다 많으므로 옳은 설명이다.

③ 2012년 이후 조리원 충원인원의 전년 대비 증가율은 2012년이 {(1,924-1,767)/1,767}×100≒8.9%, 2013년이 {(2,024-1,924)/1,924}×100≒5.2%, 2014년이 {(2,123-2,024)/2,024}×100≒4.9%, 2015년이 {(2,195-2,123)/2,123}×100≒3.4%로 매년 감소하므로 옳은 설명이다.

④ 전년 대비 물가상승률이 매년 5%이므로 2011년 물가를 A라고 하면 2015년 물가는 A×(1+0.05)⁴≒1.22A이고, 2011년 대비 2015년 물가상승률은 {(1.22A-A)/A}×100≒22.0%이다. 2011년 대비 2015년의 군 장병 1인당 1일 급식비의 증가율은 {(6,984-5,820)/5,820}×100=20.0%로 2011년 대비 2015년의 물가상승률보다 낮으므로 옳은 설명이다.

⏱ 빠른 문제 풀이 Tip

② 2012년의 조리원 목표 충원인원을 구하는 것보다 선택지에 제시된 수치의 88%와 2012년 조리원 충원인원을 비교하는 것이 더 수월하다. 제시된 수치의 88%인 2,100×0.88=1,848이 2012년 조리원 충원인원인 1,924보다 적으므로 2012년의 조리원 목표 충원인원은 2,100명보다 많음을 알 수 있다.

③ 2012년 이후 조리원 충원인원의 전년 대비 증가량이 매년 감소하므로 증가율도 매년 감소함을 알 수 있다.

23 자료 분석 및 비율 계산　　　　정답 ④

정답 체크

ㄱ. 변경 주기가 1년 이하인 남성의 비율은 70.5-28.0=42.5%이므로 응답자 수는 2,059×0.425≒875명이다. 변경 주기가 1년 이하인 여성의 비율은 69.5-34.0=35.5%이므로 응답자 수는 1,941×0.355≒689명이다. 따라서 변경 주기가 1년 이하인 응답자 수는 남성이 여성보다 많으므로 옳은 설명이다.

ㄴ. 각주에 전체 대상자 중 무응답자는 12명이라고 제시되어 있다. 사무직의 무응답자 비율은 100-(72.7+26.7)=0.6%이므로 사무직의 무응답자 수는 1,321×0.006≒8명이다. 남성의 무응답자 비율은 100-(70.5+29.1)=0.4%이므로 남성의 무응답자 수는 2,059×0.004≒8명이다. 무응답자 12명 중 사무직이 아닌 사람은 4명이고, 이때 '사무직, 남성'의 최소한의 인원수를 구하려면 사무직이 아닌 4명이 모두 남성이라는 가정이 필요하다. 따라서 전체 무응답자 중 '사무직, 남성'의 최소한 인원수는 무응답자 남성 8명 중 사무직이 아닌 4명을 뺀 나머지 4명임에 따라 2명 이상이므로 옳은 설명이다.

ㄷ. 20대 응답자 중 변경 주기가 6개월 이하인 비율은 9.5+
8.7=18.2%이고, 40대 응답자 중 변경 주기가 6개월 이
하인 비율은 10.1+6.4=16.5%이다. 따라서 변경 주기가
6개월 이하인 20대 응답자의 비율이 40대 응답자의 비율보
다 높으므로 옳은 설명이다.

오답 체크

ㄹ. 변경 주기가 1년 초과인 응답자 수는 학생이 611×0.275≒
168명이고, 전업주부는 506×0.364≒184명이다. 따라서
변경 주기가 1년 초과인 응답자 수는 학생이 전업주부보다
적으므로 옳지 않은 설명이다.

🕐 빠른 문제 풀이 **Tip**

ㄱ. 남성의 응답자 수가 여성보다 많고, 변경 주기 1년 이하의 모든
비율 역시 남성이 여성보다 높으므로 계산하지 않아도 변경 주
기가 1년 이하인 남성의 응답자 수가 여성보다 더 많다는 것을
알 수 있다.

24 자료 분석 및 단순 연산   정답 ①

정답 체크

2015~2020년 환경 분야 재정지출 비중은 2018년을 제외하고
는 모두 2.4%로 동일하지만, 전체 재정지출은 2016년 527,335
백만 달러에서 2017년 522,381백만 달러로 감소하였다. 따라
서 환경 분야 재정지출 금액도 2016년보다 2017년도에 감소했
다는 것을 알 수 있으므로 옳지 않은 설명이다.

오답 체크

② 2020년 교육 분야 재정지출 금액은 614,130×0.161≒
98,875백만 달러이고, 2013년 안전 분야 재정지출 금액은
487,215×0.036≒17,540백만 달러이다. 따라서 2020년
교육 분야 재정지출 금액은 2013년 안전 분야 재정지출 금액
의 $\frac{98,875}{17,540}$≒5.6배이므로 옳은 설명이다.

③ <표 1>의 전체 재정지출과 GDP 대비 비율을 통해 각 연
도의 GDP를 구할 수 있다. 2013년 GDP는 $\frac{487,215}{0.349}$≒
1,396,032백만 달러이고, 2020년 GDP는 $\frac{614,130}{0.323}$≒
1,901,331백만 달러이다. 따라서 2013년 대비 2020년
GDP 증가율은 $\frac{1,901,331-1,396,032}{1,396,032}$×100≒36.2%이
므로 옳은 설명이다.

④ GDP=$\frac{\text{전체 재정지출}}{\text{GDP 대비 비율}}$이고, GDP 대비 보건 분야 재정지
출 비율=$\frac{\text{전체 재정지출}×\text{보건 분야 비중}}{\text{GDP}}$이다. 분모의 GDP
에 식을 대입하여 정리하면 $\frac{\frac{\text{전체 재정지출}×\text{보건 분야 비중}}{\text{전체 재정지출}}}{\frac{\text{GDP 대비 비율}}{}}$이
므로 'GDP 대비 보건 분야 재정지출 비율=보건 분야 비중
×GDP 대비 비율'이다. <표 1>과 <표 2>에서 전체적으로
2016년 이후 GDP 대비 비율과 보건 분야 비중이 증가하고
있으므로 2016년 이후 GDP 대비 보건 분야 재정지출 비
율 역시 증가한다고 볼 수 있으며, GDP 대비 비율이 감소한
2017년만 전년도와 비교해보면, 2016년 11.4×32.7≒373
이고, 2017년 12.2×31.8≒388로 역시 증가하였다. 또한,
GDP 대비 비율이 동일한 2019년과 2020년에 보건 분야의
비중은 12.8%에서 13.2%로 증가했으므로 GDP 대비 보건
분야 재정지출 비율도 증가했다는 것을 알 수 있다. 따라서 옳
은 설명이다.

⑤ <표 2>에서 5대 분야 재정지출 비중의 합은 매년 35% 이상
인 것을 확인할 수 있으므로 옳은 설명이다.

🕐 빠른 문제 풀이 **Tip**

② 2020년 전체 재정지출이 2013년보다 많고, 2020년 교육 분야 비
중이 16.1%로 2013년 안전 분야 비중인 3.6%보다 4배 이상 많
으므로 계산하지 않아도 계산 결과는 4배 이상이 된다는 것을 알
수 있다.

25 자료 분석 및 단순 연산   정답 ②

정답 체크

전체 팔로워 25,000명 중 34세 이하 팔로워의 비중은 32+
29=61%이므로 34세 이하 팔로워는 25,000×0.61=
15,250명이다. 서울 이외 지역에 거주하는 팔로워는 25,000-
13,226=11,774명이므로 서울 이외 지역에 거주하는 팔로
워가 모두 34세 이하라는 가정을 하더라도 최소한 15,250-
11,774=3,476명은 서울에 거주하는 34세 이하 팔로워이므로
옳은 설명이다.

오답 체크

① 34세 이하 팔로워의 비중은 32+29=61%이고, 45세 이상
팔로워의 비중은 12+7+2=21%로 3배 미만이므로 옳지
않은 설명이다.

③ 서울에 거주하는 팔로워는 13,226명이고, 서울 이외 지역에
거주하는 팔로워는 25,000-13,226=11,774명으로 서울
에 거주하는 팔로워가 더 많으므로 옳지 않은 설명이다.

④ 팔로워 25,000명 중 10% 이상이 기타 지역에 거주한다면 기타 지역에 최소 2,500명이 거주하고, 이에 따라 울산에 거주하는 팔로워는 최대 $25,000-(13,226+2,147+1,989+1,839+1,171+1,341+2,500)=787$명이므로 옳지 않은 설명이다.

⑤ 기타 지역을 제외한 다른 지역의 팔로워가 각각 100명씩 증가하면 전체 팔로워는 25,700명이 된다. 따라서 전체 팔로워에서 광주에 거주하는 팔로워가 차지하는 비중은 $\frac{1,271}{25,700}\times100≒4.9$%로 5% 미만이므로 옳지 않은 설명이다.

⏱ **빠른 문제 풀이 Tip**

⑤ 25,700의 5%를 먼저 구하여 판단한다. 25,700의 10%는 2,570이고, 10%의 절반인 5%는 1,285인데 광주의 팔로워는 1,271이므로 5% 미만인 것을 알 수 있다.

26 자료 분석 및 비율 계산 정답 ③

정답 체크

ㄴ. 기술인력 비중이 50% 이상인 산업은 기술인력 현원이 총산업인력의 50%(절반) 이상이 되는 산업이므로, 기계, 디스플레이, 반도체, 조선, 철강, 소프트웨어로 6개이다. 따라서 옳은 설명이다.

ㄷ. 소프트웨어 산업의 기술인력 부족률은 $\frac{6,205}{139,454+6,250}$≒4.3%로 5% 미만이다. 따라서 옳은 설명이다.

오답 체크

ㄱ. 디스플레이 산업의 기술인력 비중은 $\frac{50,100}{61,855}\times100≒81.0$%로 80% 이상이다. 따라서 옳지 않은 설명이다.

ㄹ. 기술인력 부족률을 구해보면

기계: $\frac{4,097}{153,681+4,097}\times100≒2.6$%

디스플레이: $\frac{256}{50,100+256}\times100≒0.5$%

바이오: $\frac{1,061}{31,572+1,061}\times100≒3.3$%

조선: $\frac{651}{60,301+651}\times100≒1.1$%

소프트웨어: $\frac{6,205}{139,454+6,205}\times100≒4.3$%

IT 비즈니스: $\frac{405}{23,120+405}\times100≒1.7$%이다.

따라서 기술인력 부족률이 가장 낮은 산업은 '디스플레이'이고, 두 번째로 낮은 산업은 '조선'이므로 옳지 않은 설명이다.

⏱ **빠른 문제 풀이 Tip**

ㄹ. <표>에 제시된 산업 중 부족률이 가장 낮은 '반도체'를 기준으로 '기술인력 부족인원'이 '기술인력 현원' 대비 적은 산업들을 선별하도록 한다.

$\frac{기술인력\ 현원}{기술인력\ 부족인원}$으로 비율을 대략 구해보면,

반도체가 $\frac{92,873}{1,528}$≒61배인 반면, 디스플레이는 $\frac{50,100}{256}$≒196배, 조선은 $\frac{60,301}{651}$≒93배로 디스플레이와 조선의 '기술인력 현원'이 '기술인력 부족인원'보다 더 큰 비율로 높으므로 상대적으로 두 산업의 '기술인력 부족인원'이 그만큼 적은 비율을 차지한다는 것을 알 수 있다.

27 자료 분석 및 단순 연산 정답 ②

정답 체크

ㄱ. 당해 연도 전년이월 건수＝전년도 처리대상 건수－전년도 처리 건수와 처리율(%)＝$\frac{처리\ 건수}{처리대상\ 건수}\times100$임을 적용하여 구한다. 2013년의 전년이월 건수는 $8,278-6,444=1,834$건이고, 2013년 처리대상 건수는 $1,834+7,883=9,717$건이다. 따라서 처리대상 건수가 8,226건으로 가장 적은 2016년의 처리율은 $(6,628/8,226)\times100≒80.6$%이므로 옳은 설명이다.

ㄹ. 인용률(%)＝$\frac{인용\ 건수}{각하\ 건수+기각\ 건수+인용\ 건수}\times100$임을 적용하여 구한다. 인용률은 2012년이 {1,767/(346+4,214+1,767)}×100≒27.9%, 2014년이 {1,440/(482+6,200+1,440)}×100≒17.7%로 2012년이 2014년보다 높으므로 옳은 설명이다.

오답 체크

ㄴ. 2015년 취하 건수는 163건에서 222건으로 전년 대비 증가하였고, 기각 건수는 6,200건에서 5,579건으로 전년 대비 감소하여 증감방향이 동일하지 않으므로 옳지 않은 설명이다.

ㄷ. 2013년 처리율은 $(7,314/9,717)\times100≒75.3$%로 80% 미만이므로 옳지 않은 설명이다.

⏱ **빠른 문제 풀이 Tip**

ㄱ, ㄷ. '이상, 이하, 미만, 초과' 등을 파악하는 경우에는 정확한 수치를 계산하지 않고 근삿값으로 확인한다. 또한, 75%는 3/4로, 80%는 4/5로 변환하여 크기를 비교할 수 있다.

28 자료 분석 및 단순 연산　　　정답 ⑤

정답 체크

어머니가 인도 출신이지만 아버지는 인도 출신이 아닌 사람들은 36+23+4+17+2+115=197명이고, 이 중 아버지의 출신지가 미국 본신토인 경우는 (23/197)×100≒11.7%이므로 옳은 설명이다.

오답 체크

① 아버지의 출신지가 기타인 경우는 372+109+10+1+115+14+1,688=2,309명이므로 옳지 않은 설명이다.

② 중국 출신 어머니와 하와이 출신 아버지 사이에서 태어난 경우는 50명이고, 하와이 출신 어머니와 중국 출신 아버지 사이에서 태어난 경우는 553명이므로 옳지 않은 설명이다.

③ 아버지가 일본 출신인 사람들의 수는 85+15,849+4+4=15,942명, 어머니가 일본 출신인 사람들의 수는 1+15,849+2+1+10=15,863명, 아버지와 어머니가 모두 일본 출신인 사람들의 수는 15,849명이다. 따라서 아버지 또는 어머니가 일본 출신인 사람들의 수는 15,942+15,863−15,849=15,956명이므로 옳지 않은 설명이다.

④ 어머니가 미국 본토 출신인 경우는 30+820+9+18+109=986명이고, 아버지가 미국 본토 출신인 경우는 311+820+6+4+23+53=1,217명이다. 따라서 출신지가 미국 본토인 경우는 아버지가 어머니보다 많으므로 옳지 않은 설명이다.

⏱ 빠른 문제 풀이 Tip
③ 아버지와 어머니가 모두 일본 출신인 경우를 주의하여 계산한다.

29 자료 분석 및 증가율 계산　　　정답 ③

정답 체크

ㄴ. 45~59세 남자와 여자의 등록외국인 수 차이는 136,521−133,608=2,913명이다. 14세 이하 남자와 여자의 등록외국인 수 차이는 31,221−29,983=1,238명, 60~74세 남자와 여자의 등록외국인 수 차이는 21,921−20,934=987명이다. 2,913명은 1,238+987=2,225명보다 크므로 옳은 설명이다.

ㄷ. 2016년 여자 등록외국인 수는 $\frac{500,336}{1.05}$≒476,510명, 2016년 남자 등록외국인 수는 $\frac{671,426}{1.02}$≒658,261명이다. 2016년 전체 등록외국인 수는 476,510+658,261=1,134,771명이므로 2017년 전체 등록외국인 수의 전년 대비 증가율

은 $\frac{1,171,726-1,134,771}{1,134,771}$×100≒3.26%이다. 따라서 옳은 설명이다.

오답 체크

ㄱ. 29세 이하 등록외국인 수는 29,983+31,221+161,219+218,427=440,850명이다. 전체 등록 외국인의 50%는 1,171,762×0.5=585,881명으로 29세 이하 등록 외국인 수는 전체 등록 외국인 수의 50% 이하이므로 옳지 않은 설명이다.

ㄹ. 각 연령별 전년도 등록외국인 수 정보는 제시되어 있지 않기 때문에 알 수 없으므로 옳지 않은 설명이다.

⏱ 빠른 문제 풀이 Tip
ㄷ. 어림산과 가중평균으로 예상할 수 있다.
2017년 여자 등록외국인 수를 대략 500으로 설정하고 전년 대비 증가율이 5%이므로 2016년 여자 등록외국인 수는 약 $\frac{500}{1.05}$≒476, 2017년 남자 등록외국인 수를 대략 671로 설정하고 전년 대비 증가율이 2%이므로 2016년 남자 등록외국인 수는 약 $\frac{671}{1.02}$≒658이다.
여자가 476, 남자가 658이므로 여자와 남자 인원수의 가중치는 약 480:660≒8:11 정도로 정리해볼 수 있다.
이를 활용하여 전체 인원수의 증가율을 가중평균으로 구해보면, $\frac{5\%×8+2\%×11}{19}$≒3.26%가 된다.

30 자료 분석 및 단순 연산　　　정답 ⑤

정답 체크

ㄴ. 전체 저수지 수에서 저수용량이 '10만 미만'인 저수지 수의 비중은 (2,668/3,226)×100≒82.7%로 80% 이상이므로 옳은 설명이다.

ㄷ. 관리기관이 농어촌공사인 저수지의 개소당 수혜면적 69,912/996≒70.2ha는 관리기관이 자치단체인 저수지의 개소당 수혜면적 29,371/2,230≒13.2ha의 70.2/13.2≒5.3배이므로 옳은 설명이다.

ㄹ. 저수용량이 '50만 이상 100만 미만'인 저수지 수는 100개소이다. 이 범위의 용량이 전체 저수용량에서 차지하는 비중이 최소 얼마 이상인지 확인하기 위해서는 100개소의 저수용량이 50만인 경우를 고려해야 한다. 따라서 저수용량이 50만일 때 저수용량 합은 50×100=5,000만 m³=50,000천 m³이고, 총 저수용량의 5%인 707,612×0.05=35,380.6천 m³ 이상이므로 옳은 설명이다.

ㄱ. 전체 저수지 수 3,226개소 중 제방높이가 '10 미만'인 저수지 수는 2,566개소이다. 이 중 관리기관이 자치단체인 저수지가 최소 몇 개소 이상인지 확인하기 위해서는 농어촌공사 저수지 수가 최대인 경우를 고려해야 한다. 따라서 관리기관이 농어촌공사인 저수지 모두 제방높이가 10 미만이면 관리기관이 자치단체인 저수지는 2,566 - 996 = 1,570개소이므로 옳지 않은 설명이다.

31 자료 분석 및 단순 연산　　　　　정답 ①

1위부터 5위까지 국제선 운항 횟수의 합은 273,866 + 39,235 + 18,643 + 13,311 + 3,567 = 348,622회이고, 전체 운항 횟수는 353,272회이므로 353,272 - 348,622 = 4,650회는 다른 공항에서 운항되었음을 알 수 있다. 이때 6위 공항의 운항 횟수는 5위 CJ 공항의 운항 횟수인 3,567회보다 적어야 하므로 적어도 2개 이상의 공항이 더 있는 것으로 볼 수 있다. 따라서 2015년 국제선 운항 공항 수는 7개 이상이므로 옳은 설명이다.

② 2015년 KP 공항의 국제선 운항 횟수인 18,643회는 국내선 운항 횟수의 1/3인 56,309/3 ≒ 18,769.7회 미만이므로 옳지 않은 설명이다.

③ <표 2>에는 전년 대비 운항 횟수의 증가율만 제시되어 있으므로 실제 증가한 운항 횟수는 알 수 없다.

④ 국내선 운항 횟수 상위 5개 공항의 국내선 운항 횟수 합은 65,838 + 56,309 + 20,062 + 5,638 + 5,321 = 153,168회로 전체 국내선 운항 횟수의 90%인 167,040 × 0.9 = 150,336회 이상이므로 옳지 않은 설명이다.

⑤ 국내선 운항 횟수와 전년 대비 국내선 운항 횟수 증가율 모두 상위 5개 안에 포함된 공항은 AJ, KP, TG로 총 3개이므로 옳지 않은 설명이다.

32 자료 분석 및 단순 연산　　　　　정답 ②

ㄴ. 40대 이상의 응답자 중 과의존위험군 비율은 12.9%이고, 이들 중 3분 미만 사용하는 사용하는 과의존위험군 비율은 11.1%이므로 3분 미만인 40대 이상 응답자 중 과의존위험군의 비율은 12.9% × 0.111 ≒ 1.43%이다. 따라서 옳은 설명이다.

ㄱ. 1일 평균 스마트폰 사용 시간은 '1일 평균 스마트폰 사용횟수 × 1회 스마트폰 사용시간'으로 구할 수 있다.
10대 7.0 × 10.9 = 76.3분, 20대 24.0 × 7.4 = 177.6분, 30대 26.8 × 6.8 = 182.24분, 40대 이상 23.0 × 6.8 = 156.4분이다. 30대의 사용시간이 가장 길게 확인되므로 옳지 않은 설명이다.

ㄷ. 1회 평균 사용시간은 20대가 7.4분, 30대가 6.8분으로 20대가 더 길므로 옳지 않은 설명이다.

⏱ 빠른 문제 풀이 Tip

제시된 표에서 각 연령대별 과의존위험군 비율과 일반사용자군의 비율은 가로 합이 100%가 되므로 <표 3>에 제시된 표본 수와 과의존위험군 비율을 이용하여 각 연령대 '과의존위험군', '일반사용자군'의 사용횟수 및 사용시간별 인원수 및 비율을 모두 계산할 수 있다.
ㄴ. 1회 사용시간 3분 미만인 40대 이상 응답자 중 과의존위험군의 비율을 구하는 것이므로 40대 이상 응답자 중 과의존위험군 비율과 그 중 3분 미만의 사용시간에 해당하는 비율을 곱하여 확인할 수 있다.

33 자료 분석 및 단순 연산　　　　　정답 ②

2017년 미국의 GDP는 $\frac{198}{0.01}$ = 19,800십억 달러이므로 2017년 농림어업 생산액 상위 3개국인 중국, 인도, 미국의 GDP 합은 12,237 + 2,600 + 19,800 = 34,637십억 달러이고, 전세계 GDP의 50%는 80,737 × 0.5 = 40,368.5십억 달러이다. 따라서 상위 3개국의 GDP 합은 전세계 GDP의 50% 미만이므로 옳지 않은 설명이다.

① 제시된 표는 2017년 농림어업 생산액 상위 20개국의 순위표이므로 상위 5개국은 중국, 인도, 미국, 인도네시아, 브라질이다. 브라질의 GDP 대비 비율은 $\frac{93}{2,055}$ × 100 ≒ 4.5%임에 따라 전세계 GDP 대비 비율인 4.2%보다 낮은 국가는 미국뿐이므로 옳은 설명이다.

③, ⑤ 브라질의 GDP 대비 비율은 2012년에 $\frac{102}{2,465}$ × 100 ≒ 4.1%이고, 2017년에 약 4.5%이므로 증가하였다. 파키스탄의 GDP 대비 비율은 2012년에 $\frac{53}{224}$ × 100 ≒ 23.7%, 2017년에 $\frac{69}{304}$ × 100 ≒ 22.7%로 감소하였다. 2012년 대비 2017년 농림어업 생산액의 GDP 대비 비율이 증가한 국

가는 브라질을 비롯하여 러시아, 이란, 멕시코, 호주, 스페인이며, 이들 국가 모두 2012년 대비 2017년 GDP가 감소하였으므로 옳은 설명이다.

④ 2017년 농림어업 생산액은 중국이 12,237×0.079≒967십억 달러, 인도가 2,600×0.155=403십억 달러로 중국이 인도의 2배 이상이므로 옳은 설명이다.

34 자료 분석 및 비율 계산   정답 ③

정답 체크

A 자선단체의 수입액과 지출액은 항상 같으므로 수입액과 지출액을 각각 100으로 가정한다. <그림 2>에서 전체 지출액 중 국내사업비 지출액은 40%를 차지하므로 100×0.4=40이고, 해외사업비 지출액은 50%를 차지하므로 100×0.5=50이다. 이때 <그림 3>에서 국내사업비 지출액 중 아동복지 지출액은 40×0.45=18이고, <그림 4>에서 해외사업비 지출액 중 교육보호 지출액은 50×0.54=27이다. 두 지출액의 합은 18+27=45로 A 자선단체 전체 지출액의 45%이므로 옳은 설명이다.

오답 체크

① <그림 1>에서 전체 수입액 중 후원금 수입액은 100×0.1=10이고, <그림 3>에서 국내사업비 지출액 중 아동복지 지출액은 40×0.45=18이므로 옳지 않은 설명이다.

② <그림 3>에서 국내사업비 지출액 중 아동권리지원 지출액은 40×0.27=10.8이고, <그림 4>에서 해외사업비 지출액 중 소득증대 지출액은 50×0.2=10.0이므로 옳지 않은 설명이다.

④ <그림 4>에서 해외사업비 지출액 중 식수위생 지출액은 50×0.05=2.5로 A 자선단체 전체 지출액의 2% 초과이므로 옳지 않은 설명이다.

⑤ A 자선단체 전체 수입액이 6% 증가하고 지역사회복지 지출액을 제외한 다른 모든 지출액이 동일하게 유지된다면, 증가한 값은 모두 지역사회복지 지출액에 해당된다. <그림 3>에서 국내사업비 지출액 중 지역사회복지 지출액은 40×0.16=6.4이고, 전체 수입액 100에서 6% 증가한 값인 6은 모두 지역사회복지 지출액에 해당되므로 지역사회복지 지출액은 6.4+6=12.4이다. 따라서 수입액이 6% 증가한 후의 지역사회복지 지출액은 수입액 증가 전의 지역사회복지 지출액의 12.4/6.4≒1.9배이므로 옳지 않은 설명이다.

35 자료 분석 및 비율 계산   정답 ③

정답 체크

ㄴ. 1789년 대비 1837년 인구 감소율이 가장 큰 지역은 인구 감소율이 {(888−584)/888}×100≒34.2%인 평안이므로 옳은 설명이다.

ㄷ. 인구지수= $\frac{해당연도\ 해당지역\ 인구}{1648년\ 해당지역\ 인구}$ ×100임을 적용하여 구한다. 1864년 경상 지역 인구는 (358×425)/100≒1,522천 명으로 인구가 가장 많으므로 옳은 설명이다.

오답 체크

ㄱ. 1648년 강원 지역 인구는 54천 명이고, 1753년 강원 지역 인구지수는 724이므로 1753년 강원 지역 인구는 (54×724)/100≒391천 명이다. 따라서 강원 지역 인구 391천 명은 1648년 전라 지역 인구인 432천 명보다 적으므로 옳지 않은 설명이다.

ㄹ. 1904년 경기 지역 인구는 (81×831)/100≒673천 명이고, 함경 지역 인구는 (69×1,087)/100≒750천 명으로 함경 지역 인구가 차지하는 비중이 더 크므로 옳지 않은 설명이다.

⏱ 빠른 문제 풀이 Tip

ㄴ. 1789년 대비 1837년 인구가 감소한 지역은 충청, 전라, 경상, 강원, 황해, 평안 지역이다. 이 중 평안 지역은 약 300천 명 이상 감소하여 다른 지역에 비해 1789년 인구수 대비 감소량이 훨씬 크기 때문에 감소율을 구해보지 않아도 가장 큰 것을 알 수 있다.

36 자료 분석 및 계산   정답 ②

정답 체크

제시된 <표>와 첫 번째, 두 번째 <모형>에 따른 작물 A, B, C의 작물재배이윤은 다음과 같다.

시장과의 거리 작물	1km	2km	3km	4km	5km
A	1,200−200 −(400×1) =600원	1,200−200 −(400×2) =200원	–	–	–
B	1,000−200 −(200×1) =600원	1,000−200 −(200×2) =400원	1,000−200 −(200×3) =200원	1,000−200 −(200×4) =0원	–
C	900−400 −(100×1) =400원	900−400 −(100×2) =300원	900−400 −(100×3) =200원	900−400 −(100×4) =100원	900−400 −(100×5) =0원

시장과의 거리가 1km일 때 A와 B의 작물재배이윤이 600원으로 가장 높고, 세 번째 <모형>에서 작물재배이윤이 같은 경우에는 시장가격이 높은 작물을 생산한다고 했으므로 시장에서 1km 이하 지점까지는 A를 생산한다. 1km 초과 3km 이하 지점까지는 B의 작물재배이윤이 가장 높으므로 B를 생산한다. 3km 초과 5km 미만 지점까지는 C의 작물재배이윤이 가장 높으므로 C를 생산한다.

따라서 시장에서 1km 이하 지점까지는 A, 1km 초과 3km 이하 지점까지는 B, 3km 초과 5km 미만 지점까지는 C를 생산한다.

오답 체크

①, ③ 시장과의 거리가 4km일 때부터 B의 작물재배이윤이 없으므로 옳지 않은 설명이다.

④, ⑤ 시장과의 거리가 2km일 때 작물재배이윤은 B와 C가 A보다 높으므로 옳지 않은 설명이다.

⏱ **빠른 문제 풀이 Tip**

시장과의 거리에 따른 작물 A, B, C의 작물재배이윤을 표로 정리한 후, 정리한 표와 <모형>에 부합하지 않는 선택지를 빠르게 소거하며 문제를 풀이한다.

37 자료 분석 및 증가율 계산   정답 ③

정답 체크

ㄱ. 2018년 교육체험 프로그램 회당 참여인원은 광주 $\frac{2,924}{149}$ ≒19.6명, 부산 $\frac{1,730}{86}$ ≒20.1명, 대구 $\frac{2,064}{138}$ ≒15명, 대전 $\frac{2,850}{151}$ ≒18.9명으로 부산이 가장 많으므로 옳은 설명이다.

ㄹ. 부산의 2016년 대비 2018년 전시 프로그램 참여인원 증가율은 $\frac{10,734-4,282}{4,282} \times 100$ ≒150.7%, 같은 기간 대전의 전시프로그램 참여인원 증가율은 $\frac{1,504-755}{755} \times 100$ ≒99.2%로 부산의 증가율이 더 높으므로 옳은 설명이다.

오답 체크

ㄴ. 광주의 2015년 대비 2018년 교육체험 프로그램 개최횟수의 증가율은 $\frac{149-63}{63} \times 100$ ≒137%이고, 같은 기간 교육체험 프로그램 참여인원의 증가율은 $\frac{2,924-1,494}{1,494} \times 100$ ≒95.7%임에 따라 개최횟수의 증가율이 더 높으므로 옳지 않은 설명이다.

ㄷ. 2017년 대구와 대전의 전시 프로그램 참여인원 인원은 351＋877＝1,228명으로 부산 참여인원의 15%인 9,134×0.15≒1,370보다 적으므로 옳지 않은 설명이다.

⏱ **빠른 문제 풀이 Tip**

ㄴ, ㄹ. 증가율을 계산하지 않아도 분수의 식에서 분자보다 분모가 더 큰 수가 하나씩 있기 때문에 100% 이상인 수와 100% 이하인 수로 간단히 대소 판단을 할 수 있다.

38 자료 분석 및 비교   정답 ③

정답 체크

ㄱ. 전출한 직원보다 전입한 직원이 많은 팀은 A, B, C, F 팀이고, 이들의 전입 직원 수의 합은 16＋13＋13＋15＝57명이다. A, B, C, F 팀의 전입 직원 수의 합은 기업 내 전체 전출·입 직원 수의 70%인 75×0.7≒53명을 초과하므로 옳은 설명이다.

ㄹ. 식품 사업부에서 식품 사업부로 전출·입한 직원 수는 17명이고, 외식 사업부에서 외식 사업부로 전출·입한 직원 수는 15명이다. 따라서 동일한 사업부 내에서 전·출입한 직원 수 17＋15＝32명은 전체 전출·입 직원 수의 50%인 75×0.5≒38명 미만이므로 옳은 설명이다.

오답 체크

ㄴ. 직원이 가장 많이 전출한 팀은 E 팀이고, 직원이 가장 많이 전입한 팀은 A 팀이다. E 팀에서 A 팀으로 전출한 직원은 6명으로 E팀에서 전출한 직원의 40%인 20×0.4＝8명보다 적으므로 옳지 않은 설명이다.

ㄷ. 식품 사업부에서 외식 사업부로 전출한 직원 수는 18명이고, 외식 사업부에서 식품 사업부로 전출한 직원 수는 25명이므로 옳지 않은 설명이다.

⏱ **빠른 문제 풀이 Tip**

<표>의 수치와 계산이 간단하므로 각주를 통해 표 읽기를 이해하고 문제를 빠르게 풀이한다.

39 자료 분석 및 비교   정답 ②

정답 체크

ㄱ. D 구의 미성년인구 비율은 최소 12%, 노인인구 비율은 최대 10.9%로 미성년인구 비율이 노인인구 비율보다 높으므로 옳은 설명이다.

ㄴ. 미성년인구가 노인인구보다 많은 구는 미성년인구 비율이 노인인구 비율보다 높은 구이다. A, B, D, E, G 구는 미성년인구 비율이 노인인구 비율보다 더 높고, C 구는 노인인구 비율이 11%~11.8%일 경우 미성년인구 비율이 더 높으므로 미성년인구가 노인인구보다 많은 구는 다섯 개 또는 여섯 개로 옳은 설명이다.

ㄹ. i 구 노인인구 비율(%) = $\dfrac{i \text{ 구 노인인구}}{i \text{ 구 전체인구}} \times 100$임을 적용하여 구한다. A 구의 전체 인구가 900명일 때 노인인구 수는 최소 $900 \times 0.081 ≒ 73$명, D 구의 전체 인구가 600명일 때 노인인구 수는 최대 $600 \times 0.109 ≒ 65$명으로 A 구의 노인인구 수가 더 많으므로 옳은 설명이다.

[오답 체크]

ㄷ. A 구의 미성년인구 비율은 최소 15.2%로 A 구 노인인구 최대 비율의 15.2/8.7≒1.7배이나, G 구의 미성년인구 비율은 최소 15.2%로 G 구 노인인구 최대 비율의 15.2/13.7≒1.1배이므로 옳지 않은 설명이다.

ㅁ. A 구의 전체 인구가 300명일 때 노인인구 수는 최대 $300 \times 0.087 ≒ 26$명이고, B 구의 전체 인구가 400명일 때 노인인구 수는 최대 $400 \times 0.087 ≒ 34$명이다. G 구의 전체 인구가 500명일 때 미성년인구 수는 최소 $500 \times 0.152 = 76$명으로 A 구와 B 구의 노인인구 수의 최대 합인 $26 + 34 ≒ 60$명보다 많으므로 옳지 않은 설명이다.

⏱ 빠른 문제 풀이 Tip

계산을 하지 않거나 계산이 단순한 <보기>부터 확인하여 오답을 소거한다. ㄱ, ㄴ은 계산을 하지 않아도 되므로 가장 먼저 순서대로 확인하여 ③, ④, ⑤를 소거하고, ㄷ, ㄹ 중 계산이 간단한 ㄷ을 먼저 확인하여 ①을 소거하면 정답을 빠르게 찾을 수 있다.

40 자료 분석 및 단순 연산　　정답 ②

[정답 체크]

<표 2>에 따르면 '갑'은 A 지점을 10시에 출발하여 B 지점을 거쳐 C 지점에 16시에 도착하였다. 이동거리는 $200 + 400 = 600$km이고, 총 6시간 중 1시간 이상을 B 지점에서 머물렀다면 이동시간은 5시간 미만이 된다. 따라서 평균속력은 $600/5 = 120$km/h 이상으로 '갑'은 이동 중 120km/h 이상인 적이 있으므로 옳은 설명이다.

[오답 체크]

① '갑'의 경우, B→C 구간의 거리는 400km이고, 자동차의 최고 속력은 200km/h이므로 이동시간은 최소 $400/200 = 2$시간이다. 따라서 '갑'은 B 지점에서 14시 이전에 출발하면 되므로 옳지 않은 설명이다.

③ '을'의 경우, B→C 구간의 거리는 400km이고, 이동시간은 4시간이므로 평균속력은 $400/4 = 100$km/h이다. C→E 구간의 거리는 200km이고, 이동시간은 2시간이므로 평균속력은 $200/2 = 100$km/h이다. 따라서 구간별 평균속력은 동일하므로 옳지 않은 설명이다.

④ B→C 구간의 거리 400km를 이동하는 데 '을'은 4시간이 소요되었으나, '갑'은 2시간 이상 소요되었다는 것 이외에는 알 수 없다.

⑤ B→C→E 구간의 거리는 $400 + 200 = 600$km이고, B→D→E 구간의 거리도 $200 + 400 = 600$km로 동일하므로 옳지 않은 설명이다.

41 자료 분석 및 단순 연산　　정답 ②

[정답 체크]

ㄱ. 부적합건수비율(%) = $\dfrac{\text{부적합건수}}{\text{조사건수}} \times 100$임을 적용하여 구한다. 2014년 생산단계에서의 부적합건수비율은 농산물이 $(1,209/91,211) \times 100 ≒ 1.3$%, 수산물이 $(235/12,922) \times 100 ≒ 1.8$%로 농산물이 수산물보다 낮으므로 옳은 설명이다.

ㄷ. 해당년도 조사실적지수 = $\dfrac{\text{해당년도 조사건수}}{\text{2014년 조사건수}} \times 100$임을 적용하여 구한다. 2013년 생산단계 조사건수는 농산물이 $91,211 \times 0.99$건이고, 축산물이 $418,647 \times 1.01$건이다. 이때 2013년 농산물 생산단계 부적합건수를 x, 축산물 생산단계 부적합건수를 y라고 하면 농산물 부적합건수비율은 $\{x/(91,211 \times 0.99)\} \times 100$, 축산물 부적합건수비율은 $\{y/(418,647 \times 1.01)\} \times 100$이고, 농산물 부적합건수비율이 축산물 부적합건수비율의 10배라면 $\{x/(91,211 \times 0.99)\} \times 100 = \{y/(418,647 \times 1.01)\} \times 100 \times 10 \rightarrow x ≒ 2.1y$이다.
따라서 2013년 생산단계 부적합건수는 농산물이 축산물의 2배 이상이므로 옳은 설명이다.

[오답 체크]

ㄴ. 2011년 생산단계 조사건수는 농산물이 $91,211 \times 0.84 ≒ 76,617.2$건, 수산물이 $12,922 \times 0.84 ≒ 10,854.5$건이고, 2012년 생산단계 조사건수는 농산물이 $91,211 \times 0.87 ≒ 79,354.0$건, 수산물이 $12,922 \times 0.91 ≒ 11,759.0$건이다. 2011년 대비 2012년 생산단계 조사건수 증가량은 농산물이 $79,354.0 - 76,617.2 ≒ 2,736.8$건, 수산물이 $11,759.0 - 10,854.5 ≒ 904.5$건으로 수산물이 농산물보다 적으므로 옳지 않은 설명이다.

ㄹ. 2012~2014년 동안 농산물과 수산물의 생산단계 조사실적 지수는 매년 전년대비 증가하므로 조사건수 역시 매년 전년 대비 증가하지만, 축산물의 생산단계 조사실적지수는 2014 년에 전년대비 감소하여 조사건수도 2014년에 전년대비 감 소하므로 옳지 않은 설명이다.

⏱ 빠른 문제 풀이 Tip

ㄱ. 분모와 분자의 배수 관계를 활용하여 직접 비율 계산을 하지 않고 빠르게 대소 비교를 할 수 있다. 2014년 생산단계에서의 부적합 건수비율 계산식에서 ×100은 공통적이므로 생략하고 분수만 비 교하면 농산물이 1,209/91,211, 수산물이 235/12,922이다. 농 산물 부적합건수비율에서 분모는 분자의 91,211/1,209≒75배이 고, 수산물 부적합건수비율에서 분모는 분자의 12,922/235≒ 55배이므로 배수 크기가 더 작은 235/12,922가 더 크다.

ㄴ. 2011년과 2012년의 생산단계 조사실적지수 차는 농산물이 87−84=3, 수산물이 91−84=7이다. 이는 농산물과 수산물 의 조사실적지수가 각각 3, 7일 때의 조사건수와 동일하므로 2011년 대비 2012년 생산단계 조사건수 증가량은 농산물이 91,211×0.03≒2,736.3, 수산물이 12,922×0.07≒904.5이다.

ㄷ. 2013년 농산물과 축산물의 조사실적지수인 99와 101을 백 분율로 환산하면 각각 99%, 101%로 100% 값에서 1%씩 빠 지거나 더해진 수치와 같다. 따라서 2013년 농산물 조사건수 인 0.99×91,211은 91,211의 약 1%인 912를 뺀 91,211− 912=90,299이고, 2013년 축산물 조사건수인 1.01×418,647 은 418,647의 약 1%인 4,186을 더한 418,647+4,186= 422,833이다.

42 자료 계산 및 추론　　　　　　　　　정답 ③

정답 체크

ㄱ. 일반버스와 굴절버스 간 운송비용 차이는 차량감가상각비 가 104,106−23,944=80,162원으로 가장 크므로 옳은 설명이다.

ㄴ. 버스 1대당 1일 순이익=버스 1대당 1일 승객 요금합−버스 1대당 1일 총운송비용임을 적용하여 구한다. 버스 1대당 1일 순이익은 일반버스가 (900×800)−575,077=144,923 원, 굴절버스가 (900×1,000)−759,745=140,255원, 저 상버스가 (900×900)−609,215=200,785원으로 모두 30만 원이 안 된다. 버스 1대당 1일 순이익이 30만 원이 안 될 경우, 그 차액을 정부가 보전해주는 정책을 시행한다면 가 장 많은 보조금을 받는 버스는 순이익이 가장 적은 굴절버스 이므로 옳은 설명이다.

ㄷ. 총운송비용에서 가동비가 차지하는 비중은 일반버스가 (439,362/575,077)×100≒76.4%, 굴절버스가 (500,391/ 759,745)×100≒65.9%, 저상버스가 (468,839/609,215) ×100≒77.0%로 굴절버스가 가장 낮으므로 옳은 설명이다.

오답 체크

ㄹ. 버스 종류별로 정비비가 각각 10%씩 절감된다면, 일반버 스는 909.7원, 굴절버스는 4,548.4원, 저상버스는 1,364.5 원이 총운송비용에서 각각 감소된다. 따라서 총운송비용의 감소율은 일반버스가 (909.7/575,077)×100≒0.2%, 굴 절버스가 (4,548.4/759,745)×100≒0.6%, 저상버스가 (1,364.5/609,215)×100≒0.2%로 굴절버스가 가장 크므 로 옳지 않은 설명이다.

⏱ 빠른 문제 풀이 Tip

ㄹ. 분모와 분자의 배수 관계를 활용하여 직접 비율 계산을 하지 않고 빠르게 대소 비교를 할 수 있다.
각 버스의 총운송비용 감소율 계산식에서 분수의 절댓값만 비교하면 일반버스는 (909.7×100)/575,077, 굴절버스는 (4,548.4×100)/759,745, 저상버스는 (1,364.5×100)/ 609,215이다. 일반버스 감소율에서 분모는 분자의 575,077/ 90,970≒6배, 굴절버스 감소율에서 분모는 분자의 759,745/ 454,840≒1.7배, 저상버스 감소율에서 분모는 분자의 609,215/ 136,450≒4.5배이므로 배수 크기가 가장 작은 굴절버스의 감소 율이 가장 크다.

43 자료 분석 및 비율 계산　　　　　　　정답 ④

정답 체크

판매율(%)=$\frac{판매 대수}{생산 대수}$×100임을 적용하여 구한다. 2016년 전체 기준으로 판매율이 가장 높은 공장은 판매율이 (1,081/ 1,105)×100≒97.8%인 D 공장이고, 2016년 전체 기준으로 판매 대수가 가장 많은 공장은 F 공장이므로 옳지 않은 설명이 다.

오답 체크

① 2017년 1월 1일 기준 재고 수=2016년 전체 생산 대수 −2016년 전체 판매 대수임을 적용하여 구한다. 2017년 1월 1일 기준 재고 수가 가장 많은 공장은 재고 수가 1,350 −1,238=112대인 F 공장이므로 옳은 설명이다.

② 2016년 전체 기준으로 판매율이 90%에 미달하는 공장 은 판매율이 각각 (475/586)×100≒81.1%, (702/794) ×100≒88.4%인 A와 I 공장 2개이므로 옳은 설명이다.

③ 2017년 1월 1일 기준 재고 수가 가장 적은 공장은 재고 수 가 969−947=22대인 G 공장이다. G 공장의 2016년 전체 기준 판매율은 (947/969)×100≒97.7%로 95% 이상이므 로 옳은 설명이다.

⑤ 2016년 12월의 생산 대수가 가장 적은 공장은 G 공장이고, 2017년 1월 1일 기준 재고 수가 가장 적은 공장도 G 공장이므로 옳은 설명이다.

⏱ 빠른 문제 풀이 Tip

② 여사건을 활용하여 계산 과정을 간단히 한다. 판매율이 '90% 미달'이라는 것은 생산 대수－판매 대수가 생산 대수의 '10% 초과'임을 의미한다. 2016년 전체에서 A 공장 생산 대수의 10%는 58.6이고, 생산 대수－판매 대수는 586－475＝111이므로 판매율은 90% 미달이다. 마찬가지로 I 공장의 생산 대수의 10%는 79.4이고, 생산 대수－판매 대수는 794－702＝92이므로 판매율은 90% 미달이다.

④ 판매 대수가 가장 많은 공장이 무엇인지 먼저 찾은 후, 해당 공장의 판매율이 가장 높은지 확인하여 문제 풀이 시간을 단축한다.

44 자료 분석 및 단순 연산

정답 ④

정답 체크

ㄴ. 성비는 여자 100명당 남자 수이므로 남자 인구는 $\frac{\text{여자 인구}}{100}$ × 성비로 구할 수 있다.

20~24세 남자 인구는 $\frac{1,645,038}{100}$ × 113.8≒1,872,053명이고, 15~19세 남자 인구는 2,922,140－1,398,399＝1,523,741명이다. 20~24세 남자 인구가 더 많으므로 옳은 설명이다.

ㄹ. 20~24세의 총인구는 ($\frac{1,645,038}{100}$ × 113.8) + 1,645,038 ＝3,517,091명이다.

45~49세 여자 인구는 $\frac{\text{남자 인구}}{\text{성비}}$ × 100으로 구할 수 있으므로 $\frac{2,295,736}{102.6}$ × 100≒2,237,559명이기 때문에 40~49세 총인구수는 2,295,736 + 2,237,559＝4,533,295명이다. 따라서 인구가 가장 많은 연령대는 45~49세이므로 옳은 설명이다.

오답 체크

ㄱ. 여자 인구는 '총인구－남자 인구'로 구할 수 있다. 연령대 40~44세의 여자 인구는 4,037,048－2,060,634＝1,976,414명으로 200만 명 이하이므로 옳지 않은 설명이다.

ㄷ. 85세 이상의 성비는 34.8이므로 여자 인구 100명일 때 남자 인구 34.8명이다.

34.8 × 3＝104.4로 100보다 크기 때문에 여자 인구는 남자 인구의 3배보다 작으므로 따라서 옳지 않은 설명이다.

45 자료 분석 및 추이 파악

정답 ⑤

정답 체크

<정보>에 따르면 청주 공장의 '최대공급량'은 500개이고, 부산 물류센터의 '최소요구량'은 400개이므로 청주 공장에서 부산 물류센터까지의 수송량은 500－300＝400－200＝200개이다. 이때 총 수송비용을 최소화하는 경우는 공장에서 물류센터까지의 수송량을 각 물류센터의 '최소요구량'과 동일하게 맞추는 경우이고, 개당 수송비용은 구미 공장에서 대구 물류센터까지 2천 원, 구미 공장에서 광주 물류센터까지 3천 원이다. 따라서 총 수송비용을 최소화할 때, 개당 수송비용이 더 큰 구미 공장에서 광주 물류센터까지의 수송량은 광주 물류센터의 '최소요구량'과 동일한 150개이다. 또한 구미 공장에서 대구 물류센터까지의 수송량은 대구 물류센터의 '최소요구량'인 200개 이상, 구미 공장의 '최대공급량'이 600개 이하이므로 600－200－150＝250개 이하이다. 총 수송비용을 최소화해야 하므로 구미공장에서 대구 물류센터까지의 수송량은 200개이고, 총 수송비용의 최소 금액은 (200×5) + (200×2) + (150×3) + (300×4) + (200×2) + (300×2)＝4,050천 원＝405만 원이다.

한편 구미 공장의 '최대공급량'이 600개에서 550개로 줄어든다면, 총 수송비용을 최소화할 때 구미 공장에서 광주 물류센터까지의 수송량은 150개이고, 구미 공장에서 대구 물류센터까지의 수송량은 구미 공장의 '최대공급량'이 550개 이하이므로 550－200－150＝200개이다.

따라서 구미 공장의 '최대공급량'이 600개에서 550개로 줄어들어도 각 공장에서 해당 물류센터까지의 수송량은 변동이 없으므로 총 수송비용의 최소 금액도 변동이 없어 옳지 않은 설명이다.

오답 체크

① 청주 공장에서 부산 물류센터까지의 수송량은 200개이므로 옳은 설명이다.

② 총 수송비용을 최소화할 때, 구미 공장에서 광주 물류센터까지의 수송량은 150개이므로 옳은 설명이다.

③ 총 수송비용의 최소 금액은 405만 원이므로 옳은 설명이다.

④ 구미 공장에서 서울 물류센터까지의 수송량은 0개이므로 구미 공장에서 서울 물류센터까지의 개당 수송비용이 7천 원에서 8천 원으로 증가해도 총 수송비용의 최소 금액은 변동이 없어 옳은 설명이다.

PART 8 PSAT 기반 NCS 수리능력 실전모의고사

바로 채점 및
성적 분석 서비스

실전모의고사 1회

p.302

01	02	03	04	05	06	07	08	09	10
③	④	①	④	①	⑤	⑤	③	③	④
11	12	13	14	15	16	17	18	19	20
⑤	⑤	④	②	⑤	①	③	①	②	⑤

01 속력　　　　　　　　　　정답 ③

정답 체크

시간 $=\dfrac{거리}{속력}$ 임을 적용하여 구한다. 집과 도서관 사이의 편도 거리를 x라고 하면 집에서부터 도서관까지 걸어서 이동한 시간은 $\dfrac{x}{3}$ 시간이고, 도서관에서부터 집까지 자전거를 타고 이동한 시간은 $\dfrac{x}{15}$ 시간이다. 집에서 출발하여 다시 집으로 돌아오는 데 걸린 시간이 총 7시간이고, 그중 공부한 시간이 5시간이므로

$\dfrac{x}{3}+\dfrac{x}{15}=2 \rightarrow x=5$

따라서 집과 도서관 사이의 편도 거리가 5km이므로 왕복으로 이동한 총 거리는 10km이다.

02 방정식　　　　　　　　　정답 ④

정답 체크

B가 가지고 있는 복숭아의 개수를 x라고 하면 A가 가지고 있는 사과의 개수는 $2x$이고, C가 가지고 있는 복숭아의 개수는 $2.5x$ 이다. A가 가지고 있는 사과의 개수가 $2x$이므로 A가 가지고 있는 복숭아의 개수는 $20-2x$이다. 이때 A가 가지고 있는 사과와 복숭아 개수의 비가 1:1.5이므로

$2x:20-2x=1:1.5 \rightarrow x=4$

이에 따라 A, B, C가 각각 가지고 있는 사과와 복숭아의 개수를 정리하면 다음과 같다.

구분	A	B	C	합계
사과	8개	16개	10개	34개
복숭아	12개	4개	10개	26개
합계	20개	20개	20개	60개

따라서 A, B, C가 가지고 있는 사과는 총 $8+16+10=34$개 이다.

03 방정식　　　　　　　　　정답 ①

정답 체크

2022년 성인의 인구를 x, 2022년 미성년자의 인구를 y라고 하면

$x+y=1,100 \rightarrow 108x+108y=118,800$ … ⓐ

$0.94x+1.08y=1,090 \rightarrow 94x+108y=109,000$ … ⓑ

ⓐ$-$ⓑ에서 $x=700$만 명이고, $y=400$만 명이다.

이에 따라 2023년 성인의 인구는 $0.94\times700=658$만 명이고, 2023년 미성년자의 인구는 $1.08\times400=432$만 명이다.

따라서 2023년 총인구에서 성인의 인구가 차지하는 비율은

$\dfrac{658만}{658만+432만}\times100\fallingdotseq60\%$이다.

04 속력

정답 체크

거리＝속력×시간임을 적용하여 구한다. 공원 입구에서 분수대까지의 거리＝$6 \times \frac{10}{60}$＝1km이고, 분수대부터 농구대까지의 거리＝$4 \times \frac{60}{60}$＝4km이다.

따라서 공원 입구에서 농구대까지의 거리는 1＋4＝5km이다.

05 수추리

정답 ①

정답 체크

제시된 각 숫자 간의 값이 -1, $\times 2$, -3, $\times 4$, -5, $\times 6$, -7, $\cdots$로 변화하므로 빈칸에 들어갈 알맞은 숫자는 -61이다.

06 원가와 정가

정답 ⑤

정답 체크

수익＝(판매가 − 원가)×판매개수임을 적용하여 구한다. 원가가 1,000원인 물건에 20%의 이익이 남도록 정가를 책정하면 정가는 $1,000 \times (1+0.2)$＝1,200원이므로 물건 40개를 모두 판매했을 때의 총 매출액은 $1,200 \times 40$＝48,000원이고, 수익은 $(1,200-1,000) \times 40$＝8,000원이다. 이때 불량품을 제외한 나머지 물건을 판매하여 처음 계획했던 것과 같은 수익을 올리기 위해 책정한 금액을 x라고 하면

$x \times 32 - 1,000 \times 40 = 8,000 \rightarrow x = 1,500$

따라서 처음 계획했던 것과 같은 수익을 올리기 위해 책정해야 하는 이익률은 $\{(1,500-1,000)/1,000\} \times 100$＝50%이다.

07 확률

정답 ⑤

정답 체크

여사건을 활용하여 진수와 서울이 모두 두 번 모두 슛을 실패할 확률이 아닌 확률을 구해 전체 확률에서 빼야 한다.

이를 전체 확률에서 빼면, $1 - (\frac{2}{5} \times \frac{2}{5} \times \frac{1}{3} \times \frac{1}{3}) = \frac{221}{225}$이 된다.

08 자료 분석 및 비율 계산

정답 ③

정답 체크

미국 국적자 중 E 또는 F 비자 등록자인 여성의 최솟값은 모든 미국 국적자 남성이 E 또는 F 비자를 발급받았을 경우인 9,404＋7,295−13,621＝3,078명이며, 이는 전체 미국 국적자 13,621＋10,981＝24,602명 중 3,078/24,602×100≒12.5%로 15% 미만일 수 있으므로 옳지 않은 설명이다.

오답 체크

① 캐나다 국적자 중 E 비자 등록자인 남성의 최솟값은 모든 캐나다 국적 여성이 E 비자를 발급받았을 경우인 2,196−1,552＝644명이므로 옳은 설명이다.

② 미국 국적자 중 기타 이외 비자 등록자의 비율은 {1−(기타 비자 등록자/미국 국적 등록자)}×100＝{1−(5,423/24,602)}×100≒78%로 75% 이상이므로 옳은 설명이다.

④ 캐나다 국적자 4,443명 중 20세 이상은 4,443−77−66−57−55＝4,188명이며 이는 전체 캐나다 국적자 중 4,188/4,443×100≒94%로 95% 이하이므로 옳은 설명이다.

⑤ 기타 비자를 제외한 등록외국인이 많은 비자 순위는 E＞F＞D＞H＞G 순으로 미국과 캐나다가 동일하므로 옳은 설명이다.

09 자료 분석 및 단순 연산

정답 ③

정답 체크

각주의 내용을 반영하여 <표>의 빈칸을 채우면 다음과 같다.

구분	갑	을	병	정	범위
A	7	8	8	6	2
B	4	6	8	10	(6)
C	5	9	8	8	(4)
D	6	10	9	7	4
E	9	7	6	5	4
중앙값	(6)	(8)	8	(7)	−
교정점수	(6)	8	(8)	7	−

ㄱ. 면접관 중 범위가 가장 큰 면접관은 범위가 6점인 B이므로 옳은 설명이다.

ㄷ. '병'의 교정점수는 8점으로 '갑'의 교정점수 6점보다 크므로 옳은 설명이다.

오답 체크

ㄴ. 응시자 중 중앙값이 가장 작은 응시자는 중앙값이 6점인 '갑'이므로 옳지 않은 설명이다.

10 자료 분석 및 비율 계산

정답 ④

주어진 시기 중 정보통신이 차지하는 비율은 2017년 940/15,571×100≒6.0%, 2018년 1,047/16,716×100≒6.3%, 2019년에는 최소 도시계획보다 높은 비율이므로 1,122/17,557×100≒6.4% 이상이다.
따라서 2019년이 가장 높으므로 옳지 않은 설명이다.

① 주어진 시기의 상위 10개 항목은 토지지질, 구조, 도로공항, 상하수도, 도시계획, 조경, 정보통신, 수자원개발, 교통, 수질관리로 동일하므로 옳은 설명이다.

② 2019년에 전기전자응용 분야가 차지하는 비율은 측량지적 분야가 차지하는 비율인 249/17,557×100≒1.4%보다 낮을 수밖에 없으므로 옳은 설명이다.

③ 매년 토지지질 이외의 항목이 차지하는 비율은 1−토지지질이 차지하는 비율이므로 2017년 (1−1,700/15,571)×100≒89.1%, 2018년 (1−1,816/16,716)×100≒89.1%, 2019년 (1−1,903/17,557)×100≒89.2%로 매년 90% 이하이므로 옳은 설명이다.

⑤ 주어진 시기의 순위가 매년 동일하지 않은 항목은 도시계획, 조경, 정보통신, 농어업토목, 일반산업기계, 전기전자응용, 측량지적 7개 항목이므로 옳은 설명이다.

11 자료 분석 및 비율 계산

정답 ⑤

ㄴ. 2010년에 신청금액이 전년대비 30% 이상 증가한 기술분야는 전년 대비 증가율이 {(1,524−1,098)/1,098}×100≒38.8%인 네트워크, {(295−206)/206}×100 ≒ 43.2%인 차세대컴퓨팅, {(463−319)/319}×100 ≒ 45.1%인 시스템반도체로 총 3개이므로 옳지 않은 설명이다.

ㄷ. 2009년 확정금액 상위 3개 기술분야는 이동통신, 네트워크, 방송장비이고, 확정금액의 합은 1,227+1,082+740 =3,049억 원으로 2009년 전체 확정금액의 70%인 4,725 ×0.7=3,307.5억 원보다 적으므로 옳지 않은 설명이다.

ㄹ. 2009년에 신청금액이 전년 대비 감소한 기술분야는 네트워크, 이동통신, 차세대컴퓨팅, 3D 장비이다. 이 중 3D 장비는 확정금액이 전년 대비 증가하였으므로 옳지 않은 설명이다.

ㄱ. 2009년과 2010년에 신청금액이 전년 대비 매년 증가한 기술분야는 메모리반도체, 디스플레이, 시스템반도체, RFID이므로 옳은 설명이다.

⏱ 빠른 문제 풀이 Tip

ㄴ. 증가율을 정확히 계산하지 않고 2010년 신청금액의 전년 대비 증가량이 2009년 신청금액의 30% 이상인지 판단한다. 2010년 네트워크 신청금액의 전년 대비 증가량은 1,524−1,098=426이다. 1,098의 30%는 10%의 3배인 약 110×3=3300이므로 증가율은 30% 이상임을 알 수 있다. 반면 2010년 디스플레이 신청금액의 전년 대비 증가량은 691−548=143이다. 548의 30%는 10%의 3배인 약 55×3=165이므로 증가율은 30% 미만임을 알 수 있다.

ㄷ. 전체 확정금액의 70%를 정확히 계산하지 않고 전체 확정금액에서 약 30%를 뺀 값과 비교하여 확인한다. 2009년 확정금액 4,725의 30%는 약 1,400이므로 70% 값은 4,700−1,400≒3,300이다. 따라서 세 분야 확정금액의 합인 3,049는 전체 확정금액의 70% 미만이다.

12 자료 분석 및 계산

정답 ⑤

구매 매력도 지수=배터리 성능×0.25+음질×0.2+디자인×0.15+강도×0.1+화질×0.3임을 적용하여 구한다. A~D 스마트폰의 구매 매력도 지수는 다음과 같다.

- A: $(6.7×0.25)+(7.2×0.2)+(5.4×0.15)+(8.5×0.1)+(7.7×0.3)=7.085$
- B: $(7.6×0.25)+(9.1×0.2)+(8.0×0.15)+(6.2×0.1)+(5.6×0.3)=7.22$
- C: $(6.7×0.25)+(6.5×0.2)+(7.3×0.15)+(7.1×0.1)+(9.0×0.3)=7.48$
- D: $(6.0×0.25)+(7.2×0.2)+(9.2×0.15)+(7.4×0.1)+(6.0×0.3)=6.86$

구매 매력도 지수가 높을수록 해당 스마트폰의 구매 우선순위가 높아지므로 구매 우선순위가 높은 순서대로 나열하면 C−B−A−D이다.

⏱ 빠른 문제 풀이 Tip

각주에 제시된 구매 매력도 지수 공식에서 각 항목에 곱해지는 비율을 정수비로 간단히 정리하여 빠르게 계산한다. 0.25, 0.2, 0.15, 0.1, 0.3은 각각 25%, 20%, 15%, 10%, 30%를 의미하는 것으로 이를 정수비로 정리하면 5:4:3:2:6이다. 따라서 구매 매력도 지수는 배터리 성능×5+음질×4+디자인×3+강도×2+화질×6으로 간단하게 계산할 수 있다.

13 자료 분석 및 계산 정답 ④

정답 체크

<순위산정방식>에 따른 학생 '갑'~'정'의 순위는 다음과 같다.

- A 방식: 4개 과목의 총점이 높은 순

갑	75+85+90+97=347점
을	82+83+79+81=325점
병	95+75+75+85=330점
정	89+70+91+90=340점

따라서 4개 과목의 총점이 높은 학생부터 순서대로 나열하면 '갑', '정', '병', '을'이다.

- B 방식: 과목별 등수의 합이 작은 순

갑	4+1+2+1=8
을	3+2+3+4=12
병	1+3+4+3=11
정	2+4+1+2=9

따라서 과목별 등수의 합이 작은 학생부터 순서대로 나열하면 '갑', '정', '병', '을'이다.

- C 방식: 80점 이상인 과목의 수가 많은 순

갑	3
을	3
병	2
정	3

80점 이상인 과목의 수가 동일한 경우 A 방식에 따라 산정한 순위가 높은 학생이 높은 순위이므로 순서대로 나열하면 '갑', '정', '을', '병'이다.

ㄱ. A 방식과 B 방식으로 산정한 '병'의 순위는 3위로 동일하므로 옳은 설명이다.

ㄴ. C 방식으로 산정한 '정'의 순위는 2위이므로 옳은 설명이다.

오답 체크

ㄷ. '정'의 과학점수가 95점으로 변경되더라도 '갑'~'정'의 과학 과목 등수는 변함이 없으므로 B 방식으로 산정한 순위에도 변동이 없다. 따라서 '갑'의 순위는 여전히 1위이므로 옳지 않은 설명이다.

⏱ 빠른 문제 풀이 Tip

각 <순위산정방식>에 따른 순위 결과를 비교하는 <보기>가 있으므로 먼저 3가지 방식에 따른 순위를 모두 구하여 정리한 뒤에 <보기>를 확인하는 것이 효율적이다.

14 자료 분석 및 단순 연산 정답 ②

정답 체크

B 국의 GDP는 매년 증가하였으나, 조세부담률은 2014년에 22.3%, 2015년에 21.1%, 2016년에 21.2%, 2017년에 22.1%, 2018년에 21.8%로 2015년과 2018년에 감소하였다. 따라서 옳지 않은 설명이다.

오답 체크

① 각 국가별 2016년의 전년 대비 GDP 성장률은

A 국: $\frac{19,955-19,169}{19,169} \times 100 ≒ 4.1\%$

B 국: $\frac{22,341-21,984}{21,984} \times 100 ≒ 1.6\%$

C 국: $\frac{31,341-30,301}{30,301} \times 100 ≒ 3.4\%$로 A 국이 가장 높다.

<표>에서 2016년 각 국가별 조세부담률을 확인할 수 있고 이 중 A 국이 24.8+1.6=26.4%로 가장 높다. 따라서 옳은 설명이다.

③ 2017년 지방세 납부액은 B 국이 22,972×0.062≒1,424억 달러, A 국이 20,717×0.016≒331억 달러이다. $\frac{1,424}{331}$ ≒4.3배이므로 옳은 설명이다.

④ 2018년 A 국의 국세 납부액은 21,443×0.25≒5,361억 달러이고, C 국의 지방세 납부액은 33,444×0.125≒4,181억 달러로 A 국의 국세 납부액이 더 많으므로 옳은 설명이다.

⑤ C 국의 국세 납부액은

2014년: 29,274×0.114≒3,337억 달러

2015년: 30,301×0.113≒3,424억 달러

2016년: 31,341×0.112≒3,510억 달러

2017년: 32,450×0.111≒3,602억 달러

2018년: 33,444×0.114≒3,813억 달러로 매년 증가하므로 옳은 설명이다.

⏱ 빠른 문제 풀이 Tip

④ A 국의 국세 납부액은 21,443×25%이고, C 국의 지방세 납부액은 33,444×12.5%로 구할 수 있는데 GDP는 33,444가 21,443의 두 배가 안 되는 반면, 비율은 25%가 12.5%의 두 배이므로 계산을 해보지 않아도 A 국의 국세 납부액이 더 크게 나올 것을 알 수 있다.

⑤ 전체적으로 C 국의 국세 부담률은 차이가 거의 없다. 그러나 GDP는 보다 큰 폭으로 증가하고 있으므로 국세 납부액은 매년 증가할 것이라는 예상을 해볼 수 있다.

15 자료 분석 및 비율 계산   정답 ⑤

정답 체크

ㄱ. 모든 유증상자를 '음성'으로 판정한 시스템은 '시스템 판정'에서 '양성'의 인원수가 없는 E이다. E의 정확도는 99.2%로 A의 정확도 99.1%보다 높으므로 옳은 설명이다.

ㄴ. 양성(음성) 정답률을 구하는 식과 양성(음성) 검출률을 구하는 식을 활용한다. B와 D는 '시스템 판정' 음성 인원수 중에서 실제 감염자 없이 모두 비감염자이므로 '음성' 정답률은 100%이다.

'양성' 검출률은 $\dfrac{\text{'양성' 판정된 감염자}}{\text{감염자}} \times 100$으로 구할 수 있고, B는 감염자 8명 중 8명이 모두 '양성'으로 판정된 감염자이므로 '양성' 검출률이 100%이며, D 역시 감염자 8명이 모두 '양성'으로 판정된 감염자이므로(=B와 D 모두 음성으로 판정된 실제 감염자는 없음) '양성' 검출률은 100%이다.

ㄷ. 보기 ㄴ에서 확인했듯이, B의 '음성' 정답률은 100%이고, B에서 '양성'으로 판정된 인원수는 8명, 그중 실제 감염자 수가 8명이므로 '양성' 정답률도 100%이다.

오답 체크

ㄹ. '양성' 검출률이 0%인 것은 감염자 중 양성 판정 인원수가 0명인 것이므로 E이다. E의 '음성' 정답률은 99.2%이므로 옳지 않은 설명이다.

⏱ 빠른 문제 풀이 Tip

각주에 제시된 식을 정확히 확인하도록 한다.

'감염자 수'와 '양성(음성) 판정된 유증상자 수', '양성(음성)으로 판정된 비감염자 수', '양성(음성)으로 판정된 감염자 수' 등 유사한 의미의 정보가 많기 때문에 표에서 의미하는 정보 위치를 실수 없이 정확히 확인할 수 있도록 연습해야 한다.

16 자료 분석 및 비율 계산   정답 ①

정답 체크

제시된 자료는 지역별 아파트 평균 매매가격이므로 수도권과 지방의 매매건수는 가중평균 개념으로 확인할 수 있다. 2019년 전국 아파트 평균 매매가격은 500.2만 원/m²이고 수도권은 684.1만 원/m², 지방은 297.8만 원/m²이다. 수도권과 아파트의 매매건수가 50%씩 1:1의 비율이었다면 전국 평균은 수도권과 지방 매매가격의 산술평균인 $\dfrac{684.1+297.8}{2} \fallingdotseq 491$이 나왔어야 한다. 그러나 500.2만 원/m²은 수도권의 평균 매매가격인 684.1만 원/m²에 치우친 값이므로 수도권 아파트 매매건수가

지방 매매건수보다 더 많은 것을 알 수 있다. 따라서 수도권 아파트 매매건수가 50% 이상이므로 옳지 않은 설명이다.

오답 체크

② 2006년 수도권 아파트 매매건수가 75% 이상이라면 지방의 매매건수는 25% 이하가 된다. 먼저, 매매건수를 수도권 75%, 지방 25% 즉, 3:1로 반영하여 전국 매매가격 평균을 구해보면 $\dfrac{(362.8 \times 3)+(133.0 \times 1)}{4} \fallingdotseq 305.4$이다. 그러나 표에 제시된 2006년 전국 아파트 평균 매매가격은 305.6만 원/m²으로 계산 결과인 305.4보다 높은 값이므로 가격이 높은 수도권의 건수 비율이 3보다 더 높아야 함을 알 수 있다. 따라서 2006년 수도권 아파트 매매건수는 75% 이상이므로 옳은 설명이다.

③ 2011년 대비 2019년 서울의 권역별 아파트 평균 매매가격 인상률은 다음과 같다.

도심권 $\dfrac{1,234.5-649.7}{649.7} \times 100 \fallingdotseq 90\%$

동북권 $\dfrac{827.5-459.9}{459.9} \times 100 \fallingdotseq 79.9\%$

동남권 $\dfrac{1,547.8-899.2}{899.2} \times 100 \fallingdotseq 72.1\%$

서북권 $\dfrac{1,009.1-506.4}{506.4} \times 100 \fallingdotseq 99.3\%$

서남권 $\dfrac{927.0-502.7}{502.7} \times 100 \fallingdotseq 84.4\%$

따라서 서북권이 가장 높으므로 옳은 설명이다.

④ 2011년 대비 2019년 아파트의 평균 매매가격 인상률은 수도권 $\dfrac{684.1-383.0}{383.0} \times 100 \fallingdotseq 78.6\%$, 지방 $\dfrac{297.8-199.1}{199.1} \times 100 \fallingdotseq 49.6\%$로 수도권의 인상률이 더 높으므로 옳은 설명이다.

⑤ 2013년부터 2019년까지 서울의 모든 권역별(도심권, 동북권, 동남권, 서북권, 서남권)의 아파트 평균 매매가격은 매년 지속적으로 상승하였으므로 옳은 설명이다.

17 자료 분석 및 단순 연산   정답 ③

정답 체크

ㄴ. 2019년에 비해 2020년 가맹점 수가 감소하는 경우는 2020년 신규개점 수보다 2020년 폐점 수가 더 많은 경우이다. 2020년 신규개점 수는 B가 75개, C가 50개이고, 폐점 수는 B가 140개, C가 70개로 2019년에 비해 2020년 가맹점 수가 감소한 기업은 B와 C이므로 옳은 설명이다.

ㄷ. 2020년 가맹점 수를 구하려면 먼저 2019년 가맹점 수를 알아야 한다. <표 1> 각주의 식을 전년도 가맹점 수를 구하는 식으로 정리하면 '전년도 가맹점 수 $= \frac{\text{해당 연도 신규개점 수}}{\text{해당 연도 신규개점률}}$ $-$해당 연도 신규개점 수'가 되고, 이를 <표 2> 각주의 식에 대입하면 '해당 연도 가맹점 수 $= \frac{\text{해당 연도 신규개점 수}}{\text{해당 연도 신규개점률}}$$-$해당 연도 폐점 수'가 된다. 이에 따라 2020년 기업별 가맹점 수는 A가 $\frac{357}{0.223} - 21 ≒ 1,580$개, B가 $\frac{75}{0.078} - 140 ≒ 822$개, C가 $\frac{50}{0.057} - 70 ≒ 807$개, D가 $\frac{204}{0.245} - 64 ≒ 769$개, E가 $\frac{129}{0.193} - 33 ≒ 635$개이다. 따라서 2020년 가맹점 수는 E가 가장 적고, A가 가장 많으므로 옳은 설명이다.

오답 체크

ㄱ. 2018년 C의 가맹점 수를 x로 두고 <표 1> 각주에 제시된 신규개점률 식을 적용하면 2019년 신규개점률 12.6% $= \frac{110}{x+110} \times 100 \rightarrow x ≒ 763$개임을 알 수 있다. 따라서 2018년 C의 가맹점 수는 800개 미만이므로 옳지 않은 설명이다.

ㄹ. 2018년 폐점 수 대비 신규개점 수의 비율은 A가 $\frac{249}{11} ≒$ 22.6%, B가 $\frac{101}{27} ≒ 3.7$%, C가 $\frac{157}{24} ≒ 6.5$%, D가 $\frac{93}{55} ≒$ 1.7%, E가 $\frac{131}{4} ≒ 32.8$%로 D가 가장 낮고, E가 가장 높으므로 옳지 않은 설명이다.

⏱ 빠른 문제 풀이 Tip

식을 변형시키고 계산이 복잡한 ㄷ을 보지 않고 나머지 <보기>를 보고 해결해야 한다. 또한, ㄹ의 경우 계산을 정확히 하지 않아도 E의 분수 값은 30 이상, D는 2 이하인 것을 쉽게 알 수 있다. 그러나 식을 변형시켜야 하는 경우도 있을 수 있으므로 ㄷ의 풀이에서처럼 각주에 제시된 식을 도출하고자 하는 정보의 식으로 변형시키는 연습도 해야 한다.

18 자료 분석 및 단순 연산

정답 ①

정답 체크

ㄱ. <그림 1>과 <그림 2>에서 A~E의 매출액은 원의 면적, 이익률은 그래프의 X축 값, 시장점유율은 그래프의 Y축 값으로 알 수 있다. 2010년보다 2011년에 매출액, 이익률, 시장점유율 항목이 모두 큰 품목은 없으므로 옳은 설명이다.

ㄴ. 이익률(%) $= \frac{\text{이익}}{\text{매출액}} \times 100$임을 적용하여 구한다. 2010년 품목별 이익은 A가 $100 \times 0.05 = 5.0$억 원, B가 $20 \times 0.1 = 2.0$억 원, C가 $30 \times 0.15 = 4.5$억 원, D가 $40 \times 0.08 = 3.2$억 원, E가 $50 \times 0.14 = 7.0$억 원이고, 2011년 품목별 이익은 A가 $90 \times 0.04 = 3.6$억 원, B가 $25 \times 0.08 = 2.0$억 원, C가 $30 \times 0.17 = 5.1$억 원, D가 $35 \times 0.1 = 3.5$억 원, E가 $60 \times 0.2 = 12.0$억 원이다. 따라서 2010년보다 2011년 이익이 큰 품목은 C, D, E 3개이므로 옳은 설명이다.

오답 체크

ㄷ. 시장점유율(%) $= \frac{\text{매출액}}{\text{시장규모}} \times 100$임을 적용하여 구한다. A 품목의 시장규모는 2010년이 $(100/30) \times 100 ≒$ 333.3억 원, 2011년이 $(90/40) \times 100 = 225.0$억 원이다. 따라서 A 품목의 시장규모는 2011년보다 2010년이 더 크므로 옳지 않은 설명이다.

ㄹ. 2011년 품목별 시장규모는 A가 $(90/40) \times 100 = 225.0$억 원, B가 $(25/15) \times 100 ≒ 166.7$억 원, C가 $(30/40) \times 100 = 75.0$억 원, D가 $(35/10) \times 100 = 350.0$억 원, E가 $(60/30) \times 100 = 200.0$억 원으로 시장규모가 가장 큰 품목은 D이다. D의 이익은 2010년에 3.2억 원에서 2011년에 3.5억 원으로 증가하였으므로 옳지 않은 설명이다.

⏱ 빠른 문제 풀이 Tip

ㄹ. 분수 비교를 통해 A~E의 시장규모를 직접 계산하지 않고 빠르게 대소 비교할 수 있다. 시장규모 계산식에서 $\times 100$은 공통적이므로 생략하고 분수만 비교하면 A가 90/40, B가 25/15, C가 30/40, D가 35/10, E가 60/30이다. 이 중 D의 시장규모는 35/10=3.5로 유일하게 3 이상이므로 가장 큰 값임을 알 수 있다.

19 자료 분석 및 단순 연산   정답 ②

ㄱ. 소액주주 수가 가장 적은 기업은 주주 수가 2,000명인 A
이다. A의 기타주주 수는 20명이고, 기타주주의 지분율은
20%이므로 기타주주의 1인당 지분율은 20/20=1%이다.
A의 총발행주식 수는 3,000천 주이므로 기타주주 1인당 보
유주식 수는 3,000천 주의 1%인 3,000×0.01=30천 주
=30,000주이므로 옳은 설명이다.

ㄷ. 해당 주주의 지분율(%)= $\dfrac{\text{해당 주주의 보유주식 수}}{\text{총발행주식 수}}$ ×100임
을 적용하여 구한다. B의 총발행주식 수는 2,000천 주이고,
이 중 대주주의 지분율은 20%이다. 따라서 B의 대주주의
보유주식 수는 2,000×0.2=400천 주=400,000주이므로
옳은 설명이다.

ㄴ. 전체 주주는 대주주, 소액주주, 기타주주로 구성됨을 적용하
여 구한다. C의 전체 주주 수는 2+4,000+10=4,012명이
고, E의 전체 주주 수는 5+8,000+90=8,095명이다. 따라
서 전체 주주 수는 E가 C보다 많으므로 옳지 않은 설명이다.

ㄹ. 시가총액=1주당 가격×총발행주식 수와 해당 주주의 주
식시가평가액=1주당 가격×해당 주주의 보유주식 수임
을 적용하여 구한다. 1주당 가격=시가총액/총발행주식 수
이므로 A의 1주당 가격은 90,000,000/3,000=30,000
원, D의 1주당 가격은 60,000,000/1,000=60,000원
이다. 기타주주 주식시가평가액의 합은 A가 30,000×
(3,000,000×0.2)=18,000,000,000원=180억 원, D가
60,000×(1,000,000×0.4)=24,000,000,000원=240
억 원이다. 따라서 기타주주 주식시가평가액의 합은 D가 A
보다 크므로 옳지 않은 설명이다.

⏱ 빠른 문제 풀이 Tip

ㄹ. 총발행주식 수와 시가총액, 지분율의 단위와 자릿수는 A와 D가
서로 동일하므로 단위를 모두 고려하지 않고 0이 아닌 숫자들을
연산하여 문제를 빠르게 풀이한다. A의 1주당 가격을 9/3=3으
로 정리하면 기타주주 주식시가평가액의 합은 3×(3×2)=18이
고, D의 1주당 가격은 6/1=6으로 정리하면 기타주주 주식시가
평가액의 합은 6×(1×4)=24이다.

20 자료 변환 및 비교   정답 ⑤

<표 3>의 '2005년'과 '2015년' 항목에 따르면 주요 대도시의
무주택가구 비율은 부산이 2005년 39.8%, 2015년 35.1%로
2005에 더 높고, 인천이 2005년 35.1%, 2015년 36.4%로
2015년에 더 높으므로 <표>를 이용하여 작성한 그래프로 옳
지 않다.

① <표 1>의 '2015년-비율' 항목에 따라 [2015년 가구의 거
처 점유형태 현황]이 옳게 작성되었으므로 <표>를 이용하여
작성한 그래프로 옳다.

② <표 1>에 따라 [1995~2015년 가구의 거처 점유형태 추
이]가 옳게 작성되었으므로 <표>를 이용하여 작성한 그래
프로 옳다.

③ <표 2>에 따라 [2015년 시도별 가구의 자가점유율]이 옳
게 작성되었으므로 <표>를 이용하여 작성한 그래프로 옳다.

④ <표 2>와 <표 3>의 '2015년' 항목에 따라 [2015년 도지역
의 무주택가구 비율 및 자가점유율 현황]이 옳게 작성되었으
므로 <표>를 이용하여 작성한 그래프로 옳다.

⏱ 빠른 문제 풀이 Tip

자료변환 유형의 경우 수치를 계산해야 하는 선택지보다 항목의 순
위, 증감 추이, 현황 등 수치를 계산하지 않고 옳고 그름을 파악할 수
있는 선택지를 먼저 확인한다.

⑤ 지역별로 정확한 수치를 확인하지 않아도 2005년과 2015년 지
역별 그래프의 높낮이를 통해 그래프가 <표>의 수치와 다름을 쉽
게 파악할 수 있다.

01	02	03	04	05	06	07	08	09	10
④	③	③	③	⑤	④	③	④	③	③
11	12	13	14	15	16	17	18	19	20
②	④	①	⑤	①	④	⑤	②	⑤	①

01 작업량   정답 ④

정답 체크

시간당 작업량$=\dfrac{\text{작업량}}{\text{시간}}$임을 적용하여 구한다. 전체 일의 양을 1 이라고 하면 창민이가 1시간 동안 할 수 있는 일의 양은 $\dfrac{1}{10}$이 고, 진운이가 1시간 동안 할 수 있는 일의 양은 $\dfrac{1}{15}$이다. 창민이 가 혼자 일한 시간을 x라고 하면

$$x \times \dfrac{1}{10} + \left(\dfrac{1}{10} + \dfrac{1}{15}\right) \times 3 = 1 \rightarrow x = 5$$

따라서 창민이가 혼자 일한 시간은 5시간이다.

02 경우의 수   정답 ③

정답 체크

1. 빨간색 티켓으로 식사할 수 있는 사람: $3 \times 3 = 9$명
2. 파란색 티켓으로 식사할 수 있는 사람: $4 \times 2 = 8$명
3. 초록색 티켓으로 식사할 수 있는 사람: $8 \times 2 = 16$명
따라서 식사를 할 수 있는 사람은 총 $9 + 8 + 16 = 33$명이다.

03 여사건의 확률   정답 ③

정답 체크

n개 중에서 같은 것이 각각 p, q, r일 때, n개를 모두 사용하여 한 줄로 배열하는 경우의 수는 $\dfrac{n!}{p!q!r!}$ (단, $p+q+r=n$)이고, 어 떤 사건 A가 일어날 확률을 p라고 할 때, 사건 A가 일어나지 않 을 확률은 $1-p$임을 적용하여 구한다. 같은 것이 각각 5개, 3개 씩 있는 공 주머니에서 8개의 공을 모두 꺼내 한 줄로 배열하는 경우의 수는 $\dfrac{8!}{5!3!} = 56$가지이고, 처음과 마지막에 검은색 공이 나오는 경우의 수는 검은색 공 3개, 흰색 공 3개를 한 줄로 배열 하는 경우의 수와 같으므로 $\dfrac{6!}{3!3!} = 20$가지이다.

따라서 처음과 마지막에 검은색 공이 나올 확률은 $\dfrac{20}{56}$이므로 처음 또는 마지막에 흰색 공이 나올 확률은 $1 - \dfrac{20}{56} = \dfrac{9}{14}$이다.

04 최소공배수   정답 ③

정답 체크

오전 10시부터 점심시간 전까지 A, B 면접실에서 면접을 진행 한 시간은 지원자 한 사람당 총 면접 시간의 최소공배수임을 적 용하여 구한다. 지원자 한 사람당 총 면접 시간은 A 면접실이 $13 + 3 = 16$분, B 면접실이 $12 + 2 = 14$분이다. 이때 16과 14 를 소인수분해 하면 $16 = 2^4$, $14 = 2 \times 7$이므로 오전 10시부터 면접을 시작하여 A, B 면접실에서 동시에 면접이 끝나는 시각은 $2^4 \times 7 = 112$분 후인 11시 52분이다.
따라서 점심시간의 시작 시각은 11시 52분이다.

05 전기요금   정답 ⑤

정답 체크

B 주택의 7월 전력 사용량은 460kWh이므로 기본요금은 7,300 원이고, 전력량요금은 처음 200kWh까지는 $200 \times 93 = 18,600$ 원, 다음 200kWh까지는 $200 \times 188 = 37,600$원, 400kWh를 초과한 나머지 60kWh는 하계 슈퍼유저요금이 적용된 $60 \times 410 = 24,600$원이다.
따라서 B 주택의 7월 전기요금은 $7,300 + 18,600 + 37,600 + 24,600 = 88,100$원이다.

06 경우의 수
정답 ④

정답 체크

서로 다른 n개에서 순서를 고려하지 않고 r개를 택하는 경우의
수 $_nC_r=\dfrac{_nP_r}{r!}$임을 적용하여 구한다. 예선에서는 6팀씩 2개의 조
로 나누어 각 조에 속한 모든 팀이 서로 한 번씩 경기를 진행하므
로 1개의 조에서 $_6C_2=\dfrac{6\times5}{2!}=15$경기를 진행하고, 총 2개의 조
이므로 진행되는 예선 경기는 총 $15\times2=30$경기이다.
본선에서는 4팀을 다시 2팀씩 2개의 조로 나누어 각 조에 속한
팀끼리 경기를 진행하므로 2개의 조에서 2경기가 진행되고, 각
조에서 이긴 팀끼리 경기하여 1, 2위, 진 팀끼리 경기하여 3, 4
위를 정하므로 2경기가 더 진행된다.
따라서 대회에서 진행되는 배드민턴 경기는 총 $30+2+2=34$
경기이다.

07 방정식
정답 ③

정답 체크

철수가 이긴 횟수를 x번, 영희가 이긴 횟수를 y번이라고 하면
$x+y=10$이다.
또한 철수가 이긴 횟수는 곧 영희가 진 횟수이며, 영희가 이긴 횟
수는 철수가 진 횟수로 볼 수 있다. 10번 한 결과 철수가 영희보
다 16칸 더 위에 있었으므로 두 사람이 계단을 오르내린 결과는
아래의 식으로 나타낼 수 있다.
$(5x-3y)-(5y-3x)=16 \rightarrow 8x-8y=16$
두 식을 연립하여 풀면 $x=6$, $y=4$가 되므로 영희가 이긴 횟수
는 4번이다.

08 자료 분석 및 비율 계산
정답 ④

정답 체크

2015년의 전년 대비 전체 폐기물 발생량 증감률은 광진구
$(1,728-1,105.2)/1,105.2\times100≒56\%$, 종로구 $(772.4-1,885.3)/1,885.3\times100≒-59\%$로 절댓값은 종로구가 더 크
므로 옳지 않은 설명이다.

오답 체크

① 종로구의 전체 폐기물 발생량 증감 추이인 증가 − 증가 − 감
소 − 증가 − 감소를 보이는 곳은 중구 한 곳이므로 옳은 설
명이다.

② 2016년 생활 폐기물의 재활용률이 가장 높은 곳은
$240.8/326.3\times100≒73.8\%$인 광진구이며, 전체 폐기물의
재활용률이 가장 높은 곳도 $1,365.8/1,464.2\times100≒93.3\%$
인 광진구로 동일하므로 옳은 설명이다.

③ 2014년 성동구의 재활용률은 생활 폐기물이 $165.4/254.1$
$\times100≒65\%$, 전체 폐기물이 $1,905.2/2,716.5\times100≒$
70%로 생활 폐기물이 더 낮으므로 옳은 설명이다.

⑤ 2014년 이후 광진구에서 재활용되는 폐기물 중 생활 폐기
물이 차지하는 비중은 2014년 $254.6/999\times100≒25.5\%$,
2015년 $250.4/1,624.9\times100≒15.4\%$, 2016년 $240.8/$
$1,365.8\times100≒17.6\%$, 2017년 $239.3/1,004.2\times100≒$
23.8%로 2014년은 25%를 넘으므로 옳은 설명이다.

⏱ 빠른 문제 풀이 **Tip**

⑤ 25%는 1/4임을 이용하여 전체 폐기물 재활용량이 생활 폐기물
재활용량의 4배 한 값보다 적은 값을 가지는 연도가 있는지 살
펴본다.

09 자료 분석 및 단순 연산
정답 ③

정답 체크

청소년 500명을 대상으로 조사한 자료이므로 이를 통해 <표>
의 빈칸을 채우면 다음과 같다.

(A)	(B)	(C)
$500\times0.528=264$명	$500\times0.472=236$명	$68+81+64=213$명
(D)	(E)	(F)
$95+111+81=287$명	$13.6+16.2+12.8$ $=42.6\%$	$19.0+22.2+16.2$ $=57.4\%$

ㄷ. (B) 236명은 (C) 213명보다 값이 크므로 옳은 설명이다.

ㄹ. (E) 42.6%는 (F) 57.4%보다 값이 작으므로 옳은 설명이다.

오답 체크

ㄱ. (A) 264명은 270명 미만이므로 옳지 않은 설명이다.

ㄴ. 중학생과 고등학생 응답자의 경우 성별 구분이 되어 있지 않
아 알 수 없으므로 옳지 않은 설명이다.

10 자료 분석 및 매칭   정답 ③

정답 체크

- 확인이 간단한 두 번째 조건부터 보면, 전국 활용률 40.4%보다 낮은 것은 부산과 (라)이므로 (라)가 울산인 것을 알 수 있다. 이에 부합하는 선택지는 ③, ④이고, 이에 따라 '가'는 인천임을 알 수 있다.
- 세 번째 조건을 활용하여 (나)와 (다) 중 광주, 대전을 확인해야 한다. <표>의 1인당 결정면적을 통해 각 도시의 인구를 구하고, 이를 통해 1인당 조성면적을 구할 수 있다. (나)의 인구는 $\frac{19.6백만\ m^2}{13.4m^2} ≒ 146$만 명이고, 1인당 조성면적은 $\frac{8.7백만\ m^2}{146만} ≒ 6.0m^2$이다. (다)의 인구는 $\frac{22.2백만\ m^2}{15.5m^2} ≒ 143$만 명이고, 1인당 조성면적은 $\frac{12.3백만\ m^2}{143만} ≒ 8.6m^2$이다. 이 중 (나)는 1인당 결정면적이 $13.4m^2$, 1인당 조성면적이 $6.0m^2$로 1인당 조성면적이 1인당 결정면적의 50% 이하이다. 이에 따라 (나)가 광주인 것을 알 수 있다.

따라서 (가)는 인천, (나)는 광주, (다)는 대전, (라)는 울산이다.

11 자료 분석 및 매칭   정답 ②

정답 체크

- 화물량이 많은 공항부터 순서대로 나열하면 인천, A, C, B, D, E, 광주로 C가 세 번째이므로 C가 제주공항임을 알 수 있다.
- D의 운항편수는 $52,822 - (20,818 + 11,924 + 6,406 + 11,204 + 944 + 771) = 755$편이고, 운항편수가 적은 공항부터 순서대로 나열하면 D, E, 광주, B, C, A, 인천으로 E가 두 번째이므로 E가 대구공항임을 알 수 있다.
- B의 여객 수는 $7,924 - (3,076 + 1,836 + 1,820 + 108 + 129 + 121) = 834$천 명이고, 김포공항과 제주공항 여객 수의 합은 인천공항 여객 수보다 많다. 이때 C가 제주공항이므로 여객 수가 $3,076 - 1,820 = 1,256$천 명 이상인 A가 김포공항임을 알 수 있다.
- 김해공항 여객 수는 광주공항 여객 수의 6배 이상이므로 여객 수가 $129 × 6 = 774$천 명 이상인 A, B, C 중 하나가 김해공항임을 알 수 있다. 이때 A는 김포공항, C는 제주공항이므로 B가 김해공항이고, 이에 따라 나머지 D가 청주공항임을 알 수 있다.

따라서 A는 김포, B는 김해, C는 제주, D는 청주, E는 대구이다.

⏱️ **빠른 문제 풀이 Tip**

확정적인 정보를 주는 <보기>부터 확인하여 오답 선택지를 소거한다. 또한 모든 정보를 다 확인하거나 정확한 계산을 하지 않고 정답을 빠르게 찾을 수 있도록 <보기>를 보는 순서를 잘 살피도록 한다. 두 번째 <보기>를 통해 화물량이 세 번째로 많은 C가 제주공항임을 알 수 있으므로 ④, ⑤가 소거되고, ①, ②, ③의 구성으로 A가 김포공항, B 또는 E가 김해공항임을 알 수 있다. 세 번째 <보기>에 따라 김해공항 여객 수는 광주공항 여객 수의 6배 이상이므로 김해공항은 E가 될 수 없다. 따라서 ③이 소거된다. 네 번째 <보기>를 통해 운항편수가 755로 가장 적은 D는 대구공항이 아님을 알 수 있다. 따라서 정답은 ②이다.

12 자료 분석 및 단순 연산   정답 ④

정답 체크

각주에 따르면 각 응답자는 제시된 6개의 항목 중 하나에 대답하였으므로 <표>에서 연도별 각 항목의 비율 합은 100%임을 알 수 있다. 이에 따라 빈칸을 채우면 2016년 음주 빈도가 '주 평균 1~2회'라고 응답한 남성의 비율은 $100 - (20.9 + 12.9 + 22.1 + 12.2 + 5.8) = 26.1$%, '거의 매일'이라고 응답한 여성의 비율은 $100 - (47.7 + 21.0 + 16.9 + 10.9 + 2.8) = 0.7$%이다.

2016년 남성 응답자와 여성 응답자의 응답 비율 차이는 '안 마신다'가 $47.7 - 20.9 = 26.8$%p, '월 평균 1회 이하'가 $21.0 - 12.9 = 8.1$%p, '월 평균 2~3회'가 $22.1 - 16.9 = 5.2$%p, '주 평균 1~2회'가 $26.1 - 10.9 = 15.2$%p, '주 평균 3~4회'가 $12.2 - 2.8 = 9.4$%p, '거의 매일'이 $5.8 - 0.7 = 5.1$%p로 차이가 두 번째로 큰 항목은 '주 평균 1~2회'이므로 옳은 설명이다.

오답 체크

① <표>는 비율만 제시된 자료이지만 연도별 기준 수치는 해당 연도 전체 응답자로 동일하므로 비율을 통해 2016년 항목별 응답자 수를 비교할 수 있다. 2016년 음주 빈도가 '월 평균 1회 이하'라고 대답한 응답 비율은 16.6%로 '거의 매일'이라고 대답한 응답 비율의 6배인 $3.5 × 6 = 21.0$%보다 작으므로 옳지 않은 설명이다.

② '거의 매일' 술을 마신다고 대답한 응답자의 비율은 2010년이 2.9%, 2014년이 3.2%로 2014년이 2010년의 1.2배인 $2.9 × 1.2 = 3.48$보다 작게 증가했으므로 옳지 않은 설명이다.

③ 2016년 설문조사에 참여한 남성 응답자 수를 x, 여성 응답자 수를 y라고 하면 남녀 응답자 수는 가중치, 남녀 응답 비율은 관찰값, 전체 응답 비율은 가중평균이라고 볼 수 있다. 전체 응답 비율과 남성 응답 비율 간의 차와 전체 응답 비율과 여성 응답 비율 간의 차의 비는 '안 마신다' 항목이 (33.1−20.9):(47.7−33.1)=12.2:14.6, '월 평균 1회 이하' 항목이 (16.6−12.9):(21.0−16.6)=3.7:4.4, '월 평균 2~3회' 항목이 (22.1−19.7):(19.7−16.9)=2.4:2.8, '주 평균 1~2회' 항목이 (26.1−19.2):(19.2−10.9)=6.9:8.3, '주 평균 3~4회' 항목이 (12.2−8.0):(8.0−2.8)=4.2:5.2, '거의 매일' 항목이 (5.8−3.5):(3.5−0.7)=2.3:2.8이고, 모든 항목에서 전체 응답 비율과 남성 응답 비율 간의 차가 전체 응답 비율과 여성 응답 비율 간의 차보다 작다. 이때 가중치 x와 y의 비와 가중평균과 관찰값 간 차의 비는 서로 반비례하므로 응답자 수는 남성이 여성보다 많음을 알 수 있다. 따라서 2016년에 설문조사에 참여한 남성 응답자 수는 여성 응답자 수보다 많으므로 옳지 않은 설명이다.

⑤ 2010년 대비 2012년에 응답 비율이 증가한 항목은 '월 평균 1회 이하', '주 평균 3~4회', '거의 매일'로 총 3개이므로 옳지 않은 설명이다.

⏱ 빠른 문제 풀이 Tip

① 비율만 제시되어 있는 상대적 수치 자료의 경우, 절대 수치인 실제 인원수나 금액 등의 정보는 알 수 없는 것으로 생각할 수 있지만 전체 비율의 합이 100%이고, 기준 수치가 동일한 항목 간에는 비율만으로도 절대 수치의 대소를 비교할 수 있다.
③ 두 가지 비율의 결과를 의미하는 전체 비율이 제시된 경우 가중평균과의 비교를 통해 절대 수치의 대소 비교가 가능하다. 2016년 모든 항목에서 전체 응답 비율이 여성 응답 비율보다 남성 응답 비율에 더 가까우므로 남성 응답자 수가 더 많음을 알 수 있다.

13 자료 변환 및 단순 연산   정답 ①

보기 정답 체크

ㄱ. <표>에 제시된 내진율 수치와 모두 일치하므로 옳은 그래프이다.

ㄴ. '용도별 내진대상 건축물 구성비'이므로 <표>에서 '주택'과 '주택이외'의 내진대상 건축물인 806,225+633,322=1,439,547개 중에서의 각 용도별 비중을 나타내는 그래프여야 한다.

단독주택: $\frac{445,236}{1,439,547} \times 100 = 30.9\%$

공동주택: $\frac{360,989}{1,439,547} \times 100 = 25.1\%$

학교: $\frac{31,638}{1,439,547} \times 100 = 2.2\%$

의료시설: $\frac{5,079}{1,439,547} \times 100 = 0.4\%$

공공업무시설: $\frac{15,003}{1,439,547} \times 100 = 1.0\%$

기타: $\frac{581,601}{1,439,547} \times 100 = 40.4\%$

따라서 옳은 그래프이다.

오답 체크

ㄷ. '주택이외'의 용도 중 가장 큰 비중을 차지하는 '기타'를 나타내지 않은 상태에서 합이 100%가 되고 있으므로 옳지 않은 그래프이다.

ㄹ. <표>에 제시된 '주택이외' 건축물 용도별 내진율은 학교 23.2%, 의료시설 50.7%, 공공업무시설 17.7%, 기타 25.5%로 모두 잘못 나타내고 있으므로 옳지 않은 그래프이다.

⏱ 빠른 문제 풀이 Tip

보기 ㄴ을 제외하고는 모두 쉽게 확인이 가능한 그래프이므로 <표>에 제시된 정보와 그래프의 주제를 통해서 간단히 확인할 수 있는 그래프를 먼저 선별하여 빠르게 답을 도출할 수 있다.

14 자료 분석 및 매칭   정답 ⑤

정답 체크

• 각주의 식을 활용하여 표의 빈칸인 총매출액을 구할 수 있다. A의 총매출액은 화학제품 매출액 비율이 100%이므로 총매출액도 화학제품 매출액과 동일하게 62.4십억 달러이다. B의 총매출액은 $\frac{54.2}{0.632} = 85.8$십억 달러, C의 총매출액은 $\frac{34.6}{0.67} = 51.6$십억 달러, D의 총매출액은 $\frac{29.7}{0.549} = 54$십억 달러이다. 따라서 세 번째 조건에 의해 C와 D는 'KR 화학'이 될 수 없다.

• 두 번째 조건에서 화학제품 매출액이 총매출액에서 화학제품을 제외한 매출액의 2배 미만이 되려면, 화학제품 매출액 비율이 약 66.6% 미만이어야 한다. 이 조건에 맞는 것은 B와 D이며, 이 조건에 의해 선택지 ③번을 소거할 수 있고 '드폰'은 C로 확정이 된다.

• 마지막 조건에 따라 2018년 화학제품 매출액을 구해보면, 자빅은 $\frac{37.6}{1.053} = 35.7$십억 달러, B는 $\frac{54.2}{1.287} = 42.1$십억 달러, D는 $\frac{29.7}{1.1} = 27$십억 달러이므로 D가 시노텍이 된다.

따라서 A는 KR 화학, B는 벡슨모빌, C는 드폰, D는 시노텍이다.

두 번째 조건에서 '화학제품 총매출액이 나머지 매출액의 2배 미만이 된다'는 것은 전체 100%를 2:1의 비율로 나눴을 때의 개념으로 접근하면 간단히 해석이 된다.

마지막 조건에서도 굳이 계산을 해보지 않아도 분수 대소비교를 통해 판단할 수 있다.

자빅 $=\dfrac{37.6}{1.053}$, D $=\dfrac{29.7}{1.1}$ 분수에서 D가 분자는 작고 분모는 더 크므로 '자빅'보다 더 작은 값이 나올 것을 알 수 있다.

15 자료 분석 및 단순 연산

정답 ①

정답 체크

ㄱ. 전국 총 미세먼지 배출량은 46,570＋137,045＋100,876 ＋62,785＝347,276톤이고, 수도권 총 미세먼지 배출량은 5,391＋6,767＋28,649＋19,034＝59,841톤이다. 따라서 전국 총 미세먼지 배출량 대비 수도권 총 미세먼지 배출량은 $\dfrac{59,841}{347,276}\times100≒17\%$로 15% 이상이므로 옳은 설명이다.

ㄴ. 전국 생활부문 미세먼지 배출량에서 '생물성 연소' 미세먼지 배출량이 차지하는 비중은 $\dfrac{14,971}{62,785}\times100≒24\%$이고, 수도권 총 미세먼지 배출량에서 발전 부문과 산업 부문 미세먼지 배출량이 차지하는 비중의 합은 9.0＋11.3＝20.3%이므로 옳은 설명이다.

ㄷ. 전국 '비산업 연소' 미세먼지 배출량 대비 수도권 '비산업 연소' 미세먼지 배출량의 비율은 $\dfrac{6,022}{16,109}\times100≒37.4\%$이고, 전국 '기타 면오염원' 미세먼지 배출량 대비 수도권 '기타 면오염원' 미세먼지 배출량의 비율은 $\dfrac{118}{303}\times100≒38.9\%$이므로 옳은 설명이다.

오답 체크

ㄹ. 전국 생활부문 미세먼지 배출량의 15%는 62,785×0.15 ≒9,417.8톤이고, 수도권의 '도로이동오염원' 미세먼지 배출량의 50%는 17,594×0.5＝8,797톤이다. 전국 생활부문 미세먼지 배출량의 15%가 감소할 때 감소량이 더 많으므로 옳지 않은 설명이다.

빠른 문제 풀이 **Tip**

각주 정보를 정확히 확인하여 표 안에서 ( )에 제시된 비중으로 해결하는 보기는 계산하지 않도록 주의한다.

16 자료 분석 및 단순 연산

정답 ④

정답 체크

ㄱ. 2017~2020년 대기업집단 소속 지주회사의 수는 2017년 34＋3＝37개, 2018년 37＋2＝39개, 2019년 41＋2＝ 43개, 2020년 44＋2＝46개로 매년 증가하였으므로 옳은 설명이다.

ㄴ. 2020년 자산총액 1조 원 이상 지주회사 수는 27＋7＋2 ＋2＋4＋2＋1＋1＋1＋5＝52개로 전체 지주회사 수 154 ＋10＝164개의 $\dfrac{52}{164}\times100≒31.7\%$ 정도이므로 옳은 설명이다.

ㄷ. 자산총액 1조 원 미만인 지주회사의 수는 76＋36＝112개 이고 대기업집단 소속 지주회사 수는 2＋9＝11개이므로 비중은 $\dfrac{11}{112}\times100≒9.8\%$로 10% 미만이므로 옳은 설명이다.

오답 체크

ㄹ. 2020년 부채비율이 100% 미만인 지주회사의 수는 24＋ 10＋119＝153개로 전체 지주회사 164개에서 차지하는 비중은 $\dfrac{153}{164}\times100≒93.3\%$로 95% 이하이므로 옳지 않은 설명이다.

빠른 문제 풀이 **Tip**

ㄹ. 여사건으로 해결하는 것이 효율적일 수 있다. 부채비율이 100% 이상인 지주회사의 수가 전체 지주회사의 5% 미만인지 확인해 본다. 부채비율이 100% 이상인 지주회사 수는 1＋3＋7＝11 개로 전체 164개의 5%인 8.2개 이상이므로 5%를 초과한다. 따라서 부채비율이 100% 미만인 지주회사 수가 차지하는 비중은 95% 미만이 된다.

17 자료 분석 및 단순 연산

정답 ⑤

정답 체크

ㄷ. 2016년에 비해 2018년 화재 발생건수가 증가한 시도는 부산, 대전, 충북, 전북, 전남, 경북, 제주로 7곳이므로 옳은 설명이다.

ㄹ. 2016년에 비해 2018년에 화재 발생건수가 감소한 시도 중 감소 건수는 경기가 10,147－9,632＝515건으로 가장 많이 감소하였고, 대구가 1,739－1,440＝299건으로 두 번째, 경남이 3,756－3,482＝274건으로 세 번째 순이다. 따라서 옳은 설명이다.

ㄱ. 전국 사상자에서 서울 사상자가 차지하는 비중은

2016년 $\frac{40+236}{306+1,718} \times 100 = \frac{276}{2,024} \times 100 ≒ 13.6\%$이고,

2018년 $\frac{53+307}{369+2,225} \times 100 = \frac{360}{2,594} \times 100 ≒ 13.9\%$로
2016년에 비해 증가하였으므로 옳지 않은 설명이다.

ㄴ. 서울, 인천, 경기 각각의 사상자 대비 부상자의 비중은

서울: 2016년 $\frac{236}{276} \times 100 ≒ 85.5\%$, 2018년 $\frac{307}{360} \times 100 ≒$
85.3%

인천: 2016년 $\frac{94}{104} \times 100 ≒ 90.4\%$, 2018년 $\frac{98}{119} \times 100 ≒$
82.4%

경기: 2016년 $\frac{510}{580} \times 100 ≒ 87.9\%$, 2018년 $\frac{537}{599} \times 100 ≒$
89.6%

서울과 인천은 2016년에 비해 2018년에 비중이 감소했으
므로 옳지 않은 설명이다.

빠른 문제 풀이 Tip

ㄹ. 보기에서 제시한 '대구' 지역의 감소량이 어림산으로 대략 300
건이므로, 이보다 큰 차이로 감소한 지역이 한 곳 있는지 확인
해본다. 경기 지역의 감소량이 대략 500으로 더 많고, 차이가 비
슷해 보이는 경남 지역만 계산하여 보기 내용을 판단할 수 있다.

18 자료 변환 및 비율 파악 정답 ②

<표>의 '성별' 항목에 따르면 SNS를 이용하는 남자 국회의
원의 구성비는 여당이 (123/192)×100≒64.1%, 야당이
{(59+10)/192}×100≒35.9%이고, SNS를 이용하는 여자
국회의원의 구성비는 여당이 (22/38)×100≒57.9%, 야당이
{(14+2)/38}×100≒42.1%이므로 <표>를 이용하여 작성한
그래프로 옳지 않다.

① <표>에서 여야별 SNS 이용자 수는 여당이 123+22=145
명, 야당이 59+14+10+2=85명으로 [국회의원의 여야별
SNS 이용자 수]가 옳게 작성되었으므로 <표>를 이용하여 작
성한 그래프로 옳다.

③ <표>의 '여당-당선 유형별' 항목에 따르면 SNS를 이
용하는 여당 국회의원 구성비는 지역구가 {126/(126+
19)}×100≒86.9%, 비례대표가 {19/(126+19)}×100
≒13.1%로 [여당 국회의원의 당선 유형별 SNS 이용자 구

성비]가 옳게 작성되었으므로 <표>를 이용하여 작성한 그
래프로 옳다.

④ <표>의 '야당-당선 횟수별' 항목에 따르면 SNS를 이용
하는 야당 국회의원 구성비는 초선이 {(29+7)/(29+25
+13+6+7+3+1+1)}×100≒42.4%, 2선이 {(25+
3)/(29+25+13+6+7+3+1+1)}×100≒32.9%,
3선이 {(13+1)/(29+25+13+6+7+3+1+1)}×100
≒16.5%, 4선 이상이 {(6+1)/(29+25+13+6+7+3
+1+1)}×100≒8.2%로 [야당 국회의원의 당선 횟수별
SNS 이용자 구성비]가 옳게 작성되었으므로 <표>를 이용
하여 작성한 그래프로 옳다.

⑤ <표>의 '당선 횟수별' 항목에 따라 2선 이상 국회의원의 정
당별 SNS 이용자 수는 A당이 29+22+12=63명, B당이
25+13+6=44명, C당이 3+1+1=5명으로 [2선 이상
국회의원의 정당별 SNS 이용자 수]가 옳게 작성되었으므로
<표>를 이용하여 작성한 그래프로 옳다.

빠른 문제 풀이 Tip

계산을 하지 않아도 되는 ①, ⑤를 먼저 확인한 후 오답 선택지를
소거한다.

② 남자 국회의원의 SNS 이용자 수는 여당이 123, 야당이 69로 여당
이 야당의 2배에 조금 못 미치나 여자 국회의원의 SNS 이용자 수
는 여당이 22, 야당이 16으로 여야 간 차이가 남자 국회의원보다
한참 작다. 그러나 그래프에서는 여자 국회의원의 SNS 이용자 여
야별 구성비가 남자 국회의원의 SNS 이용자 여야별 구성비와 유
사하게 나타나고 있으므로 옳지 않음을 유추할 수 있다.

④ 당선 횟수별 국회의원 수는 초선이 36, 2선이 28, 3선이 14, 4선
이상이 7로 초선은 4선 이상의 약 5배, 2선은 4선 이상의 4배, 3선
은 4선 이상의 약 2배이므로 그래프의 수치도 이와 같은 관계가 성
립하는지를 확인하여 옳고 그름을 빠르게 판단할 수 있다.

19 자료 계산 및 추론 정답 ⑤

제시된 <조건>과 <그림> 및 <표>의 정보를 활용하여 교수
A~C가 판단한 내용과 정확도, 재현도를 정리하면 다음과 같다.

· <그림>에서 A 교수는 총 18+3+34+45=100명의 학생
을 공대생으로 판단하였다. <표>에서 A 교수의 정확도와 재
현도가 제시되지 않았으므로 이 외의 정보는 알기 어려우나
B 교수의 정확도가 1인 것을 통해 B 교수와의 교집합 부분인
34+3=37명은 실제 공대생임을 알 수 있다.

· B 교수의 정확도는 1이므로 B 교수가 공대생으로 판단한 학
생 3+12+11+34=60명은 모두 실제 공대생이고, 재현도
는 60/100=3/5임을 알 수 있다.

- C 교수의 정확도는 8/11이므로 C 교수가 공대생으로 판단한 학생 45+34+11+20=110명 중 80명은 실제 공대생임을 알 수 있다. 이때 B 교수와의 교집합 부분인 34+11=45명은 실제 공대생이므로 나머지 영역에 80-45=35명의 실제 공대생이 추가로 있음을 알 수 있다.

ㄱ. A, B, C 세 교수 모두가 공대생이 아니라고 공통적으로 판단한 학생의 수는 학생 총 150명에서 <그림>의 교수 A~C가 공대생으로 판단한 학생들의 합집합을 뺀 인원이다. 이에 따라 n(A∪B∪C)=n(A)+n(B)+n(C)-n(A∩B)-n(B∩C)-n(C∩A)+n(A∩B∩C)이고, n(A)=100, n(B)=60, n(C)=110, n(A∩B)=37, n(B∩C)=45, n(C∩A)=79, n(A∩B∩C)=34이므로 n(A∪B∪C)=100+60+110-37-45-79+34=143이다. 따라서 전체 학생 150명 중 150-143=7명은 A, B, C 세 교수 모두가 공대생이 아니라고 공통적으로 판단한 학생이므로 옳은 설명이다.

ㄴ. A, C 두 교수 모두가 공대생이라고 공통적으로 판단한 학생 79명 중에서 정확도가 1인 B 교수와의 교집합 부분인 34명은 실제 공대생이다. 또한 C 교수의 정확도에 따라 C 교수가 공대생으로 판단한 학생 110명 중 80명은 실제 공대생이므로 B와 C 교수의 교집합인 45명을 제외한 나머지 영역에 80-45=35명의 실제 공대생이 추가로 있어야 함을 알 수 있다. 이 35명에 C 교수만 단독으로 공대생이라고 판단한 20명이 모두 포함된다 하더라도 A와 C 교수의 교집합 중 B 교수와의 교집합을 제외한 45명 내에 최소 35-20=15명의 실제 공대생이 있어야 한다. 따라서 A, C 두 교수 모두가 공대생이라고 공통적으로 판단한 79명 중에서 최소한 34+15=49명 이상은 실제 공대생이고, 해당 비율은 (49/79)×100≒62.0%로 60% 이상이므로 옳은 설명이다.

ㄷ. 재현도 = $\dfrac{공대생으로 판단한 학생 중에서 공대생 수}{전체 공대생 수}$ 임을 적용하여 구한다. A 교수가 공대생으로 판단한 학생 100명 중 B 교수와의 교집합 37명은 실제 공대생이고, C 교수와의 교집합 45명 중 최소 15명은 실제 공대생임을 알 수 있다. 따라서 적어도 37+15=52명은 실제 공대생으로 A 교수의 재현도는 최소 52/100으로 1/2 이상이므로 옳은 설명이다.

⏱ 빠른 문제 풀이 **Tip**

B 교수의 정확도가 1인 것의 의미를 정확히 파악하여 문제를 풀이한다.

ㄱ. 제시된 <그림>의 벤다이어그램은 각 영역마다 의미하는 인원수가 구분되어 있기 때문에 교집합을 구별하지 않고 전체 모든 수를 더한 값인 18+3+34+45+12+11+20=143이 합집합이 된다.

---

20 자료 분석 및 단순 연산

정답 ①

정답 체크

ㄱ. 2022~2025년 정부 총지출의 전년 대비 증가율은

2022년: $\dfrac{612.1-560.7}{560.7}×100≒9.2\%$,

2023년: $\dfrac{644.3-612.1}{612.1}×100≒5.3\%$,

2024년: $\dfrac{673.5-644.3}{644.3}×100≒4.5\%$,

2025년: $\dfrac{701.1-673.5}{673.5}×100≒4.1\%$이다.

증가율은 지속적으로 감소하므로 옳은 설명이다.

ㄴ. 정부 총지출에서 SOC 분야가 차지하는 비중은 2022년에 $\dfrac{27.5}{612.1}×100≒4.49\%$이고, 2023년에 $\dfrac{28.7}{644.3}×100≒4.45\%$로 2023년에 전년 대비 감소하였으므로 옳은 설명이다.

오답 체크

ㄷ. 2021~2024년까지는 농림·수산·식품이 8위, 공공질서·안전이 9위이지만 2025년에는 공공질서·안전이 8위, 농림·수산·식품이 9위이므로 옳지 않은 설명이다.

ㄹ. 2021년 대비 2025년 환경 분야 증가율은 $\dfrac{14.5-10.6}{10.6}×100≒36.8\%$로 다른 분야에서 30% 이상 증가율이 없으므로 증가율이 가장 큰 분야는 환경 분야이다.

공공질서·안전 분야 증가율은 $\dfrac{25.1-22.3}{22.3}×100≒12.6\%$,

농림·수산·식품 분야 증가율은 $\dfrac{24.9-22.7}{22.7}×100≒9.7\%$로 증가율이 가장 낮은 분야는 농림·수산·식품이다. 따라서 옳지 않은 설명이다.

⏱ 빠른 문제 풀이 **Tip**

ㄱ. 2022년~2025년 정부 총지출은 증가하지만 증가량이 점점 감소하므로 증가율은 감소한다는 것을 알 수 있다.

ㄹ. 보기에서 제시한 분야의 증가율을 먼저 계산한 뒤에 계산 결과의 증가율을 기준으로 나머지 분야를 대략 확인해본다. 환경 분야의 증가율은 대략 37%가 나왔으나 나머지 분야의 증가율을 어림산 해보면 30%가 안 되기 때문에 환경 분야의 증가율이 가장 크다는 것을 알 수 있다. 또한, 공공질서·안전 분야의 증가율은 약 12%가 나왔으나 농림·수산·식품의 증가율은 대략 10%가 안 되므로 증가율이 가장 낮은 분야는 농림·수산·식품인 것을 알 수 있다.

실전모의고사 3회

p.336

01	02	03	04	05	06	07	08	09	10
④	④	③	①	⑤	③	④	③	④	②
11	12	13	14	15	16	17	18	19	20
①	⑤	②	⑤	⑤	③	①	④	①	⑤

01 작업량 정답 ④

정답 체크

A와 B가 같이 작업을 한 시간을 x분이라고 하면 A와 B가 같이 일을 한 시간이 총 소요 시간의 20%이고 80%는 단독 작업시간이므로 20%=$\frac{1}{5}$, 80%=$\frac{4}{5}$의 비율임을 반영하면 A가 단독으로 작업을 한 시간은 $(4 \times x)$분이며 작업을 완료하기까지 총 걸린 시간은 $(5 \times x)$분이다.

A가 단독으로 작업한 양은 $\frac{1}{40} \times 4 \times x$이며, A와 B가 같이 작업한 양은 $(\frac{1}{40}+\frac{1}{56}) \times x=\frac{3}{70} \times x$이다. 이를 합하면 $\frac{1}{40} \times 4x+\frac{3}{70} \times x=1$이 되므로 $x=7$분이며, 총 소요 시간은 $5 \times 7=35$분이다.

02 수추리 정답 ④

정답 체크

제시된 표에서 각 숫자 간의 값은 첫 번째 표가 ×9, ÷3, 두 번째 표가 ×4, ÷2로 변화하므로 각 표에서 두 번째 열에 곱해지는 값의 양의 제곱근이 세 번째 열에서 나눠지는 규칙이 적용된다. 따라서 제시된 세 번째 표는 ×16, ÷4라는 규칙이 적용되므로 빈칸에 들어갈 알맞은 숫자는 '144'이다.

03 연립방정식 정답 ③

정답 체크

사원 A가 받은 등급 '상'의 개수를 x, '중'의 개수를 y, '하'의 개수를 z라고 하면
$x+y+z=32$ … ⓐ
$3x+y-z=52$ … ⓑ
$x=2y+z+6$ … ⓒ

ⓒ를 ⓐ에 대입하여 정리하면 $3y+2z=26$ … ⓓ
ⓒ를 ⓑ에 대입하여 정리하면 $7y+2z=34$ … ⓔ
ⓔ-ⓓ에서 $4y=8 \rightarrow y=2, z=10$ … ⓕ
ⓕ를 ⓐ에 대입하여 정리하면 $x=20$이다.
따라서 사원 A가 받은 등급 '상'의 개수는 20개이다.

04 방정식 정답 ①

정답 체크

작년에 채용된 남자 신입사원 수를 x라고 하면 작년에 채용된 여자 신입사원 수는 $\frac{4}{5}x$이고, 올해 채용된 남자 신입사원 수는 $x \times (1-0.02)$, 올해 채용된 여자 신입사원 수는 $\frac{4}{5}x \times (1+0.05)$이다.

올해 채용된 신입사원 수는 총 273명이므로
$x \times (1-0.02)+\frac{4}{5}x \times (1+0.05)=273 \rightarrow x=150$

따라서 올해 채용된 남자 신입사원과 여자 신입사원의 인원수 차이는 $150 \times 0.98-120 \times 1.05=147-126=21$명이다.

05 방정식 정답 ⑤

정답 체크

지난해에 형이 송금한 금액을 x, 동생이 송금한 금액을 y라고 하면
$x+y=4,000 \rightarrow 0.91x+0.91y=3,640$ … ⓐ
$1.03x+0.91y=4,000$ … ⓑ
ⓑ-ⓐ에서 $x=3,000$
따라서 형이 올해 한국으로 송금한 금액은 $3,000 \times 1.03=3,090$달러이다.

06 경우의 수　　　　　　　　　　정답 ③

정답 체크

주사위 A와 B의 눈의 순서쌍을 (x, y)라고 하면 (홀, 짝)인 경우는 $3 \times 3 = 9$가지이고, (짝, 홀)인 경우는 $3 \times 3 = 9$가지이다. 따라서 나온 눈의 수의 합이 홀수가 되는 경우의 수는 $9 + 9 = 18$가지이다.

07 확률　　　　　　　　　　　　정답 ④

정답 체크

질병의 감염 유무와 이에 대한 증상의 유무별 확률은 다음과 같다.

구분	감염 O	감염 X	전체
증상 O	d	0.09	
증상 X	e	a	
전체	c	b	1

감염자가 아닌 사람 중 증상이 나타나지 않은 확률은 75%이므로 a/b=0.75이며, 0.09+a=b이므로 a=0.27, b=0.36이다.

따라서 c=1−b=1−0.36=0.64가 된다.

감염자 중 증상이 나타나지 않을 확률이 0.25이므로 e/c=0.25 → e/0.64=0.25, 즉, e=0.16이다.

증상이 나타나며 감염자일 확률인 d는 c−e이므로 0.64−0.16=0.48 즉, 48%이다.

08 자료 계산 및 추론　　　　　　정답 ③

정답 체크

ㄱ. 응시생 I의 점수는 71점이고, '정답 문항 수'가 15이므로 오답으로 감점된 점수는 $(15 \times 5) - 71 = 4$점이다. 따라서 '오답 문항 수'는 4/2=2이고, '풀지 않은 문항 수'는 20−(15+2)=3이므로 옳은 설명이다.

ㄹ. 응시생 J의 점수는 64점으로 득점 점수와 감점 점수로 가능한 조합은 각각 70점, 6점이다. 따라서 '정답 문항 수'가 14, '오답 문항 수'가 3, '풀지 않은 문항 수'가 3으로 '오답 문항 수'와 '풀지 않은 문항 수'가 동일하므로 옳은 설명이다.

오답 체크

ㄴ. <표>에서 '풀지 않은 문항 수'의 빈칸을 계산한다. 응시생 G는 '정답 문항 수'가 16으로 $16 \times 5 = 80$점을 득점하였으나 80−76=4점이 감점되었으므로 '오답 문항 수'가 4/2=2, '풀지 않은 문항 수'가 20−(16+2)=2이다. 응시생 H는 득점 점수가 5의 배수이므로 오답인 문항에 대한 감점이 없어 '정답 문항 수'가 15, '풀지 않은 문항 수'가 20−15=5임을 알 수 있다. 따라서 '풀지 않은 문항 수'의 합은 2+1+3+2+5+3+3=19이므로 옳지 않은 설명이다.

ㄷ. <표>에서 '점수'의 빈칸을 계산한다. 응시생 D는 '정답 문항 수'가 20−(2+1)=17, '오답 문항 수'가 2이므로 $17 \times 5 - 2 \times 2 = 81$점이다. 응시생 E는 '정답 문항 수'가 20−(3+0)=17, '오답 문항 수'가 3이므로 $17 \times 5 - 3 \times 2 = 79$점이다. 따라서 80점 이상인 응시생은 A, B, C, D 4명이므로 옳지 않은 설명이다.

⏱ 빠른 문제 풀이 Tip

<보기> 중 확인해야 하는 범위가 가장 작은 ㄱ, ㄹ을 먼저 확인하여 빠르게 답을 도출할 수 있다.

09 자료 분석 및 증가율 계산　　　정답 ④

정답 체크

2018년 4월의 전년 동월 대비 산지쌀값의 증가율은 $\frac{171,376 - 127,952}{127,952} \times 100 ≒ 33.9\%$이고 2018년 11월의 전년 동월 대비 산지쌀값의 증가율은 $\frac{193,696 - 152,224}{152,224} \times 100 ≒ 27.2\%$이므로 옳은 설명이다.

오답 체크

① 제시된 자료에서 전년 동월 대비 산지쌀값이 매년 상승한 달은 10월, 11월, 12월로 총 3개이므로 옳지 않은 설명이다.

② 2017년 산지쌀값이 가장 비싼 달은 12월 154,968원이고, 가장 싼 달은 7월 126,732원으로 차이는 28,236원이다. 2016년 산지쌀값이 가장 비싼 달은 1월 146,560원이고, 12월 128,328원으로 차이는 18,232원이다. 28,236/18,232≒1.55배이므로 2배보다 작으므로 옳지 않은 설명이다.

③ 2016년 상반기의 평균은

$$\frac{146,560 + 145,864 + 144,972 + 144,316 + 144,052 + 143,576}{6}$$

=144,890원,

2016년 하반기의 평균은

$$\frac{142,900 + 141,869 + 137,152 + 134,076 + 129,348 + 128,328}{6}$$

≒135,612원으로 상반기가 더 크므로 옳지 않은 설명이다.

⑤ 2017년 9월 산지쌀값 132,096원/100kg을 기준으로 쌀 300kg을 구매하는 비용은 $132,096 \times 3 = 396,288$원이고 2018년 12월 산지쌀값 193,656원/100kg을 기준으로 쌀 200kg을 구매하는 비용은 $193,656 \times 2 = 387,312$원임에 따라 2017년 9월 구매비용이 더 크므로 옳지 않은 설명이다.

🕐 빠른 문제 풀이 Tip
③ 2016년에 전체적으로 상반기(1~6월)의 값이 하반기(7~12월) 보다 더 비싼 것으로 확인되므로 평균도 상반기가 더 크다는 것을 예상할 수 있다.
④ 2018년 4월의 전년 동월 대비 증가량은 $171,376 - 127,952 = 43,424$이므로 증가율의 분수식은 $\frac{43,424}{127,952}$이고, 11월의 전년 동월 대비 증가량은 $193,696 - 152,224 = 41,472$이므로 증가율의 분수식은 $\frac{41,472}{152,224}$이다. $\frac{43,424}{127,952}$와 $\frac{41,472}{152,224}$ 두 분수를 비교해보면 분자는 전자가 크고, 분모는 전자가 작으므로 $\frac{43,424}{127,952}$가 더 크다는 것을 알 수 있다.

10 자료 분석 및 단순 연산　　　정답 ②

정답 체크

표시된 내용량 1g당 가격이 가장 비싼 제품은 '사' 제품으로 $\frac{1,450}{101} \fallingdotseq 14.4$이고 측정된 내용량 1g당 가격도 $\frac{1,450}{106} \fallingdotseq 13.7$로 가장 비싸다. 따라서 옳은 설명이다.

오답 체크

① 제시된 제품 중 상대적으로 면/건더기가 차지하는 비율이 다른 제품이 비해 높아 보이는 제품을 선별하여 확인해본다. 나트륨 전체 함량에서 국물 나트륨 함량의 비율을 구해보면 '나' 제품 $\frac{1,082}{1,603} \times 100 \fallingdotseq 67\%$, '라' 제품 $\frac{959}{1,493} \times 100 \fallingdotseq 64\%$, '바' 제품 $\frac{1,256}{1,894} \times 100 \fallingdotseq 66\%$, '자' 제품 $\frac{988}{1,558} \times 100 \fallingdotseq 63\%$, '차' 제품 $\frac{911}{1,364} \times 100 \fallingdotseq 67\%$이므로 옳지 않은 설명이다.

③ 칼국수 제품의 탄수화물, 단백질, 지방 각각 평균을 구해보면 탄수화물은 $\frac{74+79+79+99+75+82+80+77}{8} \fallingdotseq 80.6$, 단백질은 $\frac{9+10+9+12+10+13+11+8}{8} = 10.25$, 지방은 $\frac{2+3+1+2+2+1+8+3}{8} = 2.75$이다. 비유탕라면 제품의 탄수화물, 단백질, 지방 각각 평균을 구해보면

탄수화물은 $\frac{70+76}{2} = 73$, 단백질은 $\frac{10+8}{2} = 9$, 지방은 $\frac{4+5}{2} = 4.50$이다. 따라서 지방은 비유탕라면 제품의 평균 함량이 더 높으므로 옳지 않은 설명이다.

④ 비유탕라면 제품의 평균 열량은 $\frac{358+381}{2} = 369.5$kcal이다. 칼국수 제품 중 이보다 높은 열량을 지닌 제품은 '라', '바', '아', '자'로 총 2개 제품이므로 옳지 않은 설명이다.

⑤ B 사 제품의 평균 열량은 $\frac{381+361+458+436}{4} = 409$, 평균 나트륨 함량은 $\frac{1,603+1,544+1,894+1,558}{4} \fallingdotseq 1649.8$이고, A 사 제품의 평균 열량은 $\frac{358+348+383+354+389+367}{6} = 366.5$, 평균 나트륨 함량은 $\frac{1,767+1,658+1,493+2,143+2,006+1,364}{6} = 1738.5$임에 따라 평균 나트륨 함량은 A 사가 더 많으므로 옳지 않은 설명이다.

🕐 빠른 문제 풀이 Tip
① 여사건으로 면/건더기의 나트륨 함량이 30% 이상이 되는 제품을 찾는 것이 더 빠를 수 있다. '나' 제품은 전체 나트륨 함량이 1,603이고 전체 나트륨 함량의 30%는 $160.3 \times 3 = 480.9$인데 '나' 제품의 면/건더기 나트륨 함량이 521로 30% 이상이므로 국물의 나트륨 함량은 70%가 안 되는 것을 알 수 있다.
② 표에서 어림산으로 $\frac{\text{가격}}{\text{내용량}}$이 큰 제품을 선별할 수 있어야 한다. '사' 제품의 표시된 내용량 1g당 가격이 $\frac{1,450}{101}$이 대략 14 이상이 되는 것을 알 수 있고 이를 기준으로 다른 제품을 확인해보면 가격이 표시된 내용량의 14배가 되는 것이 없기 때문에 '사' 제품이 가장 크다는 것을 알 수 있다.

11 자료 분석 및 비교　　　정답 ①

정답 체크

ㄱ. 1인당 GDP가 2만 달러 이상인 국가는 A, B, C, D, E, F이고, 이 국가들은 모두 1인당 의료비지출액이 1천 달러 이상이므로 옳은 설명이다.
ㄴ. 1인당 의료비지출액은 A 국이 약 3,500달러로 가장 많고, J 국이 약 300달러로 가장 적다. 두 나라의 1인당 의료비지출액 차이는 $3,500 - 300 \fallingdotseq 3,200$달러이므로 옳은 설명이다.

ㄷ. 1인당 GDP는 E 국이 가장 높고, J 국이 가장 낮다. E 국과 J 국의 1인당 의료비지출액은 모두 2천 달러를 넘지 않아 두 나라의 1인당 의료비지출액 차이가 2천 달러 이상이 될 수 없으므로 옳지 않은 설명이다.

ㄹ. 1인당 GDP 상위 5개 국가는 A, B, C, E, F이고, 1인당 GDP 하위 5개 국가는 D, G, H, I, J이다. 1인당 GDP 상위 5개 국가의 1인당 의료비지출액 합은 3,500＋2,700＋2,500＋1,700＋1,200≒11,600달러이고, 1인당 GDP 하위 5개 국가의 1인당 의료비지출액 합의 5배인 (1,700＋700＋500＋400＋300)×5≒18,000달러 미만이므로 옳지 않은 설명이다.

⏱ **빠른 문제 풀이 Tip**
ㄹ. 1인당 GDP 하위 5개 국가의 의료비지출액 합은 약 3,600이므로 1인당 GDP 상위 5개 국가의 의료비지출액은 한 국가당 평균 3,600 이상이어야 한다. 그러나 제시된 <그림>에서 A, B, C, E, F 국 모두 3,600에 미치지 못하므로 옳지 않은 설명이다.

12 자료 분석 및 비율 계산 정답 ⑤

ㄷ. <표 2>에서 2011~2014년 동안 초등학교 학생 1인당 월평균 사교육비의 전년 대비 증감률은 2011년이 {(24.1－24.5)/24.5}×100≒－1.6%, 2012년이 {(21.9－24.1)/24.1}×100≒－9.1%, 2013년이 {(23.2－21.9)/21.9}×100≒5.9%, 2014년이 {(23.2－23.2)/23.2}×100＝0%이다. 같은 기간 중학교 학생 1인당 월평균 사교육비의 전년 대비 증감률은 2011년이 {(26.2－25.5)/25.5}×100≒2.7%, 2012년이 {(27.6－26.2)/26.2}×100≒5.3%, 2013년이 {(26.7－27.6)/27.6}×100≒－3.3%, 2014년이 {(27.0－26.7)/26.7}×100≒1.1%이다. 따라서 초등학교와 중학교 학생의 1인당 월평균 사교육비의 전년 대비 증감률은 모두 2012년에 가장 크므로 옳은 설명이다.

ㄹ. <표 3>에서 2011~2014년 동안 초등학교와 고등학교 사교육 참여율은 각각 2013년, 2014년에 전년 대비 증가한 반면, 중학교 사교육 참여율은 매년 전년 대비 감소하므로 옳은 설명이다.

ㄱ. <그림>에서 연도별 학생 1인당 연간 사교육비는 2010년이 209,000/724≒288.7만 원, 2011년이 201,000/699≒287.6만 원, 2012년이 190,000/672≒282.7만 원,

2013년이 186,000/648≒287.0만 원, 2014년이 182,000/629≒289.3만 원이다. 따라서 2011년과 2012년에 전년 대비 감소하므로 옳지 않은 설명이다.

ㄴ. <표 1>에서 2011~2014년 동안 초등학교 연간 사교육비의 전년 대비 증감률은 2011년이 {(90,461－97,080)/97,080}×100≒－6.8%, 2012년이 {(77,554－90,461)/90,461}×100≒－14.3%, 2013년이 {(77,375－77,554)/77,554}×100≒－0.2%, 2014년이 {(75,949－77,375)/77,375}×100≒－1.8%이고, 같은 기간 고등학교 연간 사교육비의 전년 대비 증감률은 2011년이 {(50,799－51,242)/51,242}×100≒－0.9%, 2012년이 {(51,679－50,799)/50,799}×100≒1.7%, 2013년이 {(50,754－51,679)/51,679}×100≒－1.8%, 2014년이 {(50,671－50,754)/50,754}×100≒－0.2%이다. 따라서 2013년 연간 사교육비의 전년 대비 증감률은 초등학교보다 고등학교가 더 크므로 옳지 않은 설명이다.

⏱ **빠른 문제 풀이 Tip**
<보기> 중 계산을 하지 않아도 풀 수 있는 ㄹ을 먼저 확인한 후 오답 선택지를 소거한다.
ㄱ. 그래프의 기울기를 통해 대략적인 비율을 빠르게 파악한다. <그림>에서 꺾은선 그래프가 나타내는 전체 학생 수는 비교적 일정하게 감소하는 반면, 막대 그래프가 나타내는 연간 사교육비는 2012년에 다른 해보다 더 많이 감소했음을 알 수 있다. 따라서 2012년에 분자 값인 연간 사교육비의 감소율이 분모 값인 전체 학생 수의 감소율보다 더 크므로 학생 1인당 연간 사교육비는 전년 대비 감소하였음을 정확하게 계산하지 않아도 판단할 수 있다.
ㄴ. 2011~2014년 동안 초등학교와 고등학교의 연간 사교육비의 전년 대비 증감량을 살펴보면 다른 해는 초등학교가 고등학교의 증감량보다 큰 반면, 2013년은 초등학교가 고등학교의 증감량보다 작은 것을 알 수 있다. 2013년 연간 사교육비는 초등학교가 77,554에서 77,375로 약 180 감소하여 감소율이 1% 미만이고, 고등학교가 51,679에서 50,754로 약 1,000 감소하여 감소율이 약 2%이므로 증감률은 초등학교보다 고등학교가 더 높음을 알 수 있다.
ㄷ. 증감률은 증가량과 감소량, 즉 변화량에 대한 비율이므로 증감률의 크기를 비교하는 경우 부호는 제외하고 절댓값으로 비교한다. 2012년 초등학교 학생 1인당 월평균 사교육비는 24.1에서 21.9로 전년 대비 2.2 감소하여 증감량이 24.1의 약 10%인 반면, 다른 연도는 10%에 못 미친다. 중학교 학생 1인당 월평균 사교육비는 전반적으로 큰 변화가 없으나 2012년에 26.2에서 27.6로 전년 대비 1.4 증가하여 증감량이 26.2의 약 5% 이상임을 알 수 있다.

13 자료 분석 및 비율 계산　　정답 ②

주어진 자료는 누적 학생 비율에 대한 자료이므로, 우수수준의 학생 비율은 (우수수준 누적 학생 비율－수월수준 학생 비율)로 구할 수 있다. 따라서 우수수준의 학생비율이 동일한 국가들은 '갑'국(75－43＝32%), E 국(46－14＝32%), G 국(39－7＝32%)이다. 이들 국가의 학업성취 평균점수는 각각 606점, 538점, 527점이며 이에 대한 평균은 (606＋538＋527)/3＝557점이다.

오답 체크

① 주어진 자료는 4년 단위로 주어져 있으므로, 매년 증가하였는지 여부는 확인할 수 없다.

③ 수월수준의 학생비율은 각각 F 국은 12%, G 국은 7%이므로 F 국이 높지만 우수수준의 학생비율은 F 국은 (41－12)＝29%, G 국은 (39－7)＝32%이므로 G 국이 더 높다.

④ 기초수준 미달 학생의 비율은 전체 100에서 기초수준까지의 누적학생 비율을 뺀 값이 된다. 따라서 수월수준 학생 대비 기초수준 미달 학생의 비율은 각각 아래와 같다.
I 국: (100－93)/10×100＝(7/10)×100＝70%,
E 국: (100－95)/14×100＝(5/14)×100＝약 35.7%
따라서 해당 비율은 I 국 70%로 E 국의 2배인 약 71.4%보다 작다.

⑤ 각 성별 2002년 대비 2018년 학업성취도 평균점수의 증가율은 아래와 같다.
남학생: {(606－590)/590}×100＝약 2.7%,
여학생: {(605－585)/585}×100＝약 3.4%
따라서 증가율은 여학생이 더 크다.

14 자료 분석 및 단순 연산　　정답 ⑤

정답 체크

ㄱ. A 도시의 2019년 쌀 물가지수는 33,000:100＝48,000:
(　　)로 구할 수 있다. 따라서 $\frac{48,000}{33,000} \times 100 \approx 145.45$
이므로 옳은 설명이다.

ㄷ. B 도시의 2018년 쌀 물가지수는 $\frac{44,500}{31,000} \times 100 \approx 143.55$
이므로 옳은 설명이다.

ㄹ. 2019년 A 도시의 쌀 물가지수는 $\frac{48,000}{33,000} \times 100 \approx 145.45$,
B 도시의 쌀 물가지수는 $\frac{45,000}{31,000} \times 100 \approx 145.16$, C 도

시의 쌀 물가지수는 $\frac{51,000}{35,500} \times 100 \approx 143.66$이다. 각 주의 식에 따라 2019년 갑국의 쌀 물가지수를 구하면
$\frac{145.45 \times 530 + 145.16 \times 290 + 143.66 \times 180}{1,000} \approx 145.04$로
145 이상이므로 옳은 설명이다.

ㅁ. 2020년 A 도시의 쌀 물가지수는 $\frac{50,000}{33,000} \times 100 \approx 151.52$,
B 도시의 쌀 물가지수는 $\frac{48,000}{31,000} \times 100 \approx 154.84$로 A 도시의 쌀 물가지수가 낮고 B 도시의 쌀 물가지수가 높다. A 도시의 가중치를 500으로 낮추고, B 도시의 가중치를 320으로 올리게 되면, 지수가 높은 B 도시의 가중치가 변경 전보다 높아지기 때문에 최종적으로 갑국의 쌀 물가지수는 변경 전에 비해 증가하게 되므로 옳은 설명이다.

오답 체크

ㄴ. C 도시의 2020년 쌀 평균가격은 49,000원으로 A 도시의 쌀 평균가격인 50,000원보다 낮으므로 옳지 않은 설명이다.

15 자료 분석 및 평균 계산　　정답 ⑤

정답 체크

ㄱ. 전체 순위 상위권의 일부 국가들 5개 지표별 순위 합을 구해보면, 독일 1＋8＋1＋3＋2＝15, 룩셈부르크 3＋4＋2＋1＋3＝13, 스웨덴 4＋1＋10＋8＋1＝24, 네덜란드 2＋6＋3＋6＋5＝22, 싱가포르 14＋3＋6＋4＋4＝31 등으로 전체 순위 5위 이하 국가의 5개 지표별 순위 합은 30 이상이다. 따라서 합이 세 번째로 작은 국가는 네덜란드이므로 옳지 않은 설명이다.

ㄴ. 각 지표별 상위 1~5위 점수의 평균은

인프라 $\frac{4.44+4.29+4.25+4.23+4.21}{5} \approx 4.28$

국제표준 $\frac{4.22+4.12+4.05+3.97+3.93}{5} \approx 4.06$

물류품질 $\frac{4.28+4.25+4.22+4.14+4.13}{5} \approx 4.20$

화물추적 $\frac{4.38+4.29+4.28+4.22+4.20}{5} \approx 4.27$

정시성 $\frac{4.62+4.51+4.44+4.43+4.41}{5} \approx 4.48$이다.

따라서 평균이 큰 순서대로 나열하면 정시성-인프라-화물추적-물류품질-국제표준이므로 옳지 않은 설명이다.

ㄷ. 매출액 점수가 인프라 점수와 동일하게 반영된다면, 홍콩은 4.10, 미국은 4.15가 하나씩 더 추가된다. 홍콩의 전체 점수는 $\frac{4.10+4.10+4.12+3.92+4.03+4.29}{6} ≒ 4.09$, 미국의 전체 점수는 $\frac{4.15+4.15+3.65+4.01+4.20+4.25}{6} ≒$ 4.07로 전체 점수 순위는 변함이 없으므로 옳지 않은 설명이다.

⏱ 빠른 문제 풀이 Tip

ㄷ. 편차값으로 평균을 간단히 확인할 수 있다.
홍콩은 매출액 점수(인프라 점수) 4.10점으로 전체 점수 4.09보다 0.01 높은 점수가 추가 되는 것이고 이를 6으로 나눈 값이 평균에 영향을 주기 때문에 $\frac{0.01}{6} ≒ 0.0016...$점이 높아진다. 따라서 전체 점수는 거의 변화가 없다고 볼 수 있다. 미국은 매출액 점수 (인프라 점수) 4.15점으로 전체 점수 4.05보다 0.1점 높은 점수가 추가 되는 것이고 이를 6으로 나눈 값이 평균에 영향을 주기 때문에 $\frac{0.1}{6} ≒ 0.016$으로 문제의 각주 조건에 따라 소수점 셋째 자리에서 반올림하면 약 0.02점이 높아진다. 따라서 4.07점이 된다는 것을 알 수 있다.

16 자료 분석 및 증가율 계산
정답 ③

정답 체크

ㄴ. 각 유형별 증감량으로 총노선 수와 총차량대수의 증감폭(증감량)을 알 수 있다.
2017년 각 유형별 노선 수의 증감량은 간선 −1, 지선 −1, 광역 0, 순환 0, 심야 −1로 총노선 수는 3개 감소하였다. 동일한 방법으로 확인해보면 총노선 수는 2018년 3개 감소, 2019년 4개 감소, 2020년 3개 증가하였으므로 증감폭은 2019년에 가장 큰 것을 알 수 있다. 2017년 각 유형별 차량대수의 증감량은 간선 −13, 지선 +11, 광역 0, 순환 0, 심야 +2로 총차량대수의 증감폭은 0이다. 동일한 방법으로 확인해보면 총차량대수는 2018년 3대 감소, 2019년 61대 감소, 2020년 16대 감소하였으므로 증감폭은 2019년이 가장 큰 것을 알 수 있다. 따라서 옳은 설명이다.

ㄷ. 2019년 심야버스는 버스 유형 중 유일하게 차량대수가 증가하였으며, 증가율은 $\frac{70-47}{47} \times 100 ≒ 49\%$이기에 45%를 넘으므로 옳은 설명이다.

ㄹ. 노선 수 대비 차량대수 비($= \frac{차량대수}{노선 수}$)는 간선 버스의 경우 2016년 $\frac{3,703}{122} ≒ 30.4$로 전체적으로 노선 수와 차량대수가

비슷하여 대략 30으로 볼 수 있다. 반면, 지선버스, 광역버스, 순환버스는 대략적으로 보아도 차량대수가 노선 수의 30배가 안 되는 것을 알 수 있으므로 '간선버스'의 비가 매년 가장 크다는 것은 옳은 설명이다.

오답 체크

ㄱ. A 시 버스 총노선 수와 총차량대수의 증감추이는 각 유형별 증감량으로 알 수 있다.
2017년 전년대비 각 유형별 노선 수 증감량은 간선 −1, 지선 −1, 광역 0, 순환 0, 심야 −1로 총 노선 수는 3개 감소하였다. 동일한 방법으로 확인해보면 2018년 총 노선 수는 전년대비 3개 감소, 2019년 총 노선 수는 전년대비 4개 감소한 반면, 2020년 총 노선 수는 전년대비 3개 증가하였다. 따라서 총 차량대수까지 확인하지 않아도 옳지 않은 설명이다.

ㄷ. 순환버스와 심야버스의 노선 수 대비 차량대수 비($= \frac{차량대수}{노선 수}$)를 구해보면,
순환버스는 2016년, 2017년 $\frac{25}{4} ≒ 6.3$, 2018년, 2019년, 2020년 $\frac{14}{3} ≒ 4.7$이고,
심야버스는 2016년 $\frac{45}{9} ≒ 5$, 2017년, 2018년 $\frac{47}{8} ≒ 5.9$, 2019년 $\frac{70}{9} ≒ 7.8$, 2020년 $\frac{78}{11} ≒ 7.1$이다.
따라서 2016년과 2017년은 순환버스의 비가 더 높고 2018, 2019, 2020년은 심야버스의 비가 더 높으므로 옳지 않은 설명이다.

17 자료 분석 및 비교
정답 ①

정답 체크

<그림 1>에서 2009년 외국기업 국내 투자건수의 서비스업 비율은 65.9%이고, <그림 2>에서 외국기업의 국내 서비스업의 투자건수는 680건이다. 이때 2009년 외국기업 국내 투자건수를 A라고 하면 65.9 : 680 = 100 : A의 비례식을 세울 수 있고, A는 (680×100)/65.9≒1,031.9이다. 같은 방식으로 2010년 외국기업 국내 투자건수를 B라고 하고 비례식을 세우면 68.7 : 687 = 100 : B이고, B는 (687×100)/68.7=1,000건이다. 따라서 외국기업 국내 투자건수는 2010년이 2009년보다 적으므로 옳은 설명이다.

오답 체크

② <그림 1>과 <그림 2>에서 2008년 외국기업 국내 투자건수의 서비스업 비율은 67.8%, 외국기업의 국내 서비스업 투자건수는 572건, 외국기업 국내 투자건수의 농·축·수산·광업

비율은 5.9%이므로 외국기업의 국내 농·축·수산·광업에 대한 투자건수를 C라고 하면 67.8:572=5.9:C의 비례식을 세울 수 있다. C는 (572×5.9)/67.8≒49.8건으로 60건 미만이므로 옳지 않은 설명이다.

③ <그림 1>에서 외국기업 국내 투자건수 중 제조업이 차지하는 비율은 2009년 17.1%에서 2010년 13.6%로 감소하였으므로 옳지 않은 설명이다.

④ <그림 1>에서 외국기업 국내 투자건수 중 각 산업이 차지하는 비율의 순위는 2008년, 2010년, 2011년은 1위가 서비스업, 2위가 제조업, 3위가 전기·가스·수도·건설업, 4위가 농·축·수산·광업으로 동일하지만 2009년에는 3위가 농·축·수산·광업이고, 4위가 전기·가스·수도·건설업이므로 옳지 않은 설명이다.

⑤ <그림 2>에서 외국기업의 국내 서비스업 투자건당 투자금액은 2008년에 823/572≒1.4백만 달러, 2009년에 1,448/680≒2.1백만 달러, 2010년에 1,264/687≒1.8백만 달러, 2011년에 2,766/553≒5.0백만 달러로 2010년에 전년 대비 감소하므로 옳지 않은 설명이다.

빠른 문제 풀이 Tip

① 비례식에서 정확히 계산하지 않고도 2009년과 2010년 투자건수의 증감을 대략적으로 확인할 수 있다.
   · 2009년 → 65.9:680=100:A
   · 2010년 → 68.7:687=100:B
   2009년 식의 좌변을 보면 680은 65.9의 10배 이상이므로 A는 100의 10배 이상으로 1,000을 넘음을 알 수 있다. 2010년 식의 좌변을 보면 687은 68.7의 정확히 10배이므로 B는 100의 10배인 1,000이다. 따라서 2009년은 1,000 이상이고, 2010년 1,000이므로 2010년이 2009년보다 적다.

⑤ 투자건당 투자금액은 2009년과 2010년의 그래프 수치를 통해 정확히 계산하지 않아도 감소하였음을 알 수 있다. 분모 값인 투자건수는 680에서 687로 증가하였고, 분자 값인 투자금액은 1,448에서 1,264로 감소하였다. 분모 값은 증가하고 분자 값은 감소했으므로 분수 값은 감소함을 알 수 있다.

18 자료 분석 및 단순 연산   정답 ④

정답 체크

ㄱ. 첫 번째와 두 번째 <조건>에 따라 대당 운송수입금이 표준운송원가의 80%인 500×0.8=400천 원 미만인 버스회사를 보조금 지급 대상으로 한다. 따라서 <표>에서 대당 운송수입금이 400천 원 미만인 보조금 지급 대상 버스회사 수는 4+13+15+9+4+4+11=60개이므로 옳은 설명이다.

ㄴ. 표준운송원가를 625천 원으로 인상한다면, 대당 운송수입금이 표준운송원가의 80%인 625×0.8=500천 원 미만인 버

스회사를 보조금 지급 대상으로 한다. 따라서 <표>에서 대당 운송수입금이 500천 원 미만인 보조금 지급 대상 버스회사 수는 7+10+5+11+4+13+15+9+4+4+11=93개이므로 옳은 설명이다.

ㄷ. 버스를 30대 보유한 버스회사의 대당 운송수입금이 200천 원이면, 네 번째 <조건>에 따라 표준운송원가인 500천 원의 50%인 250천 원 미만이므로 표준운송원가의 25%인 500×0.25=125천 원이 대당 보조금으로 지급된다. 따라서 해당 버스회사가 받게 되는 총 보조금은 125×30=3,750천 원이므로 옳은 설명이다.

오답 체크

ㄹ. 대당 운송수입금이 230천 원인 버스회사는 표준운송원가 500천 원의 50%인 250천 원 미만이므로 네 번째 <조건>에 따라 표준운송원가의 25%인 500×0.25=125천 원이 대당 보조금으로 지급된다. 대당 운송수입금이 380천 원인 버스회사는 표준운송원가 500천 원의 50%인 250천 원 이상, 80%인 400천 원 미만이므로 세 번째 <조건>에 따라 표준운송원가와 대당 운송수입금의 차액의 50%인 (500-380)/2=60천 원이 대당 보조금으로 지급된다. 따라서 두 버스회사가 받게 되는 대당 보조금의 차이는 125-60=65천 원이므로 옳지 않은 설명이다.

빠른 문제 풀이 Tip

제시된 <조건>에 대한 정확한 이해가 필요하다. 또한 <보기>에 제시된 수치의 기준 금액을 빠르게 계산하여 자료에 기준선을 표시하는 것도 정확한 풀이에 도움이 된다.

19 자료 변환 및 비교   정답 ①

정답 체크

제시된 <보고서>의 다섯 번째 내용에서 '1995년과 2007년 도시근로자가구당 월평균 교통비지출액 비중의 차이는 소득 10분위가 소득 1분위보다 작았다.'고 했지만, [소득분위별 도시근로자가구당 월평균 교통비지출액 현황]에서 1995년과 2007년의 소득 1분위 교통비지출액 비중 차이는 8.7-7.0=1.7%p이고, 소득 10분위는 14.6-10.3=4.3%p로 소득 10분위의 차이가 더 크므로 <보고서>의 내용과 부합하지 않는 자료이다.

오답 체크

② 제시된 <보고서>의 두 번째 내용에서 월평균 교통비지출액은 1995 120.3천 원에서 2007년 282.4천 원으로 증가하였으므로 <보고서>의 내용과 부합하는 자료이다.

③ 제시된 <보고서>의 세 번째 내용에서 월평균 교통비지출액의 비중이 큰 항목부터 나열하면 1995년에는 자동차구입 29.9%, 연료비 21.9%, 버스 18.3%, 보험료 7.9%, 택시 7.1%의 순이고, 2007년에는 연료비 39.0%, 자동차구입 23.3%, 버스 12.0%, 보험료 6.2%, 정비 및 수리비 3.7%의 순이므로 <보고서>의 내용과 부합하는 자료이다.

④ 제시된 <보고서>의 네 번째 내용에서 월평균 교통비지출액은 사무직이 1995년 151.8천 원에서 2007년 341.4천 원으로 증가하였고, 생산직이 1995년 96.3천 원에서 2007년 233.1천 원으로 증가하였으므로 <보고서>의 내용과 부합하는 자료이다.

⑤ 제시된 <보고서>의 첫 번째 내용에서 월평균 소비지출액은 1995년 1,231천 원에서 2007년 2,349천 원으로 증가하였으므로 <보고서>의 내용과 부합하는 자료이다.

20 자료 분석 및 매칭   정답 ⑤

정답 체크

· 첫 번째 <조건>과 네 번째 <조건>을 통해 B+D+E=44,000원임을 알 수 있다. 이때 물품 E의 가격은 16,000원이므로 B+D=28,000원이고, (가)+(다)=28,000원임을 알 수 있다.

· 세 번째 <조건>에서 '을'은 '병'보다 물품 가격의 합이 높으므로 A와 C의 합은 44,000원보다 높아야 한다. 물품 A의 가격은 24,000원이므로 물품 C의 가격인 (나)는 20,000원 초과임을 알 수 있다.

따라서 (가)+(다)=28,000원이고, (나)는 20,000원을 초과해야 하므로 (가)는 13,000원, (나)는 23,000원, (다)는 15,000원이 가능하다.

🕐 빠른 문제 풀이 Tip

먼저 확인한 <조건>으로 선택지를 소거하여 정답이 되는 숫자의 범위를 줄이도록 한다. 첫 번째 <조건>과 네 번째 <조건>에서 (가)+(다)=28,000원임을 확인하였으므로 ①을 소거한다. 세 번째 <조건>에서 (나)는 20,000원 초과임을 알 수 있으므로 ②, ③, ④를 소거하면 정답이 ⑤임을 알 수 있다.

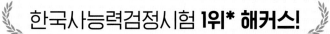